COLLECTION FONDÉE EN 1984
PAR ALAIN HORIC
ET GASTON MIRON

TYPO EST DIRIGÉE PAR
PIERRE GRAVELINE

AVEC LA COLLABORATION DE
ROBERT LALIBERTÉ
SIMONE SAUREN
ET JEAN-YVES SOUCY

L'auteur a bénéficié de subventions du Conseil de recherche du Canada et d'une bourse Killam.

TYPO bénéficie du soutien de la Société de développement des entreprises culturelles du Québec (SODEC) pour son programme d'édition.

Gouvernement du Québec – Programme de crédit d'impôt pour l'édition de livres – Gestion SODEC.

Nous reconnaissons l'aide financière du gouvernement du Canada par l'entremise du Programme d'aide au développement de l'industrie de l'édition (PADIÉ) pour nos activités d'édition.

Nous remercions le Conseil des Arts du Canada de l'aide accordée à notre programme de publication.

LA LITTÉRATURE QUÉBÉCOISE

DU MÊME AUTEUR

Le Théâtre québécois. Introduction à dix dramaturges contemporains (en collaboration avec Jean Cléo Godin), Montréal, Hurtubise HMH, 1970; Montréal, Bibliothèque québécoise, 1988.

Albert Camus ou l'imagination du désert, Montréal, Presses de l'Université de Montréal, 1973.

La Littérature québécoise, Paris, PUF, coll. «Que sais-je?», n° 1579, 1974 (épuisé).

Anthologie d'Arthur Buies, Montréal, Hurtubise HMH, 1978; Montréal, Bibliothèque québécoise, 1994.

Théâtre québécois II. Nouveaux auteurs, autres spectacles (en collaboration avec Jean Cléo Godin), Montréal, Hurtubise HMH, 1980; Montréal, Bibliothèque québécoise, 1988.

Monologues québécois, 1890-1980 (en collaboration avec Doris-Michel Montpetit), Montréal, Leméac, 1980.

Le Québec en textes, 1940-1980 (en collaboration avec Gérard Boismenu et Jacques Rouillard), Montréal, Boréal Express, 1980; nouvelle édition en 1986.

La Poésie québécoise, des origines à nos jours (en collaboration avec Pierre Nepveu), Québec et Montréal, Presses de l'Université du Québec et l'Hexagone, 1981; Montréal, Typo, 1986.

Guide culturel du Québec (en collaboration avec Lise Gauvin), Montréal, Boréal Express, 1982 (épuisé).

Le Conseil des Arts du Canada, 1957-1982 (en collaboration avec Benoît Melançon), Montréal, Leméac, 1982; nouvelle édition (avec Normand Lalonde) en 1997.

Essais québécois, 1837-1983 (avec la collaboration de Benoît Melançon), Montréal, Hurtubise HMH, 1984.

Ouvrir le livre, Montréal, l'Hexagone, coll. «Essais littéraires», 1992.

LAURENT MAILHOT

La littérature québécoise

depuis ses origines

Essai

TYPO

Éditions TYPO
Une division du groupe Ville-Marie Littérature
1010, rue de La Gauchetière Est
Montréal, Québec H2L 2N5
Tél. : (514) 523-1182
Téléc. : (514) 282-7530
Courriel : vml@sogides.com

Maquette de la couverture : Luc Germain
En couverture : photo de Réjean Ducharme par Claire Richard

Données de catalogage avant publication (Canada)
Mailhot, Laurent, 1931-
La littérature québécoise
Nouv. éd.
(Typo)
Comprend des réf. bibliogr. et un index.
ISBN 2-89295-204-2
1. Littérature québécoise – Histoire et critique. I. Titre. II. Collection
PS8073.M243 2003   C840.9'9714   C2003-941767-0
PS9073.M243 2003

DISTRIBUTEURS EXCLUSIFS :

• Pour le Québec, le Canada et les États-Unis :
LES MESSAGERIES ADP*
955, rue Amherst, Montréal, Québec H2L 3K4
Tél. : (514) 523-1182
Téléc. : (514) 939-0406
* Filiale de Sogides ltée

• Pour la Belgique et la France :   • Pour la Suisse :
Librairie du Québec / DNM   TRANSAT SA
30, rue Gay-Lussac, 75005 Paris   C.P. 3625, 1211 Genève 3
Tél. : 01 43 54 49 02   Tél. : 022 342 77 40
Téléc. : 01 43 54 39 15   Téléc. : 022 343 46 46
Courriel : liquebec@noos.fr   Courriel : transat-diff@slatkine.com
Site Internet : www.quebec.libriszone.com

Pour en savoir davantage sur nos publications,
visitez notre site : **www.edtypo.com**
Autres sites à visiter : www.edvlb.com • www.edhexagone.com
www.edhomme.com • www.edjour.com • www.edutilis.com

Dépôt légal : 4ᵉ trimestre 2003
Bibliothèque nationale du Québec
Bibliothèque nationale du Canada

Avant-propos

Ce livre reprend, met à jour, prolonge, augmente — il fait plus que le tripler — mon «Que sais-je?», épuisé depuis plusieurs années. Répondant à l'appel de Gaston Miron et de nombreux anciens ou futurs lecteurs, je me sens plus à l'aise ici, parmi les libres petits «classiques» de Typo, que dans l'espace strictement mesuré de la célèbre collection parisienne. J'ai pu ainsi ajouter des notes, une chronologie, des éléments de bibliographie et surtout une grande partie sur la littérature actuelle.

Les derniers vingt ans ont été décisifs pour la littérature québécoise. Elle s'est reconnue elle-même tout en devenant *contemporaine*, internationale, intergénérationnelle, polygénérique. Une certaine tradition, clairsemée, intermittente — depuis les textes de la Nouvelle-France, réédités —, a connu une nouvelle réception. La littérature elle-même a parlé de et à la littérature. L'essai, la critique, le théâtre, la nouvelle et le récit, la littérature pour jeunes publics, l'autobiographie et d'autres formes de l'intime se sont fortement développés. C'est cette histoire que je raconte ici, exemples (sinon preuves) à l'appui, d'une façon que je voudrais intersubjective.

La présente édition, sans être une mise à jour complète de l'actualité depuis 1997 ou 1998, est plus qu'une réimpression mécanique. Il faudra attendre quelques années pour retenir et répartir les nouvelles tendances, les principaux noms, titres, phénomènes littéraires et culturels à l'œuvre au tournant du siècle. Pour le moment, on a corrigé une dizaine de fautes et lapsus du texte, complété ou éliminé quelques notes, ajouté deux douzaines de titres à la bibliographie, poursuivi la double chronologie jusqu'à la fin de 2003, rendu l'index plus utile en soulignant les références essentielles aux auteurs dont les œuvres sont présentées et décrites.

Ce livre peut servir d'outil, de carte, d'itinéraire, mais d'abord et avant tout de lecture conduisant à d'autres lectures.

LAURENT MAILHOT
Deschaillons-sur-Saint-Laurent
Automne 2003

Abréviations et sigles

ALAQ	Groupe de recherche sur l'Archéologie littéraire au Québec
ALC	Archives des Lettres canadiennes (collection, EUO, Fides)
AQJT	Association québécoise du jeune théâtre
BJ	*La Barre du jour*
BLQ	Bibliothèque des Lettres québécoises (collection, PUM)
BNM	Bibliothèque du Nouveau Monde (collection, PUM)
BNQ	Bibliothèque nationale du Québec
BQ	Bibliothèque québécoise (société d'édition, Fides, Hurtubise HMH et Leméac)
CETUQ	Centre d'études québécoises (Département d'études françaises, Université de Montréal)
CLF	Cercle du livre de France (éditeur)
CRCCF	Centre de recherche en civilisation canadienne-française (Université d'Ottawa)
CRELIQ	Centre de recherche en littérature québécoise (Université Laval)
DBC	*Dictionnaire biographique du Canada* (PUL)

DOLQ	*Dictionnaire des œuvres littéraires du Québec* (Fides)
ECF	*Écrits du Canada français* (collection, HMH)
EF	*Études françaises* (PUM)
EL	*Études littéraires* (PUL)
EUO	Éditions de l'Université d'Ottawa
HMH	Hurtubise HMH (éditeur)
HR	*Les Herbes rouges* (revue et éditeur)
IQRC	Institut québécois de recherche sur la culture
LQ	*Lettres québécoises*
NBJ	*La Nouvelle Barre du jour*
NCT	Nouvelle Compagnie théâtrale
PUF	Presses universitaires de France
PUL	Presses de l'Université Laval
PUM	Presses de l'Université de Montréal
PUO	Presses de l'Université d'Ottawa
PUQ	Presses de l'Université du Québec
RHLQCF	*Revue d'histoire littéraire du Québec et du Canada français*
SHTQ	Société d'histoire du théâtre du Québec
TNM	Théâtre du Nouveau Monde
UQAC	Université du Québec à Chicoutimi
UQAM	Université du Québec à Montréal
UQAR	Université du Québec à Rimouski
UQTR	Université du Québec à Trois-Rivières

Introduction

Un certain nombre de livres, écrits en français au nord des États-Unis, peuvent-ils trouver place en littérature? Et dans quelle littérature? James Huston, compilateur d'un premier *Répertoire national*, prétendait, en 1848, que la littérature canadienne «laisse la voie de l'imitation pour s'individualiser, se nationaliser». Elle sera longtemps nationaliste avant d'être nationale, individualiste avant d'être personnelle. L'abbé Casgrain, dix ans plus tard: «On ne croit pas à notre avenir intellectuel parce qu'on ne croit pas à notre avenir national.» Cent ans après lui, Jacques Ferron: «La littérature suivra la politique.» La littérature québécoise est un avenir, un projet, dont on trouve des signes au XIXᵉ siècle, et qu'on retrace jusqu'au XVIᵉ. Est-ce une tradition? C'est une tradition «à inventer», des lectures à faire, des relectures, à mesure que se développent (surtout depuis 1945) la curiosité et les appétits.

On a pu appliquer des méthodes structuralistes à *L'Influence d'un livre* (1837) ou à *Angéline de Montbrun* (1881); ces vieux romans rajeunissent au contact des nouveaux. Chemins trop faciles dans une forêt clairsemée, bouts de route sans réseau, sentiers

aussitôt recouverts? «L'œuvre ne m'est pas trans-
mise [...]; c'est moi qui choisis d'aller à elle», dit
Georges-André Vachon à propos des *Soirées canadiennes* de 1861; mais est-ce bien «pour la seule raison
qu'elle se trouve sur les rayons d'une bibliothèque»?
Veuillot s'y trouve aussi, qu'on ne lit plus. Le discours politique, l'éditorial, les mandements épisco-
paux et autres témoignages sont significatifs, ici,
d'une situation globale. Ils sont de l'homme entier, si
étroit soit-il, et pas seulement du spécialiste. Nous
avons à la fois moins et plus qu'une littérature. Un
iceberg dont les documents immergés communiquent
en profondeur. Un héritage sous bénéfice d'inventaire.

La Nouvelle-France, le Canada, le Québec
inspirèrent peu la mère patrie. L'Indien éveille plus de
curiosité que l'*habitant*. Montaigne, déjà, s'interroge
sur la légitimité des colonies et célèbre le «bon
sauvage» (du Brésil surtout) dont se servira beaucoup
le XVIIIe siècle. Les «conclusions égalitaires et répu-
blicaines» des «missionnaires philosophes» (Gilbert
Chinard) nourriront Montesquieu, Jean-Jacques et les
Encyclopédistes. *Les Aventures de M. Robert Chevalier,* de Le Sage, pourraient être celles d'*Iberville le
Conquérant*[1], parodiées. Chateaubriand pilla beaucoup mais imagina davantage. Si Jules Verne fait

---

1. Suivant le titre de la monographie du «Cid canadien» — explorateur du nord (baie d'Hudson) comme du sud (Mississippi),
qu'on a comparé à Jean Bart et à Nelson — par Guy Frégault,
Montréal, Éditions Pascal, 1944. Mais un Robert Chevalier a
existé, dont la biographie «chevauche la réalité et la légende»
(*DBC*, II, 1969, p. 148).

revivre la Rébellion de 1837 dans *Famille sans nom*, Vigny et Tocqueville garderont en manuscrits leurs réflexions sur «les Français du Canada». Aux XIXe et XXe siècles, les modestes hommes de lettres français qui écriront au (ou sur le) Canada seront plus ou moins assimilés, annexés à la littérature provinciale naissante. Les exceptions notables sont des spécialistes comme le politologue André Siegfried, le géographe Raoul Blanchard, ou encore l'académicien voyageur Xavier Marmier. Même si la séparation de 1760 ne fut pas complète — on continua de recevoir par New York et Boston des idées et des livres français —, elle obligea les Canadiens à chercher chez eux, fidèlement et difficilement, une voie originale. De 1850 à 1950, les «parfums» de Rome l'emportent dans bien des domaines sur les «odeurs» de Paris. Entre la «vraie France» mythique, l'Église, la Confédération et les États-Unis, le Canada français survivait, sous des noms divers, avant d'appeler *québécois* son projet historique.

La littérature québécoise existe-t-elle, et comme littérature et comme québécoise? On ne se pose plus la question. Depuis *Maria Chapdelaine,* depuis *Refus global* et *Tit-Coq,* depuis tel prix Femina ou Médicis? Depuis que Groulx lit Garneau; Savard, Cartier; Ducharme, Nelligan; Aquin, les Patriotes. Depuis que révolution et tradition se reconnaissent, s'articulent. D'abord française (d'Ancien Régime), canadienne, canadienne-française, voire canadienne-catholique; d'abord relations de voyages, mémoires, éloquence, journalisme, imitation et reflet, la littérature québécoise porte explicitement ce nom depuis un siècle, cette épithète depuis une quarantaine d'années. 1930 (roman, poésie, revues), 1960 (réformes sociales et culturelles qu'on a appelées la Révolution tranquille) marquent des étapes importantes, décisives; mais la transition se fait lentement, dans l'entre-deux-guerres, et le rattrapage s'accélère au tournant du demi-siècle. Les bons ouvrages demeurent rares, isolés, jusqu'à 1948, où — du manifeste au théâtre — tous les genres désormais existent; tous les types de chant, d'écriture, de structuration et de déconstruction se développent, particulièrement vers 1965-1968. Divers essais de synthèse, historiques, sociologiques, politiques, culturels, constituent aussi une sorte d'horizon de la littérature: ceux de Frégault, Brunet et Seguin, disciples de Groulx, de Gérard Bergeron *(Le Canada français après deux siècles de patience)*, de Marcel Rioux (*La Question du Québec*), etc.

«Ce qui manque au Canada, c'est d'avoir une langue à lui. Si nous parlions iroquois ou huron, notre littérature vivrait. Malheureusement nous parlons et écrivons d'une assez piteuse façon, il est vrai, la langue de Bossuet et de Racine. Nous avons beau dire et beau faire, nous ne serons toujours, au point de vue littéraire, qu'une simple colonie...», se plaignait Octave Crémazie, en 1867. Le *joual*, cent ans après, répond-il à ce désir d'être reconnus comme différents, autonomes? Le *joual* parlé à Montréal est un niveau de langue, pas une langue, ni un dialecte, ni un patois, ni même un argot. En littérature, il est un langage, un style, une écriture (phonétique ou non), une idéologie parmi d'autres. Cette idéologie (critique) s'est d'ailleurs plus ou moins transformée en mythologie (complaisante). Quelques romanciers s'en servirent comme d'un instrument de descriptiondénonciation, le théâtre s'en empara avec bonheur; quelques essayistes (et linguistes?) s'y égarèrent.

Écrire la langue maternelle, paternelle, et *dire* l'exil, c'est tout un pour Jacques Brault, Ducharme, Miron. L'écrivain québécois n'écrit pas tout à fait dans *sa* langue, ni dans *sa* patrie, qu'elle soit culturelle (non pas ethnique) ou politique; il les appelle, il les cherche. Jacques Godbout lui-même, à l'aise partout, bien adapté aux circonstances, écrit «pour ne pas mourir», pour transmettre «le seul héritage indiscutable, démocratique et commun[2]»: la langue qui lui *survivra* à travers, entre autres pratiques, la littérature.

Si la littérature n'est pas à elle seule tout l'imaginaire d'une société, elle en demeure le cœur obscur, le noyau à rayonnement différé et à projection intermittente sur divers écrans, murs, scènes. Passant par de nombreux médias, elle peut s'en nourrir au passage et, surtout, les filtrer, les irriguer en retour. Irréductible à aucun autre discours, pour l'essentiel, la littérature entretient des relations largement conflictuelles avec l'air du temps, les «courants d'air» et le «vent de l'Histoire».

Le paradoxe de la mémoire comme «vision d'absence» n'appartient pas qu'au théâtre[3], fête éphémère, et aux littératures en émergence, car toute littérature est actuellement précaire, trouée, menacée, incertaine de ses tenants et aboutissants. Pour Judith Schlanger,

---

2. «En français d'Amérique», *Possibles*, vol. 11, n° 3, 1987, p. 185.
3. «L'imminence de l'effacement aiguise la conscience de la mémoire» (Georges Banu, *Mémoire du théâtre*, Arles, Actes Sud, 1987, p. 15).

«seul l'admirable est vraiment le mémorable[4]», mais elle reconnaît des étapes dans la constitution d'une mémoire vivante, active. Le «volontarisme nationaliste et politique» que certains ont reproché aux pionniers de la littérature canadienne-française constitue une «dimension *intérieure* des lettres», dit et souligne Schlanger, selon qui «plus d'œuvres ont été écrites en vue de fonder et de baliser une mémoire future que pour toute autre raison[5]».

La troisième partie de notre livre, entièrement neuve puisqu'elle couvre les derniers vingt ans, est articulée suivant des axes génériques. La Mort du Genre, décrétée prématurément, n'est pas plus avérée que celle de Dieu, de l'Homme ou de l'Histoire. S'il n'y a pas de genre littéraire absolu, pur, abstrait, il existe à telle ou telle époque, dans un milieu donné, une conception commune (avec les exceptions qui la confirment) de ce qui est poésie ou prose, roman, récit ou nouvelle, critique ou essai, etc. Le voisinage et la distinction de ces genres et sous-genres — notamment dans l'essai, les écrits personnels ou intimes et, à un autre point de vue, au théâtre — posent des questions fécondes sur les conditions, les formes, les buts et les effets de l'écriture. Le temps lui-même (rattrapage, accélération, anticipation, éclatement) est loin d'être identique d'un champ générique à l'autre; chacun contribue à l'intertexte et au contexte, donc à l'histoire, de tous les autres.

---

4. *La Mémoire des œuvres*, Paris, Nathan, 1992, p. 80.
5. *Ibid.*, p. 81.

PREMIÈRE PARTIE

Une littérature coloniale, provinciale

CHAPITRE PREMIER

Origines

I. Écrits de la Nouvelle-France (1534-1759)

Jacques Cartier aborde les terres *neufves* en 1534, dans la baie de Gaspé. L'année suivante, il découvre le Saint-Laurent, qu'il remonte jusqu'à Hochelaga (Montréal), pour revenir hiverner à Stadaconé (Québec). L'original de la relation de 1534 — publiée en italien et en anglais avant de paraître en français en 1598 (texte qui servit à l'*Histoire* de Lescarbot) — semble aujourd'hui perdu. Du troisième voyage, en 1541, on n'a qu'une version anglaise, incomplète, faite en 1600 d'après un document trouvé à Paris vers 1583 et disparu depuis. Le *Brief Récit* de 1535-1536, le plus riche, ne porte aucun nom d'auteur (Jehan Poullet[1]?).

Qu'ils aient ou non inspiré Rabelais, suivant la thèse (abandonnée) d'Abel Lefranc et de Marius Barbeau, les écrits attribués à Cartier sont plus que des livres de bord. Le golfe, les îles, côtes, caps, anses,

---

1. Voir Jacques Cartier, *Relations*, édition critique par Michel Bideaux, Montréal, PUM, «BNM», 1986.

hables, *bastures*, sablons s'y déroulent, la faune et la flore s'y dessinent, les indigènes s'y profilent en une genèse dynamique qui va de la «terre que Dieu donna à Cayn» (le Labrador) au paradis d'arbres, d'oiseaux, de poissons des rives moins septentrionales. Le narrateur éprouve tout ce qu'il écrit et s'en émerveille, qu'il s'agisse des *wampums*, précieux colliers de coquillages, du tabac, dont la fumée lui paraît «pouldre de poyvre tant est chaulde», ou du scorbut, miraculeusement guéri par le «jus & le marcq» de la médecine indienne. «Avec lui on prend possession du pays moins par les croix qu'il plante que par les noms qu'il donne» (Léopold LeBlanc). Et Cartier ne donne pas seulement des traductions, un vocabulaire («Nous nommâmes...»), mais un mouvement, un style, une vision encore sensibles, quatre siècles plus tard, chez un Savard, un Perrault, un Vigneault, dans de longs poèmes comme *Ode au Saint-Laurent* de Gatien Lapointe ou *Arbres* de Paul-Marie Lapointe...

Champlain, fondateur de Québec, premier Européen à décrire la route du Nord-Ouest, est moins savoureux que Cartier. Géographe professionnel, il dessine de très bonnes cartes, planches. Ses rapports (*Brief Discours*, *Des Sauvages*, *Voyages*), précis, habiles, sont d'un grand colonisateur. L'avocat humaniste Marc Lescarbot, qui ne passa qu'un an en Acadie, publie les premiers vers du continent, *La Défaite des Sauvages Armouchiquois* (1607), et une *Histoire de la Nouvelle-France* (1609), compilation et geste, dont la partie la plus souvent rééditée est l'appendice, *Les Muses de la Nouvelle-France*, dont on détache encore le *Théâtre de Neptune*, spectacle nautique en l'honneur de Poutrincourt. Le second spectacle dramatique ou divertissement dialogué dont il reste quelque trace est la *Réception de Mgr le vicomte d'Argenson*, discours à la mode indienne, au collège des Jésuites de Québec en 1657.

Le Grand Voyage du pays des Hurons, du récollet Sagard (1632), est une fresque minutieuse, spontanée, naïve, rehaussée d'apparitions diaboliques et de cas de possession. Sa composition — longue montée suivie d'un bref retour-chute — trahit l'admiration et la sympathie de l'auteur, presque malgré lui, pour cette «République», ces «libertins» qui ne demandent qu'à «iouïr et se donner du bon temps». Un siècle plus tard, pendant que le père Lafitau étudie les *Mœurs des Sauvages Amériquains comparées aux mœurs des premiers temps*[2] (1724) et aux mythologies orientales, le père Charlevoix[3] note dans sa solide *Histoire et description de la Nouvelle-France* (1744), au sujet des Blancs «coureurs de bois» et métissés: «On diroit que l'air qu'on respire dans ce vaste Continent y contribue, mais l'exemple & la fréquentation des Habitants naturels qui mettent tout jour bonheur dans la liberté & l'indépendance sont plus que suffisans pour former ce caractère.»

---

2. En attendant l'édition critique par Robert Melançon et Georges Tissot, on peut lire un large choix d'extraits de ce livre (2 vol.), Paris, FM/La Découverte, 1983.

3. Dont on peut lire le *Journal d'un voyage fait par ordre du roi dans l'Amérique septentrionale* (2 vol.), édition critique par Pierre Berthiaume, Montréal, PUM, «BNM», 1994. Pierre Berthiaume est aussi l'auteur de *L'aventure américaine au XVIIIe siècle: du voyage à l'écriture*, Ottawa, PUO, 1990.

Les *Relations des Jésuites* (1632-1672) à leurs supérieurs et bienfaiteurs — auxquelles on joint la *Relation* d'Acadie du père Biard (1616) et la lettre de Québec du père Ch. Lalemant (1626) — ajoutent aux renseignements ethnographiques, scientifiques et historiques (habitat, cultivage, guerres, fête des morts, tremblements de terre, éloquence des chefs, maladies et martyres[4]) des réflexions morales, théologiques, et même des visions: «[...] Serpents embrasés qui s'enlaçoient les uns dans les autres en forme de Caducée, & voloient par le milieu des airs, portez sur des aisles de feu.» Cette littérature mystique et classique se retrouve chez la grande Marie Guyart, dite Marie de l'Incarnation, ursuline, auteur de sept mille lettres, de notes autobiographiques et d'entretiens spirituels: «Non, mon Amour, vous n'êtes pas feu, vous n'êtes pas eau, vous n'êtes pas ce que nous disons...»

Littérairement très fructueux est le séjour (1683?-1693) que fait en Amérique Lom d'Arce de Lahontan[5]. Ce baron béarnais publie en 1703 sous forme de lettres (la plus élaborée raconte son odyssée imaginaire à une certaine rivière Longue) *Les Nouveaux Voyages dans l'Amérique septentrionale* suivis de *Mémoires* descriptifs et critiques. Un *Supplément*

---

4. En plus de son édition critique de la relation de 1634 de Paul Lejeune, sous le titre *Le Missionnaire, l'apostat, le sorcier* (Montréal, PUM, «BLQ», 1973), on peut lire, de Guy Laflèche, une série d'études démystificatrices sur *Les Saints Martyrs canadiens*, Laval (Québec), Éditions du Singulier (6 vol., à partir de 1988).

5. Voir les *Œuvres complètes* (2 vol.) de Lahontan, édition critique par Réal Ouellet avec la collaboration d'Alain Beaulieu, Montréal, PUM, «BNM», 1990.

aux voyages (1713) comprend cinq *Dialogues* philosophiques — sur la foi et les dogmes chrétiens, la
société et les lois françaises, la propriété, la médecine,
le mariage et l'amour — avec un chef indien.
L'influence de Lahontan, admiré par Leibniz, très lu,
se retrouve chez Swift et Diderot, tout comme dans
L'Ingénu, dans le *Discours* sur les origines de l'inéga-
lité, dans *Les Natchez*, où «un des principaux personnages se nomme Adario et les noms de tous les
personnages indiens sont empruntés au glossaire
algonquin de Lahontan» (Hayne). Même veine: *Aventures* (1738) de Claude Lebeau.

Dollier de Casson, capitaine de cavalerie et sulpi-
cien, rédige en 1672-1673 la première *Histoire du
Montréal*[6] où, «pour finir agréablement», il signale,
«encore que les froids soient fort sains pour l'un et
l'autre sexe», que le climat «l'est incomparablement
davantage pour le féminin lequel s'y trouve quasi
immortel». Le premier chroniqueur de la vie domestique et des événements familiers qui soit né au Canada
est sœur Marie Morin (1649-1730), auteur d'une *Histoire simple et véritable*[7]... publiée partiellement en
1921 sous le titre d'*Annales de l'Hôtel-Dieu de Montréal*. L'Hôtel-Dieu de Québec — et la colonie — aura
aussi une «dépositaire» attentive, en la mère Juchereau

---

6. Édition critique par Marcel Trudel et Marie Baboyant, Montréal, HMH, 1992.
7. Édition critique par Ghislaine Legendre, Montréal, PUM,
«BLQ», 1979. Sur cette *Histoire* et celle de Dollier de Casson, voir
Ginette Michaud, «De la "Primitive Ville" à la Place Ville-Marie:
lectures de quelques récits de fondation de Montréal», dans Pierre
Nepveu et Gilles Marcotte (dir.), *Montréal imaginaire. Ville et littérature*, Montréal, Fides, 1992, p. 13-95.

de Saint-Ignace. De 1704 à 1730, le chirurgien et naturaliste Michel Sarrazin enverra des communications à l'Académie royale des sciences.

Débarqué à l'âge de treize ans, Pierre Boucher, gouverneur de Trois-Rivières et délégué à la Cour, adresse à Colbert une *Histoire véritable et naturelle des mœurs et productions*[8]... (1664), honnête inventaire des ressources, avantages et inconvénients du pays à peupler. Il laissera à ses cent cinquante descendants un testament qu'on prendra l'habitude de lire, en chaire et dans les familles, au jour de l'An. Comme Champlain, Talon et le père Vimont, Boucher aurait aimé que surgisse un peuple nouveau, franco-indien, dans cette province, colonie de type agraire et non simple comptoir commercial. Le récit des voyages et découvertes du père Marquette, explorateur du Mississippi avec Louis Jolliet, est de la plume du père Dablon (1674), mais fondé sur des sources et témoignages de première main. Parmi les journaux ou mémoires d'expéditions intéressants, mentionnons ceux de Pierre Lemoyne d'Iberville, du coureur de bois Radisson, du chevalier de Baugy chez les Iroquois, de Jolliet au Labrador, de Nicolas Jérémie à la baie d'Hudson, de Nicolas Perrot au sud-ouest des Grands Lacs, de La Vérendrye et de ses fils aux montagnes Rocheuses. Parmi les essais de synthèse historique (avant Charlevoix, le plus complet, ordonné et documenté): *Premiers Établissements de la foy dans le Nouveau-Monde* (1691) du père Le Clercq, *Nouvelle Découverte d'un très grand pays...*

___

8. Rééditée en 1964, avec divers documents, par la Société historique de Boucherville.

(1697) du père Hennepin (célèbre pour sa *Description de la Louisiane*, qui connut une cinquantaine d'éditions), *Histoire de l'Amérique septentrionale* (1722) de Bacqueville de La Potherie.

La correspondance d'Élisabeth Bégon, publiée en 1935, tient du livre de raison, de la chronique mondaine, du tableau de mœurs coloniales, du roman d'amour solitaire. Adressées par une veuve à un veuf, son gendre, commissaire en Louisiane, qui a presque son âge et dont elle élève la fille, ces lettres (1748-1753[9]) sont d'abord enjouées, brillantes, puis inquiètes, assombries, lorsqu'elles ne sont plus datées de Montréal mais de France, où rentre l'«Iroquoise» à la fin de 1749.

En 1736, l'intendant Hocquart écrit que l'éducation de la plupart des enfants d'officiers et de gentilshommes «se borne à très peu de chose, à peine savent-ils lire et écrire, ils ignorent les premiers éléments de la géographie et de l'histoire». L'enseignement primaire est cependant plus répandu ici que dans les provinces de France. Il existe deux collèges d'humanités et deux écoles de métiers. Certaines bibliothèques sont considérables et variées. Les administrateurs Cugnet et Verrier ont respectivement plus de douze cents et de trois mille volumes; les curés Boucher en ont plusieurs centaines. À la fin du XVIIIe siècle, les cinq mille volumes du Séminaire de Québec sont comparables à la bibliothèque du

---

9. D'abord parues dans le *Rapport de l'archiviste de la Province de Québec, 1934-1935*, en double version (originale et moderne); puis sous le titre *Lettres au cher fils* (texte moderne), Montréal, HMH, 1972, et Montréal, BQ, 1994.

collège de Harvard. Soixante mille volumes (d'après Benjamin Sulte) au Canada vers 1765, ce n'est pas beaucoup, mais ils circulent (cabinets de lecture, prêts). En 1626, on dut faire brûler *L'Anti-Coton*.

Sur la pureté, l'aisance de la langue parlée en Nouvelle-France, les témoignages abondent. «La rusticité, soit dans le langage, soit dans les façons n'est même pas connue dans les campagnes les plus écartées», observe Charlevoix. «Leur accent est aussi bon qu'à Paris», ajoute Bougainville. On joue Corneille dès 1646. En 1694, l'affaire Tartufe oppose le gouverneur Frontenac à un évêque qui a lu Bossuet. Vers 1700, le prédicateur à la mode est le père de La Colombière, métaphorique et précieux. Une religieuse échange madrigaux et épigrammes avec l'intendant Talon. Le curé Marchand met en alexandrins les rivalités ecclésiastiques qui suivent la mort de Mgr de Saint-Vallier. Chartier de Lotbinière se moque, en cinq cents octosyllabiques[10] burlesques, d'une expédition ratée contre les Agniers.

Bref, la petite société s'amuse élégamment, pendant que les habitants de l'île d'Orléans ont la réputation d'être «un peu sorciers» et que la mère Saint-Augustin engage «un violent combat contre les démons, à la suite duquel elle porta des ecchymoses», selon son confesseur, le père Paul Raguenau. «Le tremblement de terre de 1663 fut le plus beau temps du quiétisme en Canada. Ce phénomène mit en

---

10. Voir Jeanne d'Arc Lortie (dir.) pour une «édition intégrale annotée» des *Textes poétiques du Canada français, 1606-1867* (12 vol. prévus), Montréal, Fides, à partir de 1987.

mouvement l'imagination ardente et mobile de ses adeptes: les apparitions furent nombreuses, singulières, effrayantes; les prophéties se multiplièrent», écrira l'historien François-Xavier Garneau, inspiré lui aussi par l'épopée populaire. Le folklore est riche, l'architecture est belle. Un équilibre existe, un art de vivre et de dire, sinon une *civilisation*[11] complètement originale.

Quelques écrivants ou «primitifs canadiens» sont des écrivains qui savent pousser la langue «un peu au-delà d'elle-même». Ils ne sont pas tous de simples courroies de transmission; leur présence, diffuse, opaque, brouille et enrichit le message. On a parfois devant les yeux (chez Cartier, Lescarbot ou Lahontan, Biard, Lejeune ou Sagard) «un texte pour ainsi dire indissoluble, un objet résistant, qui s'impose à l'attention, la retient de force» (Georges-André Vachon).

II. Après la Conquête (1760-1837)

«Un pays conquis éveille l'éloquence, les diatribes, le sens de l'humour ou de l'ironie, les tirades satiriques, la force vengeresse, une opinion enfin» (Laure Rièse). Il ne les éveille pas d'emblée. Il provoque d'abord la stupeur, la torpeur. Restent les veillées, les légendes, en attendant que quelques parlementaires, à partir de 1791, prennent la parole et la plume. Longtemps le

---

11. Voir Guy Frégault, *La Civilisation de la Nouvelle-France, 1713-1744,* Montréal, Fides, 1969.

journalisme et l'éloquence tiendront lieu de littérature. Malgré le départ des cadres et d'une partie de l'élite, malgré l'absence d'immigrants ou même de visiteurs français, les Canadiens résistent à l'assimilation, sinon à la domination, grâce à leur natalité prodigieuse, à leur organisation rurale et paroissiale, à la diplomatie (parfois naïve, excessive) de leurs évêques et seigneurs. Ce repliement instinctif, stratégique, s'appuie sur l'espoir d'un retour des armes et de la fortune, puis sur la force de la cohésion et de l'habitude. On a changé de roi — les rois sont interchangeables —, on ne veut pas changer de langue, de mœurs, de religion.

Sous le régime français, administrateurs et visiteurs avaient remarqué l'esprit d'entreprise des Canadiens, ces «coureurs de risques», leur indocilité («Ils font de mauvais valets...»), un sens critique qui les porte à «examiner ce qui ne les regarde pas». «Tout cela projette, disserte, parle, déparle, prononce sur la guerre. Tout est Turenne ou Villars», se plaint Montcalm, *le marquis qui perdit*[12]. En 1803, un député anglais parlera de «timidité», d'«engourdissement qui tient à l'esclavage». Un journaliste (Cockloft) stigmatise l'«indolence pure» de l'habitant, à qui suffisent «un toit, quelques racines, du tabac, du bois pour son poêle et un bonnet rouge». Parent, Papineau, Garneau répondront à ces jugements superficiels. *L'Écho du Pays* proteste, en 1835:

---

12. Suivant le titre d'une pièce inédite de Réjean Ducharme créée par le TNM en 1970. Sur les origines multidisciplinaires du théâtre, voir Leonard E. Doucette, *Theatre in French Canada. Laying the Foundations, 1606-1867*, Toronto, University of Toronto Press, 1984; Baudouin Burger, *L'Activité théâtrale au Québec, 1765-1825*, Montréal, Éditions Parti pris, 1974.

Le gouvernement fait tout ce qu'il peut pour arrêter l'industrie parmi nous et il nous dit: vous n'êtes pas industrieux. Il s'empare des biens destinés à l'éducation, il la décourage et dit: vous êtes ignorants. Il nous refuse les places d'honneur et de profit, et il nous dit: vous êtes sans richesse, sans considération.

L'enseignement primaire se détériore jusqu'à l'analphabétisme généralisé au début du XIXe siècle. Le collège des Jésuites ferme en 1759, le Séminaire de Québec interrompt ses cours entre 1757 et 1765, le Collège de Montréal ne dispense un enseignement complet qu'en 1790[13]. De 1803 à 1853, le clergé fonde cependant dix collèges classiques, et la dixième université canadienne sera française: Laval, en 1852.

«Cessez ces lectures de livres impies qui se répandent dans le diocèse», enjoint Mgr Briand en 1771. Et Mgr Hubert déplore la «licence» des journaux et la «liberté des conversations sur les affaires publiques». L'importation du livre français, «chose de contrebande», est pourtant longue et difficile: «[...] si par hasard il en arrive quelques-uns, ils sont enlevés à des prix exorbitants avant que la dixième partie des amateurs en aient connaissance»,

---

13. Sur l'héritage français aussi bien que sur les «conditions générales» nouvelles, les infrastructures, les agents, les textes et leur réception, consulter en priorité Maurice Lemire (dir.), *La Vie littéraire au Québec*, t. I: *1764-1805*; t. II: *1806-1839*; t. III: *1840-1869*; t. IV *1870-1894*, Québec, PUL, 1991, 1992, 1996, 1999. (Le tome V, *1895-1914*, est sous presse.)

constate *La Gazette de Montréal* en 1815. Vers 1850, des élèves sont encore «obligés d'écrire de leurs propres mains les traités de belles-lettres, de rhétorique, de sciences naturelles, etc.». Ce sont des officiers anglais qui jouent Molière en 1774, 1780, 1792, Beaumarchais en 1786. Mgr Plessis intervient à deux reprises contre la comédie.

Louis-Joseph Quesnel (1749-1809), bourlingueur breton établi marchand à Boucherville, est notre premier littérateur. Pour «éveiller les Canadiens aux plaisirs de l'esprit», il en fait beaucoup et, pour plus d'agrément encore, des ariettes et de la musique. Quesnel a écrit une comédie en prose, une comédie en vers, un opéra et un marivaudage léger, *Colas et Colinette ou le Bailli dupé*, créé en 1790. *L'Anglomanie ou le Dîner à l'anglaise*, sur le snobisme, est un tableau de mœurs canadiennes plus intéressant que ces bergeries. Joseph Mermet, officier royaliste lyonnais qui vécut au Canada de 1813 à 1816, sait passer de la victoire antiaméricaine de Châteauguay à la «solitude où tout paraît néant» du Niagara, et, en gourmet, à «la succulente andouille, / le boudin lisse et gras, le saucisson friand».

Métalliques ou onctueux, les sermons sont plus lyriques que cette poésie de circonstance. Dans une oraison funèbre, l'abbé Plessis adresse à la Vierge Mère Albion une litanie ainsi articulée: «Nation généreuse, industrieuse, exemplaire, compatissante, bienfaisante... Pardonnez...» Il avait confessé, un peu plus haut: «Nos conquérants, regardés d'un œil ombrageux et jaloux, n'inspiraient que de l'horreur et du saisissement», avant qu'on eût goûté les «douceurs de votre Empire». Un document plus courageux est l'*Appel à la justice de* l'*État* (Londres, 1784) de Pierre du Calvet. Parmi les genres abondamment pratiqués jusque-là, pas grand-chose (et pour cause): le *Journal de voyage* de Saint-Luc de La Corne (1778), les *Mémoires et traverses* de Pierre de Sales Laterrière.

Comme il existe deux conceptions de l'«autonomisation» du littéraire — l'une fondée sur une théorie institutionnelle des appareils et des savoirs, l'autre, plus souple, qui met l'accent sur «le processus d'émergence» plus que sur le produit, sur la «constitution» des Lettres plus que sur la littérature instituée —, il existe deux types de périodisation, deux dates où situer par hypothèse l'«origine» ou les «principes» de la littérature canadienne-française: la décennie 1840 ou le tournant du XVIIIe au XIXe siècle. Bernard Andrès parle de «double naissance[14]» à deux points de vue: naître deux fois ou de deux façons («re-naître»), gémellité de l'histoire et de la littérature («co-naître»). Selon l'«archéologie» d'Andrès, ce sont des immigrés d'origine française tels que La Corne, Laterrière, du Calvet, Quesnel, Mesplet et Jautard, eux-mêmes «renés» dans «*The Province of Quebec*», qui ont contribué à former une première génération d'écrivains du cru qui va des jeunes préromantiques Mézière, Foucher et Panet à l'instituteur Labadie, d'un évêque à un mécréant, ou à un parlementaire, d'un Viger

---

14. Dans un document de travail qui fait partie d'une recherche sur «l'archéologie du littéraire au Québec». Voir Bernard Andrès, *Écrire le Québec: de la contrainte à la contrariété. Essai sur la constitution des Lettres*, Montréal, XYZ, 1990; *Principes du littéraire au Québec (1766-1815)*, Montréal, UQAM, Cahiers de l'ALAQ, n° 2, août 1993.

(Denis-Benjamin) à l'autre (Jacques). Pamphlets et polémiques sont alors l'«antichambre du littéraire», aux confins de l'argumentatif et du poétique.

«Si le conquis doit parler la langue du conquérant, pourquoi les Anglais ne parlent-ils plus le normand?» demande Pierre Bédard à l'Assemblée en 1792. Les maladresses de Sir James Craig stimulent l'opposition des notables. La voix la plus éloquente est celle de Louis-Joseph Papineau, agnostique cultivé, auteur des Résolutions de 1834 et d'une *Histoire de l'insurrection* dont il fut le chef tourmenté. Si la séduction du tribun était extraordinaire, ses textes déçoivent, malgré la vibration des maîtres mots *liberté, raison, peuple, progrès*. Son lieutenant, qui deviendra son adversaire, Lafontaine, est plus posé: «le Poincaré de ce Briand».

En histoire du Canada, presque rien entre Charlevoix et Garneau: celle de Bibaud est médiocre, énumérative, conformiste; celle de Labrie, qui paraissait intéressante («une œuvre immortelle», selon Papineau), est perdue, brûlée. Joseph-François Perrault (1753-1844), pédagogue anticlérical, mais aussi loyaliste que Bibaud, ne fit qu'un *Abrégé* scolaire. Plus vivante est sa brève *Biographie* «écrite par lui-même, à l'âge de quatre-vingts ans, sans lunettes...» Quant à Jacques Viger, il laissa sous le titre *Ma Saberdache* une collection de textes et documents «de poids à charger plus facilement un wagon que le léger portefeuille d'un hussard», où puiseront tout de suite Bibaud et James Huston, auteur du *Répertoire national*[15].

---

15. Recueil de textes divers parus dans les journaux (conférences, contes, vers, lettres de Lorimier, etc.), 4 vol., 1848-1850; réédité en 1893, puis, chez VLB, en 1982.

III. Le journalisme

La Gazette de Québec, feuille bilingue, officielle, lancée en 1764, est un «recueil d'affaires étrangères, et de transactions politiques», essentiellement anglaises. Elle se fait un plaisir, en saison morte, d'offrir «des pièces originales en vers et en prose, qui plairont à l'imagination au même temps qu'elles instruiront le jugement». Le premier poème publié est *L'Épître* de Voltaire au cardinal Querini. *La Gazette de Montréal*, fondée en 1778 par un Français ami de Franklin, Fleury Mesplet, qui s'adjoint un compatriote combatif, Valentin Jautard[16], est philosophiquement voltairienne, encyclopédiste, révolutionnaire. Mesplet avait imprimé, peut-être rédigé, à Philadelphie, *L'Adresse du Congrès aux habitants de la province de Québec*. Accusés de «mettre en question jusqu'à l'immortalité de l'âme», les rédacteurs sont incarcérés; *La Gazette* deviendra bilingue, puis anglaise et *tory* après la mort de Mesplet. *Le Courrier de Québec* — titre bilingue à ne pas confondre avec *Le Courier du Bas-Canada* — ne connaît que trois numéros à l'heure où «le Canada est peut-être à la veille d'une révolution considérable dans la manière de se régir» (1788) et d'une renaissance éphémère en 1807-1808. Passons sur les très britanniques *Magazines / Magasins, Times / Cours du temps* et autres «papiers-nouvelles» qui relatent complaisamment le procès

---

16. Sur ces deux pionniers, voir les travaux de Jean-Paul de Lagrave et Jacques G. Ruelland, particulièrement, du premier, *Le Canada à l'époque de Voltaire*, Montréal, l'Étincelle, 1994.

de Marie-Antoinette et l'exécution de Robespierre, car, croient-ils, «la contagion a gagné cette Province autrefois heureuse».

La Révolution française sera un choc[17]; Napoléon, un traître, puis un héros. Pendant que la France change de visage et de régime, ici l'Église et l'État s'entendent pour détester «l'affreuse anarchie». Après Trafalgar, Nelson aura droit à quatre hymnes dans *La Gazette de Québec*. «Il semble que nous soyons d'une nation différente, même ennemie», faisait craindre à Bougainville, peu avant 1760, l'indépendance têtue des colons. En 1839, Lord Durham observera: «Ils sont encore Français; mais Français en tout point différents de ceux de la France d'aujourd'hui.» Et Théodore Pavie, causant avec l'espèce de Bas-Normands du Bas-Canada, en 1850: «On s'aperçoit bien vite qu'ils ont été séparés de nous avant l'époque où tout le monde en France s'est mis à écrire et à discuter.»

Une importante tradition «libérale», partie de *La Gazette*, devenue «autochtone» avec *Le Canadien*, relie les premiers parlementaires aux Patriotes, puis aux «rouges» de l'Institut canadien, disciples de Papineau. «La difficulté d'exister, source de toute réflexion comme de toute expression, philosophique ou littéraire, ils la vivent concrètement,

---

17. Au moins trois colloques et collectifs ont été consacrés, à l'occasion du bicentenaire, à l'«image» et à l'influence ici de 1789. Le dernier et le plus considérable est celui de Sylvain Simard (dir.), *La Révolution française au Canada français*, Ottawa, PUO, 1991.

dans une situation politique et sociale qu'ils cherchent sans cesse à clarifier pour leurs lectures[18].»

Le Canadien (1806-1893), fondé par les députés Bédard et Blanchet pour combattre la propagande du *Quebec Mercury*, rassemble pour la première fois la nouvelle élite francophone. Progressistes et modérés y collaboreront. Au *Canadien* saisi tentera de s'opposer *Le Vrai Canadien* des bureaucrates et des compromis. *La Gazette des Trois-Rivières* (1817-1822), de Ludger Duvernay, s'inspire de Montesquieu pour «répandre les lumières et les connaissances». À l'opposé: *L'Ami du peuple, de l'ordre et des lois* (1832-1840), de Leclère, chef de la police secrète. *La Minerve* (1826-1899) appuie successivement Papineau et le parti «patriote», Lafontaine, Cartier et les conservateurs. Beaucoup de libelles et de pamphlets dans ces feuilles: «l'affectation au combat politique des meilleures énergies retarde[-t-elle] le progrès littéraire»? L'idéologie rend possibles, en tout cas, l'action et la pensée.

Michel Bibaud (1782-1857) aurait voulu être Chapelain à défaut de Boileau. «En dépit d'Apollon», il n'est pas poète. Ses *Épîtres, satires, chansons, épigrammes...* (1830) disent «en vers durs de dures vérités». Ses charges contre l'avare, le paresseux sont des maximes étirées ou du La Bruyère platement rimé. Mais Bibaud est un animateur et un compilateur

---

18. Georges-André Vachon, «Une pensée incarnée», présentation des textes d'«Une littérature de combat, 1778-1810», *Études françaises*, vol. V, n° 3, août 1969, p. 257. Voir aussi John Hare, *La Pensée socio-politique au Québec, 1784-1812: analyse sémantique*, Ottawa, EUO, 1977.

infatigable. Les journaux ou revues qu'il lance périodiquement sont d'utiles «miscellanées» historiques, scientifiques et littéraires. Henry-Antoine Mézière, rare Canadien à avoir participé à la Révolution française, est moins persévérant dans *Le Spectateur* et *L'Abeille canadienne,* dont l'originalité est de présenter peu de morceaux choisis, mais des gloses et un début de critique. Étienne Parent (1802-1874) est un journaliste sérieux, sociologue et conférencier universitaire avant la lettre. Modéré mais tenace, il défend la liberté de presse, la démocratie parlementaire, il se préoccupe de l'éducation populaire, du sort des classes ouvrières; il insiste sur le développement économique et le «haut négoce[19]».

En 1830, dans *La Minerve*:

> Le temps n'est plus, où le cœur en silence
> Pouvait se taire au nom de *Liberté!*
> Du Saint-Laurent aux rives de la Seine
> Ce nom magique reçoit des tributs.

Il en reçoit de Garneau, d'Aubin, des auteurs de chansons à la Béranger, des journalistes et des hommes politiques, de l'auteur anonyme des *Trois Comédies du statu quo* (1834). La monarchie de Juillet — «Liberté sans Terreur», «Liberté qui rassure sous son habillement semi-britannique» —, les affaires de Pologne et d'Irlande, le romantisme social, le catho-

---

19. Voir la biographie et le choix de textes de Jean-Charles Falardeau, *Étienne Parent, 1802-1874,* Montréal, La Presse, 1975.

licisme libéral de Lamennais ont beaucoup d'influence. On peut même distinguer entre «romantisme politique» et «patriotisme romantique[20]».

---

20. Jeanne d'Arc Lortie, *La Poésie nationaliste au Canada français (1606-1867)*, Québec, PUL, 1975, p. 192 et suiv.

CHAPITRE II

Cheminements et reflets
(1837-1918)

I. Histoire et idéologies

Les manuels parleront peu des Rébellions de
1837-1838, traumatisés par l'échec, honteux du
«poison des doctrines subversives» et des «haines
raciales». Des lettres émouvantes (de Lorimier), des
chansons (*Un Canadien errant*), des poèmes (Barthe,
Garneau), une tradition orale qui apparaîtra chez les
fils et les petits-fils des Patriotes: à l'Institut canadien,
puis au moment de l'affaire Riel, qui coïncide avec la
monographie sympathique de David (1885). «Nous
étions les Métis du Bas-Canada», proclame Honoré
Mercier, dont le père «avait fait le coup de feu».
Lionel Groulx regrettera que les cultivateurs du
Richelieu aient attendu «gauchement l'ennemi,
quand ils auraient pu lui faire la petite guerre, le har-
celer sur les routes». Un «art de la défaite» ou les
contradictions de chefs petits-bourgeois? Une quinzaine de romans historiques mettront en scène ou en

arrière-scène les Patriotes. Le premier et le plus auda-
cieux est *Le Rebelle* du baron de Trobriand (1841),
interdit. Vingt ans plus tard, on excuse les malheureux; enfin, quelques-uns les célèbrent, mais la plupart demeurent prudemment neutres[1]. La *tuque* sera
de nouveau portée et le drapeau rouge, blanc, vert
déployé, après 1960, dans les rues et les revues.

1. Garneau et ses successeurs

François-Xavier Garneau (1809-1866) est d'abord
un poète:

Peuple, pas un seul nom n'a surgi de ta cendre;
Pas un pour conserver tes souvenirs, tes chants...

Garneau sera ce nom, cette flamme, cette lampe.
Son séjour en Angleterre et en France de 1831 à
1833, précédé d'un voyage en Acadie et aux États-
Unis, lui ouvre des horizons et des archives. Le clerc
de notaire s'inspire des historiens romantiques. Sa
monumentale *Histoire du Canada* (1845-1852)
donne l'essor à la littérature, à l'idéologie et à la
mythologie nationales. La première édition critique
librement certaines interventions religieuses (exclusion des huguenots de la colonie), voire le «délire de
la dévotion» des mystiques. La troisième (1859) est
révisée quant à la documentation, au style (plus
sobre), aux jugements sur Mgr de Laval et les Jésuites.

---

1. Voir Jean-Paul Bernard, *Les Rébellions de 1837-1838. Les
Patriotes du Bas-Canada dans la mémoire collective et chez les historiens*, Montréal, Boréal, 1983.

Une cinquième édition, par les soins de son petit-fils, reviendra substantiellement à la première.

Philosophiquement voltairien et politiquement libéral (démocratie parlementaire), Garneau était socialement conservateur, traditionaliste, déiste. «Au fond, n'était-ce pas surtout parce qu'elles servaient la cause nationale que notre premier historien avait pactisé avec les idées réformistes?» (F. Ouellet). Cette Histoire-discours, bible et revanche, est honnêtement documentée, méthodique, ample, frémissante, animée par la figure du peuple-héros, l'antagonisme des «races». Les images de l'eau et du feu s'y condensent dans l'orage qui se forme «dans le silence des forêts et les conciliabules des barbares», vient fondre sur la colonie dès 1607, éclate sur la tête des Acadiens déportés et «augmentera de fureur» jusqu'à la Conquête. Chaque bataille — et l'histoire elle-même — est une «tempête qui passe en laissant des ruines». Garneau veut encourager les vaincus à la fierté, à la lutte (et il y réussit), mais son sentiment est au fond pessimiste, tragique. Sa conclusion convient parfaitement au siècle d'inaction et d'exaltation qui suit 1837:

> Que les Canadiens [...] ne se laissent point emporter par le brillant des nouveautés sociales ou politiques. Ils ne sont pas assez forts pour se donner carrière sur ce point. C'est aux grands peuples à essayer les nouvelles théories. Ils peuvent se donner des libertés dans leurs orbites assez spacieuses. Pour nous...

Cette attitude prudente, conservatrice, paraît contredire le libéralisme romantique du jeune Garneau. Elle n'est pourtant pas illogique. L'Union étant un «échec irrémédiable» aux yeux de cet observateur, ce n'est pas l'avènement du gouvernement responsable qui a pu surmonter la «terrible menace» de l'assujettissement, mais le peuple lui-même, «en son existence quasi immobile, assuré de la longue durée, à l'écart des grands événements où il ne se dresse que pour défendre la patrie, revenant aussitôt après à ses chaumières et à ses traditions[2]». Garneau raconte «deux histoires»: l'une événementielle et politique, l'autre «profonde», qui engage la mémoire et stimule la littérature. Son *Histoire*, plus ou autrement que les conférences de Parent[3], marque une étape décisive dans l'élaboration de la «référence» d'une collectivité.

On a récemment relevé les nombreux paradoxes de l'œuvre et du mythe Garneau, «plus qu'un point de ralliement, un signe de contradiction[4]». Notre premier écrivain est introuvable en librairie depuis un

---

2. Fernand Dumont, *Genèse de la société québécoise*, Montréal, Boréal, 1993, p. 293.

3. Dont la perspective est moins celle d'un «peuple», d'une «nation», que d'une «réserve», d'une «survivance». Le «colonisé» Parent est d'accord là-dessus avec le colonisateur Gosford (*ibid.*, p. 187-189). Déjà, chez les leaders patriotes, «l'idée de nation et celle de république se rencontrent; elles n'arrivent pas à se fondre» (*ibid.*, p. 177). Le discours officiel témoigne d'une «double allégeance» où se démêlent mal «identité politique et culturelle» (*ibid.*, p. 237 et 333).

4. Gilles Marcotte, «La voie honorable», *Études françaises*, vol. XXX, n° 3, 1995, p. 72.

demi-siècle, sa correspondance, en grande partie inédite. Son nom brille comme une épitaphe sur une belle pierre. Son œuvre nous «devient lisible dans la mesure où elle s'est éloignée de nous». Garneau échappe aux réactions superficielles de son temps — pas à l'actualité profonde — pour «inscrire le destin des Canadiens français dans l'évolution générale de l'humanité[5]». Plus laïque, moins mystique que Michelet, il a voulu être l'«écrivain de la justice», qui commence par la justesse, la stricte économie des mots.

Quand l'historien, opposé à l'Union et à l'assimilation, «heurtant de front les décrets d'une métropole toute-puissante» et «les Canadiens ralliés au gouvernement qu'elle nous impose», prétend suivre une voie *honorable*, il ne pense pas à la gloire, mais à la simple et difficile droiture. Il est cet «honnête homme qui ne cesse de rêver (discrètement) de grandeur, alors même qu'il raconte quelques amères défaites et le rétrécissement, pour le Canada français, de l'horizon historique[6]». La «voix Garneau», qui sera aussi, en poésie, celle de son fils Alfred, en poésie et en prose, celle de son arrière-petit-fils, Hector de Saint-Denys, est essentiellement la voix du deuil, de la perte assumée, du courage de survivre pour des jours (peut-être) meilleurs «en concurrence avec le silence et la mort[7]».

5. Gilles Marcotte, «Garneau dans le texte», introduction à François-Xavier Garneau, *Histoire du Canada depuis sa découverte jusqu'à nos jours. Discours préliminaire. Livres I et II* (d'après l'édition de 1845), Montréal, BQ, 1996, p. 29.
6. Gilles Marcotte, «La voie honorable», art. cité.
7. Gilles Marcotte, «Garneau dans le texte», *op. cit.*, p. 41.

Le *Cours d'histoire du Canada* de Ferland (1861), l'*Histoire de la colonie française* de Faillon (1865) et, après ces érudits, divers biographes amateurs insistent sur la foi et la vertu des pionniers. D'autre part, les laïques libéraux Sulte et David, un peu brouillons, volontiers polémistes, réconcilient l'épopée populaire et révolutionnaire avec la problématique nationaliste de la fin du siècle. Mais, jusqu'au très modéré Thomas Chapais et à Groulx, second historien «national», il y aura plus de peintres et de maçons que d'architectes[8].

2. Rouges contre ultramontains

Entre l'agitation des années 1830 et l'intégrisme d'une «masse rurale dominée par le clergé» se situe l'aventure intellectuelle et politique des rouges[9]. De jeunes disciples de Papineau et de Lamennais fondent en 1847 *L'Avenir*, journal d'éducation et de combat, qui préconise l'élection des magistrats et des hauts fonctionnaires au suffrage universel, la restriction de la propriété en mainmorte, l'abolition des dîmes, etc.

Le Pays (1852-1871) poursuivra l'œuvre de *L'Avenir*, tout en se dissociant des socialistes européens. Avant 1854, réformistes radicaux et modérés se disputent le titre de libéraux; après, on est «rouge» ou «violet» (libéral-conservateur). Dès 1862, selon le

---

8. Voir Serge Gagnon, *Le Québec et ses historiens. De 1840 à 1920. La Nouvelle-France de Garneau à Groulx*, Québec, PUL, 1978.
9. Voir Jean-Paul Bernard, *Les Rouges. Libéralisme, nationalisme et anticléricalisme au milieu du XIXᵉ siècle*, Québec, PUQ, 1971.

futur Premier ministre Mercier, «une mer immense» sépare le Parti libéral officiel de sa minorité rouge: le vin est noyé, les penseurs convertis en politiciens. À quelques noms près: Dessaulles, Doutre, Buies...

L'Institut canadien, fondé à Montréal en 1844 par un groupe de juristes, d'étudiants et de notables éclairés, est une sorte d'université libre. Il possède une riche bibliothèque, qu'il défendra contre les foudres de l'Index, et offre chaque année des dizaines de conférences, comme celles de Dessaulles sur Galilée, l'évolution, l'annexion à la République américaine. Barthe (*Le Canada reconquis par la France*, 1855) va demander à Paris de nous «ouvrir ses écluses d'émancipation». Dessaulles est le plus vigoureux dialecticien du *Pays*: son argumentation est logique, serrée; sa *Grande Guerre ecclésiastique* (1873) précédera de peu son exil définitif en Belgique et en France[10].

Malgré plusieurs centaines de membres actifs, des chefs admirables, l'Institut canadien perd peu à peu la partie devant l'autorité épiscopale, l'excommunication, l'«ingérence indue» du clergé dans les affaires publiques et la conscience individuelle. Un modéré, «violet» typique, le jeune Laurent-Olivier David, écrit aux radicaux doctrinaires, en 1863: «Vous êtes les représentants de l'esprit philosophique et du rationalisme [...]. Votre drapeau est celui de l'impiété; liberté d'examen et de penser, voilà votre devise [...]. La raison seule ne peut enfanter que

---

10. Voir Louis-Antoine Dessaulles, *Écrits*, édition critique par Yvan Lamonde, Montréal, PUM, «BNM», 1994; Yvan Lamonde, *Louis-Antoine Dessaulles (1818-1895). Un seigneur libéral et anticlérical,* Montréal, Fides, 1994.

l'erreur et conduire les sociétés à l'abîme.» Que dire de la réaction des *Mélanges religieux* et autres organes plus ou moins modelés sur *L'Univers* de Veuillot[11]? Les journalistes courtois, un peu sceptiques, sont l'exception (Hector Fabre). Les anathèmes pleuvent; les grands titres-programmes de la fin du siècle sont *L'Étendard* et *La Vérité*. Pour Mgr Bourget, dont les mandements sont des «textes grandioses, tant ils sont inhumains», la liberté d'opinion n'est rien d'autre que «la liberté de l'erreur, qui donne la mort à l'âme».

Pour Mgr Laflèche, «bleu» pur, les *Rapports de la société civile avec la religion et la famille* (1866) sont de subordination, d'analogie, de reflet. Les «Canadiens-Catholiques» évitent même, un moment, l'épithète *français*. Malgré ses *Causeries du dimanche* (1871), le juge Routhier n'est pas notre Sainte-Beuve; il s'emporte ainsi contre les classiques: «Bossuet est le père du gallicanisme! Pascal est janséniste! Fénelon, Racine et tous les littérateurs de ce temps ont la tache payenne!» Tardivel[12], auteur d'un roman d'anticipation, *Pour la patrie* (1895), préférerait «un isolement éternel à l'adoption des idées dites modernes qui ont cours en France».

La révolte des Métis manitobains, l'exécution de Louis Riel, le libéralisme «rose» et le nationalisme flamboyant d'Honoré Mercier avaient pourtant rallié

---

11. Voir Pierre Rajotte, *Les Mots du pouvoir ou le pouvoir des mots. Essai d'analyse des stratégies discursives ultramontaines au XIXᵉ siècle*, Montréal, l'Hexagone, 1991.
12. Voir Pierre Savard, *Jules-Paul Tardivel, la France et les États-Unis, 1851-1905*, Québec, PUL, 1967.

le peuple lors de l'assemblée du Champ-de-Mars en 1885. On évoque Jeanne d'Arc, on réhabilite les Patriotes, on insiste sur la filiation française et l'autonomie provinciale. Adjutor Rivard fonde la Société du parler français en 1902 et organise un grand congrès en 1912. Olivar Asselin et Armand Lavergne donnent à la Ligue nationaliste son journal en 1904. En 1910, Henri Bourassa lance *Le Devoir* et prononce son fameux discours de Notre-Dame contre le cardinal-archevêque de Westminster, légat papal. Rares sont ceux qui, comme Asselin ou Louvigny de Montigny, dissocient langue et foi, culture et religion nationales. Pour Mgr Louis-Adolphe Paquet, théologien néothomiste et canoniste très consulté, «la vocation de la race française en Amérique», au seuil du XXe siècle, est antimatérialiste, messianique et missionnaire. Il admettra, plus tard: «L'argent est un instrument: il sert ceux qui s'en servent et qui le maîtrisent.»

3. 1860: le mouvement immobile

S'il est exagéré de parler d'une «école» littéraire et patriotique de Québec, en l'absence de maître et de doctrine, une période nouvelle, un mouvement, une réaction se dessine vers 1860. Les notables cultivés qui avaient pris l'habitude de se réunir, les plus vieux au magasin de Hamel, les plus jeunes à la librairie des Crémazie, fondent par scission deux revues, *Les Soirées canadiennes* et *Le Foyer canadien*, en 1861 et 1863. On recueille et imite le folklore, on cultive le conte à la Nodier, le tableau épique, la religiosité et le pittoresque de convention. On évite ainsi le paganisme parnassien et le roman de mœurs, «manifestation de la pensée impie, matérialiste». Crémazie écrira à Casgrain: «Toute cette guerre que l'on fait au réalisme est absurde... C'est le 89 de la littérature qui devait nécessairement suivre le 89 de la politique [...]. Pourquoi ne pas regarder en face ces fantômes qui vous semblent si monstrueux?»

L'abbé Casgrain (1831-1904) est un animateur, un agitateur littéraire ambitieux et habile[13]. Disciple (de Garneau et de Crémazie), confident, conseiller, censeur, rival (de Taché), éditeur — pour le compte de l'Instruction publique et pour son profit personnel en même temps que celui des Lettres —, Casgrain capte et reflète tous les rayons. Il affectionne la légende, «ce mirage du passé dans le flot impressionnable de l'imagination populaire», la biographie, les archives et les jolis revêtements. Homme et écrivain tout en souplesse, il n'arrête pas les torrents, il les détourne. Il parle de la littérature canadienne «comme un père de sa fille» et l'envoie «moraliser le peuple», lui montrer «les sentiers qui mènent à l'immortalité».

Casgrain n'est pas à proprement parler un critique. Ni en théorie ni en pratique il n'égale Crémazie. Louis-Auguste Olivier s'était fait avant lui le héraut de la légende historique et de la couleur locale (1845). *On Canadian Literature*, d'Hector Fabre, est une réflexion intelligente (en français, malgré les apparences): «C'est cette société, miraculeusement

---

13. Pour une évaluation de ses stratégies et une relecture de son œuvre, voir les recherches du Projet Casgrain dirigé à l'UQTR par Manon Brunet, dont *Henri Raymond Casgrain épistolier. Réseau et littérature au XIXᵉ siècle* (Québec, Nuit blanche éditeur, 1995), et le dossier de *Voix et images*, nᵒ 65, hiver 1997.

conservée sous certains rapports, singulièrement défi-gurée sous d'autres, qu'il faut peindre...» Napoléon Legendre déplore encore, en 1877, l'«absence com-plète d'une véritable critique littéraire». On publie beaucoup de *Mélanges* où la littérature est diluée, noyée. *La Minerve* et *Le Canadien* lui réservent quel-ques «albums» et «écrins». *Les Guêpes canadiennes* réunies par Auguste Laperrière piquent sans faire de miel. Edmond Lareau signe en 1874 une première compilation ou histoire littéraire. Quelques-uns s'intéressent à la langue: Buies, Oscar Dunn, les fol-kloristes, le consul Gauldrée-Boileau *(Paysan de Saint-Irénée)*, Narcisse-Eutrope Dionne et, systémati-quement, à partir de 1902, *Le Bulletin du parler français au Canada* (remplacé en 1918 par *Le Canada français*, revue de l'Université Laval), qui publiera un *Glossaire* en 1930[14].

Le premier critique professionnel est Mgr Camille Roy (1870-1943), disciple de Lanson, Faguet et Bru-netière, auteur d'un manuel[15] souvent remis à jour, d'*Essais* et de *Nouveaux Essais,* d'*Origines*, de *Regards,* d'*Études et croquis,* etc. Il met, lui aussi, la littérature «en service national», vertueux, mais sans la couper des «sources de la littérature mère». Néo-classique, doux et attentif, plus compétent et plus équilibré que Casgrain, il régnera, seul, trop longtemps.

---

14. Voir Marie-Andrée Beaudet, *Langue et littérature au Québec, 1895-1914. L'impact de la situation linguistique sur la formation du champ littéraire*, Montréal, l'Hexagone, 1991.
15. Voir Lucie Robert, *Le Manuel d'histoire de la littérature cana-dienne de Mgr Camille Roy*, Québec, IQRC, 1982.

4. Chroniqueurs et essayistes

Napoléon Aubin (1812-1890), d'origine gene-voise, chimiste et inventeur, lithographe de bon goût, auteur de contes philosophiques ingénieux, lance en 1837 une feuille originale, aussi plaisante qu'enga-gée: *Le Fantasque*. On regrette que Doutre n'ait pas réussi à prendre en dictée les souvenirs de ce vieux libéral «père Bonsens». L'élégant et spirituel Hector Fabre *(Chroniques,* 1877), le caustique Hector Ber-thelot *(Le Canard)* et, au début du XXᵉ siècle, les francophiles intransigeants Olivar Asselin et Jules Fournier seront, comme Aubin et Buies, des journa-listes libres, critiques, plus fines plumes que la plu-part des écrivains.

Arthur Buies (1840-1901) est né à Montréal d'un père écossais, planteur en Guyane, et d'une mère qui mourut en le confiant à des tantes riches et dévotes. Il voyagea beaucoup, termina ses études à Paris, combattit en Sicile du côté de Garibaldi.

À son retour, en 1862, il est journaliste au *Pays,* conférencier à l'Institut canadien. Ses trois *Lettres sur le Canada* sont de plus en plus audacieuses: «On ne transige pas avec l'absolutisme clérical, on l'atta-que de front: il faut savoir mourir quand on ne peut vaincre.» Aucun des journaux qu'il crée ne dure plus que quelques mois. Ses *Chroniques*[16] sont plus déten-dues, plus orthodoxes. Mais le trait demeure vif. Buies est exigeant, d'une franchise brutale. Il préco-

---

16. Édition critique par Francis Parmentier, 2 vol., Montréal, PUM, «BNM», 1986 et 1991. Voir aussi Laurent Mailhot, *Anthologie d'Arthur Buies*, Montréal, HMH, 1978; Montréal, BQ, 1994.

nise l'enseignement neutre, obligatoire et gratuit: «Vous enseignez l'intolérance et le fanatisme. [...] Quoi? Suffit-il donc, pour que vous donniez une éducation française, de n'en employer que les mots et d'en rejeter toutes les idées?» Pour arrêter l'émigration vers les *facteries* de la Nouvelle-Angleterre, le patriote se fera géographe, arpentant et décrivant les bassins du Saguenay, du lac Saint-Jean, de l'Outaouais supérieur, de la Matapédia. La «chemise rouge» devient «vicaire» et publiciste du curé Labelle, sous-ministre de la Colonisation. Encore là, Buies travaille à «l'édification d'une littérature vraiment nationale». Il n'a pas eu le temps, après *Réminiscences, Les Jeunes Barbares* (1892), de poursuivre ses mémoires.

À droite, Faucher de Saint-Maurice (1844-1897) voyage et décrit *De Québec à Mexico* (où il participe à l'expédition militaire française), *De tribord à babord, Loin du pays*. Il raconte, *À la brunante*, des «drames intimes cachés sous la tranquillité apparente». Il voudrait, entre *Choses et autres*, que notre littérature soit à la France une nouvelle Bretagne, «bonne, loyale et pleine de foi».

Parmi les chroniqueurs, quelques femmes: Françoise (à *La Patrie*), Gaëtane de Montreuil (à *La Presse*), Joséphine Marchand-Dandurand *(Nos travers*, 1901, et un journal intime inédit qui serait un «véritable chef-d'œuvre littéraire»). Inattendu et rafraîchissant est le *Journal, 1874-1880* d'Henriette Dessaulles[17], publié en 1971 sous le titre *Fadette*

---

17. Édition critique par Jean-Louis Major, Montréal, PUM, «BNM», 1989.

(pseudonyme de sa longue chronique au *Devoir*). Fille d'un libre penseur de la meilleure bourgeoisie, cette adolescente observe et juge «simagrées» et «singeries». Amoureuse précoce et fidèle, elle analyse surtout «un grand mystère qui s'appelle moi».

Edmond de Nevers (1862-1906), élève de Mommsen à Berlin, rédacteur à l'agence Havas, polyglotte, a scruté *L'Âme américaine* (1900) et *L'Avenir du peuple canadien-français* (1896). De Nevers, qui admire le courage manifesté jusqu'à la Confédération, s'élève contre la platitude des luttes électorales depuis 1867 et «ce patriotisme inactif et aveugle dont on meurt». Il rêve de «villes opulentes, enrichies de musées, d'objets d'art, de monuments», sur le modèle européen, avec des «conditions d'existence améliorées». Sous le signe de l'avenir, un idéal et une vision du passé — sauf pour la science et l'enseignement, où l'essayiste est particulièrement lucide. *Emparons-nous de l'industrie* (1901) de l'économiste Errol Bouchette est en train de remplacer le mot d'ordre de Duvernay: «Emparons-nous du sol!»

II. Romantisme prolongé

Passant d'un premier ou «jeune» romantisme (1830) à un postromantisme affadi (1860), la littérature canadienne, malgré Chateaubriand et Scott, ne trouvera pas tout à fait *son* romantisme[18]. Au pre-

---

18. Voir Maurice Lemire (dir.), *Le Romantisme au Canada*, Québec, Nuit blanche éditeur, Cahiers du CRELIQ, 1993; Réjean

mier rang des livres qui font «la honte de ce siècle», le roman est suspect, jugé au mieux inutile: sur les passions, le catéchisme a tout dit, «et bien mieux» que Sue ou Dumas. La poésie naît trop éloquente. Le théâtre existe difficilement, par intermittence, malgré les comédies de Pierre Petitclair[19], *Le Jeune Latour* cornélien de Gérin-Lajoie, les pastiches de Fréchette[20], les vaudevilles versifiés du Premier ministre Marchand et diverses adaptations.

1. Aventures et mésaventures

En 1837 paraît le premier roman canadien-français, *L'Influence d'un livre* de Philippe Aubert de Gaspé, fils (1814-1841), où un naïf prétend trouver dans *Le Petit Albert* des recettes pour faire fortune. D'une sombre alchimie, décousu, le récit-discours enchâsse deux légendes «sataniques», celles de la coquette Rose Latulipe et de l'homme du Labrador, Bras-de-Fer, «cloaque de tous les vices». Le roman sera réédité par l'abbé Casgrain sous le titre *Le Chercheur de trésors*, expurgé de jurons, de citations, de noms (Lamennais, Volney, Sue), et du mot *amour*, partout remplacé par *affection* ou *amitié*.

Beaudoin, *Naissance d'une littérature. Essai sur le messianisme et les débuts de la littérature canadienne-française (1850-1890)*, Montréal, Boréal, 1989.

19. Dont *Une partie de campagne* (1865), qui met efficacement en rapport et en jeu les (niveaux de) langues et les (luttes de) classes sociales.

20. Sa meilleure pièce est *Félix Poutré* (1871; Montréal, Leméac, 1974), sur l'auteur agent double d'*Échappé de la potence. Souvenirs d'un prisonnier d'État canadien en 1838* (1862; Réédition-Québec, 1968).

On peut assimiler le roman policier de François-Réal Angers, *Les Révélations du crime ou Cambray et ses complices* (1837), aux nouvelles fantastiques ou mélodramatiques qui paraissent en feuilletons entre 1835 et 1845: *La Tour de Trafalgar* et *Louise Chawinikisique* de Boucher de Boucherville, *Caroline* d'Amédée Papineau, *Le Chien d'or* de Soulard... En agençant dans *The Golden Dog* (1877) cette légende avec celles de la Corriveau et de Caroline, William Kirby contribuera presque autant que Garneau «à nous rendre à nous-mêmes par le récit et la description de la vie d'autrefois» selon son traducteur Pamphile Lemay, lui-même auteur de *Contes vrais*[21] (1900) où la superstition est plaisante. Les *Trois Légendes* (1861) de Joseph-Charles Taché sont plus frustes mais aussi édifiantes que les tableaux d'autel de Casgrain. Ses *Forestiers et voyageurs* (1863) décrivent la vie des bûcherons, des chaloupiers, des «hommes-de-cages», évoquent les feux follets, les chansons («Cadieux»), par la bouche d'un «vieux diseur», le père Michel, hors-la-loi qui en blessant mortellement un Anglais s'est trouvé à le (et se) convertir.

Dans la préface à ses *Fiancés de 1812* (1844), Joseph Doutre défend Eugène Sue et le roman en général contre un grave vieillard qui ressemble à Étienne Parent (pour qui «le temps de la littérature légère n'est pas encore arrivé»). Le jeune avocat rouge nous intéresse plus par ses digressions histori-

---

21. Voir l'édition critique par Jeanne Demers et Lise Maisonneuve, Montréal, PUM, «BNM», 1993.

ques, philosophiques ou morales que par l'interminable «pèlerinage de l'amour», les déguisements, poursuites, imbroglios. Sa nouvelle *Le Frère et la Sœur* est plus simple, non moins romanesque, chastement dénouée. En 1853, au moment où le roman-feuilleton disparaît des journaux parisiens, le proscrit socialiste Henri-Émile Chevalier le reprend ici dans sa *Ruche littéraire*, d'autres dans *Les Veillées littéraires canadiennes*. Travaillant «à bride abattue», Chevalier traduit, paraphrase, recoud, fabrique du roman historique à cadre local; il donne à l'Amérique ses *Pieds-Noirs*, à Montréal ses *Mystères*.

Quand Georges Boucher de Boucherville acheva en 1864 le roman d'aventures qu'il avait commencé en 1849, il plaqua «sur son récit louisianais un paisible roman de mœurs canadiennes moins émouvant que l'autre, mais qui cadrait mieux avec le romantisme patriotique» (D. M. Hayne). Il s'agit d'*Une de perdue, deux de trouvées,* mélodrame populaire (réédité six fois au XXe siècle), grouillant d'escrocs, d'empoisonneurs, de pirates, d'esclaves en révolte, de serpents à sonnettes et autres horreurs. De Boucherville, Fils de la Liberté qui s'était exilé volontairement à La Nouvelle-Orléans en 1838, est surtout un fils de famille (bleue) qui aura soin de «ne choisir parmi ses héros que les patriotes qui furent graciés et qui occupent [...] de bons postes dans les administrations» (R. Hamel).

En plus d'avoir collaboré au roman de son fils, le vieux seigneur de Saint-Jean-Port-Joli, Philippe Aubert de Gaspé, père (1786-1871) a laissé deux livres importants: *Les Anciens Canadiens* (1863) et *Mémoires* (1866). Il y raconte un siècle de luttes et de vie quotidienne: la défaite française (qui «a peut-être été un bienfait pour nous»), les «nouveaux lauriers» de la résistance aux Américains et de la fréquentation des gouverneurs, les coutumes, les fêtes, les rites saisonniers (arbre de mai) des manoirs et des fermes, le fantôme de la Corriveau, la débâcle du Saint-Laurent. L'affabulation cornélienne du roman — amitié, rivalité militaire, réconciliation de Jules d'Haberville et de l'orphelin écossais Arché, à qui Blanche d'Haberville refuse sa main, pendant que son frère épouse une Anglaise — est pur prétexte au causeur «né naturellement véridique». On peut supposer que des passages entiers de la chronique-saga et des mémoires anecdotiques ont été d'abord entendus au Club des Anciens du magasin Hamel où, dans les années 1850 — après un scandale financier, un emprisonnement tardif, une retraite forcée (épreuves semblables à celles qui sont attribuées au personnage de M. d'Egmont) —, Aubert de Gaspé fréquentait les meilleurs historiens, archéologues et folkloristes de Québec.

2. Thèses romanesques

La Terre paternelle (1846) du notaire Patrice Lacombe est une longue nouvelle qui pose en antithèse la paix des labours et la misère des faubourgs: «Laissons aux vieux pays, que la civilisation a gâtés, leurs romans ensanglantés, peignons l'enfant du sol...» *La Fille du brigand* (1844), d'Eugène L'Écuyer, manifeste un souci balzacien du détail. Mais le plus solide roman de mœurs de l'époque (et le moins didactique) est *Charles Guérin* (1846-1853) de Pierre-Joseph-Olivier Chauveau. Si l'intrigue amoureuse est banale, l'absence du père est subtilement marquée, les tableaux et paysages sont significatifs. Les toits de Québec au clair de lune sont une «éblouissante imposture», un «mirage phénoménal». Le pays lui-même existe-t-il?

> Deux longues lisières, à peine habitées, à peine cultivées, de chaque côté d'un fleuve, avec une ville à chaque bout: de petites villes, du milieu desquelles on voit la forêt qui se termine au pôle!

Le roman d'Antoine Gérin-Lajoie (1824-1882) commence où *Charles Guérin* finissait: fonder une nouvelle paroisse, une «petite république». *Jean Rivard* est une thèse à deux volets: *Le Défricheur* (1862), *Économiste* (1864). Un étudiant en droit, Charmenil, écrit à son ami colon: «Nous sommes des nains et vous êtes des géants.» Le géant a apporté en forêt *L'Imitation*, *Don Quichotte*, *Robinson Crusoé* et une histoire populaire de Napoléon. Son fidèle Vendredi, François Gagnon, se désigne lui-même comme Sancho Pança ou le grognard du «Petit Caporal». Entre la paroisse et l'«empire» (français d'Amérique), la province a beaucoup de peine à imaginer une république moyenne, un pays. Comme Chauveau, qui sera surintendant de l'Instruction publique et Premier ministre, Gérin-Lajoie se préoccupe du manque de débouchés offerts aux bacheliers en dehors de la prêtrise, du droit et de la médecine[22].

---

22. Voir la biographie de René Dionne, *Antoine Gérin-Lajoie, homme de lettres*, Sherbrooke, Naaman, 1978; pour une lecture

Son fils, Léon Gérin, étudiera en sociologue *L'Habitant de Saint-Justin* (1898).

Le héros de la nouvelle d'Errol Bouchette, *Robert Lozé* (1903), incarne, lui, l'antithèse: les miracles de l'activité industrielle; il voudrait un gouvernement provincial «autonome» et planificateur. *Jeanne la Fileuse* (1875-1878), d'Honoré Beaugrand[23], examine les problèmes des émigrés franco-canadiens en Nouvelle-Angleterre. C'est moins un roman qu'un «pamphlet», une «réponse aux calomnies». On reviendra *Chez nous* (1914), *Chez nos gens* (1918), avec Adjutor Rivard et les régionalistes — sans compter *Marie Calumet* (1904), farce clérico-villageoise de Rodolphe Girard, dont la langue grasse et l'odeur excrémentielle firent scandale.

Le peintre «nazaréen» Napoléon Bourassa est moins célèbre que son beau-père (Papineau) et son fils (Henri). *Jacques et Marie* (1865-1866) est un roman-témoignage sur les amours difficiles de jeunes fiancés acadiens à l'époque du Grand Dérangement. Il célèbre en passant «nos saintes mères!»: «Mariées à quatorze ans, elles étaient mères à quinze ans, puis elles l'étaient de nouveau tous les dix-huit mois, jusqu'à l'âge de quarante-cinq ans!»

---

nouvelle du roman et de sa «thèse», Robert Major, «*Jean Rivard*» *ou l'art de réussir. Idéologies et utopie dans l'œuvre d'Antoine Gérin-Lajoie*, Québec, PUL, 1991.

23. Fondateur de *La Patrie*, maire de Montréal, il est aussi un auteur important de contes et de nouvelles. Voir *La Chasse-Galerie et autres récits*, édition critique par François Ricard, Montréal, PUM, «BNM», 1989.

Joseph Marmette, «notre Fenimore Cooper», est prolifique, documenté, minutieux, mais peu adroit. Son système romanesque est simpliste: victoire du brave et beau prétendant sur ses affreux rivaux étrangers dont les noms sont déjà un programme: James Evil, Bigot, Vilarme, Loup-Cervier, Aigle Noir... *Charles et Éva* (1866-1867) est plus proche de Pixérécourt que des *Chouans* ou d'Alexandre Dumas. Les intrigues historiques suivantes répètent le modèle en le compliquant d'événements épisodiques qui, comme certains comparses ou ennemis, ont parfois plus de relief que la thèse et le héros officiels[24]. Quelques pages d'*À travers la vie*, autobiographie inachevée, permettent-elles de «croire que Marmette aurait pu produire un roman d'analyse» (R. Le Moine)?

Comme Eugénie de Guérin, à qui on l'a toujours comparée, Laure Conan (1845-1924) semble craindre «ce dérangement moral qui fait le roman». *Angéline de Montbrun* (1881-1882) se compose d'une partie épistolaire et d'un journal entre lesquels s'intercale un bref récit où les événements se précipitent: mort du père, accident de cheval de l'héroïne, qui, défigurée, rompt ses fiançailles. Ce roman d'analyse intérieure comporte des éléments autobiographiques — Félicité Angers avait aimé à La Malbaie le député Tremblay, son aîné, chaste et saint laïque qu'elle ne put épouser — qui expliqueraient l'ambivalence du personnage de M. de Montbrun, objet d'un culte filial et amoureux, et le caractère artificiel du jeune premier Maurice Darville, dont la sœur est

---

24. Voir Maurice Lemire, *Les Grands Thèmes nationalistes du roman historique canadien-français*, Québec, PUL, 1970.

la confidente d'Angéline. La plus haute passion est celle du sacrifice. «Puisque Dieu a commencé qu'il achève de me briser» (édition originale) sera remplacé par la pieuse variante: «Dieu m'a fait cette grâce de ne jamais murmurer.» L'intrigue romanesque elle-même est arrêtée, refoulée: dans *Angéline* comme dans *À l'œuvre et à l'épreuve*, sur le martyr Charles Garnier, et *L'Oublié*, sur Lambert Closse, qui «n'était venu à Villemarie que pour se dévouer, que pour mourir, et souffrait de s'être pris au bonheur». Après ces romans héroïques, Laure Conan écrira surtout des hagiographies et des nouvelles, dont *L'Obscure Souffrance*, journal imaginaire qu'on peut lire comme une postface au journal d'*Angéline*: «Comment s'habituer à la privation de tout ce qui fait l'intérêt, la douceur et le charme de la vie?» *La Sève immortelle*, son testament, revient au schéma dualiste et se rapproche en même temps du terroir: après la Conquête, Jean de Tilly choisit le Canada contre la France (et Thérèse d'Autrée).

3. En poésie: les Hurons, la patrie et la mort

Il n'y a guère de poètes entre Garneau et Crémazie, mais quelques «Hurons» et un «Fragment iroquois» (Barthe). Joseph Lenoir, dont certains *Poèmes épars* furent recueillis en 1916, traduit Longfellow, dessine des arabesques vaporeuses. C'est un libéral, humanitaire capable de violence, teinté d'exotisme et de primitivisme amérindien[25]. Charles Lévesque, frère

---

25. Voir l'édition critique de ses *Œuvres* par John Hare et Jeanne d'Arc Lortie, Montréal, PUM, «BNM», 1988.

d'un proscrit de 1838, songeait à publier *Martyrs politiques du Canada*. À la place, ce jeune veuf qui s'est apparemment suicidé a parlé de la femme, de l'amour; il a introduit le poème en prose à versets bibliques.

Avant de s'exiler en France, en 1862, à la suite d'une banqueroute et d'usage de faux, le libraire-poète Octave Crémazie (1827-1879) était déjà exilé de son espace, de son temps, de son art[26]. Poète «national», populaire parce que symbole de l'aliénation collective; victime-née, qu'on n'accusa point, qu'on plaignit d'avoir été abusé financièrement par ses amis. Il était venu souvent à Paris faire des achats somptueux; il ne retournera jamais au Canada et n'écrira plus de poèmes, même s'il en compose mentalement. «Laissons donc ces pauvres vers pourrir tranquillement dans la tombe que je leur ai creusée au fond de ma mémoire.» Le second Crémazie est cruellement lucide envers sa propre poésie et le «goût» de ses compatriotes: les rimes *gloire/victoire*, *aïeux/glorieux*, *France/espérance*, les plis et replis du *Drapeau de Carillon* — que des Anglais jugèrent «dangereux et révolutionnaire» à cause de sa fidélité nostalgique.

Crémazie avait composé des «étrennes» et diverses pièces historiques, orientales, napoléoniennes. Le chant du *Vieux Soldat canadien* est émouvant, qui rêve le retour des Français: «Dis-moi, mon fils, ne paraissent-ils pas?» Beaucoup de vétérans, de linceuls, de reliques, de crépuscules sanglants, de

---

26. Voir l'édition critique de ses *Œuvres* par Odette Condemine, Ottawa, EUO, 2 vol., 1976.

ténèbres, de fantômes et de vents glacés. Les sujets sont sonores, patriotiques et guerriers; le thème et le mode profonds sont le deuil, le délire, la défaite. *Les Morts* et *Promenade de trois morts* sont d'un réalisme macabre, avec des accents baudelairiens. Le ver-remords ronge, l'âme frémit lorsque la chair déracinée se décompose. «Oui, les absents ont tort [...] et les morts sont absents.» On préfère maintenant le Crémazie prosateur: *Journal du siège de Paris*, lettres à sa famille et à l'abbé Casgrain, où il se montre fin critique, où il exprime des vues larges et précises sur la littérature et l'institution littéraire.

On a beaucoup étudié la «modernité» de Crémazie, les «vers en germe» (Jean Larose) de sa *Promenade...* inachevée, interminable, sa position de «lecteur» distancié, de sociologue de la littérature canadienne-française avant la lettre (Gilles Marcotte). On a fait le lien entre son double exil, extérieur, intérieur, et la «folie» de Nelligan[27].

Louis Fréchette (1839-1908) fut surnommé «Victor Hugo le Petit» par son rival Chapman, lui-même plus pamphlétaire que poète, dont *Les Rayons du Nord* et *Les Fleurs de givre* rappellent sans les égaler *Fleurs boréales* et *Oiseaux de neige*. Avant ces odes, ballades et sonnets, avant son épopée, le député Fréchette avait cru, par son recueil *Pêle-Mêle* (1877), dire adieu aux muses. Il avait fait ses gammes en essayant diverses formes de strophes dans *Mes loisirs*, légendes-chansons, fantaisies à la Musset. De

---

27. Voir Réjean Robidoux et Paul Wyczynski (dir.), *Crémazie et Nelligan*, Montréal, Fides, 1981.

quelques années passées à Chicago il tire ses «châti-ments» anticonservateurs, *La Voix d'un exilé*. Les «phalanges héroïques» des Patriotes formeront, après la découverte du sol américain et les grandes batailles, le troisième cycle de *La Légende d'un peu-ple*. Le «lauréat» abuse généreusement des titans, de la couleur fauve, de la «trompette farouche». Dra-maturge peu original, sauf dans sa première pièce sur le traître *Félix Poutré*, Fréchette demeure vivant par ses «choses vues» en prose, ses *Satires et polémi-ques*[28], ses contes. *Originaux et détraqués* est une galerie de récits-portraits où le langage populaire est utilisé avec verve et malice. Ses *Mémoires intimes* sont de la même veine: tableaux d'époque, scènes de genre, observation détaillée, humour.

Eudore Évanturel est différent, sobre, presque moderne:

Je sors et je m'en vais, l'âme triste et morose,
Avec le pas distrait et lent que vous savez...

Ses *Premières Poésies* (1878), mal reçues — «exha-laisons délétères d'une folle imagination», «rire amer et sceptique du chantre de Rolla» — seront malheu-reusement les dernières[29]. Le timide et délicat Alfred Garneau (1836-1904) aime les «dormants cime-tières», les «clartés grises», les glas matinaux. Chez

---

28. Voir l'édition critique par Jacques Blais, avec la collaboration de Guy Champagne et de Luc Bouvier, Montréal, PUM, «BNM», 1993.
29. Voir *L'Œuvre poétique d'Eudore Évanturel*, édition critique par Guy Champagne, Québec, PUL, 1988.

lui, la tristesse «sourit», l'ombre «idéalise» les tombeaux, le désenchantement est doux, l'impression bleutée, aérienne. Albert Lozeau (1878-1924) est un poète à redécouvrir[30]. Intimiste discret, il ne force jamais sa voix, son «haleine un peu courte». *Le Miroir des jours* de ce jeune paraplégique est une fenêtre, un sonnet. Son érable saigne, ses ciels sont «cendre et fumée», ses heures «poussière» et monotonie «exquise»:

> Le charme dangereux de la mort est en toi,
> Automne, on le respire en ton souffle, on le boit.

Pamphile Lemay (1837-1918) a rimé une épopée indienne et chrétienne, *Les Vengeances (Tonkourou)*, et des sonnets rustiques transparents, *Les Gouttelettes*. Les *Floraisons matutinales* (1897) de Nérée Beauchemin[31] sont déjà tardives, fanées, et sa *Patrie intime* (1928), trop étroite.

4. L'École littéraire de Montréal

Après la «pléiade rouge» de l'Institut canadien, on trouve, en 1891-1892, la libre *Canada-Revue* et une pléiade pâle et bigarrée d'apprentis poètes verlainiens, décadents, «barbares», qui publient dans *Le Monde illustré* et dans des feuilles confidentielles et éphémères. D'autre part, en 1895, le groupe très rive-

---

30. Voir l'édition critique de ses *Œuvres poétiques complètes* par Michel Lemaire, Montréal, PUM, «BNM», 2002.
31. Voir *Nérée Beauchemin. Son œuvre*, édition critique par Armand Guilmette, 3 vol., Montréal, PUQ, 1973-1974.

gauche d'Henry Desjardins, les Six-Éponges, propose à Édouard-Zotique Massicotte, animateur de la «pléiade», de fonder ensemble une société, un foyer culturel. L'École littéraire de Montréal, selon Charles Gill, c'est «quatre avocats, un graveur, deux journalistes, un médecin, un libraire, cinq étudiants, un notaire et un peintre réunis autour d'un tapis vert, jonché de manuscrits», parfois au château de Ramezay pour plus d'inspiration. Il y aura beaucoup d'émulation et quelques glorieuses séances publiques, dont celle de 1899 où Nelligan récite sa *Romance du vin*. L'École publiera, à vingt-cinq ans d'intervalle, deux recueils de *Soirées*. Mais ses productions les plus vives viennent de marginaux: Nelligan, Lozeau, Dantin, Laberge. Le fidèle Jean Charbonneau fera l'histoire-épitaphe de l'École en 1935.

Dès 1897, Édouard-Zotique Massicotte, botaniste et futur archiviste, met en garde l'«école devenue cénacle», qui «affecte de croire qu'un homme n'a plus le droit d'écrire s'il ne possède pas un vocabulaire de mots rares, sonores et bizarres [...], s'il ne choisit un sujet étrange, extraordinaire ou exotique...». Le cénacle se divise en deux tendances: les intimistes-universalistes et ceux qui fonderont en 1909 la revue *Le Terroir*. Ceux-ci, majoritaires, prennent un moment, l'année suivante, sous Gill et Ferland, le nom d'Académie; les dissidents se regroupent autour de Charbonneau. Soudure en 1911, regain en 1919-1920, mais la prose l'emporte alors sur la poésie, et la critique sur la création, avec l'apparition de Valdombre, Victor Barbeau, Berthelot Brunet et du sceptique Jean-Aubert Loranger. Les nouvelles *Soirées* (1925), hétéroclites et médiocres, ne sont qu'une halte dans le déclin.

Émile Nelligan (1879-1941) a assimilé le romantisme, le Parnasse, Baudelaire, Rodenbach et Verlaine, les symbolistes et les décadents. Avant de sombrer, «au portail des vingt ans», dans la folie, cet adolescent rimbaldien produit une somme poétique, inégale sans doute, dont dix ou vingt pièces sont étonnantes. «Neufs au Canada, ces accents le seraient même en France» (Auguste Viatte). Ses thèmes sont ceux des *Cahiers d'André Walter* de Gide, nourri comme lui de Chopin et de Rollinat: appartements «solennellement clos», sœurs en robe blanche, étangs sulfureux, Werther au fond des bois. Plus encore que Crémazie, Saint-Denys Garneau ou Claude Gauvreau, Nelligan incarne le mythe[32] du poète maudit, de l'ange noir, du prince dans la ville. Réjean Ducharme, entre autres, en fera le modèle de l'enfance absolue, livresque, inspirée et douloureuse. Tout le monde connaît son nom (irlandais francisé), sa photo, ses poèmes mis en musique, l'écueil du *Vaisseau d'or*, la gaieté tragique de la *Romance du vin*, les *Portraits* de sa mère, pianiste, le très pur *Soir d'hiver* où «la neige a neigé». Ivre de sonorités et de couleurs, parfois, Nelligan est un prisonnier attentif et un jardinier heureux des allées de l'enfance. Il va souvent à l'essentiel: au noir et blanc (et non aux «ombres sanguinolentes»), aux «lumières lointaines» (*Clair de lune intellectuel*), à l'or, à l'art, au trésor du

---

32. Voir Jean Larose, *Le Mythe de Nelligan*, Montréal, Quinze, 1981. Sur son œuvre, voir les travaux de Paul Wyczynski dont une biographie (Montréal, Fides, 1987), de Jacques Michon (Montréal, PUM, 1983), de Réjean Robidoux (Montréal, Fides, 1992), etc.

poème qui se fait, «imprenable» comme l'amour des Vierges (*Châteaux en Espagne*). Nelligan n'a laissé ni lettres ni journal intime: que ces *Poésies complètes*[33] (édition critique, la première ici, en 1952).

Arthur de Bussières, ami de Nelligan, était un peintre en bâtiment bohème, raffiné. L'architecture de ses sonnets, *Les Bengalis* (1931), imite celle des pagodes, des jardins nippons, des temples en ruine, ou encore la musculature du forgeron, de la lionne, d'Orpha la Syrienne. Bussières a aussi besoin d'infini et cherche

La place irrévocable où nous jetterons l'ancre...

Charles Gill, peintre professionnel, a le coup d'œil large, sensuel, fiévreux, et par moments la vision et le souffle (emphatiques) d'un Fréchette. *Le Cap Éternité* (1919) — «Témoin pétrifié des premiers jours du monde...» — est la seule partie émergée d'un immense *Saint-Laurent* resté à l'état de projet. Lucien Rainier cache sous ses harmonies conventionnelles et conventuelles une angoisse, des ombres qui animent parfois *Avec ma vie* (1931).

L'école poétique du Terroir (à distinguer du mouvement de 1860, au patriotisme plus légendaire et historique) est celle de villageois isolés — le «barde d'Arthabaska», Adolphe Poisson, *Sous les pins* (1902), Lemay dans Lotbinière, Chapman dans la

---

33. Doublées par des *Œuvres complètes* (2 vol., Montréal, Fides, 1991) qui ajoutent aux *Poésies complètes, 1896-1941* (tome I) les *Poèmes et textes d'asile* (tome II).

Beauce (mais son terroir est plutôt «boréal» que régionaliste), le Dr Beauchemin à Yamachiche, Blanche Lamontagne-Beauregard en Gaspésie —, rejoints ou dépassés par quelques nouveaux citadins de l'École littéraire de Montréal. Albert Ferland (1872-1943), poète[34] et théoricien de l'école, se souviendra d'une enfance passée au bord d'un lac, en contact avec la faune, la flore et les Indiens. Pour lui, la terre-territoire «a mêlé dans l'oubli les os des guerriers rouges aux végétaux disparus, et sa fécondité [...] est faite de la mort des forêts».

---

34. Du *Canada chanté*, en quatre livres (1908-1910), et de *Montréal, ma ville natale* (1946).

CHAPITRE III

Entre la campagne et la ville
(1918-1948)

I. Nationalismes et humanismes

Dès la Première Guerre mondiale, la population du Québec est en majorité urbaine. Mais elle habite les faubourgs comme elle habite les rangs et les villages: en famille, en paroisse, avec la nostalgie de l'érablière, de la jument grise et de la croix de chemin. Les syndicats, quand ils existent, sont d'abord des associations catholiques. La politique se fait surtout à Ottawa; l'éloquence et le folklore, à Québec. Et on n'ajoute aux vieux mots du terroir que des traductions bâtardes ou des termes anglais.

Le théâtre, art urbain par excellence, réussit difficilement à s'implanter[1]. Pourtant, on joue beaucoup: du boulevard, des classiques, des mélodrames.

---

1. Voir le collectif sur *Le Théâtre canadien-français*, Montréal, Fides, «ALC», V, 1976; ainsi que les travaux de Chantal Hébert sur le burlesque, d'André-G. Bourassa et Jean-Marc Larrue sur *Les Nuits de la «Main»* (Montréal, VLB, 1993).

Le répertoire de Sarah Bernhardt eut l'honneur d'une condamnation des archevêques; Madeleine Renaud interpréta tranquillement *Maria Chapdelaine*. De bons comédiens français en tournée choisissent de travailler à Montréal. Une troupe permanente occupe le Stella en 1930; les Compagnons de Saint-Laurent, amateurs qui deviendront les professionnels les plus influents, surgissent en 1937. Quant à la dramaturgie canadienne, si l'on excepte quelques petits tableaux historiques et de médiocres adaptations, il reste: *Les Boules de neige* (1903), «symboles des dégâts semés par la médisance», de Louvigny de Montigny, dont les saynètes du *Bouquet de Mélusine* sont assez fraîches; *Le Presbytère en fleurs* (1929) de Léopold Houlé; enfin, le théâtre biblique et collégial du père Gustave Lamarche, dont les premières pièces *(Jonathas, Tobie)* sont les mieux réussies.

1. Le nigog contre la charrue

En janvier 1918 paraît une élégante revue, *Le Nigog*[2], qui s'éteindra en décembre, après un hommage à la paix revenue. Marcel Dugas et Robert de Roquebrune peuvent de nouveau s'installer à Paris; les autres, y séjourner. Les autres, ce sont les poètes Paul Morin, René Chopin, Jean Aubert Loranger, des architectes, des sculpteurs, des peintres, des musiciens, un chimiste, quelques professeurs de McGill,

---

2. Voir le collectif consacré au *Nigog*, Montréal, Fides, «ALC», VII, 1987, et le numéro de la revue *Protée* (UQAC), sur l'«Archéologie de la modernité. Art et littérature au Québec de 1910 à 1945», vol. V, n° 2, hiver 1987.

Jean Chauvin, critique d'art, Victor Barbeau, qui prendra la *Mesure de notre taille* et proposera des moyens *Pour nous grandir*, avant de fonder en 1944 l'Académie canadienne-française. «En fondant *Le Nigog*, nous n'avions nullement comme but de démolir ou de faire une petite révolution. Il n'y avait rien à démolir dans le monde vide que nous habitions et une révolution ne s'accomplit pas contre le néant» (Roquebrune).

Le nigog est un harpon dont les Amérindiens se servaient pour pêcher. C'est surtout un beau mot rare, faussement «exotique», comme l'école elle-même. Car ces artistes sont à leur façon nationalistes. Ils craignent l'enlisement du terroir; ils préfèrent à la lente et lourde charrue l'éclair de la pêche en eau claire. Ce sont des nationalistes pessimistes et des puristes francophiles, comme les journalistes Olivar Asselin (*Pensée française*, 1937) et Jules Fournier (*Mon encrier*, 1922). «Notre littérature, disons plutôt notre librairie, mieux, notre imprimerie...»; «Si nous sommes Français, c'est sans doute à la façon des domestiques, qui "font partie de la famille"», ironise Berthelot Brunet. Certains de ces «domestiques» sont des seigneurs, plus aristocrates que bourgeois. Robert La Roque de Roquebrune, né en 1889 au manoir de Saint-Ours, à L'Assomption, et qui travailla quarante ans aux Archives canadiennes à Paris comme dans des «papiers de famille», est un témoin (et un type) privilégié des *Canadiens d'autrefois*. Il publie des romans où l'histoire, la tradition, la mémoire jouent un plus grand rôle que l'imagination et l'analyse: *Les Dames Lemarchand* (1927), grandeur et décadence, *Les Habits rouges* (1923), qui s'inspirent du coup de feu et du coup de foudre de ses grands-parents en 1837. *Testament de mon enfance, Quartier Saint-Louis, Cherchant mes souvenirs, 1911-1940*, sont de précieux documents, émus, d'un humour discret. «Les noms ont toujours exercé un grand charme sur mon esprit», avoue ce descendant des cadets de Gascogne, soldats n'ayant eu droit qu'à «l'honneur du nom». Il abuse peut-être des généalogies, mais sa recherche du Temps perdu a beaucoup d'allure, de style, de noblesse.

Le dandy Marcel Dugas, théoricien dilettante du *Nigog*, est un prosateur d'art chatoyant, extravagant, qui aima «le naturel, à condition qu'il fût faux». Avec Dugas, à Paris dès 1909, «l'exil est devenu un pont» (Jean Éthier-Blais), l'exilé, un double ambassadeur. Il célèbre Verlaine et Fréchette, va d'*Apologies* en *Approches*, tantôt avec une éloquence alambiquée, tantôt avec l'aisance de *Paroles en liberté*. Henri d'Arles, autre mélange de Montesquiou, Maurras et D'Annunzio, a une phrase «vicieuse et impeccable», des impressions critiques en *Pastels, Arabesques, Eaux-fortes et tailles-douces, Estampes*.

Berthelot Brunet (1901-1948), notaire bohème, est un parfait critique d'humeur et de plaisir, paradoxal, digressif («Je n'ai jamais su penser que par parenthèse»), auteur d'une double histoire littéraire[3] très peu historique et pas du tout scolaire. Il fit courir un vent frais et léger dans diverses chroniques, voire, simultanément, dans des feuilles politiques adverses. *Les Hypocrites* (1945) est le roman, autobiographique et à clés, d'un

---

3. Retenons surtout son *Histoire de la littérature canadienne-française* suivie de *Portraits d'écrivains*, Montréal, HMH, 1970.

créateur frustré, drogué, d'un antihéros. Les réflexions de *Chacun sa vie*, les nouvelles du *Mariage blanc d'Armandine* convenaient sans doute mieux au tempérament de Brunet, à son goût de l'anecdote et du trait.

Le plus sûr critique de l'époque est Louis Dantin[4] (1865-1945), éclectique, ferme sans dureté, le premier à placer avant la morale «la splendeur vivante de la forme». Ses deux séries de *Poètes de l'Amérique française* et de *Gloses critiques*, et d'abord sa préface à l'œuvre de Nelligan, feront longtemps autorité. Religieux défroqué, exilé à Cambridge (Boston), Dantin réunit ses principaux poèmes dans un *Coffret de Crusoé*, ses contes dans *La Vie en rêve*. Un bon roman posthume, *Les Enfances de Fanny*, pose le problème des relations entre Noirs et Blancs. Ami et correspondant de Dantin, le poète et journaliste Alfred DesRochers, qui anime à Sherbrooke un «mouvement» qui déborde beaucoup les Cantons-de-l'Est, est, lui aussi, un conseiller recherché et un critique original. Ses interviews imaginaires de *Paragraphes* (1931) s'intéressent aux jeunes, à la «tradition de demain». Mais la raison française est-elle un «handicap» en Amérique «où l'audace et l'impulsion sont les premiers facteurs de succès»?

D'autres critiques, moins nuancés, reviennent à la hache ou à la charrue: Albert Pelletier (*Carquois*, *Égrappages*), honnête éditeur, directeur de la revue *Les Idées*; l'intransigeant Victor Barbeau et ses *Cahiers de Turc*; Valdombre (Grignon), pamphlétaire rugissant, ne jurant que par Léon Bloy et les canadianismes.

---

4. Voir Placide Gaboury, *Louis Dantin et la critique d'identification*, Montréal, HMH, 1973.

2. L'influence de Groulx

Au moment où il préparait son anthologie des poètes canadiens, Jules Fournier s'efforçait de démontrer au sympathique Alsacien Charles ab der Halden (*Études* et *Nouvelles Études de littérature canadienne-française*, 1904 et 1907[5]) que notre littérature n'existait pas, que Nelligan et Lozeau étaient des poètes français. Observateur politique brillant et désabusé, Fournier, pour qui le progrès de la littérature «dépend absolument» de la qualité de la critique, fut un critique au second degré. Personne n'était intouchable au fil de sa lame: ni Mgr Roy, ni Bourassa, encore moins Sir Wilfrid Laurier et sa cour. «Nous tenons encore à la France — et beaucoup — par le cœur, mais presque plus par l'intelligence», disait-il. Son exemple prouve le contraire. Et il n'est pas tout à fait isolé: l'économiste Édouard Montpetit vient de fonder *L'Action française* (sans affiliation directe à celle de Charles Maurras) lorsque Fournier meurt en 1918. Barbeau, Brunet, d'autres critiques peuvent passer pour ses disciples. Quant au journalisme d'opinion et de combat, il s'alourdit et s'empêtre un peu au *Devoir*, que Bourassa dirige trop longtemps, et ne brille que par éclairs ou éclats dans *L'Ordre* et *La Renaissance* d'Asselin.

Quand Albert Pelletier parle d'une «langue à nous» — «Si les Français veulent nous lire, ils nous traduiront, comme ils traduisent la littérature provençale...» —, il met «patois» entre guillemets et oppose,

---

5. Voir Marie-Andrée Beaudet, *Portrait d'un inconnu. Biographie de Charles ab der Halden*, Montréal, l'Hexagone, CRELIQ, 1992.

plutôt que français et québécois (le joual est pour lui un «borborygme sans valeur ni signification»), le niveau académique, livresque, et la langue «personnelle, humaine, vivante». L'affectation, le romantisme délayé, le psittacisme, le «grégarisme» sont les bêtes noires du «connétable». Sa critique de *L'Avenir de notre bourgeoisie* (1939) est féroce. Par-delà les conférences de Minville, Barbeau et Groulx, il attaque la «mentalité de maîtres» de la Jeunesse Indépendante Catholique et d'autres cercles à aumôniers, dont les «directives se résument à imposer le devoir à chaque individu de la classe bourgeoise de donner des directives». Antibarrésien, disciple d'Asselin («français, c'est-à-dire raisonnable») plutôt que de Groulx («québécois, c'est-à-dire oratoire»), Pelletier reconnaît cependant que celui-ci se trouve objectivement «dans la partie non chimérique de son œuvre, le haut-parleur des laïques depuis Papineau et Garneau...»

Ce ne sont pas les émouvants tableaux champêtres des *Rapaillages* ni ses romans à thèse qui font de Lionel Groulx (1878-1967) un écrivain important; c'est sa conception même de l'histoire, vitaliste, engagée — et les *Orientations* ou *Directives* qu'il en tire. *Notre maître, le passé*, oui, mais *Pour bâtir* et vers *Les Chemins de l'avenir* (à vrai dire, ceux-ci, du vieillard de 1964, sont un peu rétrogrades). L'animateur de l'Association catholique de la jeunesse canadienne s'improvise plus ou moins historien universitaire en 1915. Il ne cessera de préciser sa méthode, d'aller aux sources, avec autant de sens critique que de zèle, jusqu'à fonder en 1947 la *Revue d'histoire de l'Amérique française*. Capable de monographies fouillées aussi bien que de synthèses et de fresques, Groulx est le premier à étudier sérieusement *Nos luttes constitutionnelles*, à mettre en doute la sagesse des Pères de la Confédération, à insister sur *La Naissance d'une race* et le traumatisme des *Lendemains de conquête*. On peut donc lui pardonner les statues à Dollard des Ormeaux[6]! Avec plus de cohérence et de persévérance qu'Asselin ou Bourassa, Groulx s'élève contre l'esprit partisan, les divisions factices, la médiocrité parlementaire, les dangers du bilinguisme institutionnel, «les erreurs de l'économie libérale, la théorie funeste du laisser-faire». Il lutte pour la réforme de l'enseignement, pour la liberté académique, pour un État français largement autonome. «Le territoire du Québec ne peut être considéré comme un territoire vacant, ouvert à l'enchère cosmopolite», écrit-il dès 1921. «Le pire esclavage et le plus déformateur est bien celui qui ravit même l'instinct de révolte», dit-il, en 1962, à son disciple André Laurendeau.

3. De *La Relève* à *Refus global*

En 1934, à Québec, la petite revue *Vivre* travaille à une «renaissance nationale», indépendantiste et socialiste. À Montréal, *La Relève* appelle «révolution»

---

6. Il eut aussi, comme beaucoup d'intellectuels européens des années trente, quelques phrases antisémites que monte en épingle Esther Delisle dans *Le Traître et le Juif* (Montréal, l'Étincelle, 1992). Jean Éthier-Blais fait son panégyrique dans *Le Siècle de l'abbé Groulx* (Montréal, Leméac, 1993), et Guy Frégault, son portrait dans *Lionel Groulx tel qu'en lui-même* (Montréal, Leméac, 1978); Gérard Bouchard, *Les Deux Chanoines. Contradiction et ambivalence dans la pensée de Lionel Groulx*, Montréal, Boréal, 2003; Frédéric Boily, *La Pensée nationaliste de Lionel Groulx*, Québec, Septentrion, 2003.

le renouveau spirituel, l'humanisme intégral, le personnalisme. «Vous reconnaissez que la présente société est un éteignoir, que la pieuvre capitaliste nous étouffe. Et cependant à quoi vous en prenez-vous? Au manque de Charité, d'Amour, au matérialisme du siècle [...]. Si tu étais allé à Valcartier parmi les chômeurs...», écrit Pierre Dansereau à Robert Charbonneau, codirecteur de la revue fondée par une élite d'anciens élèves des Jésuites. La plupart deviendront éditeurs, journalistes, fonctionnaires, diplomates; ils participeront à la Révolution tranquille de 1960 et au fédéralisme libéral. *La Relève* — *La Nouvelle Relève* à partir de 1941 — fait connaître plusieurs bons critiques ou essayistes: Paul Beaulieu, Roger Duhamel, Robert Élie, Jean Le Moyne, Louis-Marcel Raymond... Saint-Denys Garneau demeure son plus vif témoin.

L'idéal, l'âme, l'art, le raffinement d'un côté, chez les jeunes bourgeois montréalais de *La Relève*; d'autre part, autour des *Idées* de Pelletier, le «bon sens» réaliste, viril, adulte, provincial et paysan sur les bords. À *L'Ordre* d'Asselin, au *Jour* d'Harvey, au *Canada* (Henri Girard, René Garneau), bientôt à Radio-Canada (Roger Rolland), on trouve des chroniques substantielles. *Vivre* et les autres feuilles nationalistes ne s'occupent de littérature qu'en passant. *La Revue dominicaine* le fait régulièrement, puis *Regards*, à Québec, *Les Carnets viatoriens*, à Joliette, *Amérique française*, *Liaison*, *L'Action universitaire*, etc. Guy Sylvestre fondera *Gants du ciel* et *La Nouvelle Revue canadienne*. Celle-là (1943) emprunte son titre à Cocteau, mais son idéal à Maritain: «atteindre aux valeurs spirituelles éternelles qui, plus que le pain, sont nécessaires à l'homme».

Avant de s'exiler à Paris et à Vézelay, François Hertel (1905-1985) avait été, jésuite, un animateur influent, nerveux, amateur de paradoxes, d'*Axes et parallaxes*, de *Strophes et catastrophes*. Moins spirituel que blagueur, crâneur, ni grand poète (claudélien redevenu classique), malgré la lucidité de *Mes naufrages* (1951), ni vrai romancier, malgré le succès du *Beau risque* (1939), bon essayiste parfois (*Leur inquiétude*, 1936), Hertel ne réussit guère l'autobiographie déguisée, les mémoires fantaisistes, les dialogues philosophiques.

Pierre Baillargeon a deux thèmes ou deux manières — la maxime sentencieuse, les difficultés de l'intellectuel qui voudrait être créateur —, qu'il juxtapose dans quelques «romans» ironiques: *Les Médisances de Claude Perrin* (1945), *Commerce*, *La Neige et le feu*. «J'aurais voulu choisir avant que d'écrire, comme si l'on pouvait commencer par son anthologie», remarque Perrin, qui réfléchit sur fiches. *Le scandale est nécessaire* (1962) et *Le Choix* posthume sont justement des anthologies de bons mots, de pages policées[7]. Jean Simard est moins émacié: ses répertoires débordent de citations et de clichés. Il a des coups de crayon amusants dans *Félix*, *Hôtel de la Reine*, *Mon fils pourtant heureux*, «drôlerie volontiers grinçante dirigée contre tous». *Les Sentiers de la nuit*, plus ambitieux, essaie le tableau après les esquisses. Ce moraliste ne semble pas fait pour le roman.

Robert Charbonneau (1911-1967), critique et théoricien (*Connaissance du personnage*), «profond

---

7. Voir André Gaulin, *Entre la neige et le feu. Pierre Baillargeon, écrivain montréalais*, Québec, PUL, 1980.

sondeur d'âmes», n'est pas non plus un créateur. Sa trilogie romanesque tourne autour de l'idéalisme et de l'égoïsme, d'un seul personnage en fait, dédoublé. Sa vision du monde est peut-être mauriacienne, son art ne l'est pas: nul arôme de pins landais ou de terroir bordelais. L'anti-régionalisme de Charbonneau va jusqu'au déracinement et à l'abstraction. «Je voulais une poésie sans appui dans la nature et dans l'homme», dit Julien Pollender, velléitaire et volontariste, timide exalté, qui interpose «des recettes entre la vie et soi». *Aucune créature* (1961) et *Chronique de l'âge amer* sont des clés sans roman: introspection et rétrospection, journal et mémoires. Rex Desmarchais s'était essayé à l'analyse de l'adolescence, du couple mal assorti, de l'esthète en mal d'action, avant d'entreprendre un roman politique, corporatiste et indépendantiste, *La Chesnaie* (1942), qui rend compte du climat des années trente.

L'édition est très active à Montréal durant la guerre, ce qui entraîne une querelle entre *La France et nous*[8], où Robert Charbonneau défend des positions autonomistes. Fleurit alors la métaphore — la fable — du tronc et du rameau, de la racine et de la bouture, de la branche devenue «un autre arbre», puisqu'elle projette une ombre lointaine. «Tout recommence en "40"», selon Jacques Ferron: «Loin de nuire, la perte de la France stimulait tout ce qu'il y avait de français, ici.»

---

8. Montréal, L'Arbre, 1947; Montréal, BQ, 1993. Le sous-titre, *Journal d'une querelle*, était le titre (plus exact) aux yeux de Charbonneau; voir aussi *ECF*, 57, 1986.

En 1948, un groupe de peintres, refusant de se cantonner dans la «bourgade plastique», entend libérer la liberté dans tous les domaines: contre la peinture officielle et «les murs lisses de la peur». *Refus global*, mais aussi «responsabilité entière», nouvelles frontières du rêve, du désir, du risque, de l'«anarchie resplendissante». On peut comparer ce manifeste, discours utopique, texte prophétique, à *Légitime Défense,* préparé par les étudiants antillais à Paris en 1932. Automatisme «surrationnel», dit Borduas, pour distinguer du surréalisme son expressionnisme non-figuratif, qui accorde la première importance au geste, à l'objet, aux «relations sensibles de la matière employée». Décisif en peinture, le mouvement automatiste influence immédiatement quelques poètes. Comme *Refus global*, dont les revues célèbrent les anniversaires, Borduas devient une figure emblématique du Québec moderne. On se promène, fasciné, *Autour de Borduas* comme dans *Refus global et ses environs*. L'homme, son œuvre (picturale, écrite[9]) et son mouvement sont présents chez un Claude Gauvreau, disciple attitré, un Jacques Ferron, témoin privilégié, un Pierre Vadeboncœur («Il passa là où personne, semble-t-il, n'avait passé»).

---

9. Voir *Écrits I* et *II* de Borduas, édition critique par André-G. Bourassa, Jean Fisette et Gilles Lapointe, Montréal, PUM, «BNM», 1987 et 1997 (celui-ci en deux volumes). Voir aussi François-Marc Gagnon, *Paul-Émile Borduas (1905-1960). Biographie critique et analyse de l'œuvre*, Montréal, Fides, 1978.

II. De *Maria Chapdelaine* à *Bonheur d'occasion*

Un *Terroir* fut la revue d'une faction de l'École littéraire de Montréal; un autre parut à Québec de 1918 à 1938. Son directeur, Damase Potvin, entend *L'Appel de la terre* et lui fait écho en propagandiste. Les *Vieilles Choses, vieilles gens* (Georges Bouchard), les vieux mots sont inventoriés, mis en albums, sertis, encadrés, prêts pour la vente à l'encan ou les antiquaires américains. Car la maison ancestrale n'est plus (ou pas encore?) habitée; elle est seulement revisitée. Il faudrait un bon roman pour relier, animer ce pittoresque détaillé. Potvin, spécialiste du Saguenay, a écrit l'histoire d'un immigré — *Le Français* (1925) — qui ressemble à Louis Hémon, ou plutôt à une sorte d'auteur-personnage de *Maria Chapdelaine,* «conquis d'emblée» par «la belle et bonne terre québécoise», et qui la cultiverait. Un autre Français, Léon de Tinseau, avait séjourné au Lac-Saint-Jean, s'était intéressé aux tempêtes et même aux «voix» (*Sur les deux rives*, 1909).

1. Louis Hémon et les «voix du Québec»

Louis Hémon, né à Brest en 1880, meurt accidentellement en 1913, après avoir vécu sept ans en Angleterre et vingt mois au Canada. *Maria Chapdelaine,* publiée en feuilletons dans *Le Temps* au début de 1914, a un petit tirage à Montréal en 1916. L'édition de 1921, chez Grasset, lance le roman et, ici, la querelle. Hémon nous a-t-il bien vus, compris? Ses personnages sont-ils des Canadiens typiques? Ne les peint-il pas un peu malheureux à l'orée des forêts qu'ils défrichent, où ils s'égarent et meurent? Hémon, non-conformiste, sinon homme de gauche, se verra bientôt représenté comme le défenseur des valeurs sûres: l'agriculture, la religion, le mariage, le «devoir patriotique». En fait, n'eût été son succès parisien, *Maria Chapdelaine* aurait sans doute été oubliée, enterrée — comme *La Forêt* de Georges Bugnet (1935), tableau puissant et tragique d'un immigré (en Alberta) aux prises avec «l'inflexible Nature canadienne». Les villageois de Péribonka jettent à la rivière le monument Louis-Hémon; Éva Bouchard, fatiguée de «passer pour la blonde de cet innocent», se réfugie dans un couvent (elle en sortira pour s'occuper du musée, vendre des souvenirs et participer à des conférences); les curés rappellent que le Français n'allait pas à la messe; la librairie du *Progrès du Saguenay* refuse de vendre le livre. Louvigny de Montigny lui-même corrige en même temps qu'il édite: il élimine les *ouais*, ne fait rentrer les vaches à l'étable qu'à la fin d'octobre («Le climat de *Maria Chapdelaine* est déjà trop peu attirant pour qu'on le refroidisse davantage»), atténue le «viens un peu par icitte, toué!» du curé à Maria. Mais, comme Daudet, Bazin, Le Goffic parlent du «miracle canadien», nos intellectuels vont voir si «ce que l'on prenait pour un caillou est une perle». *Maria Chapdelaine*, par son ambivalence, prêtait flanc au mythe[10]: le roman, destiné à un public étranger, a en effet une fonction documentaire ou ethnographique. D'où le malaise du lecteur québécois: «On parle de lui, mais pas à lui»

---

10. Voir Nicole Deschamps, Raymonde Héroux et Normand Villeneuve, *Le Mythe de Maria Chapdelaine*, Montréal, PUM, 1980.

(Pierre Pagé). Le destin de Maria est orienté: elle imitera sa mère, avec moins d'entrain. Son père, lui, était un homme des frontières; il préférait le défrichement, la terre neuve, aux «vieilles paroisses» trop aplanies. Eutrope et Maria, parfaits sédentaires, conserveront. Les «voix» de Maria sacrifient à l'idéologie: on les retiendra. Cet épisode a peut-être pour origine les notes de voyage de Louis Hémon («Au pays de Québec[11]», où il entend les cloches de la vieille capitale tinter: «C'est ainsi!...», «leçon ressassée sans fin avec solennité»).

«Le tort de Louis Hémon [...] est de n'avoir pas eu de successeur immédiat digne de lui. Plus de vingt ans séparent son œuvre des grands livres de Ringuet et de Guèvremont qui ruinaient les mythes d'une société paysanne préservée» (Michel Bernard). Comme Bugnet, ses compatriotes Constantin-Weyer (*Un homme se penche sur son passé*) et Marie Le Franc (*La Rivière solitaire*), originaux, envoûtés, demeurent marginaux. Harry Bernard, né à Londres, journaliste, écrit *La Terre vivante* (1925) et divers romans où «l'amour est une duperie» et la «solitude rédemptrice». Ce régionaliste change de région (Cantons-de-l'Est, Saskatchewan, Laurentides) et de méthode (de Barrès à Pierre Benoit) sans sortir de la monotonie.

Menaud, maître-draveur est un prolongement, une incarnation, une transformation textuelle et métaphorique des «voix» de *Maria Chapdelaine*. Félix-Antoine Savard (1896-1982) fut missionnaire colonisateur avant d'être doyen de faculté. Ses sources

---

11. Publié dans L.-J. Dalbis, *Le Bouclier canadien-français*, Montréal, Déom, 1925.

sont forestières, terriennes, nordiques, maritimes (*Le Barachois*), folkloriques; son classicisme est primitif, biblique, homérique, virgilien, claudélien. Il n'a pas la sobriété de Louis Hémon; *Menaud* est un torrent, une clameur, un vent de folie. «Sa femme avait tout fait pour enraciner au sol ce vagabond des bois» — sans y réussir. Menaud est un homme du seuil, de la fenêtre, des frontières, à la limite du regard et de la vision; un prophète, non un chef politique. Roman de la fidélité? De la résistance, plutôt. Et plus tellurique qu'historique, d'où la profusion des images (montagne, feu, engloutissement, impossible fête), l'ampleur du rythme, le style soutenu, tendu, éclatant. *Menaud* aura trois versions: l'originale (1937), élaguée jusqu'à la maigreur en 1944, retrouve son équilibre (romanesque-épique), sinon tous ses effets, en 1964. *L'Abatis* (1943) est un recueil de proses vigoureuses, de dessins et de sculptures: vol géométrique des oies sauvages, troncs d'arbres, paraboles, figure de proue. *La Minuit* (1948) revient à la peinture, mais fade, floue, d'un humanitarisme gris-rose. Savard est aussi l'auteur de deux poèmes plus ou moins dramatiques: *La Folle* (1960), légende acadienne, et *La Dalle-des-morts* (1965), fresque consacrée aux explorateurs. *Le Bouscueil* (1972) est un des beaux mots — et, matériellement, des beaux livres — cultivés par un «vieil homme angoissé marchant comme perdu dans les rafales de l'heure».

Léo-Paul Desrosiers (1896-1967), bibliothécaire, biographe et historien (*Iroquoisie*), a deux recueils de nouvelles, quelques œuvres à thèse. *Nord-Sud*, *Les Opiniâtres* et surtout *Les Engagés du Grand Portage* (1938) sont des romans historiques (et géographiques) intelligents, solides, minutieusement composés. Une ligne droite, immobile, mais deux pôles — le sédentaire et le nomade, le travail et l'amour — entre lesquels le romancier *veut* choisir le premier. Riche, violente, *L'Ampoule d'or* (1951) est une œuvre romantique, et la plus romanesque de Desrosiers: «Un vide s'est fait en moi et dans le monde; il s'emplit de souffrance.»

2. La terre avare et l'appel de la route

Albert Laberge (1871-1960) réagit à peu près seul contre l'idéalisation de la vie rurale. Maupassant et Omar Khayyām sont ses livres de chevet. Il paraît cynique, loin de la compassion et du romantisme social de Zola. Mais il défend, à sa manière, les «exploités de la glèbe» contre une «terre ingrate», une «vie de bête de somme». «La misère est laide, hideuse, haïssable, odieuse, vile. Au lieu de lui ériger un culte, on devrait s'efforcer de la bannir...» Et de bannir la mort, l'infirmité, la déchéance. Laberge est impitoyable envers les vieillards, pantins ridicules, obscènes, dégoûtants, fouillés avec hargne: «La machine humaine détraquée [...] ne valait guère mieux qu'un amas de débris.» Un roman ne peut naître de tels morceaux éparpillés. La famille Deschamps de *La Scouine*[12] (1918), travaillée à petits coups féroces, durant quinze ans, par le rédacteur sportif (puis critique d'art) de *La Presse*, est constituée d'une suite de scènes, de

---

12. Édition critique par Paul Wyczynski, Montréal, PUM, «BNM», 1986.

tableaux juxtaposés par un hasard-destin. Laberge a laissé inachevé un autre roman, *Lamento*, histoire d'une épileptique, dont l'origine serait sa liaison avec une certaine Florina. Il a publié, toujours à compte d'auteur et à tirages très limités, sept recueils de nouvelles. L'*Anthologie* préparée par Gérard Bessette (1963) a attiré l'attention sur «notre plus grand nouvelliste», le premier à employer le langage populaire à des fins autres que décoratives.

Claude-Henri Grignon (1894-1976), né et mort à Sainte-Adèle, avait deux oncles polygraphes qui signaient «Nature» et «Vieux Doc». Lui signa Claude Bâcle ou Valdombre ses coups de gueule et coups de boutoir. *Ombres et clameurs* paraît sous son nom la même année qu'*Un homme et son péché*[13] (1933). Longtemps étiré à la radio et à la télévision, enjolivé de «belles histoires» des pays d'en haut, le roman original est concis, rude, râblé. Séraphin est devenu un nom commun. Expert juriste et financier, régressif, voyeur, sadique, le colon usurier substitue à la chair blanche des jeunes filles la possession et l'adoration de l'or. Derrière l'étude de caractère on peut lire un drame de la dépossession collective et du refuge dans les valeurs privées.

Dans *Trente Arpents*[14] (1938) de Ringuet, c'est la terre elle-même qui est avare, possessive, jalouse; elle se nourrit de ses enfants, par cycles saisonniers. La terre, ou plutôt ce qu'on en a découpé: *sa* terre, l'horizon

---

13. Édition critique par Antoine Sirois et Yvette Francoli, Montréal, PUM, «BNM», 1986.
14. Édition critique par Jean Panneton, en collaboration avec Roméo Arbour et Jean-Louis Major, Montréal, PUM, «BNM», 1991.

clôturé. La cabane de Séraphin flambait, jusqu'à la pièce d'or et à la poignée d'avoine dans la main fermée; la dynastie des Moisan se désagrège, lentement, petitement, de maladies en procès, en exils. Le visage de Menaud était coloré «des mêmes ocres et des mêmes gris que les maisons, les rochers et les labours de Mainsal»; les Moisan n'ont pas de visage, que des bras, un corps noueux, un esprit calculateur. La terre seule a des couleurs, des nuances, de «fines ondulations»; des traits immuables, insensibles, hostiles. À la veille de sa mort, le vieux gardien de nuit, démuni de tout avoir, deviendra presque humain. *Trente Arpents*, cliniquement observé, très construit, très décrit, est une antithèse efficace. Les contes de *L'Héritage* sont plus souples. *Le Poids du jour*, lourd, fait le bilan de la vie d'un agneau-loup entre Louiseville, le Montréal des affaires et la retraite au mont Saint-Hilaire. Ringuet (1895-1960), médecin qui finira ambassadeur au Portugal, avait commencé par des pastiches, un *Journal* très engagé (inédit, différent des *Confidences* de l'«humaniste souriant»); grand voyageur, il fera des excursions du côté de l'Amérique précolombienne (*Un monde était leur empire*).

Germaine Guèvremont (1893-1968) n'est pas un «peintre de l'âme paysanne et poète terrien» aussi âpre que son cousin Grignon. Sa descente des Laurentides aux îles de Sorel se traduit par une prose aisée, claire, ventée, savoureuse sans lourdeur. Deux romans: *Le Survenant* (1945) et *Marie-Didace*[15]

---

15. Éditions critiques par Yvan-G. Lepage, Montréal, PUM, «BNM», 1989 et 1996. Voir Jean-Pierre Duquette, *Germaine Guèvremont: une route, une maison*, Montréal, PUM, «LQ», 1973.

(1947), saga des Beauchemin et du Chenal-du-Moine depuis le grand-père patriarcal jusqu'à la frêle et unique petite-fille. Nostalgie de la maison solide, du paysage vert, harmonieusement reflété. Tentation de l'aventure, grâce à ce «grand-dieu-des-routes», avatar du coureur de bois, qui survient un soir d'automne, s'arrête un an, bouleverse le rythme et l'horizon plats. Régionalisme? «Neveurmagne!» Malgré le *mackinaw*, le *frette* et les *chanquiers*, le diptyque pourrait se situer en Sologne, en Camargue ou dans la plaine du Pô. «Jamais le Survenant ne repasserait par le même chemin.»

3. Mœurs urbaines

Jean-Charles Harvey (1891-1967) fait figure d'iconoclaste, en 1934, avec *Les Demi-civilisés*[16]. Les «barbares en smoking» ou en soutane agissent comme prévu. Dans le roman, ils s'opposent au public éclairé — étonnamment nombreux: «douze à quinze mille civilisés» — du journal *Le Vingtième Siècle*, que dirige Max Hubert. «La raison était presque toujours de notre côté», constate ce héros anticonformiste, naïf et fat. Harvey aime les hommes forts, les chefs, les libérateurs plutôt que les masses libérées: *Marcel Faure* (1922) et sa «cité idéale», un savant vainqueur de la mort (*L'homme qui va*), *Sébastien Pierre*, enfant de chœur promu gangster. Après avoir été rédacteur en chef (limogé) du *Soleil* et courageux fondateur du

---

16. Édition critique par Guildo Rousseau, Montréal, PUM, «BNM», 1988.

Jour, Harvey se perd finalement dans *Les Paradis de sable* (1953) et le journalisme alimentaire: anticommunisme sommaire, antiséparatisme, etc. Ses thèses déguisées en fables — où Mgr Roy cueillait «une épithète lascive, un substantif licencieux, un verbe coquin, une comparaison suggestive, un vocable charnel» — et ses *Pages de critique* (1926) combattent le régionalisme. «Pourtant, j'adore la nature, et les meilleurs morceaux — ou les moins mauvais — que j'ai produits, sont inspirés du terroir.»

Roger Lemelin (1919-1992) se met à lire et à écrire à la suite d'un accident de ski. *Au pied de la pente douce* (1944), la basse-ville de Québec, c'est son enfance populaire, sa jeunesse gouailleuse. «Toute une classe qui faisait le siège d'une citadelle imprenable.» Il s'agit plutôt d'une ou deux bandes d'écoliers (Mulots contre Soyeux) que d'une classe sociale. C'est spontané, très drôle, fourmillant, «organique»; odeurs et rumeurs, rassemblements, messes, bingos, cortèges sont particulièrement vivants. Le quartier n'est qu'une paroisse, et la paroisse un cercle familial élargi. Dans *Les Plouffe* (1948), on retrouve la cuisine, la mère et le curé, le «baseball catholique», des championnats, des parades, mais aussi des grèves et la guerre. *Pierre le Magnifique* s'essaie maladroitement au drame intérieur. Lemelin deviendra publicitaire, homme d'affaires, abandonnant le jeune Rastignac Denis Boucher à ses reportages, à sa révolte avortée, à ses contradictions.

Gabrielle Roy (1909-1983), née au Manitoba, obtient pour son premier roman le prix Femina (1947) et une traduction américaine qui est un best-seller. *Bonheur d'occasion* (1945), protestation contre le chômage, la misère, la guerre, la condition féminine, n'a rien d'une thèse, surtout pas la dialectique. C'est un roman d'observation et d'atmosphère, d'une belle épaisseur, aux intrigues équilibrées, aux personnages solides — dont le principal est à la fois la mère Lacasse et le quartier Saint-Henri avec ses métiers féminins (filatures, entrepôts, gardiennage, entretien, très petit commerce). Un canal, des rails traversent le faubourg, mais les départs sont des évasions, non des aventures. Le centre-ville lui-même (la rue Sainte-Catherine) est une vitrine, un rêve. Émanant du port, «les odeurs de tous les continents» ne se mêlent pas à «l'odeur de la pauvreté» des cuisines familiales. De Westmount à Saint-Henri, voisins verticalement éloignés, «le luxe et la pauvreté se regardent», sans bouger. Après chaque passage du train, le tourbillon de suie et de fumée retombe sur les taudis. On déménage, on marche; on ne sort pas du cercle. Le pessimisme est ici chaleureux, tendre, détaillé.

Bonheur d'occasion est le seul roman «réaliste» de Gabrielle Roy, et il est aussi bien psychologique. Une figure de la mère (Rose-Anna, Luzina, Éveline) et de l'enfance (Daniel, «Petite Misère», Christine) fait le lien entre la première œuvre, classique, et les Mémoires romancés, voire avec les récits intérieurs et mythiques *La Montagne secrète* (le vieux caribou immolé, le peintre au «crayon magique») et *La Rivière sans repos* (l'Esquimaude Elsa et son enfant blond). D'autre part, à la suite de *Bonheur d'occasion*, alterne en même temps que les genres (nouvelles ou fragments autobiographiques, romans) la situation socio-géographique (rurale, urbaine). «Trop d'espace au-dehors, pas assez à l'intérieur.» La cage d'*Alexandre Chenevert*, le caissier socialiste «si étranger, si hostile à lui-même», s'intercale entre l'île verte de *La Petite Poule d'eau* et la campagnarde *Rue Deschambault* d'un faubourg francophone de Winnipeg. Est-ce la dissémination des Prairies (et des nouvelles) qui s'oppose au centre — montréalais — des conflits romanesques? L'Ouest à l'Est (comme le père à la mère), et le Nord au Sud? Car le Yukon et l'Ungava supportent *La Montagne secrète*, qui se termine à Paris, capitale linguistique et artistique. Puis, en passant par les collines manitobaines de *La Route d'Altamont* — «Là-bas, là-bas, demandai-je, est-ce la fin ou le commencement?» —, on retrouve un Nord dangereusement menacé par le Sud (l'Américain, la guerre, la technique), à Fort-Chimo (Kuujjuaq), dans *La Rivière sans repos*.

Outre *La Détresse et l'enchantement* (publication posthume par les soins de François Ricard, 1984), au «pacte» clair, qui montre la formation et la venue à l'écriture de la (future) romancière, le cycle «autobiographique» de Gabrielle Roy comprend les nouvelles d'*Un jardin du bout du monde* (1975), portraits d'immigrés proches des souvenirs, et les reportages intitulés *Fragiles Lumières de la terre*. C'est à *Rue Deschambault*, déjà, qu'il faut rattacher les récits de voyage et de dépaysement intérieur de *De quoi t'ennuies-tu, Éveline?* suivi d'*Ély! Ély! Ély!* (1984, publication posthume). Nulle part la passion ne se conjugue mieux à la mémoire[17] et à «l'imagination autobiographique» que dans *Ces enfants de ma vie* (1977). Le portrait ici est moins celui de «l'artiste en

---

17. Voir la biographie de François Ricard, *Gabrielle Roy, une vie* (Montréal, Boréal, 1996).

pédagogue» que de la vieille dame en jeune femme, de l'institutrice en voisine, camarade, mère, amie, amoureuse. De l'enfant et de l'adolescent en cheminement initiatique.

III. Versificateurs et poètes

On a appelé «école de l'exil» le groupe d'esthètes qui opposait le nigog[18] à la charrue, qui fréquentait, à Paris, chez la comtesse de Noailles, et pour qui Montréal était un désert irrespirable. Ils s'engagent contre l'engagement; leur régionalisme, à eux, est exotique, antique, universaliste. L'érudition éblouissante, la perfection formelle, l'éclat dur de Paul Morin (1889-1963), sultan de la Cour, platane ou cyprès du «jardin smyrniote», témoignent malgré lui de «l'érable neigeux» et du «sapin aigu!» «Il dit "je" mais c'est d'un voyageur impersonnel qu'il s'agit, qui regarde d'un œil vitrifié vivre et mourir les civilisations. Cette froideur, c'est tout ce qui rappelle son pays» (Jean Éthier-Blais). *Le Paon d'émail* (1911) est un bibelot royal, l'idole d'un fier paganisme. Les *Poèmes de cendre et d'or* (1922) exaspèrent la «subtile souffrance», contournent et saupoudrent «le néant d'où mon être a surgi». *Géronte et son miroir* (1960) accentue le narcissisme, se berce à la mélopée des noms français: «Segonzac, Izernore et Castelnaudary!»

René Chopin (1885-1953) est moins hautain. *Le Cœur en exil* (1913) est exsangue, ruiné, lunaire,

___
18. Voir plus haut sur la revue de ce titre, et aussi Yvan Lamonde et Esther Trépanier (dir.), *L'Avènement de la modernité culturelle au Québec*, Québec, IQRC, 1986.

mais il «dévoile à l'univers un amoureux chagrin».
L'amour, le «sage Regret» illumine aussi *Dominantes*
(1933), d'une clarté intérieure et nordique. Le vent —
«ô ténébreuse Bouche / Du vide qui s'exprime» — sou-
lève et oublie les questions, emporte le cœur au
rythme de l'absence: «Le silence est assez vaste pour
me nourrir.» Le symbolisme de Chopin va du rêve
laforguien aux cygnes mallarméens. Guy Delahaye[19]
(1888-1969), «vrai poète qui joue au fumiste» et au
funambule dans *Mignonne allons voir si la rose...
est sans épines* (1912), brûla, littéralement, «trop
tôt ce qu'il avait si tôt adoré» dans *Les Phases*
(1910), triptyques quintessenciés et harmonieux,
proches de la prose, de la réflexion morale. Puis le
poète s'est «évanoui aux marges envahissantes des
pages rares».

Apparenté aux Salaberry, aux Aubert de Gaspé,
aux Roquebrune, orphelin à quatre ans, Jean-Aubert
Loranger (1896-1942), élevé par un précepteur, s'intéresse tôt à la NRF, au *Nigog*, à Freud et à la modernité en général. C'est un poète original, qui trouvera
avec la réédition des *Atmosphères* et de *Poèmes*, en
1970, d'autres «contemporains» que Jules Romains
ou Vildrac. Il pratique un sobre unanimisme, une sorte
de cubisme et de futurisme, le haïkaï et l'outa — inven-
tant même «un canevas qui se situe à mi-chemin d'un
outa libre et d'un tanka redoublé» (Paul Wyczynski) —,
le récit symbolique en prose: *Le Passeur*, *Le Vagabond*. Partout, il a «cherché l'Introuvable» et parfois
trouvé l'improbable, l'inverse, l'identité des contraires.

---

19. Voir Robert Lahaise, *Guy Delahaye et la modernité littéraire*,
Montréal, HMH, 1987.

Il est l'auteur de *Contes* villageois où se détache la figure d'un marchand de tabac, Joë Folcu.

Robert Choquette (1905-1991), aura une carrière ambitieuse. *À travers les vents* (1925) est un recueil prometteur, d'un romantisme naïf, mais énergique, conquérant. *Metropolitan Museum* (1931) est une fresque (ou un film) de l'art et de l'histoire de l'homme à travers les civilisations, du papyrus au gratte-ciel. Les *Poésies nouvelles* (1933) appliquent le procédé à l'âge industriel, aux transports et communications, de l'Atlantique au Pacifique. *Suite marine* (1953), enfin, aligne en flots réguliers six ou sept mille vers au symbolisme prévisible. Hercule ou Sisyphe? Roger Brien sera encore plus abondant, téméraire, furieusement éloquent; faustien, prométhéen, dantesque, enfantin et marial. Son meilleur recueil est le premier: *Faust aux enfers* (1936). Un politologue[20] et un historien de la littérature[21] insistent à juste titre sur le «passage d'un monde à l'autre», en 1934, ou le «grand tournant» de 1934-1936.

Alfred DesRochers (1901-1978) fait la jonction entre les deux siècles. *L'Offrande aux vierges folles* (1928) relève d'un terroir automnal. «J'ai la vigueur de mes aïeux», s'enorgueillissait Choquette, élégant boxeur. «Je suis un fils déchu de race surhumaine», regrette DesRochers, qui «rêve d'aller comme allaient les ancêtres», libres, rugueux, *virils*. *À l'ombre de*

---

20. André-J. Bélanger, *L'Apolitisme des idéologies québécoises. Le grand tournant de 1934-1936*, Québec, PUL, 1974.
21. Jacques Blais, *De l'ordre et de l'aventure. La poésie au Québec de 1934 à 1944*, Québec, PUL, 1975.

l'*Orford*[22] (1929), le poète estrien entend pleurer en lui «les grands espaces blancs»; il appelle le vent du nord, la violence et la tendresse cosmiques, l'«espérance démente». DesRochers parle avec une truculence familière des *shantymen*, des *lumberjacks*, des bars nickelés où ils détendent leurs muscles. Il fabrique avec éclat des sonnets sur les métiers villageois, un problématique *Retour de Titus*, de douces-amères *Élégies pour l'épouse en-allée*.

Jean Narrache, pseudonyme d'Émile Coderre (1893-1970), est le seul à s'inspirer de la crise économique, du chômage, de la prolétarisation. Il utilise efficacement la langue populaire, «en mi-vers ou en mi-prose», le monologue: *Quand j'parl' tout seul* (1932), *J'parl' pour parler* (1939). On peut lui reprocher un sentimentalisme à la Jehan Rictus. Populiste, mais non socialiste, il mélange la charité et la justice, l'ironie et la pitié; il hésite entre la revendication sociale et la résignation individuelle. *Les Soirs rouges* (1947) de Clément Marchand sont ceux d'un villageois cherchant la fraternité, le compagnonnage dans les «bras roux et tentaculaires» de la ville. Les *Ballades de la petite extrace* (1946) d'Alphonse Piché sont d'un classicisme populaire, dru, savoureux; *Remous* et *Voie d'eau* dissipent et lavent toute fumée. On a parlé d'une «seconde carrière littéraire» de Piché avec ses recueils de poèmes brefs, désabusés, «cri nécessaire avant d'être vaincu»: de *Dernier Profil* (1982) en *Sursis* (1987).

---

22. Édition critique par Richard Giguère, Montréal, PUM, «BNM», 1993.

Plusieurs poètes féminins se manifestent, vers 1930. Éva Senécal montre *Un peu d'angoisse, un peu de fièvre*; sa *Course dans l'aurore* est fascinée par les départs, le désir des terres lointaines. Pour Medjé Vézina, *Chaque heure a son visage*, et elle la savoure résolument. Jovette Bernier est plus ironique dans *Les Masques déchirés* (1932) et *Mon deuil en rouge* (1945). Elle publiera deux romans: *La Chair décevante* (1931), mélodrame d'une fille-mère, et *Non, monsieur...* (1969), bilan féministe, brillant, amer. Simone Routier (1900-1987) — «Plus lasse que la chair lasse de se meurtrir et d'aimer...» — a beaucoup d'élan et de retenue. Ses adieux (à Paris, au fiancé, au monde) ne sont jamais définitifs: *L'Immortel Adolescent* (1928), *Ceux qui seront aimés* (1931), *Les Tentations* (1934). Claudel, le Cantique des cantiques, les psaumes inspirent son *Long Voyage* (1947) au «jardin clos», au désert-paradis. Les feux de l'amour et de l'été «rongent et sculptent les douleurs» de *Ma vie tragique* (1947) d'Isabelle Legris. Après un sombre et régulier *Vitrail* (1939), la *Légende mystique* de Cécile Chabot — comme les *Stances à l'éternel absent* (1941) de Jeannine Bélanger — se rapproche trop de Marie Noël.

IV. Quatre «grands aînés»

Hector de Saint-Denys Garneau (1912-1943) arrière-petit-fils de l'historien, dont le second prénom vient d'un ancêtre maternel anobli en 1700, fut un des rares collaborateurs de *La Relève* à n'être qu'écrivain, artiste (aquarelliste et grand amateur de musique), finalement reclus méditatif et tourmenté dans le manoir familial de Sainte-Catherine-de-Fossambault. Sportif mais cardiaque, il mourut près de son canot sur la berge de la rivière Jacques-Cartier. Cette solitude, cette mort, et aussi son charme, son nom, ses amis firent de Garneau (après Nelligan) un symbole du poète maudit, tué par une société inculte, mercantile, bigote.

Il est vrai que le seul recueil qu'il publia[23], en 1937, reçut un accueil tiède. *Regards et jeux dans l'espace* était trop neuf trop léger et trop grave à la fois pour être accepté d'emblée. Non seulement Garneau délaissait les formes traditionnelles et recourait au vers libre, souvent sans ponctuation et avec une syntaxe elliptique, mais il faisait aussi appel à un vocabulaire presque quotidien, à des images simples: enfants, jeu, danse, flûte, saules, pins à contre-jour, ondes, nénuphars. Et ces touches impressionnistes deviennent soudain sombres, fiévreuses, hallucinées et géométriques. La maison se ferme et s'enfume, l'oiseau s'encage, on marche «à côté d'une joie», dans l'écho d'une absence. Les yeux «grands comme des rivières» se tournent vers l'intérieur, pénétrants, transperçants. Les esquisses en plein air sont maintenant opaques, en noir et blanc tachées de rouge, ou

---

23. Ses *Œuvres*, texte établi, annoté et présenté par Jacques Brault et Benoît Lacroix (Montréal, PUM, 1971), sont donc largement posthumes, dont le *Journal* et une importante correspondance qui s'ajoute aux *Lettres à ses amis* (Montréal, HMH, 1967). Le cinquantenaire de sa mort a donné lieu à plusieurs colloques, manifestations, expositions, publications dont une lecture «orientale» et «mystique» par le poète acadien Serge Patrice Thibodeau, *L'Appel des mots* (Montréal, l'Hexagone, 1993).

«de gris en plus noir». Murs, encerclement, étouffe-
ment, recommencement perpétuel, faction «pour une
petite étoile problématique».

«Que le bonheur est dangereux, et toute puissance, et toute ivresse!» consigne son *Journal*, témoignage pathétique d'un échec qui vaut bien des réussites. L'isolement et l'impuissance de Saint-Denys
Garneau lui venaient-ils «tout simplement de sa caste,
du divorce de celle-ci et du peuple, divorce pour cause
d'infidélité, sinon de trahison» (Jacques Ferron)? *Les
Solitudes*, poèmes posthumes pour la plupart, vont de
l'interrogation à la lassitude, du vertige au dépouillement le plus rigoureux: au détachement des membres,
à l'ébranchage, au tronc nu, à la croix. Saint-Denys
Garneau est (se) réduit au squelette, au silence, ou plus
exactement au mutisme. Il redoute les pouvoirs de sa
propre parole, «extérieure», «étrangère»,

> Un fils tel qu'on ne l'avait pas attendu
> Être méconnaissable, frère ennemi.

D'une famille d'exploitants forestiers où l'aventure est une tradition, presque une hérédité — depuis
l'ancêtre, découvreur du Mississippi (*Né à Québec*,
Louis Jolliet, récit, 1933[24]), jusqu'au grand-père, qui
vécut dix ans en Australie —, Alain Grandbois
(1900-1975) s'embarque pour l'Europe en 1925.
Paris, Florence, Port-Cros lui servent de «profondes
escales» entre Moscou et Djibouti, le Congo et les
empires d'Asie. Il publie sept poèmes à Hankéou,

---

24. Édition critique par Estelle Côté et Jean Cléo Godin, Montréal, PUM, «BNM», 1994.

rencontre Mao, échappe à une tentative d'assassinat à Chung-King, est libéré d'une prison espagnole par les républicains, frémit aux discours hystériques d'Hitler, avant de rentrer au pays en 1939 (*Avant le chaos*, nouvelles, 1945[25]).

Contemporain de Malraux, Grandbois se refuse à toute action révolutionnaire. Il est plus proche de Cendrars, Morand, Saint-John Perse... ou Marco Polo. Le monde est d'abord pour lui de beaux noms, visages et paysages[26]. Il est fasciné, enfant, par les sonorités de Colombo, Singapour, Valparaiso, Bagdad, par le doux et mystérieux Cambodge, par l'image des Sargasses, des îles Sous-le-Vent, de la Terre de Feu. Ses voyages ramènent Grandbois à lui-même, conduisent le prosateur au «bout du monde des rêves», à «la dernière aventure», à «l'inaccessible absolu», au «déchirement total» de l'expérience poétique. Les *Poèmes* de Grandbois (réunis en 1963[27]) sont sa route, son sillage, ses capitales déchirées, ses «horizons morts», ses «morts vivants pétrifiés», sa «forge centrale» et ses «jours verts». Des *Îles de la nuit* (1944) aux *Rivages de l'homme* (1948). *L'Étoile*

25. Édition critique par Chantal Bouchard et Nicole Deschamps, Montréal, PUM, «BNM», 1991.

26. Voir *Visages du monde*, édition critique par Jean Cléo Godin, Montréal, PUM, «BNM», 1990.

27. De nombreux inédits, accessibles après sa mort, en 1975, ont donné lieu à de nouveaux recueils dont *Poésie I* et *II*, édition critique par Marielle Saint-Amour et Jo-Ann Stanton, sous la direction de Ghislaine Legendre, Montréal, PUM, «BNM», 1990. Parmi les études, celles de Jacques Brault (Paris, Seghers, 1968), Jacques Blais (Québec, PUL, 1974), Yves Bolduc (Montréal, PUM, 1982, et Montréal, l'Hexagone, 1994).

pourpre (1957) enfin tente d'explorer l'impénétrable, de violer l'interdit. La mer est le tombeau d'un passé qu'il ne s'agit plus de fuir, où il faut tout risquer.

Le poète a une rhétorique précise, le goût des vocatifs, de certains adverbes (*trop*, *en vain*, *demain*, *déjà*), de l'énumération (*voici*, *parmi*), de l'interjection, des formules litaniques et incantatoires: «J'ai vu», «Je sais, je sais», «Pourquoi, pourquoi». Grandbois a le souffle large, «les lents détours d'un homme dont le pas est adapté aux longues distances» (René Garneau). Ces espaces désolés et magnifiquement monotones, ces coups de vent et ces poussées de fièvre, ce sont nos saisons, nos côtes, nos forêts, mais habitées, travaillées par l'amour. Entre l'instant glacé et le feu foudroyant, qui marquent, aux deux pôles, une problématique victoire sur les forces dissolvantes, coule le «grand fleuve» natal, se dessine une géographie fantastique et familière. La Femme — l'Autre, l'Eurydice, la «morte de nos seize ans», la fiancée perdue et retrouvée, la mère, «belle jeune femme rieuse» des «jardins bleus de l'enfance» — suscite et construit le monde. Ses gestes sont des «éclairs nonchalants», ses mains sont les «colombes de l'arche», son genou est «rond comme l'île»: ses membres sont les articulations du cosmos et du poème. Passant du *je* au *nous* par la médiation du *tu* et du *elle*, Grandbois progresse vers un noyau où le cœur et l'étoile finissent par coïncider. Il intègre «le secret des astres» au temps humain; il conjugue l'imparfait au présent et la mort au futur: «Demain seulement».

Anne Hébert, cousine de Saint-Denys Garneau, née en 1916, vécut à Québec et à Sainte-Catherine une longue enfance rêveuse, pleine de contes, de jeux dramatiques et de leçons particulières. *Les Songes en équilibre* (1942) ont des feuillages translucides; la pluie fine y compose des instants trop purs, un printemps précaire. Mais la douleur veille, guette. La voix «Est déjà voix». «Avec seulement trois notes», elle bouleverse le cœur «primitif». Voix d'une «Petite Ève», d'un animal libre et menacé. Bientôt («L'Infante ne danse plus»), la «source du silence» envahit le rythme, égare les pas, fige la rivière des veines. Les sons s'aiguisent, la musique verlainienne devient cri.

Poèmes (1960) joint deux phases bien distinctes du recours à (et du retour de) la parole. *Le Tombeau des rois* (1953), malgré le geste liminaire d'«Éveil au seuil d'une fontaine», est rigoureusement sec, austère, dépouillé, mutilé. C'est l'envers du monde avec ses ravins de fatigue, ses chambres fermées, sa petite morte, ses mains coupées et repiquées. Les poèmes sont brefs, incisifs. Des os fracturés, disloqués, dont la pointe est une lame. L'espace se rétrécit, jusqu'à l'étau final du poème éponyme — descente rituelle aux enfers — qui laisse les membres «dénoués», les morts «assassinés», et un «reflet d'aube» dans l'œil aveugle du cœur faucon. L'autre volet du diptyque célèbre avec ferveur et ampleur le *Mystère de la parole*[28]: fer et feu, noces avec le monde, «Naissance du pain» et «Alchimie du jour». Couleurs et sons éclatent «en masse et par petits groupes foudroyants». La solitude est rompue et partagée «comme du pain par la poésie».

---

28. Voir Jean-Louis Major, *Anne Hébert et le miracle de la parole*, Montréal, PUM, «LQ», 1976.

La prose d'Anne Hébert a des correspondances précises avec sa poésie[29]. Les deux premières parties des *Chambres de bois* (1958) reprennent les titres, l'envoûtement et le mouvement secret du *Tombeau des rois*; la troisième annonce la «sonnerie de cuivre» de *Mystère de la parole*. Si les personnages de la «maison des seigneurs» et du «pacte d'enfance» sont hiératiques, les objets vivent: l'appartement prend le «rythme tumultueux» de la peine, de la colère, de la chair brûlée de Lia. «Et Michel s'effaçait, se décolorait aux yeux de Catherine comme quelqu'un qui n'a jamais aimé.» *Le Torrent* (1950), fable plutôt que nouvelle, est particulièrement dense. Les figures de la marâtre et de l'enfant «dépossédé du monde», rendu sourd par les coups, sont moins psychologiques que mythiques. La révolte s'accumule et gronde, accuse. La pièce *Le Temps sauvage* met en scène une autre mère prêtresse dont la stature et l'autorité fascinent. L'action de *Kamouraska* (1970) se situe au second tiers du XIXe siècle dans une bourgeoisie provinciale prise entre deux régimes (français et anglais), deux classes (seigneurs et paysans), entre le réalisme de ses affaires et le romantisme de ses passions — à quoi correspond un double registre d'écriture. Une femme, une nuit, au chevet de son mari notaire, se rappelle la mort violente d'un premier mari, l'amour et le cheval noir du rival, l'inquiétante complicité d'une servante, l'enfance à Sorel, l'interminable paysage de la plaine et des années domestiques. Un *Docteur Jivago* québécois, ou Mauriac chez Strindberg et Sigrid Undset.

---

29. Ce que montrent les travaux de Robert Harvey, dont *Une écriture de la passion* (Montréal, HMH, 1982), et de Maurice Émond, *La Femme à la fenêtre* (Québec, PUL, 1984).

On cherche toujours à «passer de l'autre côté du monde» dans les romans, récits, fables ou paraboles d'Anne Hébert. On y trouve un système d'«autoreprésentation» où tout est livre, lettre, page blanche, signes noirs, miroirs, réminiscences. Les «effets d'irréel» se construisent comme des effets de réel[30]; les deux codes se touchent, parfois se confondent, s'articulent dans les «visions» des *Enfants du sabbat* (1975), entre la cabane et le couvent, chez les vampires et dans le labyrinthe du métro parisien (*Héloïse*). *Les Fous de Bassan* (1982) offrent cinq versions différentes d'une même histoire, un crime passionnel dans la Gaspésie anglo-protestante des années trente. *Le Premier Jardin* (1988) est celui de la pionnière Marie Rollet en Nouvelle-France, mais surtout l'enfance secrète d'une vieille actrice revenue jouer plusieurs rôles de femme, dont le sien, à Québec, sa ville natale. *L'Enfant chargé de songes* (1992), ou de chaînes, ressemble comme un frère, un cousin, à Saint-Denys Garneau au bord de la rivière Jacques-Cartier, puis de la Seine.

Les débuts de Rina Lasnier, née en 1915, sont didactiques, voués aux vierges indiennes, aux *voyagères* et autres madones. L'inspiration biblique du *Chant de la montée* (1947), la nostalgie d'*Escales* (1950) sont déjà mieux incarnées. Avec *Présence de l'absence* (1956) et *Mémoire sans jours* (1960), titres-duels, le poète arrive à l'essentiel. Un obscurcissement se manifeste, mais aussi une exigence, une

---

30. Janet M. Paterson, *Architexture romanesque*, Ottawa, EUO, 1985, p. 148-149.

passion, comme dans cette grande ode qui est moins un cantique qu'un art poétique: *La Malemer*. Poésie marine, a-t-on dit de ces vastes courbes, de ce mouvement maîtrisé et soumis. Mais la mer est souvent tempête, paroxysme; la paix est armée. Poésie lapidaire et savante dans *Les Gisants* (1963), où la mort est comme saisie au piège des mots. Poésie arborescente et neigeuse dans *L'Arbre blanc* (1966), où «la parole, friable comme la mort, se désagrège et retombe tandis que l'élément spirituel poursuit son ascension» (Noël Audet). Partout, et comme dans la *Salle des rêves* (1971), *L'Échelle des anges* (1975) et *Les Singes* (1976), Rina Lasnier[31] cherche à composer le nocturne et le diurne, la hauteur et la profondeur, dans une sorte de «combustion poreuse», d'ouverture du temps.

---

31. Ses premiers titres sont rassemblés dans *Poèmes I* et *II* (Montréal, Fides, 1972); les derniers, où il s'agit par exemple d'*Étendre l'ombre* ou de *Voir la nuit*, se retrouvent comme un *Matin d'oiseaux* ou des *Paliers de paroles*, lumineux, dans la rétrospective de *L'Ombre jetée* (Trois-Rivières, Écrits des Forges, 2 vol., 1987 et 1988).

DEUXIÈME PARTIE

Autour de la Révolution tranquille

CHAPITRE IV

Constantes et ruptures
(1948-1973)

I. L'âge de la parole

Après la guerre, on chante volontiers l'amour fou, le mot-spectacle, les rues de Paris retrouvées, le mal du demi-siècle; on est de nouveau bohème, anarchiste, artiste, avec une certaine ironie: par exemple Jacques Godbout dans *Carton-pâte* (1956) et *Les Pavés secs* (1958). Wilfrid Lemoine, dont le roman *Le Funambule* (1965) mettra en jeu le jeu lui-même, a des *Pas sur terre* (1953) qui crissent: «Frais vents de sfax et claque de sfax.» Dans *Sauf-conduits* (1963), l'intelligence du journaliste paraît l'emporter sur le «chant du seul». Le jazz a ses adeptes. Avec le compositeur Gabriel Charpentier revient «la musique des jours d'hier», épurée, limpide et secrète: *Aire*, *Les Amitiés errantes*, *Le Dit de l'enfant mort*, sonates pour clavecin. Borduas ayant été renvoyé de l'École du meuble (voir *Projections libérantes*, 1949), celle des arts graphiques s'impose comme atelier et foyer; Roland Giguère, Françoise Bujold en sont diplômés. Les Éditions de Malte, d'Orphée et surtout Erta fabriquent de beaux recueils, albums. Pellan illustre Grandbois et de Grandmont, Dumouchel accompagne Hénault ou Giguère...

Éloi de Grandmont (1921-1970) est proche de Fombeure, de Paul Fort et de la nappe douce du lac Saint-Pierre agitée par un «Bateau de minuit». Son *Voyage d'Arlequin* (1946) a des couleurs tendres et nuancées, une candeur narquoise, des «châteaux de lumière» et des «bruits lumineux». *Premiers Secrets* et *Plaisirs* offrent des fruits défendus, délicatement acides, d'un érotisme paradisiaque. Enfin, *Une saison en chansons* (1963) à boire et à aimer, improvisations, parodies. Grandbois, en préface, parle du «tremblement classique» des *Objets trouvés* (1951) de Sylvain Garneau, mort à vingt-trois ans. Objets d'apparence régulière, qui jouent pourtant *Les Trouble-fête* (1952). Objets-trouvailles, objets-bohèmes, objets-voyants: semelles de vent, côte phosphorescente, canot de neige, ruelles et châteaux, grenouillère dynamitée, macadam où s'enfonce la bicyclette (*Le Serpent et la pêche*). Étrangeté d'un univers familier: «La Bleue», est-ce l'eau, est-ce la nuit?

> Demain matin, sur l'autre rive,
> J'irai recommencer le jeu...

1. L'Hexagone québécois

Chez ceux qu'on a appelés les «quatre grands aînés», en particulier Grandbois, les poètes québécois se découvrent quelques maîtres proches. *Les Îles de la nuit*, comme la révolution automatiste en peinture, adaptent le surréalisme aux «mots de la tribu». Jean-Guy Pilon, Georges Cartier (*Obscure Navigation du temps*) sont facilement grandboisiens. Claude Gauvreau transpose, jusqu'au lettrisme (*Brochuges*, 1956), l'expérience de Borduas. Pour Gilles Hénault, Roland Giguère, Paul-Marie Lapointe, dès la fin des années quarante, la poésie est mot de passe, revendication, révolte, invasion, éclairage violent. «La poésie authentique est toute semée de dents de dragons, hérissée de crocs, plantée de molaires qui broient, déchiquettent, décortiquent le langage pour en faire jaillir le sens augural» (Hénault). On est aux «premiers jours du monde», du pays.

Le thème du pays (de la fondation, de l'appartenance), qu'on assimile plus ou moins au mouvement de l'Hexagone, est très différent du régionalisme descriptif et du patriotisme traditionnel, même s'il leur emprunte quelques images. Il s'agit ici d'un projet, d'une «mémoire du futur», d'une cosmo-anthropogonie. *Arbres*, de Paul-Marie Lapointe, est un inventaire onomastique, une forêt de signes (substantifs), une prise de possession de l'aubier par l'aube, du genévrier par «le plomb des alphabets»: «*j'écris* arbre», l'arbre pluriel, généalogique et métonymique, l'arbre des livres et des lits. L'automne d'octobre, flamboyant, printanier, s'oppose aux cendres de novembre: «l'agonie des érables t'enseigne le sang de vivre», dit Yves Préfontaine dans *Pays sans parole*. Pour lui, *Boréal*, le pôle Nord, le sommet blanc, le désert menaçant du mutisme, la glace à liquéfier, à liquider, les mines-veines sont autant de champs d'action et de moyens d'exploration du langage. L'*Ode au Saint-Laurent*, de Gatien Lapointe, dessine le mouvement même du poème: «J'ai toute la confusion d'un fleuve qui s'éveille.» Michel van Schendel, poète et essayiste d'origine flamande, écrit des *Variations sur la pierre* et sur *l'Amérique étrangère* («ma gerçure»), mais tout poète canadien-français se trouve «en étrange pays» dans son pays lui-même. Il fait appel à la primitivité, au cri, aux bêtes, à l'Indien; il défie la ville, «morceau dur», il cherche à apprivoiser l'espace, à l'orienter. «Le paysage entre dans un rapport explicite avec l'histoire; il est une origine mal reconnue, un interdit, qu'on doit affronter sous peine d'être, pour toujours, absent à soi-même» (Gilles Marcotte[1]).

L'âge de la parole, du verbe-poème, est d'abord un âge du cri. On cherche à *Faire naître*, on pose *Les Pas sur terre* (négation ou démarche?); on lutte pour *Le Temps de vivre*, contre *La Mort à vivre*. En 1954, la production poétique égale la production romanesque; de 1955 à 1960, elle la dépasse. Le sang, le feu, l'arbre, *Le Sommeil et la neige* (Haeffely), *Le Froid et le fer* (Guy Gervais) sont des thèmes importants. «L'âme de mon pays est gelée», constate Jean-Guy Pilon. *Les Cris, Crier que je vis, Dire pour ne pas être dit, Le Temps premier, Matin sur l'Amérique, Les Chants de l'Amérique, Élémentaires* et *Le Chant de l'Iroquoise* — sans compter quelques «chants esquimaux» — sont des projets significatifs. Rares sont les

---

1. Voir de Gilles Marcotte, entre autres articles et chroniques, *Le Temps des poètes. Description critique de la poésie actuelle au Canada français*, Montréal, HMH, 1969.

poètes de l'énonciation discrète, de l'impératif serein, du futur évident, tel Luc Perrier dans *Du temps que j'aime*: «Donne-moi la main la mer»; «nos mains allaient / refaire le monde / deux à deux».

À partir de 1953, les Éditions de l'Hexagone (le nom vient de leurs six fondateurs égaux) vont donner à la jeune poésie québécoise une expansion et une cohérence remarquables. Ni chapelle ni école, l'Hexagone est un lieu et un axe de développement, un carrefour ouvert, organisé (en équipe). Il néglige la théorie, les manifestes, pour s'appliquer à produire, à diffuser (par souscription) des plaquettes impartialement choisies. D'abord *Deux Sangs*, de Miron et Marchand, *Des jours et des jours*, de Perrier, etc. La collection «Les Matinaux», destinée aux débutants, se réfère à René Char, qui préfacera *Les Cloîtres de l'été* de Pilon. Les grands poètes des petites littératures nationales (Césaire, Neruda...) auront aussi une influence décisive. Grandbois, Lasnier, Giguère seront finalement publiés par l'Hexagone, qui, depuis son association avec la Librairie Déom, recueille systématiquement les principaux titres de la poésie québécoise.

L'Hexagone organise des rencontres, des colloques, lance la revue *Liberté* (en 1959), inspire *Parti pris*. «Nous assistons à la fin de l'aliénation du poète par la solitude stérile, la révolte à perte ou l'exil de l'intérieur. La participation de plus en plus fréquente des poètes aux luttes qui nous confrontent les a révélés à eux-mêmes et à leur réel», constate une circulaire. Miron est candidat, manifestant; Carle, Fournier et Portugais feront du cinéma; d'autres du journalisme (Constantineau) ou de la chanson (Jean-Paul Filion).

Activités parallèles? Rôles de suppléance? Agir par la poésie, agir la poésie — lui donner une «patrie», une conscience collective, un contexte —, demeure le but, largement atteint, de l'Hexagone. Si minces soient-ils, rares sont les recueils uniques, isolés. L'Hexagone établit une continuité et donne son nom à une génération. Jacques Brault, Paul Chamberland en sont très proches. Claude Péloquin y publiera son *Manifeste infra* (1967), qui marque une rupture.

À côté, les poètes édités à Québec par Garneau, le plus souvent des femmes, paraissent un peu provinciaux, précieux, prolixes. Ils abusent volontiers de la métaphore, «commentaire d'un monde encore naturel», contrairement à l'univers montréalais. «C'est comme si l'on se trouvait en présence d'une autre poésie. Même sensuelle, féminine et vorace, comme celle précisément de Suzanne Paradis, elle a quelque chose d'immobile qui la retient de la déchirure» (Michel van Schendel). Immobilité expansive, chaleureuse, que celle de Suzanne Paradis (*La Malebête*, *Pour les enfants des morts*); chez elle, *L'Œuvre de pierre* (1968) demeure œuvre de chair: «Tu es mon fils», «L'arbre de vie». Gemma Tremblay offre des *Seins gorgés*, des *Feux intermittents*. Aux Éditions de l'Arc — qui ressemblent aux petites maisons de Montréal: Atys, Nocturne, Quartz, Goglin... —, on est plus original. Cécile Cloutier[2], par exemple, est concentrée jusqu'à l'ellipse, aux cryptogrammes ou *Câblogrammes*. Le premier recueil de Pierre

---

2. Après les «petites lampes» brillantes et pourtant «douces pour l'œil», de *Chaleuils* (1979), voir la rétrospective *L'Écouté. Poèmes 1960-1983*.

Morency, *Poèmes de la froide merveille de vivre* (1867), est simple et beau.

Pour Roland Giguère, né à Montréal en 1929, typographe, éditeur (Erta), graveur, peintre, la poésie est à la fois une manière d'écrire, de dire, de voir, d'être. Certains de ses livres sont tout entiers poèmes: sérigraphie d'*Adorable Femme des neiges* (1959), *Naturellement* (1968). Son œuvre est précise, évolutive. Tous les âges, tous les états de la parole: depuis *Faire naître* et *Trois Pas* (1949) jusqu'à la désorientation de *Midi perdu* et *En pays perdu*; de *Nuits abat-jour* et *Yeux fixes*, obsédés, délirants, aux *Images apprivoisées* (1953), au *Pouvoir du noir* (1966) clairement reconnu. Le développement n'est pas linéaire, chronologique, il est contraste, rosace: «Roses et ronces», «Un jour de rose ovaire», «La Rose future». «Vivre constamment en état d'éclatement» est le programme. «Pour aller plus loin, ne jamais demander son chemin à qui ne sait pas s'égarer.» Dérouter, dépayser, défigurer, puis rétablir l'horizon, retrouver le centre, «petite aiguille d'acier, en équilibre sur sa pointe». *Les Armes blanches* (1954) marquent la principale articulation de la poésie de Giguère: après les coups de feu, voici le corps à corps, la violence incarnée, le martèlement. Voici les apologues: «La main du bourreau finit toujours par pourrir», *Le défaut des ruines est d'avoir des habitants* (1957). Ces proses à la Michaux (Kafka, Lautréamont) s'opposent dialectiquement aux poèmes éluardiens. En rupture avec un «passé incendié», Giguère cherche le lieu exemplaire: «À ma droite: rien. À ma gauche: rien. Derrière: moins que rien. Tout est devant. Je tourne le dos à l'ombre.» La poésie se détache, paille, poutre ou champ de blé; l'oiseau-lampe «cogne à la vitre», quête, initie.

Les deux rétrospectives de Giguère se recoupent dans le temps, à partir de 1949, mais non dans l'espace du livre: après *L'Âge de la parole* (1965), programme de toute une époque, *La Main au feu* (1973) met l'accent sur la poésie en prose, sur le travail artisanal. «Quand la main glisse sur la feuille ou sur la toile, [...] bien souvent la paume y reste», lit-on dans *Forêt vierge folle*[3] (1978) où coexistent un abécédaire, des cartes postales, des hommages, affiches, photos, dessins-poèmes, poèmes-collages et autres «objets» graphiques.

Dès *Théâtre en plein air* (1946), Gilles Hénault a une poésie nerveuse, énergique, voire «énergétique», et en même temps rayonnante, «poreuse». Il dessine diverses paraboles, figures, silhouettes, pour saisir la réalité dans les rets du langage, en faire «un livre ouvert/ Dont le vent tourne et retourne les pages». Il se donne le monde comme spectacle, géographie, cosmogonie, poème. Il élève des *Totems* (1953) aux Peaux-Rouges, au pays physique, géant «ceinturé d'acier», «casqué de glaces». Il *Voyage au pays de mémoire* (1959), «dans la profondeur des mots retenus», dans l'enfance, l'origine, la préhistoire. «L'interdit brille en néon saccadé», en lettres chiffrées, en messages, en *Sémaphore*[4] (1962).

---

3. Un livre d'artiste comme celui-ci («Pour moi le poète est beaucoup plus un artiste qu'un écrivain», dit Giguère), où se comptent l'espace, les blancs, la qualité du papier et des reproductions, perd évidemment quelque chose en passant à une collection de poche (Typo, 1988).

4. Voir Hugues Corriveau, *Gilles Hénault: lecture de «Sémaphore»*, Montréal, PUM, «LQ», 1978.

«Quel paléographe saura lire la toundra dénudée?», les tatouages de la forêt, l'écorce palimpseste? Le poète multiplie les signes, essaims d'insectes, étoiles, astérisques, «vestiges sur les sables», «débâcles d'énigmes», «filigranes d'aurores boréales». Le cri s'écrit, la main peuple le monde, le «sens augural» jaillit, le guerrier retrouve son «beau sang rouge» et son «bon sang». *Signaux pour les voyants* recueille ces lectures-écritures d'un espace habité par lisières, possédé par bribes.

Yves Préfontaine est représentatif (à l'extrême) de l'Hexagone québécois, même s'il publie ailleurs ses trois premiers recueils, écrits de 1954 à 1957. Il a ses dieux (*Boréal*, «l'interminable» vide) et ses *Temples effondrés*; un lexique (recherché), un rythme (syncopé), une rhétorique (métallique, nordique), une esthétique. «À cette terre excessive doit correspondre une poésie excessive.» On retrouve ici, braquées, brusquées, la débâcle d'Hénault, une cosmogonie fantastique, des visions d'apocalypse. La poésie de Préfontaine est chargée à bloc, chauffée à blanc. «Je me crispe jusqu'à ce petit claquement de mes yeux dans le noir.» Le concret et l'abstrait se heurtent, se tiraillent en ordre dispersé, bouleversé. Paysages-cauchemars, cavernes sonores, *Antre du poème*; *Pays sans parole* (1967) mais plein de mots, d'instants figés, vertigineux, de monstres qu'il faut délivrer: «Toutes Sèves», «Pays, Ô soudain éclaté...».

Paul-Marie Lapointe, né en 1929, cultive l'écart, l'érotisme et la révolte surréalistes dans *Le Vierge incendié* (1948): coups de dé, associations libres mais rigoureuses, poèmes-flots, poèmes-crocs; fenêtres rectangulaires, «irruption volcanique des cœurs» et des cris, déchirures, scalps, mises à sac. Le «vierge», c'est la fausse innocence, la peur blême, les limbes sans feu ni lieu. *Pour les âmes* (1964) — âme signifie «insatisfaction de l'existant» —, il faut reprendre terre, pousser des racines: «colère / diluvienne métamorphose». Admirateur de Coltrane et de Miles Davis, Lapointe improvise rituellement, reprend, varie, poursuit, en psaumes profanes, en litanies, en syncopes: «*j'écris* arbre». Je plante un tronc, des branches, des rameaux, des «aiguilles couturières», des feuilles qui se déploient dans l'espace de la page, jusqu'au nid, à la chaleur, à l'immortalité. Arbre qui me tient, que je tiens, distant et fraternel, «réel absolu». «L'arbre des livres, parce qu'il est différent des arbres, les questionne au plus profond» (Jean Ricardou).

Après *Le Réel absolu* (1971) — autre nom pour la poésie —, qui rassemble ses premiers recueils, Paul-Marie Lapointe change d'espace et de rythme dans *Tableaux de l'amoureuse* (1974):

mille amoureuses m'extraient de la mort
me tirent de la terre

mille amoureuses toujours la même.

Il faut «retourner sans cesse à la lettre», nous enseigne ascétiquement le gros recueil[5] d'*écRiturEs*, d'inspiration cruciverbiste, dactylologique, «oulipienne[6]». Ce «potlatch burlesque», cette «rigolade» pseudo-épique, encyclopédique, où les mots «*veulent*

5. Deux volumes sous boîtier, l'Obsidienne, 1980.
6. De l'acronyme OULIPO: Ouvroir de littérature potentielle.

ne rien dire», ébranle la «confiance dans le langage[7]», du moins dans une certaine *communication* (propagande) contemporaine.

Gatien Lapointe (1931-1983) est très différent de son homonyme; non moins angoissé (et émerveillé), plus éloquent, prolixe, pathétique. «Créer, c'est rendre son cœur visible.» *Otages de la joie* (1955) répond à *Jour malaisé* comme le jeune homme à l'adolescent: «Imagine dans l'homme un cœur d'enfant», «[...] un enfant qui apprend à marcher, / à nommer». *Le Temps premier* (1962), c'est celui-là. «J'aime et l'univers bat dans ma poitrine.» La solitude n'est pas vaincue, elle est reconnue et partagée, comme la grande *Ode au Saint-Laurent* (1963) et *Le Premier Mot* (1967), celui qui coûte, «un mot plein de sang». *Arbre-radar* (1980) relancera la poésie de Gatien Lapointe — et les Écrits des Forges qu'il dirige — sur de nouvelles pistes scripturaires, syntaxiques, psychanalytiques. Dans cette recherche de l'Androgyne primitif[8], à côté des «rhizomes d'un météore», on retrouve cependant les mots touchés, «les noms en premier, mottons de terre».

Gaston Miron (1928-1996), principal animateur de l'Hexagone, ne laissa rassembler (une partie de) son œuvre poétique et «didactique» qu'en 1970. *L'Homme rapaillé* — rapailler: «reprendre quelque

---

7. Robert Melançon, *Paul-Marie Lapointe*, Paris, Seghers, «Poètes d'aujourd'hui», 1987, p. 72-88. Voir aussi Jean-Louis Major, *Paul-Marie Lapointe: la nuit incendiée*, Montréal, PUM, «LQ», 1978.
8. Voir François Dumont, *L'Éclat de l'origine. La poésie de Gatien Lapointe*, Montréal, l'Hexagone, CRELIQ, 1989.

chose de détérioré»; «ramasser la paille qui a servi à protéger les champs de la gelée, mais qui peut encore servir» — réunit plusieurs des premiers poèmes et des derniers, mais surtout les suites ou cycles poétiques sans cesse repris et développés, publiquement, solitairement, partout: *La Marche à l'amour*, *La Vie agonique*, *L'Amour et le militant*, *Poèmes de l'amour en sursis*. Marche, lutte, sursis; déréliction, dérision, «aliénation délirante». L'aventure est exemplaire.

L'Homme rapaillé, tendu «entre la volonté d'écrire et la nécessité de parler, entre la célébration et le combat», est un livre «sur l'impossibilité présente de faire un livre» (Dominique Noguez). Femme et pays, intérieur et extérieur, désespoir et espoir, prose et poésie s'y articulent douloureusement. L'œuvre de Miron[9] est construite au (sur le) futur antérieur («un jour j'aurai dit oui à ma naissance»), dans un espace à rendre «natal». Érodé, menacé, le poète doit être à la fois père et fils, révolutionnaire et amoureux, montréalais et québécois. Il doit reconnaître et fixer la norme, le code, en même temps qu'il s'en écarte. Avant d'être un chant, asymétrique, déchiré, la poésie de Miron est un lexique qui cherche sa phrase, son contexte. Dans cette «brunante de la pensée», autour de la «mouche à feu», des «chagrins crus», de la corneille et du bouleau, des «copeaux de haine» et des «nœuds de bois», avec une patience «raboteuse et varlopeuse», le «pays chauve

---

9. Couronnée de plusieurs prix, nationaux et internationaux, très étudiée, entre autres par Jacques Brault, Claude Filteau (Paris, Bordas, 1984), Pierre Nepveu, *Les Mots à l'écoute: poésie et silence chez Fernand Ouellette, Gaston Miron et Paul-Marie Lapointe* (Québec, PUL, 1979).

d'ancêtres» émerge et se peuple. La «batêche de vie» apparaît, si près de la mort qu'elle prend tout son prix. Elle se rebelle et elle dure, comme un «mégot de survie» qui deviendrait «le rouge-gorge de la forge». Non pas la vie en veilleuse, mais la vie veilleuse, guetteuse, à l'affût, sensible au moindre souffle, donnant son pouls à l'histoire: «mon Québec, ma terre amère ma terre amande». La marche à l'amour, d'incertitude en séparation, progression titubante, transgression de *toi* à *tous*. La marche à la poésie, à travers les «mots qui peinent», les «mottons», les «mots noueux de nos endurances», les «maigres mots frileux de mes héritages»:

> J'avance en poésie comme un cheval de trait
> tel celui-là de jadis dans les labours de fond

Poète-paysan, poète-pays plutôt, qui lie le sort de sa parole à la langue et à la liberté communes. Mutilée, encerclée, en suspens, jamais résignée ni soumise, la poésie de Miron est politique «par suppléance» — en attendant que la politique soit poésie, c'est-à-dire «inspirée par nous tous» (Jacques Brault). C'est ce qu'explicitent les essais, autocritiques, *rapaillés* à la suite des poèmes: «j'aime mieux mourir avec le plus grand nombre que de me sauver avec une petite élite»; «avoir honte AVEC tous [...] au lieu DE tous». Ainsi, «la poésie n'a pas à rougir de moi». «Le poème refait l'homme», contre le non-poème de la «quotidienne altérité», de la «dé-réalisation coloniale» et bilingue. *Courtepointes* (1975), que recueillent les plus récentes éditions de *L'Homme rapaillé*, assemble des retailles, des bouts d'étoffe (du pays). Une fois «éteint» le «rêve

herculéen de construire de grands ensembles poétiques, des cycles et des épopées», il reste «des fragments de temples, des colonnes, des pierres sculptées»
(Eugène Roberto).

Jean-Guy Pilon, né en 1930, a beaucoup écrit,
non sans se répéter parfois, de *La Fiancée du matin*
(1953) à *Silences pour une souveraine* (1972). Sa
poésie est aisée, aérée, souple, tempérée. *Comme eau
retenue* (1969) est le titre de son recueil des recueils.
Mais l'eau est rarement puits chez Pilon; mer, voyage
plutôt, ou pluie fine, rivière transparente. L'oiseau, le
bateau, l'île, les villes-escales, les «saisons qui définis-
sent le corps», les «conspirations de bonheur», la
douceur féminine, les noms murmurés ou proclamés
sont ses instruments et ses lieux privilégiés. Poésie du
salut au sens de salutation, reconnaissance, accueil
(*Recours au pays*, *Pour saluer une ville*). Elle aborde
chaque poème comme un port, un départ, elle longe
les côtes, lisse les chevelures, célèbre *L'Homme et le
jour*, *La Mouette et le large*. De ces poèmes souvent
vagues, brefs, généreux, inégaux, aux silences un peu
trop apprivoisés, en prose parfois ou tout près de la
prose, c'est la continuité, le naturel, le mouvement
lent sans lourdeur, la marée que l'on retient.

Fernand Ouellette, né lui aussi en 1930, biographe d'Edgard Varèse, essayiste réfléchi, qui épingle
d'innombrables épigraphes, qui intègre à ses poèmes,
sans les traduire, un vers de Gongora ou de Hölderlin, est-il un poète trop intellectuel, trop volontaire,
trop cultivé? Chez lui, «l'Esprit se concentre» sur la
difficulté, jusqu'à l'abstraction, jusqu'à l'obscurité parfois: «Un paysage se condense, / se condense et ex-
plose.» *Ces anges de sang* (1955) oppose la «démence

du charnel!» à un «passé de décence», pâle, lunaire, vierge à incendier. Dans *Séquences de l'aile* (1958), l'air est vif, le découpage-montage accéléré. «Je transhume d'éclair en éclair», dit Ouellette; non pour (s')éblouir, mais pour cristalliser le mouvement, retenir «le sang de l'étincelle». Lumière ou feu? *Le Soleil sous la mort* (1965) et *Dans le sombre* (1967) approfondissent sans la ralentir la démarche du poète, son égarement, sa chasse érotique, sa mystique incarnée. Le poète ne surplombe pas, ne vole pas; il creuse, arrache, sillonne, «froid profanateur» et «fol adorateur». L'éclair laisse au sol et dans la chair des traces brûlantes. La maturité poétique de Fernand Ouellette[10] culmine dans *Les Heures* (1986), écrites au chevet de son père, dans la mémoire de toutes les morts:

> Le périple commence
> toujours par l'abîme
> [...]
> Là seulement
> les morts nous aideront
> à naître.

Chez Jacques Brault comme chez Ouellette, une réflexion critique accompagne l'activité poétique. Préoccupé des problèmes de langage (*La Poésie et nous*), du littéraire et du politique (dans *Parti pris*), Brault se méfie de la fausse naïveté, des poétiseurs «dont la réussite n'est que l'envers de l'échec de la prose». Ses essais

---

10. Voir Pierre Nepveu, *op. cit.*, et Paul Chanel Malenfant, *La Partie pour le tout. Parcours de lecture chez Fernand Ouellette et Roland Giguère*, Québec, PUL, 1983.

sont clairs, sa poésie est *risquée*: «cri pâteux» mais écrit, à la fois trouvé et produit, elle projette «cette liberté que nous ne sommes pas encore». Par exemple dans les «Quotidiennes» de *Mémoire* (1965), instantanés de l'errance montréalaise, fragments d'enfance et d'amour, peurs, fissures et raccordements. Dans les grandes suites poétiques à l'ami, au frère et au père, tous morts anonymes et épars (accident, guerre, chômage et misère), tous vivants, présents, liés à nous par l'avenir plutôt que par le passé. *La Poésie ce matin* (1971) découpe et recoud le tissu de *Mémoire*: «[...] peu de choses et sans importance mais elles parlent». Poètes et témoins sont convoqués — épitaphes-épigraphes —, et aussi la rue, l'affiche, la télévision, les proverbes, clichés et rengaines, la sagesse et la folie des nations: «Québec-hébétude». Brault fait jouer les «mots couturés de cicatrices» dans un espace très étudié, où dédicaces, italiques, blancs, rejets modifient la distance, le ton, le rythme (train, télégraphie, piétinement, danse, «retournement total»).

    La Poésie ce matin est une œuvre de transition entre le «nous» de l'Histoire, de la profondeur, du chant, et l'exploration d'une humanité précaire à partir de *Moments fragiles* (1984), mouvements infinitésimaux d'un silence à l'autre. «Poésie de novembre», a-t-on dit[11] de ce dépouillement extrême, de cette rupture radicale et apparemment sereine, de cette renaissance annoncée. *Moments fragiles* prend les teintes, les traits (onze lavis de l'auteur), la philo-

---

11. Gilles Marcotte, *Voix et images*, n° 35, hiver 1987. Brault a d'ailleurs publié en tirage limité *Vingt-quatre murmures en novembre* (Montréal, Noroît, 1980).

sophie des haïkus. Dans *Trois fois passera*, poésie et essai au centre, au cœur de l'œuvre de Brault, «les arbres ne sont jamais si beaux qu'en hiver; dans leur dénuement, ils font corps avec le ciel qu'ils soutiennent — et couvrent d'une écriture tremblée».

Paul Chamberland, né à Longueuil en 1939, théoricien et dialecticien, cofondateur de *Parti pris*, est un poète somptueux, prophétique. *Genèses* (1962), entre la pierre et l'œil, exprime «les Forces majeures et enchevêtrées de la Terre et de l'Homme, l'Histoire en son tuf et ses geysers». Parce qu'il y a eu Maïakovski, Neruda, Machado, parce qu'il y a Césaire et Depestre, «camarades», parce qu'il y a l'Algérie, le Viêt-nam, le Congo, Cuba, il y aura *Terre Québec* (1964), la poésie emmanchée «au même bois que le couteau», l'œil-sentinelle, la bouche-forge, la main-feu, le peuple-sang, la femme-aurore, l'amour-pays. Quelques-uns abuseront de cette thématique, de ce ton; d'autres, pas lui, referont du Chamberland. En 1965, *L'afficheur hurle*: «je ne sais plus que dire / la poésie n'existe plus». Et pourtant elle existe, raturée, brisée, piétinée; d'autant plus cohérente qu'elle signifie l'incohérence; d'autant plus proche qu'elle souffre, qu'elle va mourir: «vivre à partir d'un cri d'où seul vivre sera possible». *L'Inavouable* (1968) est récit (journal) et poème (intention) d'un geste pur, définitif: «tuer, là est l'ÉVÉNEMENT». L'indépendance politique, la révolution? Sans doute, mais avec la libération culturelle, spitituelle, quotidienne. L'inavouable, c'est encore la peur, la lâcheté, «le goût de la mort» et des paradis: «j'écris je vis entre démence et démagogie». Après les poèmes de l'«antérévolution», du terrorisme, de la régression («je me damne», «je me sacre victime-tortionnaire», avoue *L'Inavouable*), *Éclats de la pierre noire d'où rejaillit ma vie* (1972) reprend possession de l'espace, de la page. Ces poèmes, «mince filet de phosphore», éclats, fragments (Orphée), affichage — de Breton à Derrida, de Mai 1968, vécu à Paris, jusqu'à la «petite bête acéphale» de la «mari» — sont suivis d'une «suffocation» et d'une «révélation»: «Aujourd'hui je sais que j'ai le courage d'affronter la mort.» La composition et la présentation matérielle des recueils suivants de Chamberland, calligraphiés, illustrés de slogans comme les murs de la ville, soulignent la transformation radicale de la vision du poète, pour qui la politique est devenue cosmique, utopique (*Extrême survivance, extrême poésie*, 1978), et la révolution sexuelle, écologique, spirituelle. *Demain les dieux naîtront* (1974). Dieu est «athée», mais polythéiste, croyant et prophète. *Le Prince de Sexamour* (1976), Marko, «l'Homme», est l'Alcibiade d'une nouvelle Cité platonicienne.

2. Autres angles, autres figures

Pierre Perrault, né en 1927, cinéaste des «marsouins» de l'île aux Coudres, fut scripteur de séries radiophoniques sur la chanson, le conte, le folklore. «En vérité, il ne s'agit pas d'être les plus grands mais nous-mêmes, honnêtement, sans fausse honte, ni pudeur.» Perrault est lui-même dans l'exploration-pèlerinage de *Portulan*, *Ballades du temps précieux*, *Toutes isles*, poèmes prosaïques ou proses poétiques. Il touche au théâtre avec *Au cœur de la rose*, d'amour et de mer, et la farce *C'est l'enterrement de Nico-*

dème... Après Félix Leclerc, aux bons souliers lourds, terreux, fleuris, et avant l'électrique Robert Charlebois, Gilles Vigneault est le chanteur-poète le plus authentique. Conteur «du coin de l'œil» ou «sur la pointe des pieds», il a souvent le vocabulaire même de Perrault: *Étraves*, *Balises*, il s'agit toujours des *Gens de mon pays*, des vieux mots, des vieux sentiments, dans un cadre large et neuf: la Côte-Nord, passée de la forêt aux mines, des bateaux de pêche aux usines. Parmi les expériences (et réussites) significatives, celle de Gérald Godin (1938-1994)[12], notamment dans *Les Cantouques* (1966) — de cantique et de *cant-hook*, gaffe, instrument dont se servent les draveurs —, où il fait de l'architecture baroque avec des mots populaires, méprisés, une «sémantique du blasphème et de l'injure».

Deux groupes principaux se détachent de la production poétique de 1970. L'un est d'inspiration américaine, *folk-rock-pop*; l'autre suit les traces parisiennes de *Tel Quel*, ou du moins s'interroge sur la fonction et le fonctionnement des signes. La chose et le mot sont torturés, bafoués: «powésie», «pouahsi», «poétrissures», «peau aime». De petites revues font divers essais: *Quoi*, *La Barre du jour*, *Les Herbes rouges*. Nicole Brossard représente bien les deux premières. Après une *Aube à la saison* et *Mordre en sa chair*, où «nudité n'est qu'une bouffée», «chaudes errances», dans *L'écho bouge beau* (1968), œuvre de

---

12. Son œuvre est rassemblée et mise en contexte dans *Écrits et parlés I* (*1. Politique*, *2.Culture*) et *II* (*Traces pour une autobiographie*), Montréal, l'Hexagone, 1993.

transition, Nicole Brossard se partage entre la parole avouée ou désavouée et le travail scripturaire. *Suite logique* et *Le Centre blanc* sont des exercices ascétiques, théoriques et analytiques, d'une beauté formelle qui rayonne désespérément vers (ou de) l'instant pur, centre absent.

La contre-culture new-yorkaise ou californienne colore fortement Patrick Straram, Denis Vanier, Lucien Francœur, Louis Geoffroy. Dans *Minibrixes réactés*, Francœur insiste sur le sexe-bobo et les néologismes: «asphalté j'en sue / jusqu'aux spark plugs de ton tacot ennyloné». Straram, prosateur touffu, informé, engagé, réussit dans *Irish coffees...* (1972) une «effraction poétique», un «collage comme morale», mode et style de vie. Le plus original des «californicateurs» est sans doute Denis Vanier, auteur, à quinze ans[13], de *Je* (1965), préfacé par Claude Gauvreau, d'un *Catalogue d'objets de base* dynamités, de *Pornographic Delicatessen*, de *Lesbiennes d'acid*, montage de photos, caricatures, coupures de presse, poèmes «pour que la révolution soit un piège de farine chaude». Moins révolutionnaire que révolté contre l'«infini» ou la «lumière», plus intime, jusque «dans le sous-sol de la nature», est l'*Odeur d'un athlète* (1978). Car Vanier connaît aussi l'*Âme défigurée* (1984) et *Cette langue dont nul ne parle* (1985), le langage de l'amour.

Claude Péloquin a lancé deux manifestes (*Subsiste* et *Infra*), des *Émissions parallèles* et autres instruments d'accès à un «Arrière-Réel», à un «Possible

---

13. À trente ans, il commence à rassembler ses *Œuvres poétiques complètes* (tome I, VLB éditeur et Parti pris, 1980), légèrement censurées, couvertes de préfaces et de postfaces.

absolu». Séduit par la technologie, attiré par les extraterrestres, il prêche contre la mort, qu'il nargue joyeu-
sement dans des exhibitions en solo, en des phrases
publicitaires. «Je ne veux qu'écrire — c'est mon
métier», déclare-t-il à la fin de *Mets tes raquettes*; c'est
un nouveau programme publicitaire ou touristique.

Raoul Duguay, «fin foin fol», est aussi spectaculaire et plus audible: homme-show et poète-orchestre.
Ruts (1966), ou la religion du sexe, c'est, «entre deux
seins», le «swing de l'instinct». *Or le cycle du sang dure
donc* continue les recherches formelles, charnelles,
musicales («jazzzzz»); rupture-liaison, variations, dé-
clamation, violente (désarmante) tendresse. Duguay
travaille ensuite, avec le groupe de l'Infonie, à une
«théologie» du son: vibration universelle, «mental cosmique». *Lapokalipsô* est une danse biblique, un livre
magique, rond, simultané, au nombre parfait (333),
doté d'un «Chemin de la joie» en trente-trois stations.
Une syllabe — ô, ou AUM, ou OMMMMM... — pour
être «Tôutseul ak tôulmônde».

Gilbert Langevin (1938-1996) est difficilement
classable. Une poésie nerveuse, vulnérable, intense,
minée. *À la gueule du jour* (1959) qui s'ouvre, se
déchire, se casse; inquiétants *Symptômes*, «souffran-
ciade», «décès-verbal», et encore *Un peu plus d'ombre
au dos de la falaise*; un *Noctuaire* fantastique, près de
«Golgotown», d'un Christ anarchiste, «poète bi-
zarre»; *Pour une aube*, à la clarté égale, impitoyable.
De ces traits noirs et vifs Langevin compose *Origines*
(1971), sa somme, sa poésie, «espace renatal». Doit-
on parler de «salut» ou de «sauvetage» dans le cas
Langevin? Ce Pierrot lunaire est-il un clown ventrilo-
que ou un «paria solitudinaire»? *Mon refuge est un*

volcan (1978) caractérise cet «étang de brûlure», ces phrases lapidaires et qui lapident *Comme un lexique des abîmes* (1986).

D'origine hispano-marocaine, Juan Garcia (*Alchimie du corps*, *Corps de gloire*) en appelle à Dieu pour «calmer la voix basse de l'âme». Dieu? L'Esprit-corps, car pour Garcia le corps-poème devient la forme même de l'esprit, sa tension, sa contradiction, son sang révolté et régénérateur. «Tes poèmes me font signe de laisser la parole au silence», dit Jacques Brault à son «compagnon de nuit». Silence plein et volumineux, corps du silence, silence en marche: «et le peu que je tais me livre le passage...»

Luc Racine, musicien et sociologue, célébrera *Le Pays saint* (1972), un Mexique aux «anges d'absinthe sur les prés du chanvre». Il avait commencé chez Hölderlin, avec *Les Dormeurs* (1966), poursuivi chez Webern (*Opus I*), puis dans le «labyrinthe exsangue» de *Villes* et le chant politique des *Jours de mai* français. Les *Voies rapides* (1971) de Pierre Nepveu — trois cycles ou mouvements: «Virages-éclairs», «Dessins très animés», «Positions» — laissent «quelques traces tremblantes», brillantes, conscientes. Dans la nuit, avec ironie, par des parenthèses nombreuses, «quelque part entre deux semaines», à l'intersection du rêve et de la jungle urbaine, dans «l'apesanteur des désirs infinis», l'ordre-désordre est reconnu et dénoncé par une folie-sagesse. Avant *36 petites choses pour la 51*, circuit et arrêts d'autobus, passage de la poésie au travers du quotidien, *Calcaires*, d'Alexis Lefrançois, sont de beaux poèmes grecs, mallarméens, durs et lumineux. De *Pour chanter dans les chaînes* (1964) à *Érosions* (1967), Michel Beaulieu, jeune éditeur avisé (Estérel), fait son apprentissage de poète. Il gomme, il redresse, il courbe, jusqu'au dépouillement sans platitude de *0.00*, repris dans *Charmes de la fureur*. On peut déceler dans ce recueil et dans *Paysage* une certaine influence (monologue intérieur, narration niée, dépassée, flux temporel et sanguin) des deux romans qui les précèdent immédiatement: *X* et *Je tourne...* En 1973, *Pulsions et Variables* confirment la maturité de Beaulieu, qui mourra en 1985:

> dire seulement dire
> les mots qui t'anéantiraient.

II. Romans et récits

Plusieurs romanciers des années cinquante poursuivent, entre leurs lectures de Mauriac, Bernanos et Green, l'inventaire (parfois l'exploration) de leur monde intérieur. Ils pèsent les âmes, analysent les mouvements, sans prédication, mais avec une sorte de gêne, de retenue, d'abstraction. L'inquiétude «métaphysique» de l'adolescence se traduit en figures antithétiques, en débats attendus. Ce n'est pas le cas de *Mathieu* (1949), unique roman de Françoise Loranger, et du *Torrent*, récit symbolique d'Anne Hébert, qui poussent très loin la haine et la révolte, qui découvrent les corps en même temps que les âmes. Il s'agit encore d'individus aux prises avec le monde sans autres intermédiaires que des écrans (familiaux, religieux). Devant *La Coupe vide* ou *Solitude de la chair*, le roman québécois cherche et attend l'amour. Pour sa part, *Louise Genest* (de Bertrand Vac, 1950) meurt après avoir satisfait deux instincts: la chair de l'amant (forestier, métis) et la chair du fils (perdu, poursuivi). Yves Thériault plongera en pleine nature. D'autres attaqueront la ville par divers côtés. *Au milieu, la montagne* (1951), de Roger Viau, est une autre «pente douce» impossible à remonter. Il faudra creuser des souterrains avec une «sous-langue», le joual, avec l'imagination la plus libre, les mots les plus fous: ce sera Ducharme et ses épigones. Vers 1965, le roman éclate et se multiplie. L'âge de la parole devient celui de l'écriture.

1. Le roman romanesque

Robert Élie[14] (1915-1973) est toujours proche de Charbonneau et de *La Relève* mais intellectuellement plus souple. *La Fin des songes*, récit et surtout journal d'un dédoublement, tente de «surprendre la vie» au-delà des apparences, des fantômes narcissiques, du désespoir et de la mort: «Tout recommence parce que tout est accompli.» *Il suffit d'un jour* entrelace quelques intrigues dans un microcosme villageois, somme ou reflet des consciences individuelles derrière l'opposition de classe entre les «habitants» et leurs visiteurs bourgeois. Le mo(n)de des premiers est l'objet, la possession — «du soleil, un curé avec un cimetière, de quoi se nourrir et se chauffer, et un hôtelier avec de la bière» —; celui des autres est la parole, instrument d'introspection et d'observation, non pas d'échange.

---

14. Le recueil posthume de ses *Œuvres* (Montréal, HMH, 1979) est considérable (867 p.) et extrêmement varié.

À Québec, André Giroux (1916-1977) cherche *Au-delà des visages* (des masques) la personnalité d'un jeune homme de bonne famille qui a étranglé par dégoût de lui-même — deux ans avant *Moïra* — sa vulgaire partenaire. La technique tient du roman policier; l'auteur-juge penche en faveur de l'accusé dont la quête de pureté est moins sexuelle que sociale (contre les bien-pensants) et métaphysique (la vérité est dans la mort). Le petit fonctionnaire cancéreux du *Gouffre a toujours soif* n'est plus observé, il observe, avec un «cynisme douloureux». *Malgré tout, la joie* est le titre de nouvelles ironiques.

Jean Filiatrault, né en 1919, reprend le «Familles, je vous hais» en le frottant de psychanalyse. Ses personnages de mères abusives sont les plus vrais. Les *Chaînes* entre mère et fils sont de sang et de feu: Mme Dugré-Mathieu se montre «cruelle à cause de tout l'amour dont elle comble sa victime»; des chats, égorgés, sacrifiés, projettent d'étranges lueurs sur ce huis clos. Le héros du *Refuge impossible* adorait, enfant, pourchasser les poules, leur arracher les plumes une à une. *L'argent est odeur de nuit* se présente comme un roman de mœurs suburbaines, «un premier plaidoyer contre les familles nombreuses». Enfants, maladies, pauvreté, promiscuité empêchent le couple de se joindre, de s'aimer; les conditions socioéconomiques amplifient, exaspèrent les fixations personnelles. Le climat est semblable chez Jean-Paul Pinsonneault, pour qui le roman est «comme une descente aux enfers» méthodique. Les péchés capitaux se succèdent: l'avarice (*Le Mauvais Pain*), l'orgueil (*Jérôme Aquin*), l'homosexualité (*Les Abîmes de l'aube*). «Il y a Dieu, oui, je sais. Mais un homme a besoin parfois d'une

présence moins lourde à porter», dit la jeune Véroni-
que au curé des *Terres sèches*.

L'ombre de Bernanos, comme celle des existentialistes, demeure faible, tiède, trop bien taillée. *Les
Témoins* (1954) d'Eugène Cloutier sont des kaf-
kaïens fantaisistes; ses *Inutiles*, «deux êtres sans
défense dans un monde qui en avait trop», se sont
«spontanément chargés d'une mission d'amour
auprès d'un homme à jamais fermé à ce langage».
Les antihéros de Gilbert Choquette, contradictoires,
désabusés, ont «une conscience aiguë d'exister». De
L'Interrogation (1962) d'un médecin qui s'est dévoué
aux Indiens de Bolivie à *La Défaillance* d'un dispen-
sateur d'«espoir préfabriqué», en passant par *L'Apprentissage* d'une certaine liberté.

Chez André Langevin, né en 1927, l'absurde, le
«pour-autrui» et le «pour-soi» interviennent, à travers
l'Œdipe des orphelins. *Évadé de la nuit* (1951), Jean
Cherteffe s'évade dans le ventre de l'amour, de la
mort. Sa volonté de domination était un désir d'être
père à défaut d'avoir un père. Il meurt enfant: «Il
pensa qu'il nageait dans du lait [...]. La douceur le
tuait.» *Poussière sur la ville* (1953), ou les retombées
d'une mine d'amiante, de l'ennui, du discontinu, de
l'isolement, des corps humiliés, que recouvrent sans
les laver, sans les lier, la pluie et la neige. Le jeune
médecin est un cocu masochiste, lucidement naïf.
Après le suicide de sa femme, bel animal sauvage, il
retourne à ses concitoyens leurs regards dissolvants:
«Je resterai, contre toute la ville. Je les forcerai à
m'aimer. La pitié qui m'a si mal réussi avec Madeleine, je les en inonderai.» Il se noiera dans sa propre
source visqueuse. *Le Temps des hommes* (1956), pour

un prêtre défroqué qui refuse l'amour physique tout en réapprenant, depuis dix ans, «l'alphabet humain», est le temps d'une compassion héroïque. Après avoir voulu troquer son sentiment de culpabilité contre le rachat d'un meurtrier, le curé-bûcheron tue à son tour, en légitime défense. La mort, comme la solitude, l'idéal, la neige, est «ce grand espace blanc», ce Grand lac Désert où se situe en partie l'action.

Langevin est revenu au roman en 1972 avec *L'Élan d'Amérique,* très discuté, complexe, poétisé, symbolique. Une Américaine, québécoise par sa mère (prostituée), qui a épousé un homme qui est peut-être son propre père[15], Peabody, impuissant de guerre et industriel, rencontre dans un chalet du Grand Nord Antoine, forestier. Deux êtres sauvages, primitifs, non pas libres; ils délirent et dérivent: l'homme est apoplectique, la femme névrosée et alcoolique. L'élan, qu'on appelle orignal ou *buck,* est une «puissance à l'état pur», une «tête préhistorique», un totem. La bête, blessée «dans le cul» par Claire Peabody, est achevée, en train de s'accoupler, par le millionnaire américain du haut de son Cessna. *Une chaîne dans le parc* (1974) montre la nature et l'enfance enclavées, menacées. Le paradis étant perdu, reste la mort. Pierrot, le petit héros orphelin, impose un moment son «intériorité pure», sa vision du monde, sa désillusion: «dehors, dit-il, les gens se conduisent exactement comme s'il y avait des murs».

---

15. C'est la thèse de Gérard Bessette (*Trois Romanciers québécois,* Montréal, Éditions du Jour, 1973, p. 136-137), mise en contexte et élargie par André Brochu, *L'Évasion tragique. Essai sur les romans d'André Langevin,* Montréal, HMH, 1985, p. 235, 293-295.

Yves Thériault (1915-1983) publie d'abord de robustes *Contes pour un homme seul* (1944), elliptiques, troublants, entre Maupassant, Giono et Ramuz. Le temps (anhistorique), l'espace (mythique et concret), l'atmosphère, le style à la fois fruste et précieux, entre l'oral et l'écrit, se retrouvent dans *La Fille laide* (1950), où s'opposent la montagne et la plaine, dans *Le Dompteur d'ours* (1951), à la composition concentrique, dans *Le Marcheur* (1950), drame paysan où l'absence-présence du père pèse lourdement. *Les Vendeurs du temple* (1951), chronique villageoise satirique, est un des rares romans (contes, récits) de Thériault dont l'action soit située au cœur (duplessiste) des vieilles paroisses prospères. Le romancier étudie plutôt diverses minorités et des marginaux typiques, prophétiques. Il fait, par lignes brisées et en spirale, le tour du Québec: du ghetto montréalais à l'Ungava et au Labrador, du golfe et de la Côte-Nord à la mer gaspésienne, des Prairies aux forêts, à la toundra, en passant par une Espagne de convention, des immigrants italiens, etc. *Cul-de-sac* (1961), construit sur le vertige — la composition (discours délirant, fragmenté, et récit rétrospectif) est elle-même une crevasse, comme celle où agonise le héros-victime —, résume assez bien ces pérégrinations, cette attaque différée. Après son enfance provinciale et sa jeunesse montréalaise, Victor Debreux, ingénieur alcoolique et dépressif, séjourne au Venezuela, au Pakistan, à la Terre de Baffin, avant de mourir coincé au fond de la rivière Manicouagan.

Un patriarche et son petit-fils, le rituel juif et la liberté profane, s'affrontent dans *Aaron* (1954). La femme est un facteur d'émancipation et de progrès, ici comme dans *Agaguk* (1958), où un Esquimau quitte sa tribu pour fonder à l'écart une famille nouvelle, microsociété et microcosme («Terre promise»). Mais *Tayaout, fils d'Agaguk* (1969), montrera les limites et le danger du «progrès». Avant *Tayaout*, un cycle indien, à partir d'*Ashini* (1960), avait opposé non plus les traditionalistes aux néo-primitifs, mais les colonisateurs blancs, hypocrites et décadents, aux hommes naturels. Le pêcheur breton de *La Passe-au-crachin* (1972) est le premier Blanc à être accepté comme un frère par l'Amérindien. Le bestiaire est riche et significatif: moins dans les récits trop symétriques de *Mahigan* (homme-loup), de *Kesten* (cheval), de *N'Tsuk* (loutre), que dans le singulier combat nocturne d'Agaguk avec le Grand Loup blanc, qui représente à la fois le vent, l'*agiortok*, l'hystérie arctique, le totem ancestral, la figure paternelle mutilante, le «vieil» Agaguk, etc. Des poètes apparaissent çà et là (depuis le Troublé des *Contes* et ses avatars), qui sont, eux, les vrais «primitifs», contestataires irrécupérables, marginaux irréductibles. Parmi les titres que, jusqu'à sa mort, en 1983, Yves Thériault ajoutera encore à son œuvre, se détache un roman «inséré[16]» ou «enchâssé» dans un conte, *La Quête de l'ourse* (1980), histoire d'un amour impossible, d'une alliance contre «nature» et «raison» entre un Métis montagnais et une jeune Blanche.

Andrée Maillet aime les profils, les esquisses, les marionnettes, et pas seulement dans ses pièces. Des

---

16. André Brochu, «*La Quête de l'ourse*: métaphore et retardement», *Études littéraires*, vol. XXI, nº 1, 1988 («Yves Thériault, une écriture multiple»), p. 123.

Montréalais aux *Remparts de Québec*, on se promène beaucoup, nu ou très orné, sans guère avancer.
Nouvelles montréalaises n'est pas un titre de journal,
ni un type de citadines émancipées; ce ne sont pas
non plus des nouvelles, mais des ébauches, des coups
de crayon gras. Andrée Maillet est meilleure romancière dans *Souvenirs en accords brisés*, duo dramatique adapté d'un des récits du *Lendemain n'est pas
sans amour* (1963).

Deux jeunes romancières aux débuts heureux,
Claire France et Diane Giguère, n'ont pu dépasser
Les enfants qui s'aiment et *Le Temps des jeux*,
fussent-ils adultes, interdits. Monique Bosco, émou-
vante dans *Un amour maladroit*, se veut trop adroite
dans son observation des *Infusoires*; *La Femme de
Loth* (1970), d'un regard (im)pitoyable, refuse toute
attente, toute distance entre la mort vécue et la vie
rêvée. *Dis-moi que je vis* (1964), supplie Michèle
Mailhot, qui parle aussi bien de l'amour physique et
du «péché d'être malheureux» que de la condition de
la femme, «les reins ceints dès cinq heures du matin,
la lampe allumée, guettant l'Époux».

Les trois premiers romans de Louise Maheux-
Forcier se déroulent (circulairement) parmi les arbres,
«sous la piqûre innombrable du sable», dans une île,
un conservatoire de musique, une chapelle romane
désaffectée, le «nid préhistorique» d'Alberobello. Ils
ont lieu en automne, saison du meurtre, du souvenir,
de l'écriture: «Tout flambe autour de moi; je suis
l'amadou qui côtoie l'étincelle.» Une jeune femme
rêve aux rêves de l'enfance, à l'inversion, à la transgression, à l'éternité amoureuses, à «une petite allu-
mette tout en regards et en cheveux». Louise

Maheux-Forcier pratique en même temps *Paroles et musiques* (1973). *Appassionata* (1978), longue lettre à une infidèle, à une absente, accorde un «traitement lyrique» à l'amour lesbien. Ses téléthéâtres (*Arioso*) et téléfilms (*Le Piano rouge*) jouent sur les mêmes cordes sensibles, sensuelles. Yvette Naubert est soignée, minutieuse, musicienne et orfèvre, dans ses *Contes de la solitude* et ses romans: *La Dormeuse éveillée*, hors du temps; *L'Été de la cigale*, où s'exaspèrent l'opposition Nord-Sud et les tensions raciales aux États-Unis; la saga des *Pierrefendre*, d'une composition polyphonique, «Prélude et fugue à tant d'échos».

Réal Benoit (1916-1972) aime les nuits lucides et les saisons chaudes, les îles et leur «chassé-croisé de sillages», les femmes-femmes, les sentiers qui tournent en rond, les miroirs baroques, les bilans. Il a peu écrit, mais avec subtilité: des contes (*Nézon*), un journal de voyage (*Rhum-soda*), des nouvelles (*La Saison des artichauts*, *Mes voisins*), un téléthéâtre onirique (*Le Marin d'Athènes*) et *Quelqu'un pour m'écouter*, roman rhapsodique, autobiographique. Son humour est-il désespoir, timidité, mensonge, maturité, politesse? La parole attire et détourne les regards.

Parlons de moi («récit complaisant, itératif, contradictoire et pathétique d'une autodestruction»), propose Gilles Archambault, qui est pourtant d'*Une suprême discrétion*, pâle et tendre, vite essoufflé, obsédé par des *Enfances lointaines*, toujours *La Fleur aux dents* avec un sourire las d'écrire le même livre (re)commencé. Le même? *La Fuite immobile* dans le quartier de Côte-Saint-Paul ne saurait être une fresque sociale, ni *Les Pins parasols* un roman exotique. C'est toujours un *Voyageur distrait* (1981), introspectif, que le narrateur antihéros de Gilles Archambault. Le romancier, chroniqueur et nouvelliste (*L'Obsédante Obèse*, 1987), humoriste à ses heures, amateur de jazz éclairé, sait varier à l'infini les «petites proses presque noires» des *Plaisirs de la mélancolie* (1980).

Claude Mathieu raconte vivement *Simone en déroute* (1963) et en route, itinéraire chargé d'une veuve «propriétaire de deux domestiques, l'un mâle et italien, l'autre femelle et idiote [...], de dix mille pieds carrés de pelouse, d'un épicier poète et d'un abbé mal vu en haut lieu», sans compter une auto qu'elle ne sait pas conduire. *La Mort exquise*, fables à la Borges, abuse intelligemment des procédés et réminiscences. Marcel Godin a *La Cruauté des faibles*, *Une dent contre Dieu*, qui est une dent de lait, un dossier-reportage sur les camps de bûcherons (*Ce maudit soleil*), *Danka*, journal-dialogues autour d'une danseuse, autour de l'amour-mensonge. De Roger Fournier, parfois plus vulgaire que populaire, on peut retenir l'érotisme d'*Inutile et adorable*, la verve des *Filles à Moune*, le grotesque outrancier et presque fantastique de *La Marche des grands cocus*, la mythologie moderne des *Cornes sacrées* (1977). Adrien Thério, réaliste et humoriste, s'intéresse aux aventures d'un jeune professeur dans une université américaine (à Bowlingville), dans un collège québécois (à L'Ascension), dans une institution anglo-canadienne (*Un païen chez les pingouins*); son roman le plus authentique est *Soliloque en hommage à une femme* (1967).

Jacques Ferron (1921-1985), polémiste redoutable, chroniqueur imaginatif et renseigné, féru de tradition orale et de petite histoire, s'attaque à plusieurs mythes officiels dans *Historiettes* et *Le Ciel de*

Québec (1969). Il leur oppose les figures de l'Indien, du quêteux, du robineux, du cultivateur matois (Félix Poutré), du «Canadien errant». Ses *Contes du pays incertain* (1962), *Contes anglais et autres* (1964) redessinent l'histoire et la géographie, donnent la parole aux bêtes, aux maris, aux sages-femmes, aux exilés — et au conte lui-même, qui se reprend, se salue, s'arrête en tableau, se développe en nouvelle ou en légende. Rituels d'entrée et de sortie, prosopopée, parataxe, ellipse, ironie et complicité: la rhétorique de Ferron imite merveilleusement la «prouesse narrante» populaire. Les romans de Ferron sont aussi des contes, des fables. *Cotnoir* (1962), à la technique très étudiée (cadre strict, chronologie chambardée, condensation des anecdotes), est une allégorie sur la prison et la folie, sur la mort d'un médecin et les dangers de la médecine: un «printemps des corneilles», une cérémonie funèbre «renversée». *La Nuit*, *Papa Boss* et *La Charrette* constituent une trilogie — psaume laïque, apocalypse culturelle, vision réaliste et fantastique — reprise, en partie, sous le titre *Les Confitures de coings* (1973). Le récit le plus pur, le plus efficace de Ferron est peut-être *L'Amélanchier*, histoire d'une enfance perdue et retrouvée, d'un *réel* orienté et racheté par la lucidité du rêve.

Après le clin d'œil républicain complice du *Salut de l'Irlande*, *Les Roses sauvages* (1971), croisement d'une déportation contemporaine en Acadie, d'un exil onirique à Casablanca, d'un enfermement psychiatrique et d'une solitude suicidaire, inaugurent le dernier cycle, la phase ultime de l'œuvre de Ferron, qui est comme rongée par le doute, minée de l'intérieur, et en même temps ouverte à l'altérité (l'aliénation?) la plus radicale. Les essais intitulés *Du fond de mon arrière-cuisine* sont consacrés à l'examen et à la transformation de certains mythes, légendes ou figures littéraires, mais surtout à une autocritique désespérée («Les salicaires»). Le confidentiel *Gaspé-Mattempa*, le journal de *Rosaire* précédé de *L'Exécution de Maski* (Maskinongé, autre nom de «Notaire», double de l'écrivain notable) annoncent l'impossible *Pas de Gamelin*, impubliable et pourtant en partie publié, posthume, dans *La Conférence inachevée* (1987), testament littéraire et humain[17].

Plus rabelaisien ou brueghelien, Roch Carrier compose une trilogie, dont le volet droit sera *Floralie, où estu?*, nuit du vieux couple Corriveau, initiatique et médiévale, plus chevaline que chevaleresque; le volet gauche: *Il est par là, le soleil*, erreurs et errances de l'adolescent Philibert, fils du boucher-fossoyeur. Au centre, *La Guerre, yes sir!* (1968) tourne autour d'un cercueil, d'une table et d'un lit, dans un village traditionnel. Farce macabre et truculente, fête sauvage, instinctive; bordées de rires, litanies de sacres («Maudit wagon de Christ à deux rangées de bancs, deux Christ par banc!»), Pater et Ave surréalistes. Les villageois ne perdent pas la guerre, mais ils perdent une bataille, une main, le cul, la tête. *Il n'y a pas de pays sans grand-père* (1977) est une histoire qui a «beaucoup de sens[18]»,

---

17. Bien des inédits, lettres aux journaux, correspondance personnelle, pièces radiophoniques ont paru après la mort de Ferron en 1985. Sur le renouveau des études ferroniennes, voir *Littératures* (McGill), n°s 9-10, 1992.

18. Voir Jacques Allard, «L'idéologie du pays dans le roman québécois contemporain: *Il n'y a pas de pays sans grand-père* et l'intertexte national», *Voix et images*, vol. V, n° 1, automne 1979, p. 117-132.

«peut-être même un peu trop», selon Gilles Marcotte.

Jean-Jules Richard (1911-1975), romancier d'action, est une puissance à l'état brut. *Neuf jours de haine*
(1948), aux «phrases hachées, coupées, qui heurtent»,
«au rythme saccadé de la mitrailleuse» (Dostaler
O'Leary), est un bon roman de guerre (comme *Les
Canadiens errants* de Jean Vaillancourt). Ensuite, *Ville
rouge*, nouvelles construites brique à brique; *Journal
d'un hobo*, c'est-à-dire d'un cheval sauvage, d'un éta-
lon, d'un homme sain, pur, indompté, complet (androgyne). Des débardeurs aux drogués et au chef métis,
Richard va toujours aux hors-la-loi, au salut par les
sens. Pierre Gélinas, journaliste et militant, s'intéresse
aux luttes syndicales et à l'exploitation coloniale; au
quartier ouvrier d'Hochelaga (*Les Vivants, les morts et
les autres*, 1959), aux mœurs et à la léthargie antillai-
ses. *L'Or des Indes* (1962) est un roman pittoresque et
engagé, très écrit et très vivant. Si le narrateur, antihéros, se dérobe personnellement, il fait partie d'un trio
(avec Sid et Milton) qui résume et dessine Trinidad.

Et puis tout est silence... (1960), de Claude Jasmin,
met en scène un narrateur enseveli sous les décombres
d'une grange-théâtre d'été, prisonnier d'un rôle tragi-
comique. Décorateur, critique d'art, polémiste, Jasmin
écrira plusieurs téléthéâtres. Ses récits eux-mêmes, vol-
tigeant de l'actualité à l'enfance, de la petite histoire à
La Petite Patrie, sont des jeux, des affiches, des spots,
des masques. Un rythme cinématographique. Chacun
fuit (la mort, la police, le parti), chacun cherche (son
identité, son père, son public), à toute vitesse, sur la
route, *La Corde au cou*. L'homosexuel de *Délivrez-
nous du mal* désire et refuse son complément, son

double. *Éthel et le terroriste* s'interrogent, à New York, sur les moyens de tuer la violence.

2. Excursion acadienne

L'Acadie, colonie distincte, connut une histoire particulièrement difficile: déportation, exil (en Louisiane), repli dans quelques villages côtiers. Ses vaisseaux fantômes, ses légendes, ses superstitions, ses chansons sont une mine pour les ethnographes. Jusqu'ici la littérature acadienne n'était qu'orale, populaire, ou reflétée dans quelques œuvres de visiteurs. L'œuvre d'Antonine Maillet est écrite pour être dite, racontée, jouée. Une thèse sur *Rabelais et les traditions populaires en Acadie*; des contes de l'enfance, mais non pour enfants; des récits picaresques, iliades-odyssées de pêcheurs qui ont beaucoup voyagé depuis 1755: lutte de classes des *Crasseux* (1968), époque «puciaire» et guerres «samiques» de *Don l'Orignal* (1972). Les acteurs-conteurs réapparaissent d'une fable à l'autre, indestructibles. Les «gens d'En-bas», pauvres, sales («je passons notre vie à décrasser les autres»), ignorants et malins, ont un surnom propre: Noume, Citrouille, la Cruche... *Les Crasseux* était une pièce très dialoguée, dialectique; *La Sagouine* (1971) est un monologue en seize tableaux. C'est l'Acadie qui parle et qui se parle «de goule à oreille», à travers l'«eau trouble» d'une vieille laveuse de planchers, dans une langue aux archaïsmes bien vivants, aux anglicismes rares (contrairement au *chiac* bâtard de Moncton). Anticléricale et croyante, anarchiste et philosophe, «révolutionnaire sans aigreur», la Sagouine, espionne, ambassadrice, est une nouvelle (et anti-) Évangéline.

Avec les pastiches de Rabelais, de Molière, un rythme de croisière s'installe au théâtre à coups d'*Évangéline Deusse*, «troisse», etc. Le roman, jamais loin du conte et de l'épopée populaire, la carrière, le rôle médiatique et politique d'Antonine Maillet prennent un essor considérable au moment du prix Goncourt attribué en 1979 à *Pélagie-la-Charrette*, que précède *Les Cordes-de-bois* et que suit *Cent ans dans les bois*, à la Marquez. Cela fait beaucoup de matériaux, de temps accumulé, d'espace parcouru. Antonine Maillet est à elle seule une île (un phare?), un petit continent coloré, un guide historique, touristique et humoristique bien au-delà de *L'Acadie pour quasiment rien* (1973).

Tout ce bois, cet arbre feuillu, agité, branché, ne doit pas cacher la forêt et la côte acadiennes[19]. Surtout pas des poètes comme Raymond Leblanc (*Cri de terre* contre la soumission, l'humiliation, pour une «histoire voulue»), Léonard Forest (*Saisons antérieures*), Calixte Duguay (*Les Stigmates du silence*), Herménégilde Chiasson (*Mourir à Scoudouc*, 1974). Ni des essais douloureux, difficiles, critiques, tels que *L'Acadie perdue* (1978), de Michel Roy, ou *L'Acadie du discours* (1975), mythique, idéologique, de Jean-Paul Hautecœur. Jacques Savoie, musicien et parolier, fondateur du groupe Beausoleil-Broussard, auteur «entre langue et parlure» d'une histoire très acadienne de «double expropriation», *Raconte-moi*

---

19. Voir Marguerite Maillet, *Histoire de la littérature acadienne. De rêve en rêve*, Moncton, Éditions d'Acadie, 1983, et une *Anthologie de textes littéraires acadiens, 1606-1975* (1979).

Massabielle, s'impose comme romancier et scénariste à partir des *Portes tournantes*, chez Boréal, en 1984.

3. Récits, anti-romans, nouveaux romans

L'«école» de *Parti pris* recourt au joual comme à une structure de décomposition qui dénonce l'abâtardissement culturel, social, politique. Aucune intention pittoresque; l'utilisation du langage populaire est systématique, massive, historique et critique. Il ne s'agit pas d'institutionnaliser une nouvelle langue: le joual n'est pas une langue, ni un dialecte, ni un patois, mais un accent, une prononciation, un certain lexique; il est un état, pauvre, mou et souffrant, du français, une «sous-langue», a-t-on dit, la langue en partie défaite d'un peuple défait. «On ne peut dire le mal, le pourrissement, l'écœurement dans un langage serein, "correct"; il faut que mes paroles soient ébranlées dans leur fondement même par la destructuration qui est celle du langage commun, de la vie de tous» (Paul Chamberland). Il s'agit d'assumer son aliénation à travers le «réalisme linguistique», de reconnaître et de tuer en soi le colonisé. «J'ai quelqu'un à tuer pour vivre demain», dit le sous-homme de Laurent Girouard. *La Ville inhumaine* (1964) est une œuvre inhumaine, cercle vicieux, chaos, cataclysme: «Je n'aurais jamais dû sortir de ma condition de brute. Les brutes ont toujours eu l'avantage d'être inconscientes. Qu'est-ce que j'ai à foutre dans cette patrie-fantôme?» Fascination de l'échec? Échec-réussite, thérapeutique? La dialectique et l'exorcisme sont plus efficaces en tout cas dans les nouvelles de Jacques Renaud et d'André Major, où la rude incantation du joual, son rythme plat ou cahotant, ses ellipses, ses images neuves rachètent en partie, trop heureusement peut-être, la situation et les personnages. *Le Cassé*, fauché, plié, tordu, est plus dur, plus noir que les pièces de Michel Tremblay. «Le joual, c'est, je crois, alternativement, une langue de soumission, de révolte, de douleur. Parfois, les trois constantes se mêlent et ça donne un bon ragoût», dit Renaud, qui ira ensuite *En d'autres paysages*, plus imaginaires, exotiques, orientaux, mystiques. Le ragoût explosif du *Cassé* devient chez lui une sauce liante et épicée; après Montréal, Auroville ou le vieux moulin abandonné de Centclochers.

La révolution romanesque ne viendra pas de *Parti pris* (qui l'avait d'ailleurs prévu), mais des mots et des maux d'un adolescent inconnu, Réjean Ducharme. *Parti pris* aura cependant libéré de l'académisme et des tabous (sexe, scatologie, blasphèmes) l'espace qu'occupent, qu'occuperont Aquin et Godbout, sophistiqués, politisés, Blais et Ducharme, génies-enfants, chefs de file de ce qu'on peut appeler le mouvement de 1965-1966.

Hubert Aquin a tout fait pour ne pas devenir écrivain: de bonnes études, Radio-Canada, l'ONF, de l'action politique, du sport automobile, du courtage. Parlant du Canadien français «agent double», de sa fragmentation, de son exil, de sa «fatigue culturelle», Aquin écrit: «Je suis moi-même cet homme typique, errant, exorbité, fatigué de mon identité atavique et condamné à elle [...], j'ai voulu être étranger à moi-même, j'ai déréalisé tout ce qui m'entoure et que je reconnais enfin.» Dans *Profession: écrivain*, il refuse le passeport — exutoire, distraction, exorcisme — que le colonisateur accorde au «dominé qui a du talent».

L'esthétique baroque lui permet de surmonter dialectiquement le conflit entre action et écriture, appartenance et ouverture.

Prochain Épisode (1965) est un anti-roman,
savamment «défait», autocritique. D'espionnage,
mais aussi d'amour-révolution. Triple, quadruple
espace-temps: la rédaction en clinique (pour éviter la
prison, pour sauver un temps mort: Aquin avait été
arrêté pour port d'armes en 1964), la mémoire,
l'intrigue inventée, la nuit et l'aube symboliques. Une
écriture emportée, délirante et lucide: «Rien n'est
libre ici: ni mon coup d'âme, ni la traction adipeuse
de l'encre sur l'imaginaire, ni les mouvements pres-
sentis de H. de Heutz, ni la liberté qui m'est dévolue
de le tuer au bon moment [...]. Je n'écris pas, je suis
écrit.» L'action se passe en Suisse (d'où Aquin sera
plus tard refoulé), avec des échappées lyriques sur le
Québec: énumération de villages perdus, randonnées,
violence et nuits d'amour avec K. Le meurtre projeté
et commandé n'a pas lieu. «La lutte contre la domination financière anglo-saxonne (contre le banquier
von Ryndt) doit être d'abord lutte contre le confort
intellectuel du Pr de Heutz, occupant d'un château
endormi...» (Michel Bernard), qui peut représenter
l'écran de la bourgeoisie canadienne-française «colla-
borationniste». L'adversaire est fascinant, complémentaire, intériorisé.

Trou de mémoire (1968) est discontinu, théâtral,
énigmatique. Comment vaincre l'«amnésie culturelle»
du colonisé, le traumatisme de la Conquête? L'intrigue se noue autour d'un «crime parfait»: l'empoison-
nement par le héros de son amante canadienne-
anglaise, doublé d'un viol par impuissance. Les récits

(lettres, journaux) de l'Africain Ghezzo-Quénum et du Montréalais Pierre X. Magnant, tous deux pharmaciens, narcomanes, révolutionnaires et écrivains, sont symétriques mais chronologiquement inverses, reflétés. Les notes et commentaires d'un «éditeur» pédant donnent au livre sa «contre-avant-scène», sa distanciation brechtienne. La perspective en trompe-l'œil est signifiée par le tableau de Holbein, *Les Ambassadeurs* (de France et d'Angleterre): au crâne correspond le «cadavre encombrant» de Joan (et du «fédéralisme copulateur»); au tapis oriental, la «pièce de toile damassée d'hyperboles et de syncopes» du texte... Tissu d'art et dévoilement, déchirure et reconstitution, le roman dépasse ses contradictions. Il est métaphore et anamorphose. R. R. (Rachel Ruskin, sœur de Joan), enceinte d'un fils qui s'appellera Magnant, guérit de son viol et comble le trou de mémoire en regardant l'histoire d'un point de vue final et total (auteur, éditeur, lecteur), comme un produit artificiel démystifié[20]. *L'Antiphonaire* (1969) n'est pas moins «double», érudit et parodique à la Borges, à la Eco, sur les rituels littéraires. *Neige noire* (1974), avec ses trois plans ou modes narratifs, est le plus théâtral (*Hamlet*) et cinématographique des textes d'Aquin.

Le suicide spectaculaire d'Aquin, en 1977, fait de lui une figure exemplaire de la «quête interrompue», du «décollement» tragique de la réalité quotidienne. On rassemble ses essais en *Blocs erratiques*. On

---

20. Voir Patricia Smart, *Hubert Aquin, agent double. La dialectique de l'art et du pays dans «Prochain Épisode» et «Trou de mémoire»*, Montréal, PUM, «LQ», 1973.

scrute les «épisodes» de sa double, triple vie, et les «masques» de son œuvre. On multiplie les thèses, hypothèses, angles d'approche. De l'enquête policière à l'«otobiographie» par l'écoute de témoins privilégiés. En passant par toutes les *lectures*, tous les jeux du formalisme, de la psychanalyse, de la pragmatique, de l'intertextualité[21].

«Nous aurons notre décor, nos rires, notre vocabulaire, nos rites, l'amour. Et le cynisme vertueux. Et la vertu cynique», dit le héros de *L'Aquarium*, qui ajoute à tort: «Et peut-être la paix au ventre.» Ce premier roman (1962) de Jacques Godbout, inspiré d'un séjour en Éthiopie, est le journal-récit d'un artiste enfermé dans la Casa Occidentale durant la saison des pluies. Une liaison et une évasion se dessinent à l'intérieur, pendant qu'à l'extérieur fomente une révolution. Les deux climats, les deux côtés du bocal se rejoignent dans l'évocation d'un aventurier engagé, le mari de l'amante. Lui seul — qu'on a laissé mourir dans les sables — n'était pas pourri, enlisé, rampant. Le narrateur prendra sa place, sa conscience: «Nous allons changer de décor. Pour que d'autres personnages en naissent qui ne soient pas des escargots.» Les escargots du *Couteau sur la table* voyagent très rapidement, à Paris, au Mexique, entre le *Lake* des Prairies et Montréal, en train, à travers la toponymie composite d'un espace «vide comme la paume de ma main». Ils voyagent aussi dans le temps, de la liaison

---

21. Une équipe dirigée par Bernard Beugnot a publié (BQ) des éditions critiques d'inédits comme le *Journal* ou *L'Invention de la mort*, son premier roman, «véritable foyer générateur», aussi bien que des classiques aquiniens.

d'il y a dix ans à la rupture imminente. Il s'agit d'une Canadienne anglaise et d'un jeune Québécois recherché par la police, il s'agit de deux pays, de deux cultures, de deux langues, que fait jouer Godbout avec ironie.

Salut Galarneau! est plus détendu, concret, truculent, odorant. Citoyen moyen, Galarneau a un frère dans les affaires (charitables) et un autre scripteur à Radio-Canada. Hors de l'Église et de l'État, résistant instinctif, Galarneau fait de l'écriture comme de la friture — «Au Roi du Hot-Dog» —, avec beaucoup de santé et de naturel. C'est un amateur heureux dans tous ses commerces, jusqu'au jour où la petite Marise lui préfère la décapotable de son frère Jacques, l'écrivain «professionnel». Alors il s'emmure, mais, ayant la vocation de témoin sans avoir celle de martyr, il remplace bientôt le ciment par «un mur de papier, de mots, de cahiers». Galarneau, c'est le soleil, le contact, l'échange, la salutation familière, le salut sans métaphysique. *D'Amour, P.Q.*, c'est la lutte des classes, des genres, des sexes, des niveaux de langue. «Comment fait-on un livre, l'Auteur? Avec ou contre sa secrétaire?», Thomas D'Amour, écrivain, a la tête dans un sens (l'Europe) et le corps dans l'autre (l'Amérique); il fait son livre avec et (tout) contre sa secrétaire. Mireille et Mariette sont à l'aise dans leur peau, dans le lit de *littérature*. Tapis oriental trop orné, rebondissements à la James Bond, à la Tarzan: le tapuscrit est déchiré, découpé, recollé entre de gros mots, de grosses lettres, de grosses lèvres, des bouts de dialogue, de catéchisme, des communiqués de la Cellule d'amour du F.L.K. «Calvaire, c'est pas de la littérature, c'est de l'artisanat!»

En attendant d'être faite par tous, la littérature peut bien être retapée par (et se taper) une sténodactylo bilingue.

Godbout se situe stratégiquement «à mi-chemin entre l'avant-garde et la littérature commerciale». Il expérimente avec humour, tout en interpellant son lecteur sur des sujets «brûlants». Après les réformes de la Révolution tranquille, l'écologie en bouteille (*Isle au dragon*), la «schizophrénie nationale» au moment du référendum (*Les Têtes à Papineau*), «le défi américain à l'ère du libre-échange[22]» (*Une histoire américaine*). Retour au *Temps des Galarneau* en 1993. Comme place au soleil, le vieux François occupe celle de gardien en uniforme chez Harry Sécurité.

Marie-Claire Blais eut rapidement une audience internationale grâce au critique Edmund Wilson et au prix Médicis accordé en 1966 à *Une saison dans la vie d'Emmanuel* (1965). Elle écrit à Cape Cod ou en Bretagne, mais ce sont toujours les paysages intérieurs du Québec, de l'enfance et de l'adolescence, qui la hantent. *Tête blanche* et *Le jour est noir* (romans), *Pays voilés* et *Existences* (poèmes): telles sont les couleurs, les ombres de cette œuvre, qui hésite au départ entre la fable un peu brumeuse et les vers anecdotiques, expressifs. *Les Voyageurs sacrés*, d'une édition à l'autre, sont présentés comme poème, puis récit d'un «invraisemblable instant» d'amour et d'immortalité. *L'Exécution*, sacrifice rituel d'un

---

22. Jacques Michon, dans François Gallays et autres, *Le Roman contemporain au Québec (1960-1985)*, Montréal, Fides, «ALC», VIII, 1992, p. 285.

enfant par des collégiens qui ont mal lu Nietzsche, Gide et Musil, est une pièce statique, sulfureuse, troublante. Impressionnisme abstrait, naturalisme, fantastique, symbolisme décadent, misérabilisme, néoromantisme?

Tout serait fade, vide, glacé, sans la vermine, la pourriture, la saleté, les maladies, les vices qui fermentent et réchauffent. Du noviciat à la prison, du couvent au bordel, la maison est dans les latrines odorantes, dans les caves-catacombes. Si on met le feu à l'école, c'est pour l'«allumer», faire une fête. La terre s'engraisse, s'engrosse des masturbations, des mutilations, du sang craché, des cadavres frais. *Une saison dans la vie d'Emmanuel* entremêle savamment l'enfer et le paradis, le rêve, le cauchemar, et la vie, la mort quotidiennes. La grand-mère gigantesque qui préside aux destinées de la tribu — le père et la mère, usés, conventionnels, sont mis entre parenthèses — représente la tradition, le giron, l'immobilité active. Elle ouvre et ferme l'histoire, boucle les saisons, avec le bébé Emmanuel. Quatre figures se détachent du groupe innombrable: Héloïse, la grande sœur érotique et mystique, Pomme et le Septième, qui iront à la ville, à l'usine, à la boucherie, et surtout Jean-Le Maigre, petit prodige adoré et maudit, qui remplace son frère Léopold, suicidé («Dieu avait pris Léopold d'une curieuse façon. Par les cheveux, comme on tire une carotte de la terre»), et qui sera sans doute remplacé par Emmanuel. Jean-Le Maigre mourra, tuberculeux, mais il aura laissé une autobiographie, des poèmes, des règles de jeux (interdits), une ouverture à l'imagination. Il n'est pas seulement dans le livre, le livre est en lui.

Les «ténèbres lucides» n'en finissent plus d'achever l'enfance, au double sens du terme. *L'Insoumise* analyse la psychologie d'une femme qui ne vit, ne revit qu'en violant et dévorant le journal intime de son fils, mort dans la neige. *David Sterne* est la confession d'un étudiant idéaliste, masochiste, immoraliste, moins révolté que désespéré: «Je fais toujours l'amour avec des cadavres.» Les *Manuscrits de Pauline Archange* et leur suite tournent autour d'une petite fille malheureuse et perverse, trop intelligente, prématurément adulte, sorte de Mouchette ou d'Alice au pays des porcs, finalement amoureuse, à travers la vitrine, du fils d'un boucher.

Les Nuits de l'Underground (1978) se passent dans un bar, avant l'«explosion radieuse», à la fin, d'une communauté de femmes seules, sculptées et mises en scène par Geneviève Aurès, artiste. *Le Sourd dans la ville* (1979) est un monologue polyphonique vertigineux, d'un seul tenant, sans alinéa. *Visions d'Anna* (1982) transforme un pan de mur rose en «poudre de sang». Les derniers romans de Marie-Claire Blais offrent de rares oasis d'innocence, d'art, d'amour dans un monde voué à l'apocalypse nucléaire, au génocide, à l'écrasement des différences et des générations. *Soifs* (1995) tranche par son envergure, ses couleurs tropicales, ses airs d'opéra plutôt que de requiem ou de cantate.

Révélé par Gallimard en 1966, salué par Le Clézio, imité par sa génération, Réjean Ducharme préfère la guérilla à l'avant-garde. Il se dérobe (pas seulement à la publicité), se détache, coupe les ponts. Les débris flottent au hasard, comme un bateau ivre sur *L'Océantume*. Romans-poèmes, épopée en vers prosaïques (*La*

Fille de Christophe Colomb), théâtre parodique ou chansons pour Robert Charlebois: nouveau Nelligan et anti-Nelligan, Ducharme n'est jamais là où on le cherche. «Quelle sorte de littérature fais-je, Elphège? Est-ce de la littérature surréaliste, surrectionnelle ou surrénale?... Je ne ferais pas un bon écrivain, mais je ferais une bonne écrevisse.» Il évente et sème ses secrets; il éventre tous les livres, genres et manières.

L'Avalée des avalés, monologue «bérénicien», fou, grave, fascinant, agaçant, se défend contre l'ordre (adulte) des choses en attaquant le langage. *Le Cid maghané* et *Le marquis qui perdit* (Montcalm) sont des pièces super-théâtrales, anti-mythiques, drôles et efficaces. *Inès Pérée et Inat Tendu* reprend la quête de pureté des romans: habitation sans possession d'une terre libérée et renaturée par l'artifice. «Nous nous répandrons sous tout l'azur, comme le vent et la lumière du soleil. Nous nous mêlerons au monde comme une goutte d'encre à l'eau dans un verre [...]. Nous nous laisserons absorber par la création tellement qu'à la fin ce sera nous qui aurons absorbé.» L'avalé avale, digère, se répand; son infiniment petit est infiniment grand. «En se retirant, nos eaux auront semé la terre de merveilles» (*L'Océantume*). *Le nez qui voque* fait vivre une bicyclette, un quartier (Bonsecours, dans le Vieux-Montréal), une adulte plantureuse (Questa: qu'est-ce que tu as?), un mannequin en robe de mariée, le spasme de vivre sous la menace d'un suicide, deux adolescents, frère et sœur «par l'air», par le temps: Mille Milles, ou Étin Celant, et Châteaugué, vin doux et victoire sur les Américains.

La Flore laurentienne du frère Marie-Victorin est au centre de l'intertexte, des métaphores, de la prolifération des noms propres[23] dans *L'Hiver de force* (1973), où Nicole et André rejouent à l'envers *Le Blé en herbe* de Colette. *Les Enfantômes* (1976) Vincent et Fériée, nés le jour de la fête de saint Vincent Ferrier, sont encore plus inséparables, inconsolables, inquiétants. La vie adulte, adultère, adultérée, pèse sur ces jeunes couples comme une camisole de force, une chape de plomb qu'ils secouent de leur seule liberté, l'invention langagière. Le «régent du charme» ne reviendra au roman qu'en 1990[24], avec *Dévadé*, où on va au fond des choses, au fond du trou, avec un certain Bottom, homme à tout faire, à ne rien faire. «Ce n'est pas pour me vanter mais ce n'est pas une vie.»

Entre-temps, Réjean Ducharme aura composé des chansons pour Pauline Julien et Robert Charlebois, écrit des scénarios de films pour Francis Mankiewicz[25], signé Roch Plante des collages-montages d'objets d'art (de rebuts) appelés «trophoux», trophées et joujoux. Il aura vu *Inès Pérée et Inat Tendu* et surtout *Ha ha!...* (1982) trouver leurs mises en scène et leur public.

D'origine russe, Jean Basile est l'auteur d'une tétralogie-trilogie (amour, création, enfance, mort; Jérémie, Jonathan, Judith, Armande) qui commence avec *La Jument des Mongols* (1964) lâchée dans la

---

23. L'onomastique est d'ailleurs un des sujets les plus étudiés dans l'œuvre de Ducharme; voir les travaux de Diane Pavlovic, Élisabeth Nardout-Lafarge, Anne Élaine Cliche...

24. L'année même où il reçoit le premier prix Gilles-Corbeil (100 000 $) attribué au meilleur écrivain québécois. Anne Hébert obtiendra le prix en 1993 et Jacques Brault en 1997.

25. *Les Bons Débarras* (1979), *Les Beaux Souvenirs* (1981).

plaine miroitante de Montréal (Roma-Amor, *dolce vita*, Sodome et Gomorrhe), parmi une faune nocturne lourdement et délicatement parfumée. *Le Grand Khān* (ou petit con?) — «je sens le fauve quand je transforme mes draps en tente de toile et que je m'enferme dedans» — multiplie les détours et les glissements, les cavalcades et les pirouettes; roman d'un roman, et plus encore d'un écrivain «écrivant que j'écris, décris, aménage, sublime rythme fugué, délaie, resserre, rapporte, imagine nos trois vies comme une symphonie, vif-lent-vif». *Les Voyages d'Irkoutsk* soulèvent une poussière de faits, de notations ésotériques, pharmaco-anales, qui retombe assez platement. La chevauchée est plus fantaisiste que fantastique. Le cofondateur de *Mainmise*, en 1970, le «pope» de la contre-culture — et de *La Culture du cannabis* —, auteur de manuels très pratiques (*Coca & Cocaïne*, *La Marijuana*, un savant *Tarot des amoureux*), revient à son âme slave, à ses fantasmes, à son errance de «métèque» dans *Le Piano-trompette* (1983), roman «total» de la mémoire, du rêve, de l'expérimentation.

Gérard Bessette, professeur et critique, auteur valéryen de *Poèmes temporels*, a publié une dizaine de romans de forme très différente, qui s'attachent tous aux problèmes du langage et des techniques narratives. *La Bagarre* (1958) et *Les Pédagogues* (1961), romans naturalistes à la troisième personne, étudient deux milieux montréalais. Description épique, unanimiste et presque lyrique (mais réfractée) s'il s'agit des tavernes populaires; sarcastique pour les notables «bovins», «chevalins» et «porcins» de l'École normale. *Le Libraire* (1960), journal-récit comme *L'Étranger*, est sobre, dépouillé: fable voltairienne où un solitaire dénonce, par les faits, sans aucune éloquence, l'hypocrisie morale d'une petite ville. *L'Incubation* (1965), nouveau roman massif et subtil, cherche, par une sorte de mouvement en spirale, à faire émerger une conscience des méandres «catacombeux» de la phrase: «il me racontait ça d'une façon labyrintheuse fragmentaire à coups de décalages de sous-entendus», dans une «pénible laborieuse cahoteuse évocation». Les mots parasites finissent par être étouffés, emportés par l'excroissance enveloppante du rythme. *Le Cycle* (1971) fait tourner sur eux-mêmes et autour du cercueil paternel sept monologues caractéristiques. À la récitation consciente et continue (sans ponctuation) se superposent la sensation cénesthésique (tirets) et les pulsions subconscientes (parenthèses) et inconscientes (doubles parenthèses). Un roman initiatique, *Les Anthropoïdes* (1977), à travers un long cri «primal», fait la préhistoire du langage et du récit. La dernière phase de l'œuvre de Bessette est plus autocritique que romanesque. La même année, 1979, le professeur se penche sur *Mes romans et moi*[26] et récapitule un *Semestre* très «académique», en attendant le «roman-journal» anecdotique, à grosses clés, des *Dires d'Omer Marin* (1985).

Jacques Benoit écrit des romans d'aventures, ironiques, néoprimitifs, cauchemardesques (*Jos Carbone*, 1967), captivants et captifs (*Les Voleurs*), de pseudo-anticipation (*Patience et Firlipon*, ou une pension montréalaise en 1978). Sensationnelles, ces

---

26. Voir Réjean Robidoux, *La Création de Gérard Bessette*, Montréal, Québec/Amérique, 1987.

poursuites, ces aventures ne sont pas épidermiques; souterraines, au contraire, ni célestes, nocturnes, machinées par un alchimiste.

Mon cheval pour un royaume (1967), de Jacques Poulin, est un des meilleurs romans inspirés par le terrorisme. Un homme (fou? somnambule?) pose des questions à la ville (le Vieux-Québec), à son cœur, à sa peau. Blessé par l'explosion du colis qu'il transporte, il ressemble à «une bête sortant d'un long sommeil qui regarderait autour d'elle calmement». Il ne trouve pas la mort, il la découvre, «dernière étape de la douceur». *Jimmy* est un enfant qui, dans sa maison fluviale, a tout compris: la pourriture de la société, le pourrissement des pilotis, les poissons crevés comme le fœtus frère, l'arche de Noé à sauver. *Le Cœur de la baleine bleue* est l'histoire d'une greffe: un cœur de jeune fille dans la poitrine du romancier-narrateur. Y aura-t-il rejet, de la part du livre, de la vie? Charlie, androgyne, réconcilie le sang et le sens.

On a d'abord comparé Victor-Lévy Beaulieu à Ducharme; il a aussi pratiqué à l'école de *Parti pris*, chez Victor Hugo, chez Jack Kerouac (en qui il voit «le meilleur romancier canadien-français de l'Impuissance»). Satan Belhumeur, le Diogène de *Mémoires d'outre-tonneau* (1968), se cherche lui-même; il est «brouillon», «mutilation», mort vivant, «vivant de l'entre-deux-mondes». La saga des Beauchemin, d'un village du Bas-Saint-Laurent à la banlieue de Morial-Mort, commence avec *Race de monde!*, où le petit Abel, narrateur, se demande «comment la pouaisie peut être possible quand on est le sixième d'une famille de douze enfants». Le «dernier rempart» contre l'abrutissement est pour lui le calembour, «flèche empoisonnée», illégalité littéraire. *La Nuitte de Malcomm Hudd* est un «voyage» vertigineux au bout de la nuit verbeuse ou de la parole nocturne: un cheval dans sa maison, ce n'est pas plus absurde qu'un corps, un sexe, dans un roman. *Jos Connaissant* et *Les Grands-pères* sont des hymnes aux ancêtres, à la vie proliférante. *Un rêve québécois*, ivre, obscène, sanglant, est un «trou noir» où, à l'ombre des événements d'octobre 1970, un homme projette sa honte et sa peur sur le corps de sa femme, miroir qu'il brise et débite en morceaux.

Gilbert La Rocque (1943-1984) commence naturellement par *Le Nombril* la séparation, l'identification. Clément, le révolutionnaire antiviolent de *Corridors*, a encore «la face collée sur son petit nombril», mais il sait rêver, jouer avec les insectes, l'ordure, le sang, la sueur, la boue. Dans cette «bande dessinée», sur cette «piste de cirque», à travers «l'inévitable couloir de l'utérus», un enfant naît, et un homme, un peuple. *Après la boue* prolonge le cycle. Le ventre et la tête (la mémoire) se joignent, se collent, s'articulent douloureusement dans la ville sale, vulgaire, fatiguée, végétative et animale: «[...] un grand hoquet ou un monstrueux frisson de fièvre quarte, Montréal l'agonie.» *Serge d'entre les morts* est le «roman familial» le plus connu de La Rocque depuis la psychanalyse qu'en a faite Gérard Bessette dans *Le Semestre*. On a parlé d'«esthétique de la répulsion» à propos des *Masques* (1980) qui collent à la peau tourmentée du héros dans la «pétropole» montréalaise. Les problèmes du corps, de la sexualité, de l'identité, traversent encore sa dernière œuvre, *Le Passager*, passager à bord de lui-même, locataire, vacataire.

Emmanuel Cocke, né à Nantes et mort à Pondichéry (1945-1973), met l'imagination au pouvoir avec

Jésus Tanné et Dieuble: *Va voir au ciel si j'y suis* (1971), *L'Emmanuscrit de la mère morte*.

Jean-Marie Poupart coupe avec plaisir les fils de l'intrigue (et même de la lecture), mais il allonge les titres. Moraliste (il excelle dans les maximes, la discontinuité, l'ellipse), critique spécialiste du roman policier, il cherche sérieusement à ne pas se (faire) prendre au sérieux comme romancier. Brillant, désinvolte, Poupart intéresse les uns par ses pirouettes, irrite les autres par ses manipulations, ses facilités, ses bâclages. Attaque-t-il la «notion même du roman», s'en moque-t-il, ou recommence-t-il toujours ailleurs, autrement, un «premier roman de jeune romancier»? *Terminus*: «Lieu où ça commence, où ça tente de commencer.» Ses *Ruches* (1978) bourdonnent d'inactivité.

Je tourne en rond mais c'est autour de toi (1969), dit le poète Michel Beaulieu: toi, Michèle; toi, moi; toi, ce livre (inachevé), cette écriture au (en) travail, ces «longues phrases qui n'en finissent plus de tourner», ici comme dans *La Représentation*, discours-théâtre paternel joué devant le fils, sur la page. Un «nouveau roman» qu'on lit comme un roman. Ce n'est pas le cas du *Livre* de Nicole Brossard, laquelle réussit mieux *Sold-out*, «étreinte-illustration», de 1942 à 1972, des images (conscription, tramways, rouge à lèvres foncé) par le texte-projection.

La nouvelle suit l'évolution du roman, évitant à la fois ses sommets et ses échecs. Claire Martin, *Avec ou sans amour* (1958) mais jamais sans femme, *La nuit ne dort pas* d'Adrienne Choquette, les *Nouvelles singulières* de Jean Hamelin, *Et fuir encore* de Gilles Delaunière ont une force certaine. Claude Robitaille a brillamment débuté avec *Rachel-du-hasard* (1971), mosaïque de «nouvelles nouvelles». *Iom*, de Guy Godin, et *Mio*, de Louis Saint-Pierre, sont des *moi* aimables, bouleversés, stylisés, où «des femmes longues et frêles chérissent de maigres baladins aux fronts violets nés sur des pages blanches». De l'«apparance» à l'«apparole» la nouvelle aussi fera sa révolution.

III. Théâtre

Gratien Gélinas. — Mélodrame, si l'on veut, *Tit-Coq* (1948) est habile, efficace. Le soldat et son copain, très contrastés, le *padre*, la fiancée, la famille rurale, la vieille fille, la putain (anglaise) parlent une langue drue, populaire. Rixes, caricatures, comique, pathétique, rien ne manque. L'antihéros et la pièce avaient été préparés par les monologues de Fridolin, le titi montréalais, que Gélinas interprétait dans des revues annuelles depuis 1937-1938. Nerveux, naïf, le «petit maudit bâtard» est le type du Canadien français dont la révolte même est résignée, gouailleuse, fataliste. Le tableau et le ton convenaient parfaitement à la conscription et à l'après-guerre. Plus complexe, *Bousille et les justes* (1959) est une satire des superstitions religieuses, de l'égoïsme familial, et (comme *L'Œil du peuple* d'André Langevin) une vigoureuse dénonciation de la violence respectable, de la corruption et de l'hypocrisie officielles, du «duplessisme». Une figure tragique: celle de Bousille, esclave fidèle jusqu'à la mort, vieux Fridolin, Tit-Coq rangé et usé. Opportuniste et moins engagé, malgré les apparences, *Hier, les enfants dansaient* (1966) voudrait nous faire partager les affres d'un député libéral dont le fils est terroriste.

Marcel Dubé a réussi au théâtre ce qu'avait fait Gabrielle Roy avec *Bonheur d'occasion*: saisir le pouls de la ville, des quartiers pauvres, des jeunes gens ambitieux et idéalistes. Ce qui l'intéresse d'abord, c'est l'adolescence comme «état de passage où l'illicite est roi». Souvent reprise, *Zone* (1953) demeure une des pièces les plus denses et les plus émouvantes de Dubé. En trois actes classiques, le jeu, le procès, la mort, c'est l'histoire d'une petite bande de contrebandiers de cigarettes, bouleversée par le meurtre d'un douanier et par la passion de Ciboulette pour son «beau chef». Les diverses éditions de *Florence* et d'*Un simple soldat* (1957) marquent à la fois le sommet et la fin du cycle populaire de Dubé. Florence s'émancipe et ouvre les yeux de son père, employé résigné. Joseph Latour tourne sa révolte contre lui-même et va crever en Corée. On passe de la marginalité à la société, du rêve tragique au drame quotidien. Au moment où il atteignait à la dimension politique du théâtre, Dubé s'en détourne pour s'attacher aux tares et traumatismes personnels. *Bilan* inaugure, en 1960, le cycle bourgeois et de plus en plus psychologique de son œuvre. Si *Antoine X*, homme d'affaires quadragénaire, alcoolique, est un «rebelle qui n'a plus de cause à défendre, ni d'illusions à sauver», dans *Les Beaux Dimanches* un couple de parvenus se déchire à propos d'argent et de façade familiale. Les fils sont frères ennemis: l'un opportuniste, l'autre contestataire, tous deux faibles. Seule la jeune fille, avatar de toutes les Antigones, est lucide et énergique. Le dramaturge en est peut-être trop conscient, qui donne à l'héroïne d'*Au retour des oies blanches* un rôle écrasant: malgré l'allusion aux Atrides, l'inceste, l'avortement, l'homosexualité, le suicide, la pièce est moins tragique que mélodramatique.

Jacques Languirand fut le premier dramaturge québécois visiblement influencé par l'existentialisme et par le théâtre de l'absurde. *Les Insolites* (1956) est une expérience d'écriture automatiste. Les jeux de mots y deviennent situations. De sous-entendus en méprises, de surprise en déception, le thème principal est l'attente. *Les Grands Départs* (1957) n'ont jamais lieu: «Nous sommes tous paralytiques» et «Il n'y a rien à comprendre». Le vieillard, l'homme immobile, est une figure privilégiée, du *Gibet* au trio grinçant des *Violons de l'automne*. La vie commence peut-être à quatre-vingts ans; la vie ne commence peut-être jamais. «Je m'intéresse au travail de la mort. Dès que je l'ai détectée, je m'installe pour l'observer», disait le radiesthésiste des *Insolites*. Il détectait surtout la mort des certitudes et des clichés. *Klondyke*, mosaïque épique, «Woodstock d'une autre époque», opéra de quat'sous des chercheurs d'or, inaugurait en 1965 la seconde manière de Languirand. Sorte d'«écrivain public» à la radio, il s'intéresse à la Machine et à la philosophie des communications (*De McLuhan à Pythagore*), au Nouvel Âge, etc.

Françoise Loranger étudie dans ses premières pièces l'encombrement et les lézardes de la tradition bourgeoise. Une femme est au centre d'*Une maison... un jour...* (1965) comme d'*Encore cinq minutes*. Une femme au milieu de beaux meubles, mais emmurée, pressée par le temps. Une femme qui finalement se libère et devra affronter la société. À partir de sa collaboration avec Claude Levac au *Chemin du Roy* — canevas qui applique à la visite de De Gaulle au

Québec les règles d'une partie de hockey —, elle cherche diverses formules de «participation»: psychodrame d'étudiants du soir dans *Double Jeu*, qui donnera lieu, par surprise, à un véritable happening, exorcisme collectif de *Médium saignant* sur les problèmes de l'unilinguisme et, plus profondément, sur la démission et la peur.

Jacques Ferron publie d'abord des soties, proverbes, où il se fait la plume en pillant allégrement les masques de la *commedia dell'arte* et la tradition française (gauloise) la plus classique, celle où les serviteurs dupent leurs maîtres. *Les Grands Soleils* (1958) et *La Tête du roi* (1963) sont des cérémonials politiques tout à fait québécois. La première tourne autour de Chénier, héros de 1837, du *robineux* Mithridate, de l'Indien Sauvageau, hommes-totems ou graines de tournesol, patients et actuels comme la terre. La seconde, en contrepoint de la Fête-Dieu, à partir d'une statue décapitée et de l'autoprocès d'un procureur, fait descendre la scène dans la rue: «Laisse éclater ta haine, sois coupable, sois laid! [...] Le sang, vois-tu, il n'y a rien d'autre qui régénère un peuple!» Mais aussi: «Dans un pays dont la force est l'inertie, comment réussir une révolution si l'on n'est pas poète?»

Claude Gauvreau (1925-1971) n'a cessé de rechercher un langage explosif, déflagrant, surrationnel, aussi instinctivement sensible que les toiles des automatistes. *Bien-être*, en 1947, reçut dès les premiers mots, dès la première image, un «éclat de rire exorbitant tout à fait général et incontrôlablement hystérique», qui dura jusqu'au monologue final. Toujours tirés des *Entrailles* — vingt-six «objets» écrits par le collégien vers 1944 —, deux dialogues intérieurs et cosmiques parurent (avec *Bien-être*) à la suite de *Refus global*; quatre constituèrent *Sur fil métamorphose*; deux autres furent créés en 1959. Ce n'est qu'en 1972, après son suicide, et après l'échec de *La Charge de l'original épormyable*, que Gauvreau triompha avec *Les oranges sont vertes* et, plus discrètement, avec *Magie cérémonielle*. Le langage «exploréen», somptueux, cocasse, tragique, passa cette fois la rampe, un jeune public ayant été préparé par Péloquin et Duguay, la Nuit de la poésie, Poèmes et chants de la résistance, fêtes-spectacles-combats qui n'allaient pas sans ambiguïté. Chez Gauvreau, en tout cas, on est en pleine littérature, au son et à la lettre. Poésie, théâtre? esprit, matière? «Monisme athée», disait-il. L'incandescence permet une fusion pure, liquide, solide, surtout dans *Les oranges*, aux figures signifiantes, d'Yvirnig et Cégestelle à ce mystérieux Batlam, frère perdu, «à la dérive des continents», qui descend, nu, à la fin, mitrailler la scène et la salle. La publication posthume, massive, des *Œuvres créatrices complètes*, en 1977, a contribué à maintenir vivante la figure du «poète maudit[27]», en attendant les éditions partielles, plus abordables, lancées par l'Hexagone dans une collection spéciale.

Le Centre d'essai des auteurs dramatiques, fondé en 1965, joua un rôle important dans la mise au jour d'un nouveau théâtre québécois. Robert Gurik, Jacques Duchesne (*Le Quadrillé*), Jean Morin (*Vive l'empereur!*), Roger Dumas (*Les Comédiens*),

---

27. Voir Jacques Marchand, *Claude Gauvreau, poète et mythocrate*, Montréal, VLB éditeur, 1979.

Marc-F. Gélinas (*Qu'on l'écoute*), après Gilles Derome (*Qui est Dupressin?*, 1962), brisent les conventions psychologiques et donnent du jeu aux structures dramatiques. Dans cette phase qu'il appelle préthéâtrale, ou expérimentale, Claude Levac poursuit des recherches pour une disponibilité et une mise à nu totales, un nouvel environnement, un «événement créé par tous», ici. De son côté, Jacques Brault signe *Trois Partitions*, distributions, déchirements, dont il faut tirer une musique, un bonheur: «ressouder notre langage à notre détresse originelle», faire que la langue «natale» soit «maternelle», féconde, partageable.

Robert Gurik, ingénieur préoccupé par le fractionnement du travail, le conditionnement des *mass media*, la technologie thanatocratique, s'inspire de McLuhan et de Marcuse, de Weiss et de Gatti. *Les Louis d'or* (1966) brisent l'identification unique et linéaire du personnage. *Api 2967*, à travers ses tableaux futuristes, oppose le bonheur, l'expressivité amoureuse, le mot, à la civilisation du chiffre. *À cœur ouvert* et *Le Tabernacle à trois étages* dénoncent la consommation capitaliste. *Le Pendu* est une parabole sur les contradictions et l'échec d'un prophète pseudo-révolutionnaire; *Hamlet, prince du Québec*, une adaptation moins parodique que politique (avec de Gaulle comme spectre paternel). *Le Procès de Jean-Baptiste M...*, à partir d'un fait divers (le meurtre de trois cadres par un employé), interroge les spectateurs, juges et parties sur l'engrenage du système socioéconomique.

Michel Tremblay attendit trois ans avant de voir représenter *Les Belles-Sœurs*, pièce écrite en 1965, dont le succès allait avoir plus d'influence que celui

de *Tit-Coq* ou de *Zone*. Le premier, il réussit à intégrer la tradition la plus populaire et le renouvellement des formes, du langage. Il connaît aussi bien
Beckett («le plus grand») que le Living Theatre; il a
adapté *Lysistrata*, Tennessee Williams et Paul Zindel.
Pièce sans intrigue, sans homme, presque sans dialogue, fondée sur les monologues parallèles et le chœur,
Les Belles-Sœurs sont une comédie absurde, tragique. Quinze femmes s'entre-déchirent en collant un
million de timbres-primes. Quinze femmes, dont
aucune ne l'est tout à fait, exaspèrent leurs illusions,
leur faiblesse. Le joual signifie la désarticulation et la
dépossession. *En pièces détachées* (1969) étudie par
tranches (du duo au quintette) l'usure et la folie
d'une famille. Le fils, homme-enfant monstrueux,
vêtu de blanc, lunettes magiques, pousse le drame
quotidien jusqu'au surréalisme. *À toi pour toujours,
ta Marie-Lou* (1971) commence par des répliques
monosyllabiques, insignifiantes, répétitives, et se
développe comme un récitatif funèbre, un quatuor à
cordes grinçant, une «cantate *cheap*». Personnages-
statues dans l'espace (sauf Carmen, émancipée),
extrêmement mobiles dans le temps. À dix ans
d'intervalle, les conversations (cris, sous-entendus) se
dédoublent, se croisent, se heurtent entre les deux
filles et leurs parents. De déterrement en enterrement, le huis clos familial se resserre, jusqu'au
suicide-meurtre procuré par le père, qui ne peut rien
donner d'autre. «L'homme est une nouille. Il n'y a
pas d'homme au Québec», disait Tremblay, conscient
d'avoir résolument fait un «geste féminin» au théâtre, avec *Les Belles-Sœurs*. *La Duchesse de Langeais*
(1969), autocaricature d'une vieille tapette sur le

retour, dénonce encore plus crûment la pseudo-virilité du joual, cette «sexualité linguistique dépravée» qui cache mal l'impuissance politique. «On est un peuple qui s'est déguisé pendant des années pour ressembler à un autre peuple [...]. On a été travestis pendant trois cents ans.» L'inversion de la *Duchesse* doit se lire à plusieurs niveaux: d'un homme en femme, d'un prolétaire en aristocrate, d'un comédien frustré en exhibitionniste, d'un amoureux en cynique.

Le Grand Cirque ordinaire (GCO) et les P'tits Enfants Laliberté (ex-Enfants de Chénier, du Théâtre du Même Nom [TMN]) sont des troupes homogènes et dynamiques apparues en 1969. Le GCO, commune itinérante, six comédiens sur la piste, avec tambour et trompette, a produit *T'es pas tannée, Jeanne d'Arc*[28]?, où l'Envahisseur, la Justice et l'Église ont des têtes à la *Bread and Puppet*. Le TMN est plus bavard. Chacun des spectacles (soties) de Jean-Claude Germain, son dramaturge, entreprend l'adieu à un certain folklore *ti-pop, quétaine*: à la «sainte trinité» familiale (*Diguidi, diguidi, ha! ha! ha!*), aux enfants martyrs, aux politiciens-prédicateurs, au Québec assis devant sa bière ou sa télévision (*Le Roi des mises à bas prix*). Liquidation, récupération, transformation, comme savent en faire de vrais fous du (peuple-)roi.

Jean Barbeau est, avec Jean O'Neil et André Ricard (*La Vie exemplaire d'Alcide Ier*...), un des rares dramaturges de la ville de Québec, pourvue de deux

---

28. Voir, sous le même titre, la «reconstitution du spectacle», texte, journal de bord et documents, par Guy Thauvette (Montréal, Les Herbes rouges, 1991).

bonnes salles où triomphèrent, entre autres, une adaptation de *Pygmalion* et une pièce torontoise sur *Charbonneau et le Chef*, c'est-à-dire sur Duplessis et l'archevêque qui fut exilé par Rome pour avoir appuyé les grévistes de l'amiante. Barbeau commence par des schémas d'improvisation, des créations collectives. Dans *Et Cætera*, des comédiens en répétition, sans texte, débitent tous les rôles du répertoire, puis mangent l'auteur pour s'approprier ses dons. «Pourquoi serait-il nécessaire d'avoir des auteurs pour se bâtir une dramaturgie?» se demandait-il en 1969. Or lui-même écrit et publie de plus en plus, sans faire «dévier de sa signification première» le spectacle. Il y a un langage et un style Barbeau, moins durs, moins tendus, moins cassés que ceux de Tremblay. *Joualez-moi d'amour* et *Manon Lastcall* sont des comédies de situation. Barbeau peint aussi des «presque fresques», tel *0-71* sur le bingo. Son personnage typique est un jeune homme naïf, ambitieux, désœuvré, «pogné». Il monologue (*Goglu*), joue son propre drame (*Le Chemin de Lacroix*), s'insère dans les bandes dessinées (*Ben-Ur*). Victime de ses rêves solitaires, de la police ou du chômage, il renverse les rituels, jure, fait quelques gestes violents, mime les différentes façons de tomber, de mourir, en cow-boy ou en Indien. «J'faisais l'bon, pis j'perdais toujours...» Plus désabusé que révolté, humoriste malgré lui, il apprend à encaisser, à rebondir. Les années quatre-vingt voient le prolifique et trop «aisément jouable» Barbeau se donner en pâture aux théâtres d'été.

Sauvageau (il ne voulait pas de prénom), jeune comédien disparu en 1970, est l'auteur d'une machinerie-revue élaborée, *Wouf Wouf*, qui met à l'épreuve tous les genres, toutes les interprétations: ballet choral, film muet, messe, quiz télévisé, reportage sportif; «Phèdre au quatre», *Hair* et Artaud; contrepèteries, métaphores concrètes, envies et besoins vitaux, jappements, cris, vocalises. «Marcusienne d'instinct», *Wouf Wouf* oppose au principe de réalité le plaisir et l'éclatement du jeu. «Je suis une œuvre d'art libre!» proclame ironiquement Daniel, le héros, un peu encombré de sa liberté. *On n'est pas sorti du bois* (1972), de Dominique de Pasquale, a la fougue, le caractère tribal, polyphonique, la forêt de symboles (poteau-clocher-balcon-totem), les cadavres exquis de *Wouf Wouf*. «Avant, le sauvage se cachait au fond du bois, auteur, c'est le bois qui se cache au fond du sauvage.» «Artiste, c'est encore des affaires de sauvages, ça!» L'Indien blanc d'Amérique sort bruyamment de sa réserve. Que ce soit par la comédie musicale, le monologue (Deschamps, Barrette, Favreau), la parodie, les traductions-adaptations québécoises, un langage et un espace se cherchent, s'affrontent.

IV. Essais

Il faut à l'essai des événements, extérieurs et intérieurs. Le développement urbain, la crise économique, la guerre et la conscription, les grèves et la répression, le duplessisme enfin qui s'installe triomphalement en 1948, allaient lui en fournir. La chrétienté québécoise, en cherchant à s'instruire et à se spiritualiser, s'inquiète, s'interroge. Les sciences humaines prennent un essor rapide et considérable. Manifestés par Borduas et les peintres, par l'Hexagone des poètes, par quelques francs-tireurs, laïcistes, indépendantistes de droite ou de gauche, des refus s'additionnent, s'articulent.

Relations paraît en noir pour dénoncer l'inertie de l'État, des industriels et des médecins devant les ravages de la silicose et de l'amiantose. La revue jésuite se rétracte, cède au chantage, mais la grève d'Asbestos, en 1949, met *Le Feu dans l'amiante* (suivant le titre du roman-document de Jean-Jules Richard). La police provinciale brutalise les ouvriers, qu'appuient les étudiants, *Le Devoir* et l'archevêque Charbonneau, qu'on fera destituer et exiler. Pierre Elliott Trudeau, futur Premier ministre du Canada, qui éditera un recueil d'études sur *La Grève de l'amiante*, y rencontre alors ses futurs ministres Jean Marchand (chef syndical) et Gérard Pelletier (reporter). Il travaille aussi aux côtés d'amis qui deviendront des adversaires: les syndicalistes Michel Chartrand et Pierre Vadeboncœur. Tous collaborent à *Cité libre*, revue fondée en 1951, à l'Institut canadien des Affaires publiques, à divers mouvements réformistes, progressistes, fonctionnalistes.

Il faudrait publier une anthologie des éditoriaux d'André Laurendeau au *Devoir*: de la théorie ou pratique britannique du roi nègre à «Comment le duplessisme vient aux gouvernements» (en 1964). *Ces choses qui nous arrivent* (1970) recueille surtout des chroniques au magazine *Maclean*, à l'époque où Laurendeau est coprésident de la Commission royale d'enquête sur le bilinguisme et le biculturalisme, dont il prépare le fameux *Rapport préliminaire* (1965) — «Le Canada traverse la période la plus critique de son histoire» — et qu'il accompagne d'un *Journal* personnel (posthume, 1990) encore plus lucide et pessimiste. C'est dans ces «proses d'idées», plus que dans son roman (*Une vie d'enfer*) ou ses pièces de théâtre, que le grand journaliste manifeste le mieux ses qualités d'écrivain. C'est lui qui relance le mot *joual* (pour le stigmatiser) et qui lance le Frère Untel, Jean-Paul Desbiens, dont les *Insolences* familières arrivent à point (1960). Un grand nombre d'ouvrages sur l'éducation paraissent. Vers 1965, ce sont les essais sur la dualité canadienne et l'avenir du fédéralisme qui abondent, précédés de vibrants *Pourquoi je suis (anti)séparatiste*. Les études sur la langue se multiplient, techniques, «philosophiques» ou polémiques, comme *Place à l'homme*, d'Henri Bélanger (1969) auquel répondra le convaincant *Joual de Troie* de Jean Marcel. La peur et la libération demeurent le double thème profond: une tentation, une tentative. Le Frère Untel «démolit» et «ramollit», revendique et conseille, avance et recule: *Sous le soleil de la pitié* (1965), à l'ombre de l'injustice faite à une famille, à un enfant. Pierre Vallières parle aussi de son père humilié, de sa «vocation» — et c'est la partie la plus riche de *Nègres blancs d'Amérique* (1968): comment une révolte peut préparer à la révolution.

La direction de *Cité libre* devait revenir à Vallières et à Charles Gagnon, qui passeront bientôt au camp socialiste et indépendantiste, voire à la résistance clandestine. Ils créeront *Révolution québécoise* qui, pas plus que *La Revue socialiste* ou les articles d'une certaine élite syndicale et universitaire dans *Socialisme*, n'aura une influence déterminante sur la pensée et l'action. À partir de 1963, la place est occupée, chez les jeunes intellectuels, par *Parti pris*.

Parti pris eut la bonne idée de ne pas se lier à un Parti communiste canadien sclérosé ou inexistant, sinon pour la police; la moins bonne idée de se charger d'un Parti socialiste du Québec, branche québécoise d'un Nouveau Parti démocrate travailliste. La revue était nourrie d'analyses marxistes, sartriennes, et des théories de la décolonisation (Berque, Fanon, Memmi). Elle luttait pour un triple objectif: laïcisme (le plus facile), socialisme, indépendance. Confusion des méthodes, idéologie composite? L'important était alors de donner une perspective globale aux problèmes du peuple et de la nation, d'enlever à la droite l'exclusivité du nationalisme, de dissiper à gauche la fascination du pancanadianisme et d'un internationalisme abstrait. *Parti pris* mourut-il de sa réussite (relative), de conflits entre théoriciens et hommes d'action, entre stratèges et tacticiens? Les fondateurs étaient partisans d'études culturelles assez larges; leurs successeurs, encore plus jeunes, étaient althussériens et plus dogmatiques. La politisation des syndicats, la fondation du Parti québécois, de l'Université du Québec, de *Québec-Presse*, l'invasion de la nouvelle culture représentée par *Mainmise*, *Presqu'Amérique*, *Hobo-Québec*, rendaient peut-être moins nécessaires (ou plus difficiles?) l'effort de description, la réflexion appliquée, la praxis de *Parti pris*[29].

Fernand Dumont, sociologue et poète (*Parler de septembre*), a des écrits de circonstance qui font des

---

29. Voir Lise Gauvin, «*Parti pris*» *littéraire*, Montréal, PUM, 1975; Robert Major, *Parti pris: idéologies et littérature*, Montréal, HMH, 1979.

événements (octobre 1970: *La Vigile du Québec*) un événement, un lieu culturel. Les essais de Pierre Vadeboncœur se répondent, comme chez lui l'homme d'action, de réflexion et de passion. Un style «bretteur, ferrailleur, mousquetaire», baroque, frondeur, «abrupt et rocailleux», mais un style. Ses livres les plus importants sont *La Ligne du risque* (1963), celle de Borduas et de l'«esprit de création», et *La Dernière Heure et la première* (1970), sur le Canada français dans et hors de l'histoire.

L'Homme d'ici (1952), du père Ernest Gagnon — «ici», catégorie existentielle, ne renvoie pas seulement au Québec —, est engagé dans sa fibre même, incarné, irrigué, aussi instinctif que spiritualiste: «tout masque cache un vrai visage». Le *Journal d'un inquisiteur* (1960), de Gilles Leclerc, massif, pessimiste, contradictoire, est douloureusement lucide, emporté contre la prudence médiocre, l'autorité idole: «Une société est adulte quand, les masses pouvant se passer des hiérarchies, elle engendre ses propres objecteurs.» Les *Convergences* de Jean Le Moyne, sur le dualisme, l'atmosphère religieuse, la femme, sont de robustes essais de psychologie collective. Les *Approximations* de Maurice Blain, laïciste modéré, participent aussi de ce nouvel humanisme, où liberté et responsabilité sont les valeurs primordiales. Naïm Kattan, né à Bagdad, compare *Le Réel et le théâtral*, c'est-à-dire l'Orient et l'Occident.

Plusieurs romanciers psychologues ou moralistes de la période 1950-1965 auraient sans doute été plus à l'aise dans l'autobiographie, le journal, l'essai, la critique. «Il leur manque ou un destin exemplaire ou un style souverain pour atteindre à cette autonomie de la vie et à ce pouvoir du verbe qui désignent les grands romans», note Maurice Blain à propos du *Poisson pêché* de Georges Cartier, histoire d'un suicide manqué, problèmes d'identification, entre deux «femmes-continents», d'un étudiant canadien à Paris. C'est vrai du *Poids de Dieu* dont se délivre Gilles Marcotte, et de la femme-ville de son *Retour à Coolbrook*. C'est vrai de romans uniques et intellectualisés comme *Le Prix du souvenir* de Jean-Marie Poirier, d'essais de bilan comme *Une vie d'enfer* d'André Laurendeau, *Les élus que vous êtes* de Clément Locquell, *Les Terres noires* (1965) de Jean-Paul Fugère.

Claire Martin maniait déjà le trait, la sentence, l'ironie finement corrosive, dans les nouvelles *Avec ou sans amour*, les romans *Doux-amer* et *Quand j'aurai payé ton visage*. Amours blessées, vengeresses, chèrement payées; distance, alternance, points de vue narratifs variés. Ses Mémoires d'enfance et d'adolescence — *Dans un gant de fer* (1965), *La Joue droite* — sont d'une force sombre, cruelle, moins tempérés qu'avivés par le regard à froid de l'adulte, de la femme. Un monstre (le père), de dangereuses idiotes (les religieuses), des faibles (la mère, les grands-parents), des enfants terrorisés. Cette autobiographie exceptionnelle est une histoire collective, plus profondément que les Mémoires de Roquebrune ou de Groulx. Paul Toupin, dramaturge néoclassique (*Brutus*), se raconte avec pudeur dans *Souvenirs pour demain*, et même dans *L'Écrivain et son théâtre,* aux partis pris hautains.

Pierre Trottier, poète du *Combat contre Tristan* (contre Yseut) et des *Belles au bois dormant* qui cherchent à ralentir la Terre, la danse de mort, organise

Mon Babel (1963) autour de la mémoire et de l'hiver, d'Œdipe et de Hamlet, du temps (racinien, canadien-français) et de l'espace (cornélien, canadien-anglais). *Les Actes retrouvés* (1970), de Fernand Ouellette, sont des actes d'écriture sur la poésie, la musique, la mystique, la femme, le pouvoir, la tolérance, la violence, la lutte des langues; sur Jouve, Cendrars ou Kierkegaard, «traces de la grande matière textuelle d'où émergent, en se constituant, mes propres projets de chant».

Jean Éthier-Blais (1925-1995), conférencier et causeur, romancier (*Mater Europa*), poète (*Asies*), représente la critique d'humeur, de plaisir, de création. Qu'il parle de nos poètes de l'exil, de Saint-Simon ou de Montherlant, de Proust ou de Benjamin Constant, il parle de lui à lui, de nous à nous. Ses *Signets* glissent d'une page à l'autre, d'un paysage intérieur à un souvenir de voyage, avec le charme discret des mémoires et des correspondances classiques. Ses bêtes noires sont les sociologues, les existentialistes et les structuralistes.

Gilles Marcotte, à la chronique du *Devoir* puis de *La Presse*, donnait une information plus complète, des jugements clairs, équilibrés. Il est le premier à avoir exploité ici Bachelard et la thématique. Ses thèses sur Saint-Denys Garneau et l'Hexagone sont d'un spécialiste ouvert et attentif. Humaniste, sans doute, mais ni dogmatique ni moralisateur. *Une littérature qui se fait* (1962) est une synthèse vivante, presque une histoire des rêves et des vertiges canadiens-français.

Éthier-Blais et Marcotte sont des professeurs qui se méfient de la critique «universitaire» ou «scientifique», à l'ancienne ou à la moderne. D'autres s'y adonnent systématiquement: depuis les sources et influences (Paul Wyczynski, spécialiste de Nelligan) jusqu'aux structures, de la rhétorique à la psychocritique (Gérard Bessette), en passant par le folklore (Lacourcière), le comparatisme, l'esthétique, la sociocritique et, dans quelques revues, la sémiologie. Parmi les critiques les plus rigoureux et les plus libres: Jacques Blais et Jean-Louis Major (sur la poésie). L'écrivain, le professeur et le critique cohabitent avec bonheur chez un Bessette, un Brault (sur Garneau et Grandbois), un Brochu — pour nous en tenir à la lettre B.

TROISIÈME PARTIE

La littérature contemporaine (depuis 1974)

La dernière épithète appliquée à la littérature québécoise est plus pertinente que «moderne» ou «postmoderne». Elle englobe diverses tentatives, poussées, tendances. *Contemporaine*, la littérature qui se fait actuellement au Québec l'est à plusieurs points de vue. Elle a fini — depuis 1965, 1968, 1970, 1980? — de rattraper ses retards par rapport aux mouvements européens, américains. Peut-être a-t-elle pris une certaine avance dans des domaines comme le théâtre ou la littérature-jeunesse. Elle accueille et intègre de mieux en mieux des «écritures migrantes», d'origines variées, qui dessinent un «espace nomade», ni déracinement ni exil, où s'inscrit au cœur de l'écriture «la permanence de l'autre, de la perte, du manque, de la non-coïncidence» (Régine Robin).

Paradoxalement, c'est cette non-coïncidence avec elle-même, ce malaise, cet «incertain» qu'avait déjà relevé Jacques Ferron, qui rendent la littérature du Québec tout à fait contemporaine, et d'abord contemporaine (présente/absente) à elle-même, à ses rêves ou projets, à ses utopies. La littérature «post-québécoise[1]» se reconnaît toujours comme québécoise,

---

1. Pierre Nepveu qualifie de la sorte le nouvel «ici», l'esthétique de la «ritualisation» (après celles de la fondation et de la transgression), mais il s'agit bien pour lui d'une *naissance* en même temps que d'une *mort*, comme l'indique le second titre ou sous-titre de *L'Écologie du réel* (Montréal, Boréal, 1994).

géographiquement et historiquement, mais non plus comme une pratique «panique» de la «québécitude». Connaissant ses parentés et ses différences, ses contextes, ses réussites, ses échecs, elle sait se (re)faire, se contester, se transformer.

On a collé bien des étiquettes péjoratives sur la période agitée, ambiguë, qui commence avec les événements d'octobre 1970. Années «bêtes», a-t-on dit de ces années chaudes, de cette adolescence confuse, anarchique, maniaque et mégalomaniaque. Après *Le Temps des otages (le Québec entre parenthèses 1970-1976[2])*, des rapts, des mesures de guerre civile mais peu civilisée, après le Canada «uni, uni, uni» sous Trudeau, après Montréal sinistrée par le déficit olympique, les manifestes et les «fronts[3]» de toutes sortes qui pullulaient au début de la décennie s'estompent, s'effondrent. Le référendum perdu de 1980, qui coïncide à peu près avec la «fin des idéologies» en Europe, ou du moins à Paris, inaugure ici les années *post*: désenchantement, divisions, sentiment d'impuissance, repli dans la vie privée, la croissance personnelle, l'écologie, la consommation, l'épargne-action. Les nouveaux clercs, sinon dieux, sont les psychologues, thérapeutes, et une dizaine de représentants du «merveilleux monde des affaires».

Après les «années de haine», dogmatiques, terrorisantes, on a eu des «années de tiédeur» chez les

---

2. Recueil de chroniques et d'éditoriaux de Jean Paré, Montréal, Quinze, 1977.
3. De libération des femmes (après une Fédération...), linguistique, municipal, populaire, intersyndical (*L'Affront commun*, suivant le titre d'une pièce inédite de Jean-Claude Germain, créée en 1973).

intellectuels, «vite assis sur leurs fleurs de lys». Voici les «années liquides[4]», de dilution, de dissolution. Un désespoir tranquille après les révoltes. *Le Confort et l'Indifférence* (1981), avec ou sans Machiavel, du film de Denys Arcand. Le passé est télescopé, l'avenir compromis, le présent exacerbé. L'universel est morcelé, débité en tranches, en catégories. On multiplie les exceptions, les marges. On accumule les différences, on additionne et célèbre les minorités.

Seule *minorité* statistiquement majoritaire, les femmes accélèrent leur travail de redressement, d'accès à l'égalité sur tous les plans, y compris le symbolique. «Écrire je suis une femme est plein de conséquences», déclare Nicole Brossard[5], qui en tire immédiatement quelques-unes: traduction des fonctions et professions, intrusion de l'histoire privée (*herstory*), dans l'histoire mâle officielle. Au féminisme réformiste s'ajoute un féminisme radical. Les immigrantes participent au mouvement, dans *La Parole métèque*[6] et ailleurs, notamment celles qui sont originaires du Maghreb, du Liban, de l'Égypte. Quant aux «métèques» majoritairement masculins, les plus nombreux se trouvent parmi les Haïtiens, très actifs dans le roman et la poésie, et les Italo-Québécois, qui ont leur revue trilingue, «transculturelle», *Vice versa*, et leur maison d'édition, Guernica.

---

4. Les qualificatifs sont respectivement d'André Lamarre, Francine Saillant et Gordon Lefebvre, dans *La NBJ*, nᵒˢ 130-131, 1984 («Intellectuel/le en 1984?»), p. 74, 91, 108.
5. *L'Amèr ou le Chapitre effrité*, 1977.
6. Fondée en 1987, après la disparition de *La Vie en rose*.

CHAPITRE V

La poésie et ses poétiques

La poésie québécoise des années soixante-dix multiplie les expériences, les proclamations, et rayonne sur toutes les scènes, du café au théâtre, de la rue aux tribunes politiques. Marquée par l'oralité, le discours, elle l'est aussi, de plus en plus, par l'écriture et la théorie poétique. Les grands poètes de la Révolution tranquille, s'ils ne se taisent ni ne se renient, évoluent — on l'a vu pour Jacques Brault et Fernand Ouellette, notamment — vers une autre forme de lyrisme, plus souterraine (le «volcan» de Gilbert Langevin), discrète, fragile.

Le chant, la mémoire, l'esprit communautaire ne sont pas disparus instantanément. Aux voix quasi épiques s'ajoutent, comme déjà chez Paul Chamberland, les accents inattendus du *joual*, de l'humour, de la dérision. Des *Cantouques* de Gérald Godin aux *Moments* (1973) de Michel Garneau, du «naturel» d'un Morency aux «petites choses» d'un Lefrançois, et jusque dans le discours de la quotidienneté et du désir de Michel Beaulieu, le contact est maintenu entre l'écriture et la parole, entre langue populaire et langue savante, entre la poésie et ce qu'on a coutume d'appeler le «réel», le référent, l'histoire en train de se faire.

Plusieurs courants, des «écoles», antagonistes coexistent avec ardeur souvent dans la polémique. La principale division est celle qui oppose les partisans ou croyants du pouvoir de la poésie à ceux qui en doutent, méthodiquement ou non. L'avant-garde, multiple, est polarisée par le Texte (parisien) ou par la Nouvelle Culture (californienne[1]), sans compter quelques fantassins du trotskisme et du maoïsme.

François Charron, qui avait commencé sa carrière de projets, «interventions», propagande et «pirouettes» par *18 assauts* contre la poésie officielle, classique, passe de la lutte révolutionnaire, marxiste-léniniste, au texte carnavalesque; de l'invective au chant, du *joual* le plus cassé à une poésie savamment travaillée dans *Persister et se maintenir dans les vertiges de la terre qui demeurent sans fin* (1974), beau titre-programme d'une plongée intérieure. Non moins ambitieux, *Du commencement à la fin* (1977) ouvre sur le mystère, le métaphysique, et annonce la production à venir.

I. Avant-gardes armées, machines formalistes

> Écrire non plus pour un «lecteur», mais pour une «lecture» qui désaxe le phénomène habituel: l'identification au texte. (François Charron et Roger Des Roches, 1971.)

---

1. Voir plus haut, p. 126-129.

Les Herbes rouges, collection[2] plutôt que revue, est le principal axe institutionnel de la jeune «modernité». L'axe comprend des lieux comme la collection «Lecture en vélocipède[3]» aux Éditions de l'Aurore; il s'étend jusqu'à une revue underground, *Hobo-Québec*, à quelques organes marxistes, et surtout à *La Barre du jour*[4], émule et parfois rivale. La poétique des *Herbes rouges* en est une de déconstruction, de disjonction, mais avec intensité, émotion. *La (Nouvelle) Barre du jour* est plus froide, abstraite. La double école s'affiche matérialiste (production du signifiant), férue de fragmentation, de ruptures syntaxiques, sémantiques, idéologiques. «On défait toutes les architectures funèbres, on ouvre comme des coquilles les mots, surtout les graves, qui sont vides», dit Louise Bouchard dans son premier recueil, remarquable[5].

Les jeunes poètes formalistes, prétendant remonter jusqu'à Mallarmé, suivent les lois dites scientifiques du structuralisme, de la sémiotique et de la théorie poétique. Ils citent à profusion les intellectuels parisiens, grammairiens, linguistes, philosophes, psychanalystes, dont les duettistes Deleuze et Guattari qui mettent au jour le fameux «rhizome».

---

2. Surtout à partir de 1973. Quant à la maison d'édition, du même type, avec de rares excursions en dehors de la poésie, elle est fondée en 1978.
3. D'après le titre de l'unique recueil, posthume, d'Huguette Gaulin, qui s'est immolée par le feu en 1972.
4. *Nouvelle* à partir de 1978.
5. *Des voix la même*, paru successivement aux Éditions NBJ (1978) et HR (1986).

On en viendra, chez les disciples des disciples, à procéder «comme s'il s'agissait de produire des travaux universitaires», dira Roger des Roches. On s'explique, on se justifie, on distribue les modes d'emplois, les mots d'ordre pour le désordre annoncé.

La poésie formaliste doit son caractère foncièrement ironique, chez ses meilleurs praticiens, à une conception du désir comme «agencement machinique», production sans commencement ni fin de ruptures et d'espaces:

> ces espaces sans chair prolifèrent
> vous menacent jusque dans le plaisir

reconnaît André Roy, *D'un corps à l'autre* (1976). Un texte de «pure jouissance», un cinéma sans murs, «ni entrée ni sortie» (Lyotard), serait une aberration, car il a besoin de son «ombre» — «un peu d'idéologie, un peu de représentation, un peu de sujet» (Barthes) —, seule brèche possible «par laquelle le lecteur pénètre dans un texte et s'y défait comme personne et comme conscience[6]».

La transgression systématique, le refus catégorique des poétiques expressives ou référentielles ont souvent conduit à des apories, à de simples contrefaçons, à des désarticulations (du signifiant) inarticulées. «Vouloir à tout prix défaire le confortable, jouer avec le doute, déroger, se distinguer — le mouvement est à la fois merveilleux et suicidaire»; il contient «son propre méca-

---

6. Pierre Nepveu, «André Roy: le cinéma en miettes», *Lettres québécoises*, n° 4, novembre 1976, p. 18.

nisme d'extinction», avoue Roger Des Roches[7], qui a
longtemps exploré les rapports du corps avec la langue
et le texte[8], notamment un fantasme de copulation avec
Françoise Sagan, «indélébile». *Tout est normal, tout est
terminé* (1987), mince plaquette tirée de mille pages pré-
paratoires, obtenue «par bouts et par vols de moi-
même», s'impose comme signe de maturité.

Considéré comme le chef de file, sinon le théoricien de l'«écurie» des Herbes rouges, Normand de
Bellefeuille[9] est le plus fidèle représentant de la poésie déceptive, de la fuite du sens, de l'*illisible*, qui, à
la différence du *scriptible* de Barthes — ce qui peut
être réécrit par l'intervention du lecteur —, n'ouvre
des pistes que pour les refermer comme des pièges.
Dans des recueils fortement structurés comme *Le
Livre du devoir* (1983), qui déconstruit le nom du
père et les actes d'une tragédie familiale, ou *Lascaux*
(1985), sur la représentation en sous-sol (diapositives) des restes de l'aventure humaine.

Aux *Grandes Familles* et au *Livre du devoir* de
De Bellefeuille correspondent, plus détendus, humoristiques, *Les Lieux domestiques* et *La Marche de la
dictée* (1980) de Marcel Labine, où l'éducation de la
rue l'emporte sur celle de l'école, de toutes les écoles.
Faut-il imaginer une «peste heureuse», comme le
Sisyphe camusien dont le poète se moque? «Il en va

---

7. *Voix et images*, nᵒ 38, 1988, p. 238.
8. Voir «*Tous, corps accessoires...*» *(poèmes et proses, 1969-
1973)*. Un nouveau cycle s'amorce avec *Les Lèvres de n'importe
qui* (1978), *L'Imagination laïque* (1982).
9. Il a cosigné des recueils de poésie ou de prose avec Roger Des
Roches, Marcel Labine, Louise Dupré, Hugues Corriveau...

des livres comme des rats. Ils habitent les chambres et les murs. Ils nous survivront tous» (*Papiers d'épidémie*, 1987). Est-ce une si mauvaise nouvelle?

André Roy a lui-même rapproché de l'«intense truquage» cinématographique l'espace, les ruptures, l'exposition (du corps, du désir), le découpage de ses poèmes. *Les Passions du samedi* (1979) jouent sur la peau comme sur une pellicule d'illusion, avec douceur et tendresse, suivant la «table des sentiments et des conduites» qui clôt le livre comme un générique. Au cinéma et à la drague du corps masculin, «grand précepteur», Roy ajoute à l'occasion le théâtre, la musique atonale, l'histoire, mais surtout la peinture. Le participe, présent ou passé, permet à sa poésie, en réduisant le temps et le mode, de dégager l'action du sujet. D'où une *Action Writing* à partir de l'*action painting* de Jackson Pollock. Finalement, *L'Accélérateur d'intensité* (1987), le cœur, génère des «mouvements», des obsessions, des pensées de fins de monde (guerre, conflagration) et d'«urgence de la vie qui arrive en tombant, se relevant, tombant».

II. Pour un autre texte: le corps et la voix des femmes

> Tout mot est physique,
> affecte directement le corps.
>
> GILLES DELEUZE

En 1975, Année internationale de la femme, sont fondées à Montréal les Éditions de la Pleine Lune, une librairie spécialisée ouvre ses portes, *La Barre du jour* fait paraître son numéro «Femme et langage», la Rencontre des écrivains porte sur «La femme et l'écriture». L'année suivante, les Éditions du Remue-ménage, la revue féministe *Les Têtes de pioche* et le Théâtre expérimental des femmes commencent leur activité.

Ces titres-programmes, de même que le «nouvel évangile» de *L'Euguélionne* ou la «faille» de *Bloody Mary*, où on apprend que «le corps et le langage ne se rencontreront jamais parfaitement» (Louise Dupré), marquent l'âge d'or du travail féminin-féministe sur le texte et dans l'institution littéraire. Les réseaux intertextuels se répandent, se répondent, en même temps que se tissent des liens d'amitié, de collaboration et de «connivence» entre Québécoises, Européennes et Américaines. «On s'aime, on se solidarise mais aussi on se conteste à travers les grands courants de pensée [...]. On prend appui sur le marxisme, sur la psychanalyse, sur le lesbianisme, sur la contre-culture pour débattre des priorités et de l'essence [?] du féminisme[10]». On s'adresse soit à la femme «familiale», mère, sœur, fille, soit à l'amie, à l'amante. À l'égard des hommes, on «oscille entre la revendication, l'insulte, la doléance et la déclaration d'amour, malgré tout».

Le colloque de *La Nouvelle Barre du jour* sur la Nouvelle Écriture, en 1980, remettra sur la table les

---

10. Nicole Brossard et Lisette Girouard, *Anthologie de la poésie des femmes au Québec*, Montréal, Éditions du Remue-ménage, 1991, p. 21. En 1976, Nicole Brossard et Luce Guilbeault réalisent le film *Some American Feminists*. En 1978, la revue parisienne *Sorcières* consacre un numéro («La jasette») aux Québécoises.

questions du sens, de la représentation, du «sujet», déjà posées en 1974 par Nicole Brossard et Madeleine Gagnon, *Pour les femmes et tous les autres*. Une «nouvelle lisibilité» remplacera le «scriptible» comme cadre théorique, slogan, stratégie, calcul[11]. L'image dans le miroir est de moins en moins anonyme, hors du temps et de l'espace; les jeux savants ouvrent leur surface à une certaine profondeur. On peut se demander si le fameux «plaisir du texte», passe-partout qui esquive les questions de fond, n'était pas devenu un «hédonisme» confortable, un tabou de la souffrance, une fuite devant l'«invivable».

Ce sont les femmes qui redonnent au corps ses failles, au sang ses flux, à la théorie sa fiction, au texte un lieu et une histoire. Avant d'être une «expérimentation», leur écriture s'appuie sur une expérience: *Bloody Mary* (1977), par exemple, de France Théoret.

La poétique de la «fondation» avait été déconstruite, l'origine rendue «inhabitable», la présence centrifuge dans ce lieu utopique qu'est *Le Centre blanc*[12] de Nicole Brossard: «la mort s'infiltre souffle blanc en ce présent qui s'éternise neutre». Et anonyme, dur, purement énergétique. Dans un «joual syntaxique» où les phrases se télescopent, où les mots se coupent, «se lèchent», jusqu'à ce *Masculin*

---

11. Les deux derniers mots sont de Normand de Bellefeuille, qui parle aussi d'un «lisible sans concession», d'un «travail sur le lisible» (*NBJ*, n° 58, septembre 1977). Il critiquera, dénoncera les facilités de la «lisibilité» au colloque de 1980.
12. Titre d'un recueil de prose-poésie (1970) et de la rétrospective (1978) qui le reprend.

grammaticale [*sic*] qui «détourne de la floraison mâle», de la mécanique patriarcale. Dans un mouvement en spirale, *Amantes* (1980) cherche à intégrer, à unir, à rendre unique la femme fragmentée. Est-ce là un «détournement de modernité»? On peut penser, au contraire, que l'écriture féminine-féministe fut une chance de revitalisation pour le formalisme et ses entreprises de transgression, de déconstruction. Il faut une «obsession de taille», remarque Brossard, pour accompagner l'écriture, nourrir le Texte d'un «qui suis-je dans la langue qui me parle intérieurement», une langue, la femme, «tellement figurative que, pour vivre avec, je dois en abstraire l'essentiel».

Le mot TEXTE, en majuscules, apparaît comme «cristallisateur de pratiques d'écriture» dans *La Barre du jour* dès l'été 1968. Au fil des ans et des numéros, le mot «finira presque par signifier un nouveau genre littéraire[13]» au-delà du poème, sinon de la poésie, et du roman-récit, sinon de la prose quelque peu figurative ou narrative. En fait, le texte est parfois prose et poésie, de genre indécidable, parfois ni l'une et l'autre. Il les juxtapose pour les «contaminer», ou il les entremêle sans les rendre homogènes. Il faut que des tensions demeurent, que des conflits menacent pour que le *texte* rompe avec les catégories rigides et les pratiques prévisibles.

Est-on allé jusqu'à «fondre en une pièce la fiction et l'essai[14]»? C'est trop dire. Et ce serait dommage. Dans le «plaidoyer»-manifeste d'*Une voix pour Odile*

---

13. Claude Beausoleil, «BJ / NBJ: un nouvel imaginaire», *Voix et images*, vol. X, n° 2, 1985, p. 169.
14. Claude Sabourin, *Ibid.,* p. 131.

(1978), France Théoret présente ses textes comme des «fragments entre la fiction et la théorie, tant je suis occupée par le flux, le passage, l'existence, le refoulé, l'impensé, la négativité, l'en-deçà du monde, notre seule force, exprimer cela». L'entre-deux, le glissement, ou la discontinuité, l'éclatement, l'inachèvement, l'«inédit», le «manque» témoignent d'une conception du temps, de l'espace physique et social, du savoir. La «stratégie» de Théoret et de ses sœurs consiste à «faire se rencontrer» dialectiquement ces «pôles antagonistes[15]» que sont l'autobiographique et le théorique, le privé et le politique, le concret et l'abstrait.

Le Texte comme «questionnement», transgression, accouplement, brouillage (plutôt que fusion) des genres littéraires traditionnels, le Texte comme anti-genre, super-genre, est largement tributaire de la théorie-pratique de l'écriture féminine. Souple, ponctuelle, différenciée, subjective, mais collectivement orchestrée, celle-ci enjambe résolument les clôtures, transgresse les interdits, casse les automatismes. À la division des sexes, des tâches, elle associe la division des textes, des genres. Pour un nouveau partage.

La poésie féminine dans son ensemble et une bonne partie de la poésie masculine des années quatre-vingt peut être dite autobiographique ou «autographique»: enfances révoltées, crises d'identité. Les images, l'écriture de certains de ces poètes ne sont pas sans rappeler celles d'Anne Hébert ou de Saint-Denys Garneau. Par exemple, Paul Chanel Malenfant, dont les *Coqs à deux têtes*

---

15. Voir Louise Dupré, *Stratégies du vertige*, Montréal, Éditions du Remue-ménage, 1989.

(1987) sont les père et mère du roman familial. D'autres sont encore plus «classiques», tragiques, dans leur conception de la fatalité. C'est le cas, malgré leur sérénité, de *L'Outre-vie* (1979) et des *Autoportraits* posthumes de Marie Uguay qui avait vu de loin venir sa mort en 1981. «Entre l'objet et le mouvement du désir, le temps lui manqua. C'est ce manque qu'elle écrivit[16].» C'est le cas aussi d'Anne-Marie Alonzo, paraplégique à la suite d'un accident, qui de *Geste* limité en *Veille* difficile écrit une poésie elliptique. «Clos mon univers!» dit-elle au seuil de *Bleus de mine* (1985) qui réinvente une façon d'être au monde et une façon de dire. Dans le «sociopoème» de Carole David, *Terroristes d'amour* suivi de *Journal d'une fiction* (1986), «aucun lyrisme», une écriture «posée, lucide», dont l'imaginaire «n'exclut nullement la théorie» et qui fait progresser «la question de la femme[17]» à travers celle, occultée, de la prostituée.

Si le féminisme semble encore un peu naïf, grammatical et triomphaliste dans *Plusieurs* de Louise Cotnoir, trop exubérant, ébloui, dans les découvertes d'*Orpailleuse* (1982) de Jocelyne Felx, on ne peut plus parler de «féministhme», de ghetto idéologique ou scripturaire. Le féminisme est un réseau et un mouvement, avec avant-garde radicale, comme il se doit; ce mouvement n'est pas une école ou une chapelle. La poésie des femmes, sans être moins signée, saignée, s'insère dans les courants majeurs de la postmodernité poétique qu'elle nourrit, colore, réoriente.

16. Jacques Brault, en avant-propos à la rétrospective de ses *Poèmes* (1986).
17. André Brochu, *Tableau du poème. La poésie québécoise des années quatre-vingt*, Montréal, XYZ, 1994, p. 218-219.

III. La ville brûlure

Montréal est une ville de poèmes vous savez, prouve Claude Beausoleil dans son anthologie avec index des lieux aussi bien que des noms[18]. «Montréal est un grand désordre universel», aurait dit Gaston Miron. On s'y engouffre, on s'y perd. Montréal «d'Amérique aux mémoires d'Europe», boréale, tropicale, «aux cent clochers et aux mille bars», jungle, musée, champ de ruines et de projets, puzzle à recomposer, comète fuyante; «Montréal d'un feu de nuit qui hurle derrière les hangars noirs», Montréal hagarde, criarde, «jazzée», à louer, à vendre, à dire. Ville brûlure, à défaut de ville lumière.

Beausoleil, auteur d'une trentaine de livres de poésie, animateur avec Michael Delisle de la revue *Lèvres urbaines*, est un des principaux célébrants du culte de Montréal. Si «changer les formes», «désinstaller l'unicité» était encore le programme des *Marges du désir* (1977), *Au milieu du corps l'attraction s'insinue* (1980) creuse la division entre «Écrire» et «Des avalanches», deux parties qui s'opposent comme le laboratoire à l'aventure. Le long poème intitulé *S'inscrit sous le ciel gris en graphiques de feu*[19] renoue avec une certaine régularité métrique en intercalant tous les cinquante vers, sans le détacher comme strophe, un quintil variable:

---

18. Préparée pour le 350ᵉ anniversaire de la fondation de Montréal (l'Hexagone, 1992). Un recueil d'Hélène Monette s'intitule *Montréal brûle-t-elle?* (1987).
19. D'après un alexandrin de Clément Marchand, «Les prolétaires» (*Soirs rouges*, 1947), qui disait «fer» au lieu de «feu».

le poème est un objet sensible
et c'est l'image du monde
la ville le traverse...

Entre l'inerte et les clameurs (1985), Gilbert Langevin, anarchiste obstiné, garde l'«imaginaire en colère», les mains libres, le cœur ardent. Contre les «taxidermistes du vide quotidien», il place la «poévie» au centre de son «lexique des abîmes».

D'autres poètes de la ville, de la nuit, de l'errance, ont un chant heurté, saccadé. Leurs départs sont des vrombissements, leurs parcours des zébrures, leurs célébrations des explosions. Lucien Francœur, motard qui se voit comme le Nomade absolu (*Si Rimbaud pouvait me lire...*), se donne en spectacle, surcharge ses poèmes ou chansons de références et de symboles qui sont autant de chaînes derrière les clignotants: serpent, lézard, phallus pour *Les Rockeurs sanctifiés* (1982), lubrifiés, textualisés.

Josée Yvon, morte en 1994, avait voulu pousser jusqu'au bout la violence des *Filles-missiles* et autres «chiennes». Denis Vanier, avec qui elle a souvent collaboré, réussit à représenter la corrosion de *Lesbiennes d'acid*, le désir désespéré du *Clitoris de la fée des étoiles*. Sa vision apocalytique, son écriture hyperréaliste font de Vanier un baroque baudelairien, moderne. *L'Hôtel brûlé* (1993), c'est la «peau intérieure», la «chair du temps» qui se consume sans être consommée, comme la ville. Les jeunes de la revue *Gaz moutarde*, à la langue «râpeuse, abrasive», ont des visions cauchemardesques d'«hormones autocollantes», d'usines malades dans la technopole éventrée.

Cette conception de la ville comme métropole toute en façade, en bruits, en vitesse, se rattache à l'image clignotante des USA, sinon de l'Amérique, dans la poésie québécoise contemporaine. Vers 1936, Alfred DesRochers rêvait du «phrasé» d'un Robert Frost, d'un «sentiment du lieu» ici comme en Nouvelle-Angleterre. Certains «voyages» s'annoncèrent, fondés plutôt sur le vertige. À l'aventure intérieure, à la conscience de l'hétérogène, au jazz raffiné d'un Paul-Marie Lapointe, Pierre Nepveu, lui-même poète de *Voies rapides* plus verticales qu'horizontales, oppose une extériorité clownesque qu'il relie à l'esprit «ti-pop» défini jadis à *Parti pris* et qu'on trouve en abondance à partir de l'*Empire States Coca Blues* (1971) de Louis Geoffroy.

Des «nègres blancs» du samedi soir font de la culture *beat* un tapage nocturne, un spectacle trompe-l'œil. Urbaine, médiatique, théâtrale, rythmée, percutante, notre poésie de l'Amérique demeure chimérique, fantasmatique, adolescente. Elle excelle à détourner les messages (publicité, graffiti), à parodier, à (se) fuir, à se détacher de ce qui ne l'attache pas. On joue dans l'espace métropolitain, ville et empire, comme dans «un immense terrain de jeu, une succession à l'infini de transfigurations, nous permettant en somme de vivre la douleur du non-être, mais en différé, d'une manière assez distanciée pour qu'elle demeure supportable[20]».

---

20. Pierre Nepveu, «Le poème québécois de l'Amérique», *Études françaises*, vol. XXVI, n° 2, 1990, p. 19.

IV. Nouvelles recherches d'identité

> [...] il reste que le réel est le grand
> Autre de la subjectivité moderne.
>
> PIERRE NEPVEU (1985)

La poésie québécoise d'après 1980 déborde des cadres génériques de toutes les façons. Du côté de l'intime comme de l'objectif, du récit comme du récitatif, du discours redéployé comme de l'équation algébrique ou morale, de l'écriture minimale, minimaliste. En invoquant Beckett, Cioran ou Marguerite Duras. Après la «poésie / journal comme un almanach», ou un train, de Patrick Straram, France Boisvert revient au poème-manifeste (*Massawippi*, 1992). Louise Cotnoir utilise le commerce épistolaire et la convocation, l'appel nominal, dans *Les Rendez-vous par correspondance* suivi des *Prénoms* (1984). D'autres poèmes par lettres, à des destinataires connus, poètes eux-mêmes, se trouvent à côté de cartes postales anti-touristiques, de méditations et d'hommages, dans *L'Avant-printemps à Montréal* (1994), de Robert Melançon.

À la «surexistence», à la surexposition des années soixante-dix succède une concentration laconique, elliptique. Petits riens énumérés, «petites paroles» jetées au néant, petites pierres de rivière au lit presque sec. Bougies et rituels coptes de Cécile Cloutier (*Ostraka*, 1994); «l'infime / paupière du papier» de Gilles Cyr, pour qui «tout n'existe pas» (*Diminution d'une pièce*, 1983); «papiers transparents», «effets de surface» et neiges nées du silence chez

Michel Lemaire (*Le Goût de l'eau*, 1991); pertes précieuses, astres éteints de la «poésie froide», minimaliste, de Michel Gay, dont la rétrospective *Calculs* (1988), petits cailloux, comprend entre autres titres parfaits *Métal mental* et *Mentalité, détail*.

Renaud Longchamps, travailleur manuel qui avait commencé par placer les mots «usine», «capital», «faim» dans son discours poétique, les remplace dans *Miguasha* (1983) par des «calculs du calcaire» et autres allitérations ou assonances. La vie est-elle une «maladie de la matière»? S'il existe des *Anticorps*[21] biologiques, quelle serait l'*antimatière* de la lettre et de l'esprit? *Légendes* suivi de *Sommation sur l'histoire* (1988) ne répond pas à cette question, ni n'abolit les frontières entre anthropologie et poésie. Philippe Haeck, «écolier égaré», élabore la «poéthique» d'une existence possible, familiale, familière, révolutionnaire tranquille, en dehors des automatismes bourgeois. «Mes poèmes sont-ils autre chose que les feuilles du grand hêtre près duquel je demeurerais immobile attentif à rien et à tout, à leurs retournements et aux miens...» (*L'Atelier du matin*, 1987).

Les *Mobiles* (1987) de Hugues Corriveau sont des variations érotiques sur le dur et le liquide, la machine et les machinations du désir; une combinatoire (à la Calder) d'attitudes, poses, gestes, mouvements. Pour *Apprendre à vivre* (1988), rien de mieux que le corps à corps, l'amour, la «femme enfantée», commencement absolu. Corriveau exhibait des

---

21. C'est le titre d'un recueil (1974) et d'une rétrospective (Montréal, VLB éditeur, 1982) de Renaud Longchamps.

Taches de naissance; c'est à une *Tâche de naissance* (1986) que nous convie Jean Charlebois, cousin du chanteur rock. Il s'agit toujours de blasons du corps féminin, de lyrisme épidermique, de «peau-aime». Car Charlebois prend les mots au son, à l'apparence: *Plaine lune* suivi de *Corps fou*, en attendant les flèches sur *Corps cible*. *La Mour* et *L'Amort* sont la double entrée-sortie, versets et prose, d'un recueil de 1982. *Présent!* (1984) fait courir ou concourir trois textes: le poème est confronté à la pornographie d'un voyeur et à un journal non pas intime mais «extime».

La poésie rencontre la science, la biologie végétale et animale, dans les «histoires naturelles» de Pierre Morency, ornithologue, auditeur privilégié, et dans les paysages animés, panoramiques ou microscopiques, d'André Ricard (*Les Baigneurs de Tadoussac*, 1993). Même la poésie du «terroir» prend un coup de (pinceau) jeune, exotique, dans la Beauce française de *Grandeur nature*[22].

Quant au retour du sacré, remarqué chez quelques ex-militants marxistes, il donne lieu à une polémique entre *Les Herbes rouges*[23] et *La Nouvelle Barre du jour*[24]. Celle-ci ironise sur le virage quasi instantané de l'idéologie-panacée à l'idéologie-«maladie», au laxisme contre-culturel, aux néo-mysticismes

22. Dû à la collaboration de Denise Boucher avec le peintre Thierry Delaroyère (1993).
23. André Beaudet, François Charron, Carole Massé, Nicole Bédard et Jean-Marc Desgent, «Qui a peur de l'écrivain?», *HR*, nos 123-124, 1984.
24. Normand de Bellefeuille et Louise Dupré (dir.), «Intellectuel/le en 1984?», *NBJ*, nos 130-131, 1984.

miraculeux, obscurantistes, qui font préférer l'énergie à la pensée: «Dieu à l'intérieur, Dieu à l'extérieur, le Dieu qui existe, Celui qui n'existe pas.» *Dieu*, de Carole Massé, est un «roman poétique». L'«idée informe de Dieu» investit la centaine de pièces en prose du *Verbe être* (1993), de Paul Chanel Malenfant. «J'ai vu que j'étais vu», dit Jacques Gauthier, sans nommer l'Innommable, dans *Les Lieux du cœur* (1993). Peut-on retrouver «l'eau vive des prières anciennes», antiques, orientales, bibliques, sans suivre la voie funèbre des «candélabres»?

L'«humanisme» aussi change d'expression, de perspective: le «lieu de naissance» d'un Pierre Morency n'est pas une assise, mais un torrent. La crise du sens, l'opacité des signes, la présence immédiate du corps, la pression du temps se retrouvent chez les nouveaux humanistes comme chez les ex-formalistes. Ceux-là peuvent être des mystiques de l'exil, de l'absence, tel Juan Garcia, d'origine espagnole et marocaine; des spécialistes de la gnose et du yoga, tel le pianiste Guy Lafond[25] dont *Les Cloches d'autres mondes* (1977) annoncent une mort «sans palier», qui n'est qu'un changement de lieu et d'état; des fervents de l'ésotérisme, tels Guy Gervais (*Gravité*, 1982) et, baroques, ludiques, humoristes, Jacques Renaud ou Yolande Villemaire (*Du côté hiéroglyphe de ce qu'on appelle le réel*, 1982). La recherche la plus ontologique, érudite sinon hermétique, est sans doute celle de l'essayiste Pierre Ouellet (*Sommes*,

---

25. Pour qui la musique, définie comme «l'art qui crée le temps», marque «l'aboutissement naturel de la poésie».

1989). À l'autre pôle, lyrique, du nouvel humanisme, l'animateur et critique Jean Royer, cofondateur de la revue *Estuaire* en 1976, n'hésite pas à appeler simplement, classiquement, *Poèmes d'amour* (1988) un choix dans la dizaine de recueils parus jusque-là:

> La parole me vient de ton corps
> comme d'un pays aveugle.

V. Poésie et prose

Si on a pu définir les essais comme des «poèmes intellectuels» (Schlegel), apparenter ce genre à la musique et au lyrisme, vu le retour rythmique de ses thèmes, variations et formulations, il reste que l'essai traduit le «passage d'une vision lyrique du monde à une vision scientifique[26]», ce qui n'est pas le cas de la poésie, même intellectuelle ou en prose. Ni aboutissement ni commencement d'une *vérité*, d'une histoire, la poésie n'est en marche vers rien d'autre que l'acte, l'actualité de son présent.

Qu'est-ce qui relève de la prose — et de quels types de prose — dans les suites ou «textes poétiques» récents? Une certaine narrativité (personnages, actions, épisodes), d'importants éléments descriptifs, figuratifs, conceptuels, analytiques, des emprunts à la

---

26. Jean Marcel, *Pensées, passions et proses*, Montréal, l'Hexagone, 1992, p. 317, 326. Autre différence entre la poésie et l'essai: celui-ci est «peut-être le seul genre littéraire qui ne se prête pas à une lecture à haute voix» (Bleznick, cité dans Jean Marcel, *ibid.*, p. 331).

langue familière ou des imitations de celle-ci. La poésie peut prendre la forme de monologues plus ou moins théâtraux, de contes fantastiques ou philosophiques, d'histoires mythiques ou mystiques, de fables morales, immorales. Ni narratives ni lyriques, ni proses ni vers, certaines «fictions[27]» jouent sur le volume, l'espace, le graphisme, la ponctuation blanche, la syntaxe. Savante, férue de mythologie, Denise Desautels travaille la page et le livre en artiste, comme un langage dont font partie intégrante les dessins et reproductions, la calligraphie, l'usage des majuscules, des caractères, des mots en cascades ou regroupés en strophes, en paragraphes. Ses poèmes eux-mêmes ont leurs motifs visuels: la ligne comme fil conducteur dans *L'Écran*, cache et support d'une écriture initiatique; le centre et le «cercle mobile à la poursuite de sa trace» dans *Mais la menace est une belle extravagance* (1989).

La poésie a non seulement des figures, des voix, mais des personnages et des visages dans la ville de banlieue recréée par Michael Delisle (*Fontainebleau*) et dans les abstractions concrètes[28] d'Élise Turcotte (*La Voix de Carla*), tous deux lauréats du prix Émile-Nelligan en 1987. Chez celle-ci: «Parfois quelque chose se produit: un flottement. Un peu de fumée et des billes dorées dans les matières [...]. Sous les choses, une personne, une émotion ou la beauté qui se

---

27. Celles d'Anne-Marie Alonzo, par exemple, dont *Le Livre des ruptures* (1988) est le premier qualifié de «poésie».

28. Ou est-ce l'inverse? «Un vécu immédiat, narcissique mais porté sur la scène impersonnelle...», dit André Brochu (*Tableau du poème, op. cit.*, p. 223).

déplace.» Il faut «encourager le réel d'advenir, immédiatement, avec tous les contours possibles de l'impossible», disait-elle déjà dans *Navires de guerre* (1984), appareillés pour la paix armée de l'amour, le jeu, le rire, le bonheur. Son premier roman, *Le Bruit des choses vivantes* (1991), fera voyager une petite fille des images jusqu'aux mots.

Les images peuvent être sobres, exactes, photographiques, presque banales, répétitives, dans ce que Normand de Bellefeuille appelle «proésie», croisement ou composé de prose et de poésie[29]. Elles n'en sont pas moins violentes, cruelles, dans *Le Prix du lait* (1986), de François Tourigny, qui accentue le tragique populaire des journaux à sensation, et dans les *Jeux et Portraits* (1989) interdits, réalistes et hallucinés, de Dominique Robert. Placé sous le signe de Kierkegaard, le récit intitulé *Les Images* (1985), de Louise Bouchard, n'a pour combattre l'épouvante que la maîtrise de sa diction. La narratrice parle de Dorothée, s'adresse à Théodore, le bien-nommé, et derrière lui à Quelqu'un: «Oh! j'ai vu la mort! et je suis éternellement Isaac dans ce temps arrêté, ce moment où le couteau, sa lame brillant sous le soleil, est suspendu au-dessus de ma gorge.»

La «contamination» du poème par la prose chez les contemporains crée un déséquilibre dynamique, une impureté féconde, une épidémie qui peut devenir vaccin contre la confusion des deux genres ou registres. Pour que l'hétérogénéité et la discordance se manifestent efficacement, il faut briser une «harmonie»

---

29. Voir *Dans la pitié des chairs* (1982), de Geneviève Amyot, ou *L'Amant gris* (1984), de Louise Warren.

trop naturelle de la matière avec la forme, de la poésie avec le poétique ou le poème traditionnel, classique, romantique ou moderne. Quant à la prose, pas nécessairement «belle», résolument «prosaïque», son invasion «inscrit une situation historique particulière» qui est «l'avènement esthétique de l'éphémère[30]».

Le «prosaïsme» de la poésie de François Charron, et d'autres, serait la forme que prend un nouveau rapport au monde comme «intériorité énigmatique» sans extérieur, «dépaysement en vue d'une réapparition du réel[31]», «territoire où le mot serait la chose vraie» (François Charron). «Des choses qui suintent et sourdent pour mieux lisser le terrain des événements», suivant les petites proses d'une page des *Changeurs de signes* (1987) de Michael Delisle.

Ce prosaïsme, «lyrisme du concept», a le plus souvent une dimension narrative. Au «futur» de la poésie du pays, à l'«extrême présent» du formalisme, la poésie actuelle oppose le passé et la mémoire. Mais le passé d'une absence, la «mémoire de l'oubli» (Élise Turcotte). «Il faut tout oublier, il n'y a rien à oublier[32].» Enfin, chambre la plus intérieure, la mieux fermée: «Notre corps est un souvenir qui n'a plus de fenêtre» (François Charron). Ces exemples amènent Pierre Nepveu à définir la postmodernité en poésie comme une «esthétique du présent mémorable, toujours déjà passé

---

30. Pierre Nepveu, *L'Écologie du réel*, *op. cit.*, p. 30.
31. *Ibid.*, p. 185, 186.
32. France Théoret, *Intérieurs* (1984); voir aussi Louise Dupré, *Chambres* (1986).

(bien que jamais dépassé)». Ce que la poésie désigne comme «le réel», c'est alors «une apparition, le retour lumineux, troublant, du présent mémorable, fantomatique[33]». Une «mémoire sans fin de la fête première», qui «nous condamne, masqués, à la lente répétition des airs», à une curieuse «chimie» de la marche, à une sorte de danse verticale, au saut de l'ange (Normand de Bellefeuille, *Catégoriques / un deux et trois*, 1986).

Les retours simultanés du prosaïsme et du lyrisme, dont les formes et les contenus s'exaspèrent et s'organisent mutuellement dans les diapositives de *Lascaux* et autres fêtes à Venise, à Babylone, de la mémoire oubliée, ne sont nullement contradictoires. La répétition, chez Normand de Bellefeuille, est une récitation, un récitatif, c'est-à-dire «le ton même de la voix dépaysée, un peu vagabonde, un peu chercheuse», qui «oscille ou fluctue entre le vers libre et le poème en prose[34]». Elle invente une nouvelle tradition en créant une communauté de *nous* dépaysés, exilés, étrangers, rassemblés dans «la blancheur du non-agir» (François Charron).

Après avoir réuni ses poèmes de 1967 à 1978 (*Torrentiel*) sous le titre *Quand nous serons* (1988), Pierre Morency publie une série d'«histoires naturelles du Nouveau Monde». *L'Œil américain* (1990), *Lumière des oiseaux* (1992), *La Vie entière* (1996) sont présentés tantôt comme récits, essais, tantôt comme poèmes en prose ou «précis de connaissance poétique». Un préfacier, Yves Berger, associe Morency

---

33. Pierre Nepveu, *op. cit.*, p. 186.
34. *Ibid.*, p. 187.

à Buffon et à Audubon. Un autre «trio royal» pourrait être constitué de «l'auteur en héron», au bord du fleuve, près de La Fontaine et de Francis Ponge. Mais le *parti pris* de Morency est celui des *choses* animées.

VI. Poésie pensée

La quête de soi, le sens de la vie, les confidences n'ont pas la même fonction, ni le même rôle, dans un récit en prose soutenue et dans la concentration du poème, fût-il «autographique». À côté des pièces expressives, pathétiques, où l'on projette ses drames personnels, il y a celles où l'on cherche les questions avant les réponses, la lucidité plutôt que la consolation. Car «le bonheur n'est pas l'envers de la mélancolie, mais son mur de lumière», dit Louise Dupré (*Bonheur*, 1988). C'est sur la «table d'écriture» que le vécu quotidien prend son relief, accède à un langage universel. Au moins par segments. Car les poètes du *je*, à distinguer du *moi*, procèdent par éclairages brefs, intermittents, intenses, où la mort et la vie, la douleur et la joie alternent sans se remplacer ni se renverser. Il faut *dire* à la fois l'une et l'autre, l'une par l'autre. «Il s'agit de durer.»

François Charron est le poète des commencements et recommencements, des incipits prometteurs (*Toute parole m'éblouira*), des rapides passages d'une position idéologique, formelle, à l'autre. En toute liberté (*Je suis ce que je suis*), sinon simplicité (*François*). «Si c'était la parole qui parlait» dans les poèmes, comme la matière chante et la couleur construit en peinture (*D'où viennent les tableaux?*). On a pu qualifier de «métaphysique-fiction» les constats *La vie n'a pas de sens* et *Le fait de vivre ou d'avoir vécu*, mais on ne trouve ni miracle ni mystère, puisque Dieu est toujours mort «en nous», dans *La Chambre des miracles* (1986). Seulement *La Très Précieuse Qualité du vide* (1989). «Le lecteur est invité à se confronter à un sens qui manque», et qui manquera toujours, à l'infini, dans *Le Monde comme obstacle* (1988) de Charron.

La fréquentation assidue des poètes québécois contemporains par André Brochu[35] l'a suffisamment affranchi, renseigné, libéré «du côté de la modernité» pour renouveler, un quart de siècle après ses premiers recueils, précoces, sa conception et sa pratique de la poésie. *Les Matins nus, le vent* (1989) cherchent dans l'«après-Dieu», l'après-Homme, une voie pour dire à la fois la «légende des siècles» et le «parti pris des choses». *Delà* (1994), à distinguer d'au-delà, car il s'agit d'ici et de maintenant, fait alterner une «Étymologie du silence» avec une «Sémiologie de la faute», un théorème avec une autopsie, une carte de vœux avec de petits mythes, des contes où l'idée «se dépose» et «s'aère». «L'âme, aujourd'hui», est trop bien moulée, faite sur mesure, en plastique; c'est une âme bâtée.

Brochu situe «entre les mots et les choses[36]», entre l'exploration purement langagière et la thématique de l'appartenance, c'est-à-dire au-delà de la *NBJ* et de l'Hexagone, des poètes de la «quotidienneté» et en même temps du «fondamental», de l'interrogation

---

35. Une centaine de «publications de toutes sortes» reçues chaque année; il en retenait une trentaine pour ses chroniques de poésie de *Voix et images*, rassemblées en 1994 dans *Tableau du poème* (*op. cit.*).
36. *Ibid.*, p. 67-88.

«ontologique». *Cahiers d'anatomie (complicités)* (1985), de Michel Savard, paraît représentatif de ce double mouvement. Une trentaine de poèmes, sans titre, ont pour incipit «un jour c'était», amorce narrative d'un événement dans l'ordre des choses; une vingtaine, «que dire que dire», annoncent un commentaire. Dans *Le Sourire des chefs* (1987), ironique, Savard sonde et déconstruit les murs d'une prison, d'une occupation militaire, d'idéologies qui ne sont que «linceuls».

Vu (1989), recueil posthume de Michel Beaulieu dont tout le monde célèbre la vie vouée à la poésie[37], comme éditeur, animateur, ne laisse presque subsister que «la pure relation avec l'autre, avec une autre qui oscille entre la présence et l'absence et dont la présence même, quand elle s'affirme, est incertaine[38]»:

> Ta peau sous le vernis
> que l'ongle écaille en vain
> fuit déjà la caresse
> où l'entraîne cette main
> qui ne te cherche plus.

La poésie de Pierre Nepveu joue sur des tons, des teintes semblables. *Couleur chair* (1980), c'est couleur de temps qui passe et ne passe pas, nudité de la pensée renvoyée à elle-même. Poussière, araignée, mouches sont des figures du moi. «Le moi est petit», mais «plus

---

37. Guy Cloutier, entre autres, lui rend hommage dans *Beau lieu* (1989), qui fait référence à un village de Haute-Corse, mais surtout à l'ami poète et lecteur.
38. André Brochu, *op. cit.*, p. 69.

je m'effondrais, plus j'étais réel», peut-on lire dans *Mahler et autres matières* (1983). Car la musique, aux yeux et à l'oreille du poète, est une matière liée «à la couleur du ciel, à la pâte de la terre en forêt quand il pleut, au tremblement du pont sur le fleuve».

Ces images si *réelles*, si vraies, que fait exister une poésie, non pas descriptive, mais pensée, pesée, éprouvée, on les retrouve dans l'étonnante simplicité de Robert Melançon, qui suscite aussi bien les sensations d'un «Après-midi d'automne en forêt dans le comté de Brome» (*Peinture aveugle*, 1979) que les signes de *L'Avant-printemps à Montréal* (1994). Mais la poésie est un «lieu sans lieu», une couleur invisible à l'œil nu, un vide qui tout à coup se remplit d'un rien qui est tout: «Tout est là, tout.» Le dernier recueil de Melançon rassemble des pièces en apparence aussi éloignées qu'un bref coup d'œil sur les briques de «NDG» et une «Promenade d'hiver en méditant les poésies d'Horace». Entre les deux, de l'une à l'autre, la «stupeur» d'une élégie dans un parc et «La neige, une nuit», qui fait une chambre claire.

CHAPITRE VI

Le roman dans tous ses états

Il ne s'agit pas ici de relever et de décrire toutes les composantes du vaste complexe que constitue la prose narrative au Québec depuis une vingtaine d'années. Tout au plus de dégager des lignes de force (éventuellement de faiblesse), de procéder à des regroupements, d'esquisser une configuration des textes, de proposer quelques orientations à travers des pistes de lecture. La «ligne de partage des eaux» narratives pourrait se trouver dans l'alternative entre «raconter» une histoire et «écrire» intransitivement. Il existe dans la littérature québécoise contemporaine une fiction qu'on pourrait situer quelque part entre l'oral et l'écrit, non loin de l'épopée populaire et du conte. En face de ces romans de la *parole*, du geste (voire de la chanson de geste), de l'action, se dressent, critiques, volontiers théoriques, les romans de la recherche, de la conscience, de l'écriture.

Environ deux cents romans et une trentaine de recueils de nouvelles paraissent chaque année en moyenne à partir de 1980. L'«âge de la prose», après celui de la poésie, fait succéder les *je* au *nous*, «le brouillage des voix aux accords de l'orchestre». La porosité des frontières favorise le récit, la nouvelle, le roman (et d'autre part l'essai, la littérature intime) parmi les textes polygénériques ou transgénériques. Le roman peut tout absorber, digérer, des discours et des écritures.

I. Parole et écriture

Le roman québécois moderne ou contemporain commence en 1965, au moment où la poésie affirme à la fois sa souveraineté (*L'Âge de la parole*) et ses doutes, sa mise en cause (*L'afficheur hurle*). Le roman va-t-il tenir la promesse, réitérée par la poésie, d'un «récit à venir»? On sait que non: les meilleurs romans seront «à l'imparfait», inachevés, interminables. Cherchant *Le Réel absolu* dans le langage, la poésie paraît moins bien outillée que la prose pour assumer un réel quotidien, discordant, aliéné. Ne faut-il pas, depuis Rabelais, Diderot ou Balzac, «que la poésie meure, qu'elle soit un genre mort, pour que le roman advienne[1]»? Et pour qu'advienne la réalité québécoise, qui, à l'instar du «non-poème» mironien, s'oppose à l'identité québécoise en tant que «poème rêvé, pressenti», imminent.

Le roman d'Aquin, Basile, Blais, Ducharme, a cette «conscience du faux» qui est inséparable de son rapport intime avec le lyrisme, l'incantation; il «sur-poétise» son impuissance à être «vraiment romanes-

---

1. Pierre Nepveu, *L'Écologie du réel*, op. cit. p. 113.

que». Car la poésie est «ce qui manque au roman pour atteindre la plénitude», un silence, un appel, un «trou» dans le tissu romanesque, cet «espace» entre les mots qui fait éclater un récit comme *N'évoque plus que le désenchantement de la ténèbre, mon si pauvre Abel*. Le roman peut tout de même commencer, recommencer, à partir de cet art «pré-poétique» ou «post-poétique», dans le cas des romanciers qui, tel Victor-Lévy Beaulieu, tirent de la notion de «non-poème» cette conséquence: la possibilité d'une «aventure romanesque comme conscience poétique malheureuse, comme désastre de l'inspiration». Le roman est la «forme même de l'inachèvement romantique[2]», poétique, historique, de l'impossible «projet global d'écriture», d'accomplissement, d'identité.

La Littérature contre elle-même est basée sur l'opposition essentielle que fait François Ricard entre les facilités, les naïvetés, l'idéalisme d'une certaine «poésie» et la méfiance, l'incroyance, l'ironie de ce qu'il appelle la «prose». La littérature n'exerce son «pouvoir», selon lui, que lorsqu'elle est «la paille dans le cristal, l'ignorance dans la certitude, et qu'elle tourne subrepticement la vie contre la vie, le langage contre le langage, la pensée contre la pensée, et elle-même, la littérature, contre elle-même[3]».

La prose est approximation, incertitude, erreur, mais elle a la liberté du jeu, l'audace de la mascarade, l'art de la parodie. Loin de les camoufler, elle accentue les désaccords de l'âme et du corps, de l'esprit et

---

2. *Ibid.*, p. 133, 137.
3. François Ricard, «Avertissement de l'auteur», dans *La Littérature contre elle-même*, Montréal, Boréal, 1985, p. 14.

de la matière. «Être tchèque», par exemple, de Kafka à Kundera, c'est concevoir la vie comme «piège», la montrer «enfin sous son vrai jour». Ce qu'aime François Ricard dans les œuvres d'un Gilles Archambault, d'un André Major, c'est leur réserve, leur discrétion, leur dépouillement, leur absence d'espoir comme de désespoir. Les *Histoires de déserteurs* de Major, «fruit d'un long combat contre le lyrisme» nationaliste, socialiste, érotique, tendues vers un «nouveau réalisme», marquent l'entrée dans un territoire de l'imagination que Ricard appelle l'«extase prosaïque», c'est-à-dire «déconstruction du Sens, révélation de la discordance, exploration de l'inassouvissement». Seule la prose, entendue dans ce sens, est complètement *laïque*, athée, sèchement lumineuse.

Après quelques années de langage pour le langage, ou de jeux de mots pour le *fun* — je ne pense pas ici à Ducharme, mais à certains de ses imitateurs pressés —, on passe, notamment grâce aux femmes, à un nouveau plaisir de la parole dans et par le texte. Le livre-emblème étant évidemment *La Vie en prose* (1980) de Yolande Villemaire. La parole, ce n'est plus l'éloquence de 1965 (Hubert Aquin, Jacques Ferron), le didactisme de 1970; c'est l'échange informel, la conversation amicale, la séduction amoureuse et même, sans complexe, le «bavardage» dont fait l'éloge Suzanne Lamy (*D'elles*, 1979) comme «antidote de l'épargne domestique».

En voulant transcender les genres, la littérature féministe militante s'est d'abord éloignée du roman pour se rapprocher d'une part de la poésie ou de la prose «du sujet», d'autre part du plaidoyer, de la thèse, du traité. Des ouvrages aussi considérables que

L'Euguélionne (1976), nouvel évangile, manifeste et parodie d'une extraterrestre, et *Le Pique-nique sur l'Acropole* (1979), «banquet» anti-platonicien, de Louky Bersianik, débordent le roman pour enseigner et prêcher avec humour la bonne nouvelle. Le seul roman de Madeleine Gagnon, *Lueur* (1979), de «nuit» et de «rêve», est plutôt un exercice de déchiffrement syntaxique, anarchique, qu'une archéologie ou une généalogie matrilinéaire. En fidèle «enfant de la terre», Jovette Marchessault célèbre la nature comme on célèbre un culte, ou comme on vit un conte de fées: avec *Des cailloux blancs pour les forêts obscures* (1987).

La richesse polyphonique, la «voix générale, anonyme du langage», l'exaltation de la «puissance langagière», cette passion qui se «nourrit d'elle-même», réduit les personnages, les actions, à des rôles de «figurants[4]», de *Kamouraska* aux *Fous de Bassan* (1982). Mais Anne Hébert est un grand poète, avec une œuvre devant et derrière soi. Pour certains expérimentateurs, il ne s'agit plus seulement de multiplier les points de vue, de juxtaposer les monologues intérieurs, mais de déchirer bruyamment le «tissu narratif», d'en cacher des morceaux, d'en montrer les reprises et les coutures. Travaux de dames? On ne fait pas toujours dans la dentelle. Disons: récupération, débrouillardise, provocation; napperons plutôt que nappe; patchwork plutôt que voile de la mariée.

---

4. Gilles Marcotte, «Le roman de 1960 à 1985», dans François Gallays et autres, *Le Roman contemporain au Québec (1960-1985)*, Montréal, Fides, «ALC», VIII, 1992, p. 35.

L'écriture est «moins le succédané de la parole que sa privation, sa négation»; écrire, ce n'est «pas refaire, reconstituer la parole; c'est inscrire des signes discontinus dans le vide que crée son absence[5]». Si la parole prétend aller droit au but (plaire ou distraire, enseigner ou renseigner), l'écriture erre, prend son temps et le perd, dessine, fait écho. L'écriture travaille dans les marges, dans les coins, aussi bien que sur les plans et les masses. Paradoxalement, l'écriture «propage les vertus de l'oral — rapidité, ellipses, jeux de mots — plus que ne le fait la parole de vérité[6]».

Après les années «carrantes», les années «soissantes», les années marrantes ou poisseuses qu'ont vu défiler les «enfants-tomes» (*Les Enfantômes*, 1976) de Réjean Ducharme, les décennies récentes paraissent bousculées, mal rangées. Ducharme, égal à lui-même, ne reviendra au roman qu'en 1990 avec *Dévadé*, suivi de *Va savoir* (1994), où la vie n'a toujours «pas d'avenir», mais un présent richement peuplé, contrasté.

Une génératon *vamp* (Christian Mistral, *Vamp*, 1988), née du baby-boom et de la haute technologie, audacieuse, ambitieuse, écologiste, romantique, bohème avec panache, coexiste avec une génération *bof*, intelligente et sensible, mais peu scientifique et pas du tout idéologique, «propre», discrète, désabusée, qui «aime bien l'amour au petit matin[7]». La première produit des romans de la parole haute en cou-

---

5. *Ibid.*, p. 41.
6. *Ibid.*, p. 42.
7. Jean-Yves Dupuis, *Bof génération* (1987), *Péchés de vieillesse* (1990).

leur, du discours abondant, sinon verbeux. Dans la seconde, «si paresseux que l'on soit, on agit, on tue même avec une sorte d'indifférence[8]». Cette double génération se voit comme la première ou la dernière, unique, sans mémoire ni horizon, coupée aussi bien de ses pères-mères que de ses fils-filles. Le jeune écrivain québécois doit affronter «non pas une histoire qui l'empêcherait d'exister à son tour, mais, paradoxalement, une absence d'histoire (aux deux sens du mot), une absence d'action[9]».

Les romans des aînés, jusqu'à Victor-Lévy Beaulieu, se battaient fort contre quelqu'un ou quelque chose, au nom de nouvelles valeurs ou d'autres idéaux. Ceux de la dernière décennie se déploient ou se replient dans une sorte de terrain neutre, sinon de vide pour expériences scientifiques personnelles. «Ton monde, c'est vraiment les mots, hein?» Réponse-question de la bergère au berger, dans *La Rage* (1989), de Louis Hamelin: «C'est tout ce que tu sais faire?» La machine du narrateur ronronne «comme un gros chat», et la nuit est partout «sauf à la surface de ce feuillet désespérément blanc» qui dépasse de son «moulin à mots», dans *Ces spectres agités* (1991). *Cowboy* (1992), indépendamment de sa longueur, a beaucoup plus de poids, de chair, dans une Abitibi quasi magique à force de réalisme.

---

8. Gilles Marcotte, «Générations», dans Lise Gauvin et Franca Marcato-Falzoni (dir.), *L'Âge de la prose. Romans et récits québécois des années 80*, Montréal, VLB éditeur, et Rome, Bulzoni, 1992, p. 20.
9. *Ibid.*, p. 23.

II. Contes romanesques

Il y a un «malaise» du roman québécois devant l'histoire et le récit, «une histoire et un récit semblablement structurés». Double manque, double «faute»: l'histoire historienne ou historique «ne fournit plus à l'esprit une forme d'intégration possible des événements[10]»; le récit romanesque détruit sa propre évolution, sa cohérence. Saturé, le *nouveau roman* européen peut rompre violemment avec l'histoire et les histoires. Privé d'elles, le roman québécois cherche à y entrer, à les expérimenter, fût-ce pour les subvertir ou en sortir avec les honneurs de la guerre. Ainsi dans ces romans «à l'imparfait» — romans de l'action inachevée, du projet, du roman comme «passé», fascination, tentation, «limite» à atteindre, à franchir — d'Aquin, Bessette, Blais, Ducharme, Ferron, Godbout.

Un Jacques Ferron, toujours, une Antonine Maillet, la plupart du temps, adoptent l'approche et les formes du conte sans naïveté, dans un esprit ludique, critique. Si l'Acadienne a parfois cédé au folklore, à la fable comme «vérité totale», Évangile ou Évangéline, ses meilleurs romans, *Mariaagélas*[11], *Les Cordes-de-bois*[12], combinent la tradition et le merveilleux avec une bonne dose de réalisme, d'ironie,

---

10. Gilles Marcotte, *Le Roman à l'imparfait. Essais sur le roman québécois d'aujourd'hui*, Montréal, La Presse, 1976, p. 176-177.
11. 1973. Adapté au théâtre (*La Contrebandière*, 1981), repris en partie dans un autre roman, *Crache à pic* (1984).
12. Qui rata de peu le Goncourt de 1978, attribué à *Pélagie-la-Charrette* l'année suivante.

des personnages négatifs ou «problématiques», une «polyphonie narrative» efficace.

On reconnaît les effets de sens du conte — croyances, cycles, sentiment communautaire, valorisation du primitif, de l'archaïque — dans les farces de Roch Carrier, les «fuyards courageux» de Louis Caron, les ambitions de la tribu VLB, l'énergie corporelle et l'émotion brute d'*Un dieu chasseur*, des *Chevaliers de la nuit* et du *Fruit défendu* de Jean-Yves Soucy, dans la mythologie gaillarde de Roger Fournier, des *Cornes sacrées* à Sawinne et à *Gaïagyne*, la «terrefemme». Jean O'Neil aussi a des talents de conteur, de créateur d'atmosphères, et un sens de la nature à la Thoreau, à la Tourgueniev. Les romans de Robert Lalonde[13], né à Oka, bien reçus en France à cause de leur exotisme, sont typiquement adolescents, bourgeonnants, panthéistes, paniques, sauvages, indisciplinés, en vacances. La forêt, les rêves leur conviennent, de même qu'une sentimentalité sensuelle, des gestes physiques pour régler les conflits (*Le Fou du père*). Il a fait paraître un premier recueil de nouvelles, *Où vont les sizerins flammés en été?* (1996), et une «chronique littéraire et météorologique» où se reflète *Le Monde sur le flanc de la truite* (1997).

Louis Caron a bien réussi son entrée en littérature avec *L'Emmitouflé* (Paris, Robert Laffont, 1977), histoire d'un réfractaire à la conscription de 1914 croisée avec celle d'un *draft dodger* de la guerre du Viêt-nam. On a parlé de *Menaud*, de quête des origines, de «Nouveau Roman de la tradition» à propos de cette chronique

---

13. De *La Belle Épouvante* (1981), *Le Dernier Été des Indiens*, *Une belle journée d'avance*, jusqu'au charmant *Petit Aigle à tête blanche* (1994), tête couronnée d'éloges.

qui est d'abord un grand conte initiatique où «la parole engendre la parole et déploie le récit» comme dans les veillées d'autrefois. Le titre évoque un animal traqué, terré, mais dont l'épaisse fourrure défie le froid, le temps. *Le Bonhomme Sept-heures* (1978), à partir d'un glissement de terrain dans une rivière, en 1955, ressuscite l'innocence, les fêtes d'un monde disparu. Apparemment stable, la société duplessiste gîte, sans le savoir, au bord du gouffre. C'est l'heure de la télévision, bientôt celle de tous les divorces...

On retrouve l'«aura» du conte jusque dans de grandes entreprises romanesques apparemment réalistes comme les *Chroniques* de Michel Tremblay, celles d'Yves Beauchemin, de Francine Noël. Il y avait «du conte» dans les premiers Jacques Poulin; plus tard, ses «histoires» sophistiquées s'interrogent sur le rapport des légendes, des mythes, avec l'écriture.

L'œuvre romanesque de Michel Tremblay pourrait entrer dans plusieurs sections de ce chapitre, car elle tient du grand conte, de la généalogie, de l'épopée carnavalesque; elle est un spectacle total, une famille tentaculaire marquée par le passage du narrateur à l'écrivain en herbe, sur l'asphalte, et la genèse d'une dramaturgie. En dépit ou à cause des traits d'époque, l'histoire, du 2 mai 1942 au 21 juin 1952, est rapprochée de l'actualité des lecteurs et du présent de la lecture. Tremblay abuse parfois de la note «poétique» ou du pittoresque joual, mais les *Chroniques du plateau Mont-Royal*, d'un bout à l'autre[14],

---

14. De *La grosse femme d'à côté est enceinte* (1978) au *Premier Quartier de la lune* (1989), cinquième et dernière tranche.

sont emportées par le fort mouvement d'un temps à la fois perdu et retrouvé.

La place traditionnelle du marché, la promiscuité, le polylogue, la fête, l'inscription de la culture populaire comme vision du monde, structuration et socialisation, l'«image grotesque du corps» (Bakhtine) se retrouvent dans les *Chroniques* de Tremblay comme nulle part ailleurs dans le roman québécois. Le bas et le haut sont cul par-dessus tête: «ange suspendu», prostituée sanctifiée, vendeur acteur. La peinture (faussement) naïve des *Chroniques* place tout sur le même plan: l'église et la taverne, l'école et le club *cheap*, la Fête-Dieu et les défilés, la chambre minable et la terrasse existentialiste. L'oncle (la tante) Édouard fait de sa vie un spectacle, du déguisement, une peau, un visage. Il prépare la voie au dramaturge, au romancier. Les animaux parlent comme dans les fables, les dieux se taisent comme dans les tragédies.

Si différents à bien des points de vue, Michel Tremblay et Gabrielle Roy se rejoignent à travers la lecture de *Bonheur d'occasion*[15] par la Grosse Femme, puis par son fils, à travers la vie familiale et villageoise des quartiers ouvriers montréalais. Ils se rejoignent aussi par leur longue, exclusive carrière d'écrivain. Tous deux ne font pas qu'*écrire*, ils bâtissent une œuvre avec ses étapes, ses cycles, ses bifurcations, ses risques. Faisant appel à la mémoire comme à l'imagination, tous deux se tiennent à égale distance

---

15. *Maryse*, de Francine Noël, est également imprégnée de la lecture, affichée, de *Bonheur d'occasion*.

d'eux-mêmes et des autres, de l'Amérique et de l'Europe, de l'observation extérieure et du fantasme. Chacun crée un univers complet, organique, quasi objectif, et pourtant animé de l'intérieur par un *je* omniprésent en évolution constante. Chacun place la langue, l'art, l'artiste, la création, l'«illusion» de l'enfant revue par l'adulte au centre de l'histoire sociale comme de la vie personnelle. Aucun des deux ne sépare la transmission des savoirs de celle des amours.

On range parfois, à tort, les gros romans à succès d'Yves Beauchemin avec les best-sellers pour consommation rapide, à la télévision si possible, d'Arlette Cousture, Francine Ouellette, Alice Parizeau, Chrystine Brouillet. Ceux-ci ont leur place dans une institution littéraire équilibrée, ou plus largement dans des loisirs culturels de bonne qualité technique. Beauchemin fait plus, lui, que d'inventer des péripéties inattendues, de construire des décors contrastés, de créer des personnages drôles, émouvants. Il prend au pied de la lettre ses histoires, ses symboles (le chat de ruelle, la cuisine), ses noms (Jeunehomme, Ratablavasky), ses mots. Ce n'est pas par hasard, par paresse, que ses romans mûrissent à sept ans d'intervalle environ.

Le Matou, traduit en quinze langues, est un roman-fleuve aux multiples courants, méandres, paysages reflétés. L'auteur est sensible aux préoccupations du moment — écologie, urbanisme, meubles anciens, petite entreprise —, sans tomber dans la démagogie. Le monde qu'il paraît reproduire, il le réinvente, parcouru de lectures, de passions, en quête d'un sens. La «binerie» de la rue Mont-Royal est un «lieu mythique», un «Graal de l'ordinaire (aux deux

sens du mot!)», dit Gilles Marcotte. Florent Boisson-
neault est un héros en butte aux mêmes «interdits»
ou «persécutions» surnaturelles que les héros de
l'épopée ou du conte merveilleux. *Juliette Pomerleau*
(1989), qui commence en musique et finit dans les
faits divers, pousse les «nécessités mimétiques», les
excroissances, l'accumulation et la quantité, dont
l'envergure de l'héroïne, jusqu'à des dimensions
fabuleuses.

III. L'histoire comme prétexte, contexte

Expliquer (déplier, expliciter) en histoire, ce n'est
pas déduire ou prévoir, comme en science, c'est
enchaîner les épisodes, seules «causes» des événements subséquents, l'événement étant un fait qui se
détache d'une série pour se situer au «croisement
d'itinéraires possibles». Le récit, le tissu historique, a
une intrigue formée, elle aussi, d'autant de liberté et
de hasard que de données matérielles et de finalités.
«L'histoire est anecdotique, elle intéresse en racon-
tant, comme le roman», écrit un nouvel historien,
mais il s'agit d'un roman *vrai*, non pas d'une histoire
imaginaire, genre qui n'a jamais pu s'imposer en littérature, car «une histoire qui se veut captivante sent
par trop le faux et ne peut dépasser le pastiche[16]».
Plusieurs romans, même de romanciers qui n'en sont
pas coutumiers, empruntent à l'histoire du Québec

---

16. Paul Veyne, *Comment on écrit l'histoire*, Paris, Seuil, 1979,
p. 18-19, 69-74.

ou de l'Amérique un cadre, des personnages, des événements. Pour le pittoresque des décors et des mœurs, pour le dépaysement temporel, parfois pour de beaux textes à citer, rarement pour quelques questions du roman à l'Histoire ou de celle-ci au récit.

Une caractéristique du roman, comme d'autres genres, depuis 1980, est d'inscrire une «tradition de lecture», de chercher à «se situer lui-même dans l'histoire littéraire du Québec[17]». Par rapport aux «classiques[18]», de la Révolution tranquille aux premiers romans urbains ou aux derniers du terroir[19], comme par rapport à d'autres genres ou pratiques, mémoires, lettres, journal, insérés à une certaine distance dans le récit. 1942, la guerre, la famille, Montréal, des rêves d'enfants et d'adultes passent de *Bonheur d'occasion* aux *Chroniques* de Michel Tremblay. *Maria Chapdelaine*, des écrits de la Nouvelle-France, parfois encore les discours des Patriotes ou des historiens servent d'amorces, de tremplins, de repoussoirs, en tout cas de points de repère à l'écriture en train de se faire. Il ne s'agit habituellement ni de lectures conservatrices ni de gestes iconoclastes, mais d'une prise de conscience du passage des textes dans et par le temps. Les jeunes écrivains qui ont étudié à l'université ne s'y sont pas exercés à la «création littéraire» en champ clos.

---

17. Lucie Robert, «L'inscription d'un héritage littéraire québécois dans le roman des années quatre-vingt», dans Louise Milot et Jaap Lintvelt (dir.), *Le Roman québécois depuis 1960. Méthodes et analyses*, Québec, PUL, 1992, p. 244.

18. *Trou de mémoire*, d'Hubert Aquin, dans la structure de *La Vie en prose*, de Yolande Villemaire.

19. *Le Survenant*, de Germaine Guèvremont, dans *La Mort de Marlon Brando*, de Pierre Gobeil.

Pour son septième roman, Daniel Gagnon, qui a exploré tous les rayons de l'épicerie romanesque, a choisi l'histoire de Claude Martin, abandonné enfant par sa mère, veuve, qui deviendra Marie de l'Incarnation. *Rendez-moi ma mère!* (1994) est composé de lettres de l'un à l'autre, les premières fictives et naïves, les autres extraites d'une correspondance classique, entre 1630 et 1641. Claude n'obtiendra l'affection entière de sa mère qu'en se vouant, chez les bénédictins, au sommet de leur triangle amoureux, Lui, le «Divin Amant» de l'ursuline. La trilogie *Marie Laflamme* de Chrystine Brouillet, à partir de 1991, regorge de renseignements savoureux sur la Nouvelle-France; il manque un sens aux intrigues, de l'épaisseur aux personnages et aux décors. Le huitième roman de Claire de Lamirande, *Papineau ou l'Épée à double tranchant* (1980), titre apocalyptique, situe au moment de l'exil du chef des Patriotes aux États-Unis, à la veille de la bataille de Saint-Denis, les contradictions du grand orateur réduit au silence, du tribun à l'inaction.

Anniversaires et commémorations stimulent les éditeurs, parfois les écrivains. Pour le trois cent cinquantième anniversaire de la fondation de Montréal, on a demandé à Louis-Bernard Robitaille un *Maisonneuve. Le testament du gouverneur*. Le plus intéressant est la «Note» finale du correspondant — de *La Presse* à Paris — sur sa documentation et sur un faux manuscrit qui lui a servi de prétexte à faire du fondateur de Ville-Marie un «sceptique» plutôt qu'un dévot. Le demi-millénaire de la découverte du Nouveau Monde est l'occasion pour un autre journaliste, Georges-Hébert Germain, de faire un beau portrait à la Greco du vieil amiral Colomb, «vieux hibou grincheux», reclus dans un monastère sévillan à la veille de son ultime voyage en Amérique (et au-delà): «Plus ma vue baisse, moins on me voit. C'est comme si je devenais invisible et aveugle en même temps. Je ne suis plus qu'une ombre dans le mur» (*Naufrage sur les côtes du paradis*).

La Crise d'octobre 1970, qui est à la fois notre Mai 68, notre Commune, notre révolution de 1848 et presque notre Terreur, continue de toucher l'imagination des romanciers comme celle des cinéastes et des essayistes. Le vingtième anniversaire de l'application de la Loi des mesures de guerre et de l'exécution du ministre Laporte (dans cet ordre) provoque des réactions de toutes sortes[20]. En 1990, Claude Jasmin invente une histoire compliquée (*Le Gamin*) pour poser la question morale du terrorisme. Pierre Turgeon compose *Un dernier blues pour octobre*, roman à (grosses) clés et documentaire précis, un peu fou (on goûte littéralement à la dynamite), pas assez mystérieux. Louis Caron crée une «troisième cellule» pour un jeune Bellerose dont l'oncle chante si bien *Le Temps des cerises*. *Le Coup de poing* marque la fin du triptyque des *Fils de la liberté* inauguré en 1981 par *Le Canard de bois*. Au centre de cette «humanité sauvage», la figure du «citoyen obscur qui tient la fourche, la faux ou le bâton, qui a faim, qui a froid,

---

20. Voir le n° 191 de *Liberté* («Le Québec en otage») et les documents fournis par Georges Langlois («Octobre en question») à la suite d'*Une amitié bien particulière. Lettres de Jacques Ferron à John Grube*, Montréal, Boréal, 1990, p. 195-256.

qui n'a pas dormi depuis des jours et qui n'a qu'une bien vague notion de l'aventure parfaitement illégale dans laquelle il s'est laissé entraîner au nom de la justice même».

François Gravel est le type même du romancier professionnel. Méchant avec bonne humeur, absurde avec intelligence, il sait même écrire. Dès ses débuts, en 1985, il obtient facilement *La Note de passage*. Ingrédients: prof pseudo-marxiste, «voyage aux champignons», coucheries et vacheries. Tout est dans le dosage, la cuisson. *Benito* est une «machine à images»: le regard magique de l'enfant provoque les confidences de chacun. *L'Effet Summerhill* revient aux intellectuels, ou du moins aux enseignants, et aux balançoires autorité/liberté, traditions/transgressions, normalité/marginalité. *Bonheur fou* situe au XIXe siècle les recherches sur le cerveau d'un médecin positiviste et sa rencontre avec la supérieure-fondatrice de l'hôpital Saint-Jean-de-Dieu. *Ostende* (1994) repasse le film, de Che en Mao, musique de Léo Ferré, des petits révolutionnaires ou anarchistes de banlieue.

Le feu couve dans les BPC de *La Nuit de la Saint-Basile* (1990), journal romanesque par Robert Baillie d'un désastre écologique annoncé. Robert Gagnon, dans *La Thèse* (1994), un «thriller scientifique», croit que «le roman peut servir, tout en divertissant, à enseigner des notions historiques complexes».

Le roman historique est dit «postmoderne» lorsque, comme dans *La Maison Trestler* (1984), de Madeleine Ouellette-Michalska, il refuse l'histoire comme discours scientifique autoritaire pour la repenser, la faire entrer en jeu comme narration, sinon fiction. *L'Été de l'île de Grâce* (1993) est celui du typhus qui atteint des milliers d'immigrants irlandais, mis en quarantaine au milieu du Saint-Laurent en 1832. La force du récit vient de sa précision sociale, médicale, qui dépasse le documentaire; l'«effet de masse» de la maladie va du désarroi au cauchemar, du réalisme au fantastique.

Biologiste, comme ses confrères Louis Hamelin et Sylvain Trudel, plus précisément éthologiste, Louis Lefebvre s'intéresse aussi aux comportements humains lors des changements naturels et culturels. Après *Le Collier d'Hurracan* (1990), à la Barbade, en 1832, *Guanahani* (1992) fait de l'Espagne de Christophe Colomb un «nouveau monde» aux yeux d'un prince antillais.

IV. Actions, passions

Serait-il possible d'écrire et de faire publier aujourd'hui au Québec un «roman du XIXe siècle»? se demandait naguère un critique. On lui a montré que c'était facile et rentable.

Parmi les livres en français les plus vendus au Québec entre 1970 et 1992, en plus des traductions de l'américain et de quelques livres pratiques, on trouve au troisième rang *Kamouraska* d'Anne Hébert, aux neuvième et treizième rangs les deux tomes des *Filles de Caleb* d'Arlette Cousture, plus loin *Soleil noir* de Paul Ohl, *Juliette Pomerleau* d'Yves Beauchemin, les mémoires de René Lévesque, le *Christophe Colomb* de Georges-Hébert Germain.

Appelées à entrer bientôt chez les élus, d'après les enquêteurs[21]: Francine Ouellette, Chrystine Brouillet, Marie Laberge...

Il y a un peu de tout dans cette liste: une grande œuvre, de l'honnête artisanat, des «bonheurs d'évasion», des fabrications en série. *Au nom du père et du fils* de Francine Ouellette, paru en 1984, attend près de dix ans pour être adapté à la télévision, relancé en librairie, et profiter aux *Ailes du destin* et au *Grand Blanc*, sur les pilotes de brousse. Le diptyque *Ces enfants d'ailleurs* d'Arlette Cousture marche sur la lancée des *Filles de Caleb*, dont la réalisation télévisée fut supérieure au roman. Chrystine Brouillet se partage entre le roman policier et la fresque historique. Marie Laberge se situe sur le plan de la passion plutôt que de l'action.

Montréal joue-t-il un rôle *central* dans l'imaginaire romanesque québécois? Sans doute, depuis Tremblay, Beauchemin, Noël, même si le quart seulement, soit une trentaine, des romans publiés chaque année peuvent être qualifiés de «montréalais» par leur situation physique, leur mémoire, leurs fantasmes. Mais il existe d'autres centres, ou plutôt d'autres axes, d'autres points cardinaux, du Nord au Sud et au Sud-Ouest, et même le long du Saint-Laurent.

Parmi les hauts lieux inattendus du souvenir et de l'imaginaire romanesques se trouvent les steppes abitibiennes, nord-ontariennes, et le bureaucratique Ottawa. Symbole de celui-ci — car d'«anciens rats» se seraient

---

21. Denis Saint-Jacques (dir.), *Ces livres que vous avez aimés. Les best-sellers au Québec de 1970 à aujourd'hui*, Québec, Nuit blanche éditeur, 1994.

croisés avec des écureuils gris pour éviter les mesures municipales de «dératisation» —, *L'Écureuil noir*[22], de Daniel Poliquin, qui commence par une préface «posthume» et se termine par un épilogue «provisoire», met en scène un imprécateur, habitué de la tribune aux harangues du mail Sparks et de la grande bourgeoisie (paternaliste) d'affaires canadiennes.

Jean Éthier-Blais renaît à Sturgeon Falls, rajeunit au collège de Sudbury. Lise Bissonnette (*Marie suivait l'été*, 1992) s'éloigne un moment du *Devoir* et des musées pour évoluer, entre Vienne et New York, près du lac Osisko, des forêts acides et des mines de Noranda: «Au bout de ce pays, il n'y a plus de chemin car ils y mènent tous.» C'est ce que diront aussi Louis Hamelin (*Cowboy*) et Pierre Gobeil, dessinateur de territoires. «En un juillet pareil, le soufre et le vent ont arpenté, autour du lac, l'espace où allait surgir la ville. Avec les premiers convois qui suivaient l'or ou la fraude. No man's land. Aux confins un sol jaune, brûlure», écrit encore Bissonnette. Ce *northern* a les couleurs et les mythes du *western*, comme dans les chansons de Richard Desjardins et le roman de sa sœur Louise, *La Love* (1993), à qui la langue d'Elvis «colle au corps» et qui «aime aimer en anglais», d'où le titre. La *love* n'est pas l'amour ordinaire ni la passion tragique, classique, c'est une image cinématographique des gestes et mots d'amour. *L'Eldorado dans les glaces* (1978), de Denys Chabot, n'est pas une aventure au Klondike,

---

22. Boréal, 1994. Après des *Nouvelles de la capitale* (1987) — son père y fut correspondant parlementaire — et deux autres romans.

mais une initiation à l'or mythique en passant par l'île des radeaux (phonétiquement), un monastère ruthène, des maisons closes hantées, un «bas-ventre givré», des débâcles et des incendies enchanteurs.

La géographie, l'histoire, la légende, «l'épopée intime» sollicitent Noël Audet, d'origine gaspésienne, autour de *L'Ombre de l'épervier* (1988), saga de la famille de Noum Guité au village de L'Anse-aux-Corbeaux. Il est attiré par l'eau sous toutes ses formes, de la mer *Quand la voile faseille* (1980) aux grands chantiers hydroélectriques de *L'Eau blanche*.

Pierre Billon, d'origine suisse, crée de remarquables personnages, dont *L'Enfant du cinquième Nord* (1982) qui pose à la science des problèmes de conscience. *L'Ultime Alliance* (1990), ce serait que «l'intelligence fasse la paix avec la vie», la technologie avec la psychologie. L'action se passe près de Davos, au sanatorium de *La Montagne magique* devenu un siècle plus tard centre de recherche sur le cerveau.

Les romans de Francine Noël mettent en évidence le remplacement rapide, presque «sans résidu», des idéologies, des modes, des générations. *Maryse* (1983) est-il un roman d'amour «classique», entre Pygmalion et Cendrillon, le roman (historique, de mœurs) d'une tribu, celle des petites communautés instantanées de la «merveilleuse décade [*sic*] du patchouli et du macramé»? *Maryse* est une «traversée des codes sociolinguistiques et des discours théoriques par une jeune femme du prolétariat[23]». La narratrice prend une distance tendrement ironique par rapport aux «années

---

23. Lori Saint-Martin, «Histoire(s) de femme(s) chez Francine Noël», *Voix et images*, n° 53, 1993, p. 241.

naïves» de libération sexuelle et de conformisme intellectuel. Les prénoms sont déjà des sigles: Marité, Marie-Lyre Flouée (MLF), Coco Ménard, ex-felquiste devenu moniteur de garderie, Elvire Légarée, «aspirante muse à temps partiel» du poète Oubedon. Les nouvelles sciences littératurologiques de l'«université populaire, bidulaire et débonnaire» sont des symptômes, sinon des maladies: logologie radicale et paralogologie appliquée, pornologie, néo-érectologie.

Ce sont les années désenchantées, «décentrées», les années *post* qui intéressent *Myriam première* (1987), mais avant tout le temps des commencements et l'espace du théâtre. L'enfance contemporaine de Myriam, fille de Marité; les enfances des grands-mères dans l'île Verte et à Outremont. Un jardin comme décor et forme du rêve est planté au centre de la maison, de la ville, du roman. Deux journaux intimes se partagent *Babel, prise deux ou Nous avons tous découvert l'Amérique* (1990): ceux de Louis, architecte, et de Fatima Gagné, orthophoniste. Le roman montre les problèmes, sinon l'impasse, d'un bilinguisme à sens unique et «la dérive dans laquelle nous sommes emportés collectivement[24]». C'est l'anglais, appris par amour pour un jeune Italien de Saint-Léonard, que Linda, francophone de famille péquiste, se rappelle le plus facilement après l'accident qui l'a rendue aphasique; c'est dans cette langue que la rééduque la bonne Fatima.

De sa formation de comédienne, Micheline La France a gardé un intérêt pour les feux croisés (*Le Talent d'Achille*, 1990), les miroirs et les doubles (*Le Visage*

---

24. Francine Noël, interview, *ibid.*, p. 233.

d'Antoine Rivière, 1994), les jeux de mots et de rôles sur les figures mythologiques, homériques. Ses recueils de nouvelles sont vifs et variés. On peut voir ses futurs romans s'annoncer, se dessiner virtuellement dans *Le Fils d'Ariane* (1986) — «Arrête, Rodolphe, tu me fais peur» —, qui est aussi un fil conducteur entre des saisons, des âges, des îles. La vie la plus étale est fissurée, couturée. *Vol de vie* (1992), de nuit ou de jour, n'évoque ni la navigation aérienne ni le printemps (de Rose), mais les cambriolages et les impostures, le fil à plomb, la ruelle, le pou, le tête-à-tête mortel des vis-à-vis («vies à vies»).

D'abord connue comme nouvellière, auteur et scénariste du *Sexe des étoiles* (1987), où la transsexualité n'est pas qu'un «problème», Monique Proulx est aussi flamboyante dans ses déclarations — sur le succès, l'amour, les hommes, son père, les relations Montréal-Paris — que dans ses œuvres. «Ici, la langue parlée est très différente de la langue écrite, ce qui nous force à faire un travail de transposition difficile...» Cette transposition, Monique Proulx la fait admirablement, parce qu'elle est aux aguets, à l'écoute, comme ce peintre paraplégique, *Homme invisible à la fenêtre* (1993).

V. Familles décomposées, recomposées

La famille, les divers types de famille ou de non-famille, fournissent à plusieurs romanciers non seulement un cadre, un sujet psychologique ou sociologique, mais une structure de composition ou de décomposition. Qu'il se répande, prolifère, s'allonge en chroniques, ou au contraire se rétracte, s'isole, se renferme en lui-même, ou bien encore se penche sur le couple nu et ses proches, le roman, s'il n'est pas toujours «familial», se situe, au moins dans ses marges, par rapport à la famille, premier lieu d'échanges ou de refoulements, camp de concentration ou de confusion, facteur de reproduction, de bifurcations, de dispersion. Lieu de toutes les questions, de tous les ordres et désordres, la famille offre au roman un modèle à défaire, à reconstruire. *Rendez-moi ma mère!*, dit le fils d'une ursuline. Ou mon père, ou ma fille, ou ma sœur. D'autres fixent des rendez-vous ici ou là: il manque toujours quelqu'un, les amours sont impossibles ou impuissantes.

Née à Vienne de parents juifs, passée brusquement à quatre ans de l'allemand au français, émigrée en 1948 de Marseille à Montréal où elle termine ses études, Monique Bosco devient journaliste puis professeur, pionnière de l'enseignement de la création littéraire à l'université. Poète[25], auteur de nouvelles[26], elle écrit des romans brefs, fragmentés, tendus entre le cantique et l'imprécation, la prophétie et la maxime. Ses thèmes et figures bibliques, tragiques, sont contemporains et non antiques. Ses femmes se révoltent contre leur condition. *New Medea* (1974) n'est pas un «roman bourgeois qui se voudrait mythologique» (Jean Basile), mais l'ébauche d'un drame passionnel intense, universel, épuré sans être schématique. Le personnage du père qui apparaît dans *Charles Lévy, M.D.* (1977), agonisant, incestueux, nostalgique, est «impuissant à faire la loi». Zeus, le dieu, le père, est associé à César, à Franco, à Tito, chefs

---

25. *Jericho* (1971), *Schabbat 70-77*, *Miserere*...
26. Quatre recueils chez HMH, de *Boomerang* (1987) à *Éphémères* (1993).

vulnérables, sans successeurs. «Quand la vie n'a pas lieu, il faut l'aligner sagement, régulièrement sur le papier», peut-on lire dans le *Portrait de Zeus peint par Minerve* (1982). D'où *Sara sage* (1986), pas si sage, fiancée fatale à sept prétendants «plus niais que ceux de Pénélope». *Le Jeu des sept familles* (1995) oppose trois générations et deux clans, les Battiferi et les Dumoulin.

La littérature québécoise est depuis toujours celle de l'Enfant trouvé plutôt que celle du Bâtard réaliste, suivant les catégories de Marthe Robert sur le roman familial originel et ses prototypes, *Don Quichotte* et *Robinson Crusoé*. Au lieu d'affronter l'ennemi, l'adversaire, voire de l'identifier, on préfère esquiver le combat. Au lieu de rechercher son père, de le défier, on le boude, on proteste contre son absence, on se plaint de son silence. Au lieu d'imiter l'action du Créateur, on *est* (on se croit) Dieu dans la condamnation, la contemplation, l'abstraction. Un monde d'orphelins, d'errants mélancoliques, de rebelles sans cause, de révoltés sans révolution. Mais aussi — car le roman de l'Enfant trouvé, perdu, peut être un chef-d'œuvre: «visions» de Marie-Claire Blais, vies «dans la tête» de Réjean Ducharme — un univers d'enfants prodiges et prodigues, d'anges cornus, de châteaux nelliganiens en Espagne.

Écrire dans la maison du père[27], s'y inscrire comme sujet, c'est perdre son innocence, ébranler une hiérarchie, se distancier d'une filiation, faire d'une «trinité» une «quadrature». Ce qu'on a appelé

---

27. Patricia Smart, *Écrire dans la maison du père. L'émergence du féminin dans la tradition littéraire du Québec*, Montréal, Québec/Amérique, 1988; voir notamment «Approprier Électre: l'écriture de France Théoret», p. 293-325.

«le roman de la fille», aux sens psychanalytique et générique, fréquent ces dernières années, ajoute au «père manquant», bien répertorié, la mère absente, inconnue, en fuite, avec qui il faut un jour composer. Robert Baillie s'intéresse à la fécondité du «texte androgyne» dans la gestation psychologique masculine de *La Couvade* (1980). *Le Poids des ombres* (1994), et celui des mots, des scènes, écrase le dernier roman, sinon les personnages, Diane et Yseult, fille et mère, de Marie Laberge. *Impala* (1994), de Carole David, commence comme *L'Étranger*, en plus dur: «Votre mère est morte. Nous l'avons trouvée pendue.».

Chez Suzanne Jacob, quatre hommes parlent de *Laura Laur* (1983), leur amante, sœur, âme damnée, femme libre qui leur échappe. *Flore Cocon* (1978) était déjà indéfinissable, sinon par son nom. *L'Obéissance* (1991) construit un enfer concentrique à partir d'un fait divers, avec deux «petits couples de l'horreur», à travers la torture psychologique et le suicide d'un enfant. Irresponsabilité ou délation? Secret ou vérité? Ordre ou justice? Poussée au bout, à l'esclavage, l'obéissance est une révolte désespérée.

Dans *Le Double suspect* (1980), c'est le double qui intéresse Madeleine Monette[28]: la narratrice réécrit le journal d'une amie décédée et lui fait avouer l'inavouable. De *Petites Violences* (1982) sourdes, observées, remémorées, maîtrisées, s'enchaînent comme les wagons du train rapide entre Montréal et

---

28. Ne pas confondre avec Hélène Monette, dont *Le Goudron et les Plumes* (1993), monologue à deux voix, fait dériver le langage au rythme fou des filles d'aujourd'hui, dans le sillage de la *Vava* (1989) de Yolande Villemaire.

New York. Dans *Amandes et Melon* (1991), les tensions familiales s'exaspèrent, des vérités éclatent dans l'attente d'une jeune fille qui ne revient pas d'un voyage en Turquie.

En même temps que la musique et la création artistique en général, c'est la «hiérarchie traditionnelle» des générations que renverse, non sans allégresse, *Les Portes tournantes* (1984) de Jacques Savoie: père infantile, mère absente et lesbienne, enfant mûri prématurément. Le regard de Savoie semble moins amusé dans *Le Récif du prince* (1986), qui a une configuration semblable, mais plus accusée, accusatrice. C'est encore une parole d'enfant qui condamne le couple familial dans *Le Père de Lisa* (1987), de José Fréchette. Un jugement aussi impitoyable sur l'irresponsabilité parentale et la vacuité de la société contemporaine est porté par Monique La Rue dans *Les Faux Fuyants* (1982), vrais fuyards vers un *nowhere*.

Les dimanches sont mortels (1984) pour Francine D'Amour: ennuyeux à périr, en famille, en visite, et meurtriers. Un vieil alcoolique capricieux, colérique, n'est ni un «patriarche» ni un «patron», c'est une outre vide à remplir (de whisky) jusqu'à ce qu'il crève. Après avoir ainsi enterré la famille, D'Amour en recrée les délicieux supplices dans *Les Jardins de l'enfer* (1990), avec un couple d'adolescents oisifs, sales, parasites, qu'adoptent des intellectuels de gauche. L'unique roman de Jacques Marchand, *Le Premier Mouvement* (1987), oppose un jeune criminel à son frère aîné, propre et bien rangé, comme il oppose une génération, une mentalité, un espace (la Floride) et un moyen de transport (auto, autocar) à un autre.

Il y a beaucoup de jeux et un romantisme adolescent dans *Encore une partie pour Berri* (1985), de Pauline Harvey, qui se moque cependant d'une époque où «des filles intelligentes élevées entre elles croyaient dur comme fer que le seul sexe brillant, le seul génial, le seul encyclopédique, le seul rhétoricien, le seul littérateur, était le sexe féminin». Vraies jumelles, Claire Dé et Anne Dandurand collaborent à l'érotisme de *La Louve-garou*, aux spasmes du *Désir comme catastrophe* (1989). Carole Massé, qui s'était commise avec Dieu, colletée à *L'Existence* en personne, à *Nobody*, s'intéresse tout à coup aux *Petites-filles de Marilyn* (1991), «poésie» plus romanesque que ses romans.

La Mort de Marlon Brando (1989), de Pierre Gobeil, est l'histoire du devoir de vacances d'un jeune garçon, à la campagne. «J'écris une composition belle comme le film que j'aime»: *Apocalypse Now*. Et comme le dictionnaire, car les mots peuvent faire écran dans l'un ou l'autre sens: arrêt ou projection. Le récit, d'une centaine de pages, commence et finit par un désordre du langage: ignorance de l'homme engagé à la ferme, traumatisme de l'enfant violé. *Dessins et cartes du territoire* (1993) — une île, un bac, un snack-bar, un garage Shell, un camion géant, taches vertes ou rouges dans l'espace vide — accroche les rêves de l'enfance au départ d'un frère adolescent vers le Nord absolu, toujours plus loin, plus haut, sur une route sans fin qui disparaît derrière les pas. Le fil mince et dur de la route est celui du récit, dépouillé.

Il ne faudrait pas que la virtuosité des deux romans d'Anne Élaine Cliche, aussi érudits que ses études sur Hubert Aquin et Réjean Ducharme, masquent leur originalité. *La Pisseuse* (1992), titre de Picasso, est plus qu'une pose, des arguties et des astuces. Le sexe, la mort et le sacré ont beaucoup d'harmoniques visuelles et musicales dans *La Sainte Famille* (1994), «maladie», «folie», que chacun doit traverser.

VI. Aventures intellectuelles

J'appelle *intellectuels* pas nécessairement les romans écrits par des professeurs — dont plusieurs font dans l'aventure, la nostalgie, le narcissisme —, mais des romans qui mettent en scène des intellectuels fictifs et surtout qui posent des questions à la société, à la littérature, au roman lui-même, comme les dernières œuvres de Gérard Bessette. Roman intellectuel n'est pas synonyme de roman intelligent, mais de roman «à idées[29]», ce qui ne veut pas dire à thèse ou à clés. Tous les romans dignes de ce nom ont et suscitent des idées; les romans d'aventures intellectuelles le font explicitement, systématiquement.

Les romans intellectuels des années cinquante ou soixante donnaient la parole, sinon l'action, à des révoltés, à des révolutionnaires en puissance (ou en impuissance). À partir de 1975, ils sont préoccupés par leur moi, leur propre rapport au monde, au

---

29. Ceux du poète, essayiste et amateur d'art, Fernand Ouellette, ou les quêtes fragmentées, dérisoires, de François Hébert (*Holyoke*, 1978; *Le Rendez-vous*, 1980).

voyage, à la ville, à l'enfance, au sexe. Les femmes y occupent ou y revendiquent une place importante. Vers 1980, avec le développement de la nouvelle, de la science-fiction, du théâtre, de l'essai, les questions, comme les formes, du roman intellectuel sont encore plus variées, mais moins idéologiques que techniques. Il ne s'agit plus seulement de «roman dans le roman», mais de la place et du rôle d'autres genres, lettres, journal, autobiographie, poésie, dans la prose narrative et fictive. Dans certains cas, le roman intellectuel redevient spirituel, voire mystique.

Ce roman intellectuel, quand et comment passe-t-il de la modernité à la postmodernité? S'en préoccupe-t-il au moins? Pas tellement. Ceux qui le sont le plus ne s'affichent guère comme «postmodernes» et n'en font pas une recette. Gabrielle Roy met fin à son voyage par un «voyage sans fin», *De quoi t'ennuies-tu, Éveline?* (1982), récit tendu vers l'inconnu, le prochain, le lointain. Jacques Poulin revient, ou plutôt arrive à de vraies, simples histoires d'amour et de mort (*Le Vieux Chagrin*, 1989; *La Tournée d'automne*, 1993) après des explorations et recherches très réussies sur toutes sortes de pistes: sport, traduction, voyage.

Proche des techniques américaines — d'Hemingway et Steinbeck à Salinger, Brautigan, Vonnegut —, Jacques Poulin travaille aux limites du langage et de la représentation, sur toutes les frontières. Au centre des *Grandes Marées* (1978), dans son île, d'une île à l'autre, travaille un traducteur de bandes dessinées sans cesse dérangé par des visiteurs importuns, des mots étranges, étrangers à apprivoiser, à mettre en images. L'écrivain-narrateur de *Volkswagen Blues*

(1984), Jack Waterman, un nom de plume, tente de rejoindre à San Francisco son mythique frère Théo. Une Amérindienne, la Grande Sauterelle, l'accompagne sur la piste de l'Oregon, qui commence en fait à Gaspé, à Québec, et avec la Louisiane française. L'Amérique, histoire et territoire, se traverse en diagonale. Ces deux romans sont pleins de «morceaux de réel» — cartes, dessins, fiches et affiches, photos, annonces, recettes, modes d'emploi — à intégrer avec les rêves, les citations, les légendes, les «histoires spéciales» qui n'en forment qu'une, violente et douce, inhumaine et humaine.

C'est à la suite d'une commande du Conseil des universités du Québec que Jean-François Lyotard a publié à Paris *La Condition postmoderne* (1979). Celle-ci remet en question l'autorité des «métarécits», les notions d'unité, d'homogénéité, d'harmonie. Le mouvement qui suit (*post*), dépasse (*méta*), critique et transforme (*ana*[30]) le moderne a pour caractéristiques de fragmenter le sujet de l'énonciation, de multiplier les voix, d'insister sur l'écriture, la fonction du narrataire, l'autoreprésentation, les techniques de rupture, l'intertextualité. Au Québec, il est difficile de parler de «postmoderne» en l'absence d'une tradition dite «moderne», remarque Janet Paterson, spécialiste du concept ou de la notion. L'espace et le temps sont minces, en effet, entre les premiers et les avant-derniers romans d'Anne Hébert ou de Gérard Bessette. On voit bien à quoi, à qui

---

30. Comme dans analyse, anamnèse, anagogie, anamorphose.

s'opposent les théories-pratiques féminines de Brossard à Villemaire, mais à quelle «modernité» succèdent Aquin ou Ducharme?

Une «intertextualité» qui peut toucher tous les domaines de l'art et de la création sert d'axe ou de tremplin à des romanciers qui voyagent dans la mémoire et le temps comme d'autres sur tous les continents. Leurs lectures-écritures sont des lectures-aventures. À côté des gros romans d'action se tiennent, en effet, des romans[31] maigres, athlétiques, actifs ailleurs, autrement: dans les mots, la langue, la tradition culturelle. Critiques, parodiques, ces romans ne font pas qu'analyser, déconstruire; ils ont aussi leurs intrigues, leurs passions. Dans un décor ou devant un rideau qu'on sait cependant être illusion, artifice, aménagement temporaire. Ces romans nourris d'autres textes, d'images empruntées et rendues, savent qu'ils sont mortels. Ils seront dévorés à leur tour dans l'immense circuit qui conduit au Livre et qui en revient, provient.

Partagé entre «l'attente du livre» et «le livre du regard», *Mort et naissance de Christophe Ulric* (1976), d'Yvon Rivard, est un roman prophétique, symbolique, sur un jeune écrivain fasciné par les rêveries et les images aquatiques, les femmes comme «voyelles floconneuses» (Geneviève) ou océans «à perte de vue» (Marguerite). Pour le narrateur de *L'Ombre et le double* (1979), le «pays», qu'il refuse de nommer, de servir, n'a pas de frontières ou il les a

---

31. Ou des récits lumineux sur l'ombre de la mort, comme *Agonie* (1984), de Jacques Brault, ou *La Convention* (1985), de Suzanne Lamy.

toutes. Thomas explore les mots, les mythes, pour sortir du cercle vicieux de l'histoire et aller jusqu'aux origines (platoniciennes?) de l'identité, de la réalité.

Le roman est pour Yvon Rivard une sorte de «travail contre la poésie», contre la magie, contre «cet imaginaire sans images dans lequel sombre, tôt ou tard, l'idôlatrie des mots». Ce n'est pas le réel absolu, c'est le réel contingent qu'il cherche à atteindre. «La description amoureuse d'un arbre par un homme qui veut s'y pendre, tel est mon idéal romanesque», dit-il dans une interview[32]. *Les Silences du corbeau* (1986), dans cette perspective, est une œuvre de transition entre le rêve romantique et l'errance horizontale du bâtard, en Inde ou ailleurs. «Dieu sait que l'irréel prend du temps à mourir.»

Une catégorie de roman savant est le roman érudit, ancien et moderne à la Umberto Eco, où l'histoire est reconsidérée à travers l'art, la culture, le langage. C'est le cas du *Quatrième Roi mage* (1993), hypothétique, de l'helléniste Jacques Desautels. Le «triptyque des temps perdus» du médiéviste Jean Marcel est exemplaire. Chacun des volets, parus de 1989 à 1993, est construit autour d'un personnage, *Hypathie*, *Jérôme*, *Sidoine*, qui pose avec ampleur et précision les questions de la «fin des dieux», de la traduction, de la recherche intellectuelle dans une époque de décadence ou de transition.

Lorsque Louis Gauthier écrit (il ne les raconte pas) des «aventures», ce sont celles, à la Astérix, d'un

---

32. *LQ*, n° 52, 1988-1989, p. 23.

exemple de grammaire latine: *si vis pacem, para bellum*. Voyage dans les mots, au pied de la lettre comme d'une pyramide, d'un hiéroglyphe à déchiffrer. *Souvenir du San Chiquita* (1978) était peut-être un roman policier, ou d'espionnage, de révolution, de trafic de drogue, mais sans dénouement, sans clé. Entre son *Voyage en Irlande avec un parapluie* (1984), où l'essentiel est dans l'accessoire, et un voyage annoncé «au Portugal avec un Allemand», *Le Pont de Londres* (1988), cliché, n'apparaît comme passage qu'à la fin du récit. Les voyages de Gauthier ont un orient, une orientation sinon un but, l'Inde ou le Népal, peut-être, et un «Grand Quoi-Que-Ce-Soit» inaccessible, innommable. «Repartir, je ne suis bien qu'à ce moment-là...»

L'Emprise, unique roman de Gaétan Brulotte, inaugure brillamment le prix Robert-Cliche en 1979. De tous les romans sur le roman, écritures dédoublées, écrivains fictifs, celui-ci est un des plus intéressants. Démonstratif, géométrique, mais aussi ludique, ironique. Block, célibataire quadragénaire, observe Barnes, exhibitionniste et psychopathe, pour en faire «l'aliment de son prochain livre». En dévorant, il sera dévoré. Car Barnes, de son côté, prend des notes sur Block, qui le tuera et prendra sa place, «à l'angle de la rue déserte, avec sa valise à la main». Les dominant tous deux, le narrateur; derrière lui, l'auteur (un peu plus loin, Samuel Beckett); devant, le lecteur. Complices.

Les Faux Fuyants (1982), sans trait d'union, de Monique La Rue, ne sont pas des échappatoires, mais des échappés. Étymologiquement, des «forfuyants», deux enfants jumeaux qui s'enfuient aux USA avec la complicité d'un camionneur du nom de Stie. Ils emportent avec eux une tradition de *road novels* que l'auteure parodie. Ni plagiat ni conformité ni conformisme dans *Copies conformes* (1989), mais un faux à dérober et qui se dérobe: la célèbre statuette du *Faucon maltais*, autour de laquelle s'organisent fuites et poursuites, pirateries de logiciels. La Californie elle-même, si brillante, séduisante, est peut-être une extension ou un *remake* d'Hollywood.

L'Hiver de Mira Christophe (1986), à Vancouver, est une orageuse saison des pluies, dans le voisinage de Malcolm Lowry et de la peinture d'Emily Carr. Difficile séparation d'une infirmière haïtienne et d'un anthropologue montréalais, «détresse et autres séismes» décrits par Pierre Nepveu comme la pulvérisation d'une maison au cinéma: «La destruction, vue de l'intérieur, s'y déroulait avec une lenteur somptueuse, euphorique. Un envol de matières, les mille morceaux d'un réfrigérateur et de son contenu enfin délivrés, flottant dans l'espace en expansion. Cette destruction était si belle qu'elle ressemblait à une naissance.» La même étude existentielle — arrachement au silence et à la mort, présence à l'écriture — traverse *Des mondes peu habités* (1992), retrouvailles d'un quadragénaire solitaire et de sa fille, après vingt ans. On a vu un «ouvrage sur la condition masculine» dans ce roman de la condition humaine à la fin du XXe siècle.

Rares sont les jeunes romanciers qui commencent par des œuvres aussi sobres, discrètes, maîtrisées, que Lise Tremblay. *L'Hiver de pluie* (1990) est le récit d'une femme qui marche dans une vieille ville, parfois à la campagne, qui aime et se tait. «Je n'ai plus de mots, les mots des autres retiennent toute mon attention, ils restent longtemps dans ma pensée.» Un autre hiver de solitude et de désespoir tranquille: *La Pêche blanche* (1994). Deux frères, l'un en Californie, l'autre au Saguenay, ont deux passions: la haine de leur enfance, l'amour du fjord. Des personnages à la Jacques Poulin dans un paysage à la Jean-Paul Lemieux. «C'était toujours plus grand et plus immense que dans leur souvenir. Ils sentaient qu'il leur fallait de la force pour prendre toute cette beauté...»

Roman «artiste et critique», ou «roman d'un amour qui s'est lui-même contrarié», a-t-on dit de *Choses crues* (1995). Lise Bissonnette n'y étale pas sa culture, elle y confirme sa rigueur, son audace, sa maîtrise de l'écriture comme des émotions et de l'imaginaire. Tout ici est fausse représentation, en un sens, jusqu'à l'art baroque, au délire érotique, à la mort, aux funérailles, à une longue lettre d'adieu. Et tout est vérité à plusieurs degrés. Même lucidité crue et cruelle dans les affrontements sexuels du recueil *Quittes et doubles* (1997).

VII. D'ailleurs, d'à côté

> nous sommes cent peuples venus de loin pour vous dire que vous n'êtes pas seuls
>
> MARCO MICONE,
> *Speak What*

Les Éditions Balzac ont créé en 1993 la collection «Autres rêves» réservée aux auteurs d'origine étrangère. Était-ce utile? Les principaux éditeurs ouvrent leurs portes sans discrimination; certains s'appellent Horic, Stanké, Del Busso, Alonzo... Des premiers romans sont remarqués. De Flora Balzano, une «fille du souk», *Soigne ta chute* (1991), que les chroniqueurs Pierre Foglia et Nathalie Petrowski auraient voulu écrire. D'Ook Chung, des *Nouvelles orientales et désorientées* (1994) qui vont du métro de Tokyo à un ranch du Colorado et dont les «royaumes silencieux», cages de verre et noces posthumes, sont les plus violents.

Sergio Kokis, psychologue et peintre d'origine brésilienne, obtient trois ou quatre prix en 1994 pour *Le Pavillon des miroirs*, roman «initiatique» plutôt qu'autobiographique. «Il ne faut pas toujours relier la fiction et la réalité», dit-il. Parfois, il le faut, comme dans *Le Double Conte de l'exil* (1990) de Mona Latif-Ghattas, qui met en contact un réfugié sorti des cales d'un navire marchand et une buandière amérindienne; l'un sera déporté, l'autre retournera dans sa réserve. *L'Exil aux portes du paradis* (1993), d'Andrée Dahan, venue d'Égypte, met en violent contraste le Nord et le Sud dans le Club des clubs d'une station balnéaire où sévit le néocolonialisme du tourisme sexuel.

La Vraie Couleur du caméléon (1991), quelle est-elle? Celle d'un auteur qui connaît si bien les codes et entre si naturellement dans la peau de ses personnages, dont un Japonais de Winnipeg, qu'il change lui-même de nom. En effet, celui qui signe maintenant Jean-François Somin s'appelait naguère Somcynsky, Parisien slave élevé à Buenos Aires, puis à Montréal et Ottawa, auteur de bons petits romans d'action ou de science-fiction[33], érotiques, fantastiques, utopiques, qu'on avait comparés à ceux d'Yves Thériault.

---

33. *Peut-être à Tokyo* (1982), nouvelles; *Les Visiteurs du pôle Nord* (1987), roman.

Même si des Juifs comme Aaron Hart et Samuel Jacobs s'étaient implantés au centre du Québec et liés à la majorité francophone à la fin du XVIIIe siècle, les ashkénazes de Montréal écriront en anglais, parfois en yiddish, au moins jusqu'à Leonard Cohen ou Mordecai Richler. Les choses ne changeront qu'avec l'arrivée de milliers de séfarades après les indépendances du Maroc et de la Tunisie. Mais dès son arrivée de Bagdad via Paris, en 1954, Naïm Kattan s'impose comme trait d'union: secrétaire du Cercle juif de langue française et rédacteur de son *Bulletin*, auteur de nombreux essais et recueils de nouvelles[34]. Son premier roman, *Adieu Babylone* (1975), largement autobiographique — suivi des *Fruits arrachés*, interlude parisien et dialogue Orient-Occident, de *La Fiancée promise*, ville, femme —, raconte la fin d'une communauté juive très ancienne et le «début d'une autre vie», d'un discours personnel dans le sillage des chroniques bibliques.

Un écrivain ne choisit pas toujours son pays, mais il choisit sa langue. Même si cette langue est apparemment celle qu'enfant il a entendue et parlée, elle n'en demeure pas moins «une langue d'adoption», selon Naïm Kattan, qui connaît l'arabe, l'hébreu, l'anglais... «Toujours oriental, je suis écrivain québécois. Québécois, je suis un écrivain de la francophonie», dit-il. C'est ce qu'a choisi Ying Chen, née à Shanghai, que *La Mémoire de l'eau* (1992), transparente comme dans la prose française classique, rattache à sa grand-mère. Son troisième roman,

---

34. *Dans le désert* (1974), *La Traversée*, *Le Rivage*, etc.

L'Ingratitude (1995), sur le rapport vital, mortel, d'une fille à sa mère — du bateau à la mer — fait reconnaître la romancière à Paris comme à Montréal.

Nombreuse, diversifiée, l'intelligentsia haïtienne est active à Montréal, voire à Québec (Max Laroche) et à Moncton d'où Gérard Étienne critique sans timidité la petite société des exilés[35]. Il y eut d'abord des poètes, dont Serge Legagneur dès 1966 (*Textes interdits*), puis des essayistes, des romanciers. *Dérives*, fondée par Jean Jonassaint en 1975, est une revue de création, d'analyse et d'échanges culturels entre le Québec et le tiers-monde. «Haïtien la nuit, Québécois le jour», andragogue le jour, romancier la nuit, Émile Ollivier redonne vie et couleurs aux cadavres noirs, blêmes, déversés sur les plages floridiennes «dans des attitudes de pantins disloqués» (*Passages*, 1992). Le plus célèbre des dragueurs haïtiens de Montréal et de Miami est Dany Laferrière depuis *Comment faire l'amour avec un Nègre sans se fatiguer* (1985). Il a *Le Goût des jeunes filles*, comme celui du café, des fruits tropicaux, capiteux. Sans complexe. Avec humour et une parfaite aisance. En 1993, *Cette grenade dans la main du jeune Nègre est-elle une arme ou un fruit?* Les deux, bien sûr. L'auteur joue sur plusieurs (types de) discours et de contradictions.

Jean Basile, né Bezrodnov, ce qui veut dire «Sans-Famille[36]», fige et réanime Montréal après un Grand Gel qui l'isole du monde dans *Le Piano-trompette* (1983). Pas plus que la ville défaite, le roman

---

35. *Le Nègre crucifié* (1973), *Un ambassadeur macoute à Montréal* (1979), *Une femme muette* (1983).
36. D'après son *Keepsake 1* (1992), posthume.

n'est un «bel objet», un monument. Il est fragmenté, épars, en ruines habitées. Son monsieur Barnabé, métèque solitaire, exilé, est partout et nulle part. L'objet symbolique du titre est le prétexte d'une «quête» aussi dérisoire que le savoir, la socialité, l'architecture et l'urbanisme. Ni lieu fondateur ni «panoptisme[37]» dans cet anti-roman, cette post-ville. En multipliant les ghettos, en disséminant les figures de l'étranger, Jean Basile les efface en quelque sorte. Il n'y a plus d'identité sociale majoritaire, ni de minorités, seulement des individualités, elles-mêmes morcelées.

Le grand roman de l'étranger, de l'étrangère, de l'étrangeté dans la ville, le pays, c'est sans doute *La Québécoite*, de Régine Robin[38], très étudié, commenté. La «problématique identitaire» y est posée et exposée de toutes les façons: poétique, linguistique, structurale, politique. Bien avant Neil Bissoondath, Régine Robin s'inquiète de la folklorisation et de la «ghettoïsation» des communautés ethniques. «N'y a-t-il rien d'universel ici?» La mémoire est «divisée à la jointure des mots», la parole immigrante «en suspens» dans un entre-deux qui pourrait devenir un cul-de-sac.

Né à Genève, professeur à Groningue, à Amsterdam, le romaniste et médiéviste Paul Zumthor

---

37. Simon Harel, *Le Voleur de parcours. Identité et cosmopolitisme dans la littérature québécoise contemporaine*, Longueuil, Le Préambule, 1989, p. 209-244.
38. Roman (1983) qu'on peut lire en parallèle avec son essai sur *Le Roman mémoriel: de l'histoire à l'écriture du hors-lieu*, Longueuil, Le Préambule, 1989.

(1915-1995) choisit en 1972 non seulement l'Université de Montréal, mais la ville, le milieu. Parallèlement à ses recherches d'historien et de poéticien, il fit paraître plusieurs romans à Paris dont *Les Contrebandiers* et *Le Puits de Babel*. Des thèmes analogues, nomadisme, échanges, voix multiples, se retrouvent, en plus épanoui, en plus libre, dans sa production québécoise. Qu'il s'agisse de poèmes, de romans — une immense *Fête des fous* (1987) eurasienne, *La Traversée* (1991) en sa quasi-absence de Christophe Colomb — ou de nouvelles: *Les Contrebandiers*, encore, sur d'autres frontières, et *La Porte à côté* (1994) à qui j'emprunte le titre et l'esprit de cette section.

CHAPITRE VII

Nouvelles, science-fiction, fantastique

Nouvelles, *novellas* et autres récits brefs se sont multipliés, renouvelés, depuis une quinzaine d'années. Des revues, *XYZ*, *Stop*, *Imagine*..., des magazines, des maisons d'édition spécialisées, XYZ à Montréal, L'instant même à Québec, assurent à ce genre jadis considéré comme «mineur» des débouchés réguliers et une place dans l'institution littéraire.

À côté de «L'ère nouvelle», la collection «Novella» de XYZ entend publier des textes qui sont des «nouvelles par leur structure», mais que leur dimension, mi-longue, pourrait rapprocher du roman. *L'Hiver au cœur* (1987), récit dépouillé dont l'effet réside dans l'absence d'effets[1], renoue avec l'autobiographie et l'ensemble de l'œuvre d'André Major. Le protagoniste, écrivain, se sent «détaché de tout», devenu «simple témoin» de la vie. Il s'acharne à «réanimer le langage de ce qu'il avait éprouvé si fortement dans la rue», recommence plusieurs fois la lettre destinée à Nicole. Il est engagé dans

---

1. À l'exception de sa caricature du «Poète national».

«quelque chose d'encore indéfinissable» qui est aussi, à la fin, l'amour charnel, «simple et solennel».

C'est dans la *novella*, à côté de *La Croix du Nord* et de *Fièvres blanches*, non loin des nouvelles de *L'Esprit ailleurs*, qu'il faut placer *La Vie aux trousses* (1993) d'André Brochu, récit polyvalent, pervers polymorphe, qui tient de la confession, du réquisitoire, du blasphème, du rêve érotique, de l'aventure utopique. À neuf, dix-neuf, vingt-neuf ans, un «niaiseux intelligent», «né vieux» mais qui rajeunit, exacerbe ses contradictions, ses passions. «C'est extraordinaire, comme je m'aime. Et me déteste. Et tout. Ne pense qu'à moi, qu'à ça — moi.» «Mhwah», écrit et lancé comme «Pouah!». L'analyse est sartrienne, le style célinien et rabelaisien. Les personnages et les thèmes sont ceux, défoulés, des romans ou journaux de la culpabilité catholique, de la mauvaise conscience existentialiste, de la lucidité psychanalytique.

I. Nouvelles nouvelles

La vingtaine de recueils de contes et de nouvelles qui paraissent en 1978 sont très différents de ceux qui ont été publiés entre les deux guerres. Si le travail de collecte, d'enregistrement, de publication des traditions, légendes et contes transmis oralement continue de se faire[2], on ne confond plus le folklore et la

---

2. Voir la collection «Mémoires d'homme» (Quinze), la série *Les Vieux m'ont conté*, récits franco-ontariens compilés par le père Germain Lemieux (Bellarmin), ou encore les contes inspirés par le pays algonquin à Bernard Assiniwi (Leméac).

littérature, le travail de l'ethnographe et celui de
l'écrivain. Malgré un sujet identique, la fin du monde
rural, l'Ontarois Maurice Henrie ne répète pas *Les
Rapaillages* de Groulx; l'écriture, la composition de
La Chambre à mourir (1988) ressortissent à la
mémoire, à la durée (jusqu'au présent narratif), non
à l'émiettement, à la fragilité des souvenirs. Les six
portraits en mouvement, récits initiatiques, *Ces
enfants de ma vie* (1977), de Gabrielle Roy, font
appel à une «imagination autobiographique» incom-
parable, jusqu'à l'histoire d'amour entre l'adolescent
adulte Médéric et sa jeune institutrice.

Antonine Maillet va toujours *Par derrière chez
mon père* (1977) comme dans une chanson ou une
épopée populaire; ses contes deviendront romans.
C'est avec la «cruauté du refus», au contraire,
qu'Adrienne Choquette[3] se tient au *Temps des villages* (1975), à l'affût: «Là où l'on a commencé à aimer
ou à haïr, là était le village.» Ferron disait à peu près
la même chose, dont les contes, comme ceux d'Yves
Thériault, sont des «livres fondateurs» aux yeux de
Gilles Pellerin, pour qui cependant «nos auteurs»,
encore «en pleine formation», doivent enrichir leur
jeune tradition d'apports étrangers.

Alors que les premiers romans occidentaux
puisent dans les épopées, sagas, chroniques du
Moyen Âge et de l'Antiquité, les *Cent Nouvelles
nouvelles* (1462), à mi-chemin entre le *Décaméron*
et *L'Heptaméron*, non loin des *Contes de Cantor-
béry*, s'inspirent des fables, fabliaux, *exempla*,

---

3. Qui donnera son nom au prix de la nouvelle de L'instant même.

facéties et autres «formes brèves». La nouvelle pré-
férera toujours le fait divers, l'anecdote significa-
tive, l'épisode simple aux réseaux complexes, aux
investigations profondes, aux intrigues à rebondissements. Son principe est la concision, l'allusion, sa
«névrose» la diversité[4].

La nouvelle étant liée par ses origines et sa forme
au réalisme, longtemps tabou au Canada français, on
comprendra que son développement ait été tardif. Le
genre était d'ailleurs vu comme une spécialité anglo-
saxonne. Nos périodiques ont fait paraître beaucoup
de poèmes et de contes, très peu de nouvelles. Celles
d'Albert Laberge, naturalistes, sont restées inédites
ou à tirage confidentiel jusqu'à l'*Anthologie* de 1962.
Les *Nouvelles montréalaises* d'Andrée Maillet,
parues en 1966, datent des années cinquante[5]. En
1964, *13 récits* de Jean Simard, ironiques, et les *Nouvelles singulières* de Jean Hamelin font alterner ou
osciller le quotidien et l'étrange, le banal et le miraculeux. Le seul recueil récupéré et remis en circulation après un quart de siècle (1965, 1989) par L'instant

---

4. André Carpentier, «Commencer et finir souvent. Rupture fragmentaire et brièveté discontinue dans l'écriture nouvelliste», dans
Agnès Whitfield et Jacques Cotnam (dir.), *La Nouvelle: écriture(s)
et lecture(s)*, Montréal et Toronto, XYZ éditeur et Éditions du
GREF, 1993, p. 36, 38.
5. Pour en savoir plus sur d'autres «classiques» du genre — et
parfois du conte —, tels que Claire Martin, les Ferron et Grandbois (frères et sœurs), etc., voir Jean-Pierre Boucher, *Le Recueil de
nouvelles. Études sur un genre littéraire dit mineur*, Montréal,
Fides, 1992, et François Gallays, *Anthologie de la nouvelle au
Québec*, Montréal, Fides, 1993.

même est *La Mort exquise*, de Claude Mathieu, sept nouvelles entre Borges et Mandiargues où des sujets sont avalés par leur objet: fleur, tableau, fiche, livre, pierre gravée.

La nouvelle contemporaine aime composer avec plusieurs formes, genres. La trousse de *La Survie*[6], de Suzanne Jacob, comprend un bout de journal, quelques énigmes, des trottoirs, des voix ambiguës, des dialogues épurés, des rites de passage et une petite fille trop patiente, passive, «assise dans l'heure de rien». Le premier recueil de nouvelles de Louise Maheux-Forcier, *En toutes lettres* (1980), est un abécédaire. *Le Manteau de Rubén Darío* (1974), de Jean Éthier-Blais, comprend trois textes d'inégale longueur: «En noir et blanc», contrastes sauvages ou musicaux; «l'œil-de-bœuf» voyeuriste: trois lettres proustiennes à des princes; la courte nouvelle éponyme, qui fait le lien entre Paris et un poète indien d'Amérique du Sud.

Après *Enfances lointaines*[7], parodies amoureuses, policières, politiques, paternelles, *L'Obsédante Obèse et autres agressions* (1987) est le premier recueil de nouvelles de Gilles Archambault. Mais ses chroniques, «rumeurs», petites proses, à partir de *Stupeurs* (1979), et même ses romans, dans leur «fuite immobile», avec leurs «choses d'un jour», leurs «petites fins de monde», ont des airs de *novellas*, sinon de nouvelles. *Parlons de moi*, et encore *À voix basse*, mélancoliquement,

---

6. Un des premiers livres du Biocreux (1979), maison cofondée par l'auteure et Paul Paré.
7. 1972. Édition revue et diminuée en 1992.

distraitement, obliquement, est beaucoup plus typique d'Archambault qu'une romanesque *Vie à trois*[8].

II. De conteur à nouvellier

Ce n'est pas seulement par son titre, *Des trous dans l'anecdote* (1981), que le livre de Marcel Labine pose à la poésie, et en poésie, des problèmes de prose, de description, de récit: «la hantise du feuilleton, du fait divers», «l'ombre de l'Histoire». Si cet écrivain se cherche un «lieu», sans se résoudre à «écrire un reportage ni à noter dans son petit calepin noir les conversations entendues aux terrasses de cafés de la rue Saint-Denis[9]», d'autres, nombreux, s'adonneront à cet exercice. Le vieux Quartier latin est, avec les abords d'Outremont ou de Côte-des-Neiges, le lieu par excellence des consommations distinguées, des bonnes rencontres qui font les bonnes nouvelles. André Carpentier inaugure le lieu et le genre: *Rue Saint-Denis* (1978), «contes» qui sont en fait des nouvelles «fantastiques».

Dans le conte, les choses se passent idéalement, «comme nous voudrions qu'elles se passent dans l'univers»; la nouvelle raconte un incident ou invente un fait «de telle manière qu'on ait l'impression d'un événement réel» et «plus important que les personnages qui le vivent[10]». «On peut tout mettre dans une

---

8. Ce «roman» (1964 et 1981) est proche du monologue et du journal intime.

9. Pierre Nepveu, «Petites misères du masculin singulier», *Lettres québécoises*, n° 22, 1981, p. 30.

10. André Jolles, *Formes simples*, Paris, Seuil, 1972, p. 189.

nouvelle, même le désespoir le plus profond, mais pas la philosophie du désespoir», disait un spécialiste du genre, Paul Morand. Ou encore: «La nouvelle, c'est une nuit dans un motel américain[11]», clé en main, peu de personnages, pas d'étage, un cadre précis, étroit.

Même si André Major, Monique Proulx et d'autres utilisent les ressources de l'oralité et du langage familier, la nouvelle a résolument rompu avec le conte, à moins qu'il ne soit savant, philosophique ou parodique, pour aller dans plusieurs directions: *novella*, «métafiction», récit poétique, farce, énigme, textes d'anticipation, instantanés d'une page, voire synopsis ou schémas. «La méfiance envers la mimésis conduit même le nouvellier à construire des textes autarciques, sortes de machines célibataires qui affichent leurs rouages en un véritable triomphe formaliste, image d'un monde littéraire autosuffisant[12].»

Dans son manifeste sur le «haptisme[13]» — étymologiquement: saisir, insister, mettre à part et en évidence —, Gaétan Brulotte relie cette théorie esthétique à la brièveté de la nouvelle. Mais le texte haptiste, «hybride générique», inclut tous les discours qui modèlent notre quotidien: procès-verbal, contravention, dépliant publicitaire, mode d'emploi,

11. Préface à une réédition de *Nuits*, Paris, Gallimard, 1957.
12. Gaétan Brulotte, «Formes de la nouvelle québécoise contemporaine», dans Lise Gauvin et Franca Marcato-Falzoni (dir.), *op. cit.*, p. 73.
13. Dans Claudine Fisher (dir.), *Gaétan Brulotte. Une nouvelle écriture*, Lewiston, Queenston, Lampeter, The Edwin Mellen Press, 1992, p. 199-211.

recette, carte, CV, interview... *Ce qui nous tient* (1988), ce sont toutes sortes de messages ou de pense-bêtes à isoler, à détourner. Par sa pratique comme par sa théorie, Brulotte témoigne exemplairement de l'importance prise par la nouvelle. Son premier recueil, *Le Surveillant* (1982), obtient le prix Adrienne-Choquette. L'un des textes a été adapté au théâtre, plusieurs ont décroché des prix, ont été lus par des comédiens ou par l'auteur à la radio, dans des spectacles ou conférences. Même s'il préfère le travail minutieux du serrurier à l'oisiveté verbeuse de l'«Atelier 96 sur les généralités», le nouvellier se montre aussi féroce envers le balayeur borné qu'envers le militaire ou le touriste. Il débusque l'absurde et la graine du fascisme dans les automatismes sociaux, les rapports faussement hiérarchiques. «Il faut surveiller le mur», tous les murs.

La formule ou le prétexte éditorial des recueils — individuels ou collectifs[14], anthologies ou numéros de revues, thématiques, commémoratifs, comparatifs (*Rencontres/Encuentros, Voix parallèles/Parallel Voices*) — oriente leur contenu, impose *a priori* une cohérence à la fantaisie ou à l'arbitraire. «Plagiaire» n'a pas la même résonance (plagiste? plagiat?) dans le collectif *Plages* et dans le recueil *Ce qui nous tient* où le transporte et l'insère Gaétan Brulotte. La *Petite Géométrie du cœur* (1994), de Claude R. Blouin, joue sur les croisements, et même sur la quadrature du cercle,

---

14. On en trouve régulièrement aux Quinze à partir de 1982, dans *XYZ* ou chez l'éditeur du même nom, à L'instant même (y compris *L'Année nouvelle*, internationale), etc.

entre le Japon et nous. Plus subtils, les *Courants dangereux* (1994), d'Hugues Corriveau, naviguent, nagent, font du haut voltage et de la haute voltige.

Le recueil doit maintenir une tension, un équilibre dynamique entre la variété ou l'autonomie des parties constituantes et la «communication» entre elles à partir d'un cadre ou contexte, d'un détail narratif, d'un incipit ou d'un titre («Avoir dix-sept ans» ou «Je suis mort hier[15]»), d'un lieu commun (amour, peur, fuite, mort), d'un genre ou d'un ton comme l'humour, le fantastique ou le policier. Un fil[16] d'Ariane est fourni au lecteur. Gilles Archambault va jusqu'à glisser des entretextes, interludes, «moments» qui servent de transition d'une nouvelle à l'autre dans *Tu ne me dis jamais que je suis belle* (1994). Au fait, qui parle dans ce titre? Une femme, l'écriture, la vie en prose?

Quoique peu linéaires, les recueils récents sont de mieux en mieux organisés, justifiés. Ils peuvent même être progressifs, liés par exemple à l'âge successif des personnages, ou de leur enveloppe, de leur emblème, depuis une naissance «épouvantable», dans *Sans cœur et sans reproche* (1983), de Monique Proulx. Ces techniques, ces effets de continuité et d'unité rapprochent certains ensembles de nouvelles des «grandes œuvres épisodiques» classiques. Nos nouvelliers, souvent érudits, traducteurs, professeurs, chercheurs, ont tendance «à s'expliquer volontiers, à

---

15. Au début de *L'Araignée du silence* (1987), de Louis Jolicœur.
16. Ou un *fils*, chez Micheline La France, dont le recueil (1986) puise dans une vingtaine d'années d'écriture.

parler beaucoup littéraire, à convoquer un savoir livresque[17]». La narration brève est passée de l'âge de l'«innocence» (du conteur) à l'âge de la connaissance (par l'écriture).

Habile à trouver son «lieu» et son style, à créer des atmosphères, à cerner des sensations, des émotions, la nouvelle québécoise l'est moins, sauf exceptions, à conclure, plus exactement à partir de son dénouement, puisque, selon Georges Poulet, la nouvelle «se bâtit à partir de sa fin», souvent «surprenante» et qu'il faut justifier, préparer, ou au contraire rendre encore plus mystérieuse.

La nouvelle québécoise a raffiné ses techniques, soigné sa forme, sa structure, son écriture, depuis une dizaine d'années. Elle se veut aussi expérimentale, originale et «nouvelle» que le roman, son grand ou gros rival. Les recherches portent notamment sur la voix narrative et la focalisation. Le narrateur omniscient se fait rare chez les «nouvelliers»; les héros ont disparu au profit de personnages réduits parfois à leurs traces, à leur ombre, à leur voix.

III. En temps et lieux

On pourrait donner les caractéristiques de la nouvelle et presque la définir comme genre, en faire la théorie, à partir des titres suggestifs, précis, d'un bon nombre de recueils. Habitué à faire de gros

---

17. Gaétan Brulotte, «Formes de la nouvelle québécoise contemporaine», *loc. cit.*, p. 75.

romans aux multiples petits chapitres, François Barcelo intitule *Longues Histoires courtes*, ce qui n'est ni une absurdité ni un anglicisme, ses «nouvelles complètes[18]». Les nouvelles sont lettrées, petites, ailées, affranchies: *Léchées, timbrées* (Jean Pierre Girard). L'enveloppe, le message renvoient aussi à des héroïnes un peu collantes, fêlées, plombées. Autre exemple de la nouvelle comme microcosme, «Le voyage en Europe de l'oncle Timmy[19]», où un philatéliste préfère la réalité rêvée d'un timbre rare de Venise au rêve réalisé, donc disparu, d'un déplacement physique.

Pour vérifier l'état des lieux de la nouvelle, on peut entreprendre avec Bertrand Bergeron des *Parcours improbables*[20], loin des sentiers battus — «Julie, marcher ensemble dans cette nuit fraîche nous distraire de cette impuissance intolérable...» —, jusqu'à ses *Maisons pour touristes* pleines de couloirs, de tiroirs, de jeux de clés, en attendant un *Visa pour le réel* (1993) inattendu, étrange, travaillé à la façon de Cortázar. On trouve d'autres *Espaces à occuper*, en voiture, sur l'autoroute, dans la penderie, chez Jean Pierre Girard, dont le recueil est dédié «À ceux qui n'ont pas de temps».

La nouvelle, qui affectionne les ruptures, départs, exils, et les lieux de transit, gares, avions, chambres d'hôtel, est bien servie par *Les Sporadiques Aventures de Guillaume Untel* (1982), variations de Gilles Pellerin sur les voyages en autobus ou en

---

18. 1960-1991, avec une interruption de 1962 à 1981.
19. Dans *Saisir l'absence* (1994), de Louis Jolicœur, traducteur de l'Uruguayen Onetti.
20. Premier livre de L'instant même (1986).

autocar, d'*ici* (la solitude, la misère) à *là-bas* (le rêve, la culture). *Autour des gares* (1991), et dans les trains, Hugues Corriveau imagine cent nouvelles avec autant de temps proustiens que de pas perdus. Dans le plus éloquent des *Silences* (1990) de Jean Pierre Girard, «P.A.», un enfant handicapé prend pour la première fois l'autobus scolaire. *Quoi mettre dans sa valise?* demande le jeune Alain Roy, comme on dirait «Quoi mettre dans ses nouvelles?» Il faut voyager le plus léger possible, avec le strict minimum: l'exactitude du regard et du ton. Il est normal que les *Incidents de frontière*, d'André Berthiaume, se multiplient, à l'intérieur comme à l'extérieur. On a enfin *Passé la frontière* (1991) avec Michel Dufour, qui avait autrefois fonctionné en *Circuit fermé*.

«Quinze nouvelles ou quinze wagons, c'est sur le quai du métro, quand les portes se referment, qu'on réalise que la caravane avance même sans nous et que le sentiment d'abandon s'exacerbe», disait Élise Turcotte de sa *Caravane* (1994), qui est aussi bien celle des hommes qui passent et disparaissent dans la vie de Marie, résistent à son désir et au leur, avancent, reculent, attendent. Pour Marie, la vie est une fiction à surveiller par les embrasures qui découpent le réel, suivant le principe de Peter Handke, cité: «il suffit de regarder par la fenêtre, d'apercevoir quelqu'un et de l'écrire». Les histoires de Marie feraient «partie d'un tout qui ne désire pas advenir», selon l'auteur. On peut aussi penser que ces fragments forment le «roman» de Marie, comme *Le Bruit des choses vivantes* (1991) était celui d'Albanie et de Maria si on rassemblait les images, les «morceaux de vie», les mots et la «géographie du rêve» d'une maîtresse petite fille de trois ans.

Pour passer du lieu à l'instant, on pourrait emprunter, en Ontario, *Le Pont sur le temps* (1992) de Maurice Henrie, s'arrêter au *Rendez-vous, place de l'Horloge* (1993), organisé par l'Atelier de création de l'Outaouais. Plusieurs titres admirables, *Éphémères* ou *Fugitives*, qu'il s'agisse d'amours, de femmes ou de rencontres, annoncent de très peu balzaciennes «Scènes de la vie qui passe». *Ni le lieu ni l'heure* (1987), disait Gilles Pellerin d'un de ses recueils dont les coordonnées sont Tchekhov, Kafka, Robbe-Grillet, Kundera. C'est habituellement le contraire pour la nouvelle: et le lieu et l'heure d'un même mouvement d'imagination ou de *Remémoration*. *La Mémoire à deux faces* (1988), d'Esther Croft, part de cigarettes, de friandises, de têtes de poulet ou de pain de ménage pour changer d'espace et de temps. *Au commencement était le froid* (1994) fait partie de la même recherche de la mémoire perdue à travers les intermittences du cœur.

«Comment faire sens avec si peu? Pourtant, quelque chose, obscurément, se met à prolonger ce très peu de mots dans le silence qui suit», disait Robert Melançon de *Dessins à la plume* (1979), contes de Diane-Monique Daviau, germaniste et spécialiste du genre. Le langage enfantin et de savantes naïvetés servent encore à surprendre le réel dans les brèves *Histoires entre quatre murs*. Daviau et Suzanne Robert se relancent, se lancent défis et contraintes dans *L'Autre, l'une* (1987). Il y aura finalement cette métaphore filée: *La vie qui passe comme une étoile: faites un vœu* (1993). Il y a du réalisme et du surréalisme, une «précision maniaque de la description» et un «art de l'égarement» (Gilles Marcotte), de l'intelligence dans la folie, de la gravité dans la grâce de *Mourir comme un chat* (1987) de Claude-Emmanuelle Yance.

Certaines nouvelles «pensent[21]», même si elles ne pèsent pas. On a pu parler d'«écriture de la pensée» dans le cas de *Je reviens avec la nuit* (1992), de Gilles Pellerin, et d'«idées fixes», ce qui est plus inquiétant, dans le cas des «mises en discours» de Bertrand Bergeron ou de *L'Homme de Hong Kong* (1986), d'Hélène Rioux, qui tourne autour de l'erreur plus encore que de la peur. *Pense à mon rendez-vous*, dit-elle encore, en 1994, avec un vers de Cocteau, au nom de la mort.

Parmi les recueils de type «réflexif», certains vont du côté de la philosophie, de la critique scientifique, d'autres du côté de l'ésotérisme, du mysticisme. «Jamais ne se tariront les sources eschatologiques de notre monde», écrit Sylvain Trudel; un de ses *Prophètes* (1994), le romancier-chauffeur d'autobus, descend au sous-sol écrire des «textes sacrés». Des dogmes? Pas du tout: il commence par *Le Livre des doutes*. Quelques-uns ont les rituels et les figures hiératiques de la Bible (Monique Bosco) ou des tragiques grecs: *Chronique des veilleurs*, de Roland Bourneuf. Le médiéviste Paul Zumthor, «vieux prof» de *La Porte à côté* (1994), définit la modernité comme une tension entre l'ancien et le nouveau, l'héritage et la dépense, le jeune homme dans le courant du fleuve et le sage qui, sans être prophète, observe de la rive celui qu'il fut, qu'il est.

---

21. Voir les traversées, îles de sable, mirages, rivages des nouvelles de Naïm Kattan. C'est *La Fortune du passager* (1989).

Marie José Thériault, danseuse et parolière, passe définitivement du spectacle à l'écriture la plus recherchée, en 1978, avec *Lettera amorosa*, proses poétiques adressées à l'Absent, à l'Amant étrange, à l'Oriental fabuleux, et *La Cérémonie*, nouvelles fantastiques où «Quatre sacrilèges en forme de tableaux» font parler, agir, tuer des chefs-d'œuvre du Quattrocento. Suivent les contes pour «adultes-enfants» d'*Agnès et le singulier bestiaire*, de *L'Envoleur de chevaux* (1986), superbe. Une femme «quintessenciée, totale», est au centre des *Demoiselles de Numidie* (1984). Son nom: Serena Klein Todd, c'est-à-dire «sereine petite mort». *Portraits d'Elsa et autres histoires* (1990) ne doivent rien à Aragon, mais beaucoup aux contes arabes, aux magiciens, aux sultans. On y trouve, en effet, une «vieille Cent-Fois-Écoutée», à côté d'un «manuscrit annoté par Pétrarque» et de variations runiques, étrusques, argentines, inuites.

La *Lettre imaginaire à la femme de mon amant* (1991), de Lori Saint-Martin, est multiple: de la maîtresse, de la trompée, de l'infidèle, de celle qui dit: «Je suis seule au milieu de ma vie, et c'est amer, et c'est bon.» Doubles vies? Il les faut triples. À l'officielle et à la clandestine «s'ajoute celle qui justifie les absences nécessaires à l'amour. Celle-là on l'invente, simple récit [...]. Récits pour me donner du temps, fragiles récifs». Navigation au plus près, sur esquifs, sans esquive.

Celui qui est allé le plus loin dans l'exploration littéraire du mal et du malheur, de l'absence, du vertige, du cauchemar, de la rage, c'est Gilles Marcotte dans les «histoires», la lettre, le portrait, les paraboles, comédies sociales, tragédies familiales de *La Vie réelle* (1989). Qu'est-ce que la vie des choses, des bêtes, des autres? Qu'ont à voir les forces de la nature avec la force des idées? «Vivre: le mot le fait frissonner de crainte, de terreur. Il a toujours su que vivre était insuffisant, mais que faire d'autre quand on respire encore...» fait dire le narrateur au survivant beckettien d'un incendie. «Au sous-sol» comme dans la rue ou l'avion, dépaysés par le voyage, par des hôtes ou visiteurs bizarres, les personnages sont des rescapés précaires, menacés, et, plus inquiétant, des bourreaux en puissance en même temps que des victimes-nées. Les morceaux de bravoure — une seule phrase de dix-sept pages pour «La réception» — sont à prendre ici littéralement: le courage de faire face, de répondre aux coups, au hasard, au destin. D'opposer une autre *réalité*, la fiction la plus dure, audacieuse, aux «circonstances» extérieures.

Fugitives (1991), de Lise Gauvin, présente des êtres «aussi peu distincts que possible de leur apparence». Ce sont justement leurs attitudes, leurs silences à mots couverts, la modification des perspectives qui sont complexes. Qu'elles soient «laborieuses» ou «intimes», vécues en groupe (réunion, colloque, «événement multimédia»), seul ou en couple, les heures, créatures du jour, du soir, sont toujours fugaces: un brunch, un café, un Perrier, un appel téléphonique impossible, de tristes et ridicules tropiques, finalement *Times Square*, toujours le temps, en publicités et en vitesse.

IV. Genres «non réalistes»

Nous regroupons ici deux genres considérés comme des «frères siamois» ou les figures à la Janus d'un mouvement qui serait la «double représentation d'une forme de fictionnalité inadmissible *à jamais* pour la pensée rationnelle [le fantastique] ou *éventuellement* possible grâce à l'évolution de la science et de la technologie [la science-fiction][22]». Ces deux genres sont le plus souvent juxtaposés, rapprochés par les appareils de l'institution littéraire. Ils sont cependant distingués par les théoriciens.

On peut poser le fantastique comme «récit de l'intervention, dans un contexte réaliste, d'un surnaturel angoissant», et la science-fiction comme «narration d'aventures conjecturales[23]» — épithète rejetée par les tenants de science-fiction *hard*. En tout cas, les récits «non réalistes» (utopies, uchronies, anticipations, etc.) sont construits à partir de prémisses plus ou moins scientifiques. Quelqu'un a proposé une subdivision en trois ou quatre parties: science-fiction, fantastique, fantaisie ou merveilleux en rapport d'«exclusion réciproque». On rattache parfois tout bonnement le fantastique au folklore, aux légendes, à

---

22. Michel Lord, «Un feu roulant en perpétuelles mutations: la science-fiction québécoise», dans André Maindron (dir.), *Littérature de langue française en Amérique du Nord*, Université de Poitiers, La Licorne, 1993, p. 156.
23. Jean Fabre, «Pour une sociocritique du fantastique et de la science-fiction», dans Aurélien Boivin, Maurice Émond et Michel Lord (dir.), *Les Ailleurs imaginaires. Les rapports entre le fantastique et la science-fiction*, Québec, Nuit blanche éditeur, 1993, p. 109.

la culture traditionnelle et populaire (mais le merveilleux médiéval, qui croit aux miracles, a un aspect plus diablotin que démoniaque), et la science-fiction à l'esprit moderne, critique, inventif, entreprenant. Chacun des genres a ses fantômes, ses monstres. Certains thèmes sont (sur)naturellement privilégiés par l'un ou l'autre: la folie par le fantastique, la communication à distance par la science-fiction.

«Le fantastique, comme le conte merveilleux, dérive de la mythologie: le conte merveilleux, des mythes du héros victorieux; le fantastique, des mythes tragiques[24].» Celui-ci est mélancolique ou pessimiste, celui-là volontariste et relativement optimiste. Dans cette perspective, une longue nouvelle d'Élisabeth Vonarburg, «La machine lente du temps», peut être résumée sous la formule lapidaire de «tragédie géométrique»: «Deux parallèles s'aimaient.» Pire que des conflits ponctuels, il s'agit de la coexistence d'univers possibles et contradictoires. La sphère du Pont permet aux Voyageurs de passer dans d'autres chronotopes. Le monsieur du Centre, sous dôme, s'appelle Egon (double d'Ego?), et le recueil dans lequel parut d'abord la nouvelle, *Janus* (1984). On recherche dans le fantastique le *secret* invérifiable de l'homme, les *mystères* insolubles du monde et surtout l'«indécidabilité du réel/irréel». Ce sont des ambivalences qu'explore Vonarburg dans *Janus*.

---

24. Darko Swin, *Pour une poétique de la science-fiction. Études en théorie et en histoire d'un genre littéraire*, Québec, PUQ, 1977, p. 26.

Todorov, qui nie que la peur, donc le sang-froid du lecteur, soit au centre de l'effet fantastique, donne lui-même le doute, l'incertitude du héros, l'hésitation du lecteur comme critère fondamental du genre[25]. Cette définition ou «condition» n'est pas moins *psychologiste* que celles de «littérature à faire peur» ou d'«inquiétante étrangeté», lui a-t-on fait remarquer. Mais la notion d'hésitation ferait référence à une «réaction cognitivement "pure"», donc compatible avec «l'idéologie structuraliste de l'époque[26]».

Avec ses missions impossibles, ses «paradigmes absents», ses constructions nominales et verbales avant d'être techniques, la science-fiction crée une sorte de «merveilleux réaliste», à ne pas confondre avec son opposé, le «réalisme merveilleux», magique, des romanciers sud-américains. La science-fiction permet au «surplus d'informations» fourni par la vulgarisation scientifique de «transiter par le canal de l'imaginaire» (Henri Laborit), de s'y éprouver et d'en tirer des effets cathartiques. *Hard* ou *soft*, la science-fiction comprend plusieurs catégories ou secteurs: *heroic fantasy*, opéra galactique, cybernétique, avant-garde technologique, catastrophes et cataclysmes, histoires d'extraterrestres, de mutants, de survivants... Le genre offre deux options principales: l'une centrifuge, voyageuse, aventureuse, cosmique, utopique («Il sera une fois»); l'autre centripète, à «petit périmètre», à «localisation rapprochée» dans le temps et l'espace, tel *1984* d'Orwell.

25. Tzvetan Todorov, *Introduction à la littérature fantastique*, Paris, Seuil, 1970, p. 36, 40.
26. Christian Vandendorpe, dans Aurélien Boivin, Maurice Émond et Michel Lord (dir.), *op. cit.*, p. 245, n. 3.

André Carpentier a montré comment un projet de littérature fantastique, «L'anneau de la terre», mis sur les tablettes en 1985 pour ne pas s'être avoué sa «dimension SF», a été phagocyté par elle en devenant «Carnet sur la fin possible d'un monde», nouvelle éponyme d'un recueil de 1992. «Le nuage de poussière, jusque-là perçu par sa seule capacité à provoquer le sentiment d'étrangeté, est aussi devenu phénomène astronomique, donc scientifique. Tout le reste a suivi[27].»

Si la nouvelle est la «forme quasi obligée de la littérature fantastique», c'est que son insistance sur l'événement — «ce qui arrive» de singulier, d'unique — «libère paradoxalement l'écriture de plusieurs contraintes de la convention réaliste[28]». La durée, nécessaire au roman, n'a pas partie liée avec la nouvelle, qui l'arrête, la découpe, la subdivise jusqu'à l'instant. Les nouvelles d'André Carpentier, par exemple, font d'une situation ou d'un prétexte historique, d'une épreuve, d'une découverte, d'une approche de la mort un événement accompagné de signes célestes, atmosphériques, nocturnes, et de cérémonies rituelles.

V. Trajectoires

Au Québec, le fantastique a des ancêtres fantomatiques disséminés dans la tradition orale. Peu de relais textuels, mais un lien gothique, baroque, entre

---

27. André Carpentier, *ibid.,* p. 24.
28. André Belleau, préface à André Carpentier, *Du pain des oiseaux*, Montréal, VLB éditeur, 1982, p. 10.

la magie noire de *L'Influence d'un livre* (1837) de Philippe Aubert de Gaspé, fils, et les *Contes pour un homme seul* (1944) d'Yves Thériault, où le Troublé et ses semblables trouvent leur plaisir dans le laid, l'horreur, la mutilation, le meurtre, l'absurde. Cet art du «grotesque onirique» annonce l'«expressionnisme» moderne. Dix ans plus tard, les *Jolis Deuils* de Roch Carrier sont plutôt fantaisistes, humoristiques. *La Mort exquise* (1965), de Claude Mathieu, joue sur les anachronismes, les coïncidences et superpositions temporelles. On reconnaît l'influence de Poe et de Jean Ray sur les *Contes pour buveurs attardés* (1966) de Michel Tremblay et son roman *La Cité dans l'œuf*. Anne Hébert aussi aura ses souterrains et ses morts vivants, ses sabbats et ses sorcières.

Si l'on inclut dans la *scientifiction*[29] toutes les formes de «fiction spéculative», on peut remonter jusqu'au conte à la Cyrano de Napoléon Aubin, «Mon voyage dans la lune» (1839), redescendre de Tardivel en Ubald Paquin, *La Cité dans les fers* (1926), s'arrêter à quelques nouvelles de Jean-Charles Harvey, *L'homme qui va...* (1929), observer dans les *Mondes chimériques* (1940) de François Hertel une machine à lire les pensées et des morceaux d'«histoire hypothétique»: si Montcalm... Harvey et Hertel sont des «précurseurs» paradoxaux, sans postérité immédiate. C'est également le cas des huit épisodes d'*Aventures futuristes de deux savants canadiens-français*, édités par Police-Journal en 1949, qui s'inspirent pourtant du

---

29. Terme d'Hugo Gernsback, fondateur en 1926, aux États-Unis, du magazine *Amazing Stories*.

modèle américain de la science-fiction, des *dime novels* et de la production de masse, tout comme les séries policières du cru, dont *IXE-13*, l'espion champion des tirages de 1947 à 1966, adapté au cinéma par Jacques Godbout en 1971.

Après quelques fictions post-catastrophistes qui sont aussi des essais antinucléaires[30], Jacques Benoit fait parler les chiens, *Les Princes* (1973), organisés en société parallèle. Le fantastique s'éloigne des thèmes et canons traditionnels avec les jeunes écrivains qui commencent alors à se manifester dans les revues, les recueils, les collections spécialisées. L'inscription du littéraire[31], du parcours narratif, est une des caractéristiques du fantastique contemporain au Québec. D'où des titres et sujets comme, en 1978, *Le Mot pour vivre*, d'André Berthiaume, ou *Le Mangeur de livres*, de Michel Bélil, contes terre-neuviens où une jeune secrétaire sert à l'«orgasme gustatif» d'une étrange créature aux goûts habituellement livresques.

Au début de la décennie 1970, on est très explicite sur ses intentions, on bouche l'atmosphère d'un gros trait rouge ou noir: *Dans les antichambres de Hadès*, *De boue et de sang*, *Contes*[32] *pour hydrocéphales adultes*... Plus inquiétants, parce que apparemment tranquilles, sont les *Récits des temps ordinaires* (1972), de Louis-Philippe Hébert, hantés par l'image

---

30. Yves Thériault, *Si la bombe m'était contée* (1962); Jean Tétreau, *Les Nomades* (1967).

31. Voir aussi Claire Le Brun, «Edgar Alain Campeau et les autres: le lecteur fictif dans la littérature québécoise pour la jeunesse (1986-1991)», *Voix et images*, nº 55, 1993, p. 151-165.

32. Nouvelles, en fait, de Claudette Charbonneau-Tissot (1974).

de l'œuf. C'est encore d'une «nouvelle genèse» que se préoccupe sa vertigineuse *Manufacture de machines* (1976), aussi lettrée que scientifique.

La revue *Requiem*, fondée au cégep Édouard-Montpetit en 1974, dans la tradition nord-américaine des *fanzines* et des «échanges faniques», est un facteur décisif dans la constitution d'un royaume ou domaine des fans (*fandom*) au Québec. La même année, Esther Rochon lance *En hommage aux araignées*[33], premier tome de sa trilogie, et Jacques Brossard inclut dans *Le Métamorfaux* quelques nouvelles de science-fiction qui annoncent *L'Oiseau de feu*. Rochon et Brossard sont des écrivains rigoureux: celle-là mathématicienne, fille d'un musicien et d'une scénariste, celui-ci juriste, constitutionnaliste.

En 1979, *Requiem* prend le nom de *Solaris* et Élisabeth Vonarburg en assure la direction littéraire; *Imagine...* est lancé, qui favorise la création, l'écriture de la science-fiction, de même que *Pour ta belle gueule d'ahuri*, au cégep de Sainte-Foy, qui y ajoute la bande dessinée; les congrès annuels, la collection «Chroniques du futur», au Préambule, sont inaugurés. En 1984, ce sera au tour de *L'Année de la science-fiction et du fantastique québécois*, qui comble le fossé entre les pratiques «ludiques» et la réflexion théorique ou critique. Viennent aussi les grands prix, judicieusement accordés, et tout l'appareil institutionnel qui à la fois distingue et rapproche la paralittérature de la littérature sans préposition ni présupposition.

---

33. Nouvelle édition et nouveau titre (*L'Étranger sous la ville*) en 1986; suivi de *L'Épuisement du soleil* (1985), *L'Espace du diamant* (1990). Traductions allemande et néerlandaise.

Deux premiers livres, des recueils de nouvelles, fondent en 1980 la science-fiction québécoise «professionnelle[34]». Ils sont différents au point de créer une sorte de «bipolarisation». *La Machine à explorer la fiction*, de Jean-Pierre April, scrute l'influence de la science et de la technologie sur la réalité et l'histoire. *L'Œil de la nuit*, d'Élisabeth Vonarburg, s'intéresse à la biologie, à la psychologie, aux rapports entre les sexes. April écrit vite, avec humour, parfois dans un *joual* futuriste. Vonarburg, formée à l'européenne, est plus classique.

April[35] s'attaque aux fausses représentations, aux simulacres, aux éléphants blancs et autres objets fétiches. Après son clin d'œil à Wells, l'auteur de *La Machine* qui est aussi une «patente» explore un *Nord électrique* (1985) proche de la baie James et de Grande-Baleine, et l'argent de la drogue, du tourisme sexuel, dans le circuit *Berlin-Bangkok* (1989). La vision morcelée, la manipulation médiatique, le contrôle de la communication à distance par l'implantation de la télévision dans le cerveau sont abordés dans ses nouvelles, de *TéléToTaliTé* (1984) à *N'ajustez pas vos hallucinettes* (1991).

Dans *L'Œil de la nuit* d'Élisabeth Vonarburg, une héroïne en transit entre les univers rencontre des doubles qui sont elle-même, jeune ou âgée. Une sculpture

---

34. Jean-Marc Gouanvic, dans Aurélien Boivin, Maurice Émond et Michel Lord (dir.), *op. cit.*, p. 86. Jean-Pierre April, Élisabeth Vonarburg, Daniel Sernine quitteront leur «ghetto» éditorial pour Québec/Amérique en 1991.

35. Voir l'anthologie de ses nouvelles de science-fiction, *Chocs baroques*, Montréal, BQ, 1990.

«biologique», statue vivante, et un vaisseau spatial «organique» font réfléchir sur l'esthétique et l'éthique de la création, mais aussi sur les rôles masculin et féminin de la reproduction humaine. Dans *Le Silence de la cité*[36], des êtres «spirituellement androgynes» pourront se réjuvéner, se métamorphoser, libérer les femmes esclaves... *Chroniques du Pays des Mères*[37], vers la fin du troisième millénaire, donne tout son sens à la science-fiction définie comme «archéologie du futur». L'auteure donne le pouvoir de la majorité aux femmes (97 p. 100 de la population) et condamne les hommes «elles»-mêmes au féminin grammatical. *Les Voyageurs malgré eux* (1994) est un roman triple: une uchronie politique à partir de l'enclave francophone de Montréal, un thriller policier à Québec, une excursion dans le royaume du Nord où pullulent les sectes autour d'une divinité endormie.

On a cru discerner une problématique politique — «le refus de l'inadmissible (la Conquête de 1759)» et «sa présence obsédante», puis «le désir forcené d'autres formes de possibles de tous ordres[38]» — dans la science-fiction et le fantastique. L'indépendance du Québec, comme anticipation ou utopie, sert d'horizon spéculatif à *Chronoreg* (1992), de Daniel Sernine, préoccupé aussi bien par les conflits dans l'espace que par *Les Méandres du temps* (1983). Comment ne pas lire Canada derrière

36. Paris, Denoël, 1981. Grand Prix de la science-fiction française; deux traductions en anglais.
37. Montréal, Québec/Amérique, 1992. Prix spécial du jury du Philip K. Dick Award, aux États-Unis.
38. Michel Lord, «Un feu roulant en perpétuelles mutations...» dans André Maindron, *op. cit.*, p. 156-157.

le «Candanad» ou le «Canadoule» d'Esther Rochon, sa quête d'identité, son aspiration au changement doublé d'une fidélité aux racines? Mais la trilogie de Vrénalik et les autres œuvres de Rochon sont irréductibles à une idéologie ou à une philosophie, fût-ce le bouddhisme. Elles relèvent de la *fantasy* (imagination, vision) et du mythe. Le héros de la pentalogie de Jacques Brossard s'appelle Adakhan, un nom qui «met sens dessus dessous le mot Canada», mais qui commence aussi comme Adam et finit en chef mongol ou tartare.

Le Sang du souvenir (1976), premier roman de Jacques Brossard, se compose de six textes encadrés par un «pré-texte» notarial et un «post-tête» médical. Le narrateur est obsédé par une femme, parfois narratrice, qui est peut-être un fantasme, et par des labyrinthes, un miroir et «l'envers de la glace». Un appareil encore plus savamment littéraire entoure de seuils multiples — dédicaces à Jules Verne et Carl Jung, épigraphes, notes et fiches, «roman chronique traduit du mannois» — *L'Oiseau de feu*[39], fusée à plusieurs étages, trois époques et trois tomes (le deuxième en trois volumes), qui se terminera par des «années d'errance» après le «recyclage» du héros à la Centrale dirigée par le Vieux. Le «grand projet» ne vise pas qu'à jeter les bases hétéroplanétaires d'une société juste et égalitaire, mais à conduire vers son accomplissement total un homme qui ne serait pas le surhomme nietzschéen.

---

39. Trois volumes (sur cinq) parus en 1989, 1990 et 1993.

CHAPITRE VIII

Essai, critique

Ce qu'on appelle généralement et vaguement la «prose d'idées», pour la distinguer de la fiction narrative, vient de divers horizons et prend toutes les formes à partir des années soixante-dix. Les revues sont marxistes, vouées à la contre-culture, féministes, ou universitaires, para-universitaires, spécialisées. À quelques exceptions près, dont *Liberté*, où des écrivains et des professeurs savent parler même à des «non-liseurs».

La prose d'idées[1] n'est pas nécessairement plus intelligente que les autres proses, discours et témoignages qui envahissent les périodiques et les librairies, elle est seulement mieux située, plus organisée: près ou loin de telle idéologie, institution, atmosphère. On la reconnaît à ses titres, ses lieux, ses opérations. Les recueils d'articles ou de communications à des colloques deviennent peu à peu aussi visibles, lisibles, aux Éditions Quinze («Prose exacte», «Prose

---

1. Voir le collectif *L'Essai et la prose d'idées au Québec*, Montréal, Fides, «ALC», VI, 1985.

entière»), puis chez Boréal («Papiers collés») et à l'Hexagone même, que les sommes et rétrospectives poétiques. Un Jacques Brault, un Fernand Ouellette, bientôt un Pierre Ouellet[2] font d'ailleurs alterner les deux genres.

Nous distinguerons de la masse mouvante des proses d'idées — monographies et traités, analyses ponctuelles ou synthèses définitives, études savantes ou vulgarisées venues des sciences sociales et des humanités — l'essai au sens strict ou littéraire du terme, ainsi que son voisinage immédiat. Nous ferons une place à *Liberté* comme «école», studio ou atelier, à l'essai (au) féminin et bien sûr à la critique dite «de création» ou «d'écriture». Aux chroniques nous joindrons les essais «diagnostics» et «méditations», qui sont moins des sous-genres que des pôles.

I. L'essayistique, théorie et pratique

Le Québec, dont on a déploré le manque de maîtres spirituels (après la Nouvelle-France), de théologiens, de philosophes, de théoriciens et de grands penseurs, a trouvé dans l'essai une pensée à l'œuvre, à l'épreuve. Une pensée, c'est-à-dire «ce qui n'a pas encore atteint le statut fixe de l'idée, un passage plus qu'un but, un voyage plus qu'un état[3]»; une prose à

---

2. *Chutes* (1990) sur «la littérature et ses fins», divisé en «journées», suivi de *Faix* (1992), dont les poèmes sont qualifiés de «registre», «cadastre», «précis», «traité», «chronique»...
3. Jean Marcel, *Pensées, passions et proses*, Montréal, l'Hexagone, 1992, p. 10.

laquelle la passion insuffle vie et mouvement. Quant à l'essai, qui «pense sur la pensée», sa définition est tout proche de celle-ci et de la triade allitérative de Jean Marcel: il s'agit d'un «discours réflexif de type lyrique entretenu par un JE non métaphorique sur un objet culturel[4]». Peu importent sa dimension et son lieu d'insertion — article, recueil, fragment, livre d'un seul tenant —, l'essai est caractérisé par trois éléments structurants: un sujet réel, qui parle en son nom propre; un corpus culturel au sens large, textuel, artistique, social y compris la «nature» comme paysage, voyage, spectacle; formellement, un «retour rythmique» des thèmes, variations, formulations, comme en musique.

Depuis la Révolution tranquille, à laquelle il a fortement contribué sur des sujets comme la langue, l'éducation, la religion, la nation, l'essai québécois a acquis beaucoup d'autonomie dans le champ des discours. Pendant que les sciences humaines se spécialisaient, l'essai devenait de plus en plus lui-même, parfaitement libre dans ses *Insolences* et sa *Ligne du risque*. Un Vadeboncœur, sinon Untel, pouvait devenir écrivain à partir de ce seul genre.

Parfois, ce sont des théoriciens ou praticiens des sciences sociales qui se rapprochent de l'essai au sens strict: Marcel Rioux dans son portrait des *Québécois*[5], Fernand Dumont dans sa *Genèse de la société québécoise* (1993), ou encore les «nouveaux géographes», cartographes du temps comme de l'espace. Le plus

---

4. *Ibid.*, p. 318.
5. Paris, Seuil, 1974.

souvent, les essais, même historiques et politiques, viennent d'écrivains nouveaux ou reconnus qui peuvent être par ailleurs professeurs, journalistes. Sans compter les essais dissimulés ou affichés dans le roman, de Ferron à Ducharme. Si nous avons «moins d'essais que d'essayistes» au Québec, c'est que, alors que certains de nos meilleurs essayistes (Brault, Ouellette...) sont des poètes, «quand les romanciers ont envie d'écrire des essais, ils écrivent des romans[6]». Ce sera de moins en moins vrai, à mesure que l'essai prendra conscience de sa propre fiction. Il y a cependant convergence, complémentarité entre l'essayiste en tant qu'«artiste de la narrativité des idées» et le romancier vu comme un «essayiste de la pluralité artistique des langages[7]». L'essai aussi a ses événements, ses intrigues, ses personnages, ses idées «gagnantes» ou «perdantes», qui s'attirent, se repoussent.

Tous les essais font jusqu'à un certain point, en passant, leur propre théorie. Pierre Vadeboncœur, dans *L'Autorité du peuple*, ou le peuple comme auteur, signataire de ses mouvements, intervertissait «les solutions et leurs problèmes», faisant de points d'arrivée des points de départ. Ses *Essais inactuels* (1987), c'est-à-dire sur ce qui échappe à l'actualité, ce qui persiste et dure — l'art, par exemple, qui une fois qu'il existe ne vieillit plus — rejoignent les *Actes retrouvés* (1970), de Fernand Ouellette, pour qui l'essai, tissu de sauts et de «saillies», est «l'une des

---

6. André Belleau, «Approches et situation de l'essai québécois», *Voix et images*, vol. V, n° 3, 1980, p. 542.
7. André Belleau, «Petite essayistique», *Surprendre les voix*, Montréal, Boréal, 1986, p. 86.

formes privilégiées du désir, de l'aspiration, de l'"inespéré"». Dans les deux cas, l'essai va chercher ses objets ou ses prétextes dans la culture (au sens large) pour en faire des œuvres d'art, un «royaume» de l'ailleurs, comme il fait du pronom *je* un sujet unique et à part entière qui affirme sa liberté. Dans *Le Jeu en étoile* (1978), Jean-Louis Major encadre ses études critiques d'un essai sur l'enseignement («égotisme partagé») et d'un «contre-essai», le «Journal d'une lecture inachevée» de *L'Homme inchangé* de Placide Gaboury. Ce qui devait être un compte rendu objectif se transforme non pas en discours argumentatif ou polémique, mais en texte personnel et théorique. Devant le non-essai de Gaboury, Major pose son propre essai.

On ne peut séparer l'unique récit de Pierre Vadeboncœur, *Un amour libre*[8] (1970), sur l'invention d'un langage et d'un territoire communs au fils et au père, de son essai historique et politique le plus dense, paru la même année, *La Dernière Heure et la première* d'un peuple qui sort de l'enfance, de l'agrippement au sol, en passant de la prolétarisation et de la prolifération à la proféRation. Ces deux textes sont des fables, des poèmes, des contes en même temps que des analyses et des mémoires pour l'avenir.

Pour Vadeboncœur, la révolution est «bien plus que la révolution», l'indépendance se décline au pluriel, les royaumes (de ce monde ou d'ailleurs) sont d'abord des républiques, les «choses de l'âme»

---

8. Cette «expérience de l'image» sera reprise, sur un autre plan, dans *Dix-sept Tableaux d'enfant* (1991), les dessins de sa fille, dont il étudie la «maturité précoce» et les métamorphoses.

tiennent au corps, au cœur, à l'esprit. *Les Deux Royaumes* (1978) marquent un sommet, c'est-à-dire le partage entre deux versants, l'extérieur et l'intérieur, dans l'œuvre de Vadeboncœur. S'agit-il d'un repli sur l'individualisme et l'abstrait? On l'a cru, mais jamais l'essayiste n'a été plus artiste, lecteur, écrivain que dans ce bilan, confession, proclamation de la «verticalité» et d'une certaine transcendance comme «dignité absolue». Son «opposition morale» au «monde ambiant» n'est pas réactionnaire, mais critique. La «ligne du risque» se renforce, s'épure dans l'*Essai sur une pensée heureuse* (1989) et ce qui l'entoure, *L'Absence* (1985), *Le Bonheur excessif* (1992). L'amour n'a besoin «d'aucune autre réalité» pour exister et signifier.

II. Manifestes, pamphlets, polémiques

Dans le voisinage plus ou moins immédiat de l'essai au sens strict, tel que nous venons de le définir, se situent divers genres, formes ou pratiques qui vont de la littérature morale ou gnomique (maximes, pensées) à la littérature de combat. *La Parole pamphlétaire*, de Marc Angenot[9], fait la typologie non seulement des discours «agoniques» (pamphlet, polémique, satire), mais des discours enthymématiques[10]

---

9. Marc Angenot, *La Parole pamphlétaire*, Paris, Payot, 1982. Voir aussi la première partie (théorique) de Dominique Garand, *La Griffe du polémique. Le conflit entre les régionalistes et les exotiques*, Montréal, l'Hexagone, 1989.

10. Ellipses (logiques) et développements (rhétoriques) du syllogisme sous forme de pensée en marche.

en général (sapientiels, doxologiques, persuasifs), où «l'essentiel est ce qui n'est pas dit», particulièrement de l'essai littéraire en ses deux grandes catégories (diagnostic, méditation) et jusque dans ses formes connexes: manifeste, lettre ouverte, parodie et pastiche, dialogue, aphorisme...

Le manifeste[11] est un texte bref, feuille, préface, brochure, publié par un (petit) groupe au nom d'un mouvement marginal, contestataire ou d'avant-garde, qui cherche à s'imposer. Action par le langage, le manifeste est un double geste de rejet et de fondation: une «rupture inaugurale». Au Québec, les manifestes politiques l'emportent largement, jusqu'à *Refus global* (1948), sur les manifestes culturels[12]. D'autre part, on trouve ici plus de manifestes de toutes sortes («agis», théâtraux, graphiques, terroristes) depuis 1960 que durant les deux siècles précédents. Ils vont des «arts poétiques» aux rites d'initiation ou d'exorcisme, des proclamations de *La Nef des sorcières* (1976) aux protestations des *Fées ont soif* (1978), d'une *Défense et illustration de la langue québécoise* à la Du Bellay, à Paris (1979), et du poème-affiche *Speak White* (1968), de Michèle Lalonde, au *Speak What* de Marco Micone. Les œuvres d'un Paul Chamberland, d'un Claude Gauvreau sont essentiellement «manifestaires»; mais pas celle, individuelle et

---

11. Voir Jeanne Demers et Line McMurray, *L'Enjeu du manifeste, le manifeste en jeu*, Longueuil, Le Préambule, 1986, et le numéro d'*Études françaises* sur «Le manifeste poétique/politique» (vol. XVI, nos 3-4, 1980).

12. Voir Daniel Latouche et Diane Poliquin-Bourassa, *Le Manuel de la parole. Manifestes québécois*, Montréal, Boréal, 3 vol., 1977-1979.

publicitaire, d'un Claude Péloquin. Quant au *Manifeste d'un salaud* (1990), du journaliste Roch Côté, il engage une bonne polémique avec les féministes.

Le pamphlet[13] — adresse, lettre ouverte, tract, brochure, défense offensive — dramatise et personnalise une question d'actualité. Il fait d'un débat à poursuivre une lutte décisive et sans merci. Contrairement au polémiste, qui attend, espère une réponse, le pamphlétaire assène un discours massif qu'il voudrait définitif. Il ne mène pas des batailles ponctuelles, mais une guerre totale contre *Le Joual de Troie*[14] de pseudo-linguistes. Il lance une dernière salve *Pour prendre publiquement congé de quelques salauds*, adieu de Marcel Rioux aux Trudeau et Chrétien en 1988.

Avant ses grands essais sur l'«insignifiance» étatsunienne, sur l'absence-présence d'une deuxième personne (aimée), Pierre Vadeboncœur s'était fait journaliste militant dans *Lettres et colères*, *Un génocide en douce*, *To Be or not to Be: That Is the Question* (1980). On ne peut comparer ses portraits-charges, ses traits de moraliste, sa vision prophétique qu'aux lettres aux journaux de son confrère et ami Jacques Ferron[15]. Tous deux prennent parti et à partie avec une allégresse qui transforme leurs articles en textes, leurs *Escarmouches*[16] en guerre épique et en histoire.

---

13. Marc Angenot (*op. cit.*, p. 372-382) le distingue du brûlot («pamphlet périodique»), de la diatribe, de l'invective, de la satire, du libelle, etc.
14. Jean Marcel (1973, 1982).
15. Lettres colligées après sa mort (Montréal, VLB éditeur, 1985).
16. Jacques Ferron, Montréal, Leméac, 2 vol., 1975.

Un quadragénaire, Gil Courtemanche, se scandalise, se passionne comme à vingt ans dans son journal d'une campagne électorale fédérale: *Douces Colères* (1989), dures, amères. Dans la même veine, lucide et désabusée, *La Traversée des illusions* (1994), par Mario Pelletier, journaliste qui a touché de près, lui aussi, à la politique.

On trouve des notes assassines, des articles pamphlétaires ou polémiques[17] dans *Liberté*, qui ne refuse ni le coup d'éclat ni le coup de feu. Pour sa part, Boréal aligne une belle série de *Pour en finir avec...* l'antiaméricanisme, l'économisme, l'«excellence» dans les entreprises, les ennemis de la télévision, les psys, l'impolitesse, l'olympisme, l'école «sacrifiée». VLB éditeur est allé moins loin dans ses «Partis pris actuels», collection inaugurée par le professeur Jacques Pelletier avec *Les Habits neufs de la droite culturelle* (1994), qui s'attaque à quelques intellectuels[18] à la mode, mais, selon lui, anachroniques, élitistes, méprisants, antidémocratiques. Pelletier réussit beaucoup mieux *Au-delà du ressentiment. Réplique à Marc Argenot* (1996).

Yvon Boucher ressert en *Morceaux moisis* (1981), épicés, faisandés, les têtes de Turc, de Turque, qu'il s'était payées avant qu'on ne réclame la sienne au *Devoir*. Guy Laflèche intitule d'emblée *Polémiques* (1992) son recueil de critiques, répliques, interventions, textes refusés, «vulgarités». Il s'amuse,

17. À propos, par exemple, du *Territoire imaginaire de la culture* (1979) des jeunes philosophes Michel Morin et Claude Bertrand.
18. Denise Bombardier, Jacques Godbout, Jean Larose et François Ricard.

se désole de l'«arrêt-stop», de la «Place Montréal Trust», de l'enseignement de la création littéraire, de l'édition critique trop érudite, de la mise en pages sémiotique, du «style bigenre» préconisé par le féminisme linguistique.

André Brochu mêle un peu de fiction à son faux «éloge» pamphlétaire de l'anglais, *La Grande Langue* (1993), la seule politiquement correcte et digne de l'homme. N'hésitons pas, «en nos jours éclairés», à reconnaître dans le chanoine Groulx un «ennemi de l'humanité», un «sympathisant des auteurs de l'holocauste». Brochu reprend là un vœu déjà exaucé par le grand romancier montréalais Mordecai Richler[19] et ses disciples (em)pressés. *Qui a peur de Mordecai Richler?* (1995) demande Nadia Khouri, pour qui tout nationalisme, nassérien, sioniste ou québécois, est étroitement identitaire, ethnocentrique, revanchard, quasi fasciste. Heureusement que «les Canadiens d'un océan à l'autre, les deux langues confondues [*sic*], se mettent à se ressembler et à se rassembler à travers une foule de traits...» Contre les États-Unis?

Jean Larose répond à Jacques Pelletier, à Mordecai Richler, tout en écorchant au passage les chroniques «populistes», «jeunistes», le «joual d'élite» et le «rap au Progrès» de Pierre Foglia. L'interminable «question constitutionnelle», maintenue à vif, grattée comme une plaie, est un autre nom pour la «machine

---

19. *Oh Canada! Oh Québec! Requiem pour un pays divisé*, Candiac, Balzac, 1992. Voir aussi William Johnson, *Anglophobie made in Québec*, Montréal, Stanké, 1991, et la thèse controversée d'Esther Delisle, *Le Traître et le Juif*, Wesmount, L'Étincelle, 1992.

à décerveler l'idée de souveraineté» ou pour une «politique de la fatigue», une culture du ressassement et du ressentiment. *La Souveraineté rampante* (1994) ne relève la tête qu'à travers la langue littéraire, dont la qualité propre est d'être «injustifiable en dehors d'elle-même». D'où l'usage que fait très librement Larose de diverses «souverainetés»: l'ironie, la colère, l'essai avec «des échappées d'éloquence, des exagérations véhémentes, quasi fictionnelles».

III. Une double école: *Liberté*, «Papiers collés»

La revue *Liberté* et la collection «Papiers collés» chez Boréal semblent actuellement les deux principaux lieux institutionnels de l'essai québécois. Ils sont très proches l'un de l'autre, vases communicants par leurs signatures, leurs thèmes, leur conception de l'accueil et du recueil. On peut leur adjoindre d'autres collections[20], comme «Prose exacte» et «Prose entière» aux Quinze, «Essais littéraires» à l'Hexagone, qui réunit surtout des études critiques, tandis que les premières sont interrompues ou refondues.

Si *Liberté* a pu traverser les idéologies et les modes sans perdre sa raison d'être, c'est qu'elle a été fondée et maintenue sur un équilibre entre la fermeté et la souplesse, la clarté et les nuances. Ses caractéristiques: indépendance dans tous les domaines, sens critique et humour, souveraineté de la création, ouverture

---

20. Après «Constantes», chez HMH, représentative de la Révolution tranquille.

réelle aux étrangers, aux jeunes, tardivement aux femmes, sans naïveté. Il faut ajouter, sur le plan organisationnel, une direction éclairée, un travail d'équipe convivial, un renouvellement progressif[21].

La première génération de *Liberté*, qui a eu «vingt ans dans les années cinquante», n'est pas tout à fait la dernière issue des collèges classiques, ni la première à entrer à l'université, dans les médias, à voyager, à écrire. Restreint et plutôt hétérogène au départ, le comité de rédaction s'est rapidement identifié, uni, et il a su gérer les crises, les démissions fracassantes (Hubert Aquin). Sans manifeste, sans maison d'édition, sans rien d'une «école», sinon la camaraderie, le groupe de *Liberté* a constitué un mouvement par sa démarche, son esprit, sa cohésion, sa persévérance. Née dans le sillage de l'Hexagone, mais indépendante de la maison Miron, à côté de *Situations*, sa rivale éphémère, puis de *Parti pris*, à l'influence redoutable, et d'organes militants comme les revues marxistes *Chroniques* et *Stratégies* ou *La (Nouvelle) Barre du jour*, formaliste, *Liberté* a sauvegardé l'autonomie de l'«action» littéraire.

Sensible à l'actualité et à l'«air du temps» — ses chroniques feront l'objet de recueils remarquables[22] —, *Liberté* a la mémoire longue et précise, le sens de la durée. «Autant il faut être conscient du *présent*, autant il ne faut pas s'empêtrer dans l'*immédiat*»,

---

21. Le directeur-fondateur (1959), Jean-Guy Pilon, n'est remplacé que vingt ans plus tard par François Ricard. La dirigent ensuite François Hébert, puis Marie-Andrée Lamontagne.
22. Jacques Brault, *Ô saisons, ô châteaux* (1991); Gilles Marcotte, *L'Amateur de musique* (1992), etc.

écrit en 1974 Fernand Ouellette, un des piliers de la revue avec André Belleau. La littérature n'est pas l'unique «objet» de *Liberté*, mais son point de vue privilégié sur le monde, la société, son principal instrument de travail, sa «méthode» spécifique.

Liée dès ses origines à la Révolution tranquille, *Liberté* ne confond jamais son discours avec celui de l'État ou d'un parti. Les intellectuels, écrivains, artistes de l'«esthétique» et de l'éthique du OUI (n° 128) en étaient venus à «penser et dire l'indépendance parce que, déjà, ils se sentaient libres», et non l'inverse. Le sont-ils encore, peuvent-ils même se dire *québécois* après le référendum perdu de 1980? Il paraît «désormais aussi difficile de penser l'indépendance que de la faire» (n° 153). Il n'existe aucun discours politique unique de *Liberté*, mais plusieurs voix qui s'organisent, «comme par attraction musicale, en une figure qui n'exclut pas l'harmonie[23]». Cette polyphonie de compositeurs et d'interprètes se reconnaît dans la figure et sous la plume d'André Belleau («On ne meurt pas de mourir»). Le vrai discours politique «se lit paradoxalement dans tous les autres textes[24]» de la revue, dans les numéros consacrés à des auteurs étrangers, à des littératures nationales, ainsi que dans les Rencontres québécoises internationales [depuis 1972] des écrivains.

On ne sera pas surpris qu'avec ces principes *Liberté* soit devenue au fil des ans un véritable creuset,

23. Jean-Marcel Paquette, «Le discours politique à *Liberté*», dans les actes du colloque de la Sorbonne sur *La Revue Liberté*, Montréal, l'Hexagone, 1990, p. 76.
24. *Ibid.*, p. 77.

un atelier, un laboratoire de l'essai. Ouellette y retrouve, y reprend ses *Actes*; Godbout, les «textes tranquilles» du *Réformiste*. Les éditeurs posthumes d'Aquin et de Belleau y puiseront l'essentiel de leurs recueils. Brault est passé sans heurt de *Parti pris* à *Liberté*. Le fédéraliste Marcotte et l'indépendantiste Vadeboncœur y tiennent respectivement des chroniques sur la musique et les arts visuels. Ricard, Larose, une nouvelle génération d'essayistes littéraires s'y aiguisent les dents. Tous les sous-genres et les genres voisins de l'essai sont représentés dans *Liberté*: de l'éditorial aux blocs-notes, de la critique «pour non-liseurs» aux «petites proses» poétiques, de la polémique à la parodie ou au pastiche.

Comme son nom l'indique, la collection «Papiers collés», fondée en 1984, s'intéresse à la forme sinon au sous-genre qu'est l'«essai-collage», au recueil comme déplacement (chronologique, spatial) et rassemblement de textes. De la circonstance particulière, de l'événement comme objet du discours dans le journal ou la revue, on passe, suivant François Ricard, à une «nécessité intérieure» du sujet, facteur de cohérence du livre.

Après les petites proses de *Stupeurs* et des *Plaisirs de la mélancolie*, où «l'horreur de vivre» s'accompagne du charme discret de l'autoportrait, *Le Regard oblique* (1984) que porte Gilles Archambault sur les «rumeurs de la vie littéraire» fait de nombreux détours par les ruelles, les journaux, les objets, les clichés. Il se fait reporter de ses propres «états d'âme» où l'intime fait réagir au hasard des rencontres. *Le Murmure marchand* de Jacques Godbout, en 1984 aussi, est celui que fait la publicité, fond sonore intarissable à la télévision, dans toute la maison, la rue, la Cité. Dans *L'Écran du bon-heur* (1990), l'écrivain-cinéaste en a contre les «nou-veaux clercs au service de l'Argent». Écran berceau: projection de nos désirs; écran cercueil: objet «substitué à la réalité». Le recueil est organisé, illustré, divisé et sous-titré à la façon du Texte électronique: les conféren-ces sont des «courts métrages», les billets (tirés de *L'actualité*), des «clips».

La trentaine de titres de «Papiers collés» com-prend des articles de professeurs sur ou à partir de la littérature, des *Traverses* de Jacques Allard au *Bout cassé de tous les chemins* d'Yvon Rivard; des chroni-ques journalistiques[25], surtout politiques (Lise Bis-sonnette, Lysiane Gagnon), parfois humoristiques, auxquelles on peut joindre quatre recueils contre les lieux communs actuels des anthropologues Bernard Arcand et Serge Bouchard; des «essais-méditations» qui d'Archambault à Vadeboncœur mettent en œuvre les «mécanismes intimes par lesquels la pensée se donne ses objets» (Marc Angenot).

Si l'on considère les points de départ et d'arrivée, ainsi que l'objet du discours, on voit que les recueils de «Papiers collés», à quelques exceptions près, tiennent à l'expérience individuelle, à la circonstance comme pré-texte, à la littérature ou au Québec comme questions. «Le *je*, à partir d'une circonstance, pose un paradoxe[26]».

---

25. Y compris le *Défense de la liberté*, posthume, d'une pionnière sur laquelle on lira l'excellente biographie de Colette Beauchamp, *Judith Jasmin, 1916-1972. De feu et de flamme*, Montréal, Boréal, 1992.
26. François Dumont, «L'essai littéraire québécois des années quatre-vingt: la collection "Papiers collés"», *Recherches sociogra-phiques*, vol. XXXIII, n° 2, 1992, p. 329.

C'est-à-dire une contradiction au moins apparente entre deux énoncés, une assertion qui va contre la *doxa*, contre l'opinion courante, commune. Brochu, «l'avisé critique», se dédouble en lecteur, en objecteur de ses «intuitions subjectives». Archambault, avec plus d'ironie que d'humour, fait constamment son autocritique. Cette «nuit de la contradiction», il ne faut pas la «blanchir» d'un coup, mais «la vivre patiemment, la réactiver même, car elle est féconde», dit Brault en secouant *La Poussière du chemin*. D'un paradoxe à l'autre, la meilleure façon de (ne pas) «conclure» est de reposer la question ailleurs, autrement. Comment se libérer d'une «question nationale obsessionnelle et indépassable»? «Il faudrait réussir à parler *d'autre chose* qui soit au fond *la même chose*», dit André Belleau (*Surprendre les voix*).

IV. Essais au féminin

Qui a donné naissance ici à la critique littéraire au féminin? Nicole Brossard, surtout théoricienne, Suzanne Lamy, plutôt essayiste, Madeleine Ouellette-Michalska, anthropologue culturelle? Pensons aux critiques attachées à certains périodiques, telles Lori Saint-Martin[27] et Sherry Simon à *Spirale*, ou à d'autres spécialistes universitaires comme Gabrielle Frémont[28], Louise Dupré et, avant elles, Jeanne Lapointe. Pour

---

27. Voir ses anthologies de *L'Autre Lecture. La critique au féminin et les textes québécois*, Montréal, XYZ, 2 vol., 1992 et 1994.
28. Voir le «FÉMINaire» qu'elle a dirigé (sur le mode de «séminaire»), *Études littéraires*, vol. XII, n° 3, 1979.

une relecture systématique du corpus, de ses manques et de ses marques sexuelles depuis Laure Conan, l'ouvrage exemplaire est de Patricia Smart, *Écrire dans la maison du père. L'émergence du féminin dans la tradition littéraire du Québec* (1988).

Les Canadiennes françaises furent longtemps liseuses, conteuses, puis poètes ou romancières; parfois moralistes (au coin du feu), mémorialistes, journalistes confinées aux pages féminines, rarement essayistes. Le premier éditorial signé par une femme, Madeleine Huguenin, paraît dans *La Revue moderne* en 1919. Exceptionnellement, un tiers des collaborateurs d'*Horizons*, en 1939, sont des femmes. Il faudra attendre l'après-guerre pour que l'ouverture au «deuxième sexe» se fasse peu à peu. À la télévision, Judith Jasmin, aussi compétente et professionnelle, est moins reconnue, moins libre que son ami René Lévesque. «La Révolution tranquille inclura les femmes dans son volet culturel et artistique, mais pas sociopolitique[29]...» Les «Voix de la différence: le privé est politique» commencent naturellement par le mouvement féministe: identité, autonomie, égalité, équité.

Les premières revues féministes étaient des cris de ralliement pour des positions fermes: *Québécoises deboutte!* (1972), *Les Têtes de pioche* (1976). Militants, quasi militaires, ces organes étaient des manifestes pour l'action. À l'exception de *Possibles* (1976), les femmes sont beaucoup moins présentes dans les revues «d'idées», fussent-elles socialistes, que dans les

---

29. Andrée Fortin, *Passage de la modernité. Les intellectuels québécois et leurs revues*, Québec, PUL, 1993, p. 292.

périodiques littéraires ou artistiques[30]. Voilà pourquoi elles créent leurs propres lieux de production et de diffusion. *Pluri-elles* (1978), revue née d'un «regroupement de groupes», se rebaptise aussitôt, lourdement, *Des luttes et des rires de femmes*. *Le Temps fou* (1978-1983), dont le mot d'ordre est de changer le changement ou «changer de changement», donne la main (un supplément encarté), sinon le jour, à *La Vie en rose* (1980), exacte contemporaine et quasi synonyme de *La Vie en prose* de Yolande Villemaire, où les événements, les idées circulent au milieu des noms, des conversations, visions, sensations.

Dès *La Partie pour le tout* (1975) et surtout à partir de *L'Amèr ou le Chapitre effrité* (1977), la perspective commence à changer dans la théorie-pratique de Nicole Brossard, première féministe moderne au Québec à être à la fois écrivain et intellectuelle. À la quête du sens, elle ajoute celle des sens. La naissance du sujet féminin passe par un travail sur le langage et sur l'amertume liée à la présence-absence maternelle, cette «mère recouvrant la mer comme une parfaite synthèse». On ne peut dire que certains textes de Brossard, dont *L'Amèr*, relèveraient du manifeste plutôt que de l'essai, sous prétexte que le *je* disparaîtrait derrière le *nous*. Il y a solidarité, complicité entre les deux. Si le *nous* manifestaire peut se rattacher à un *on*, le *nous* brossardien garde «sa relation dialectique comme jeu et enjeu d'une interrelation. Il ne se rattache au manifeste que dans son sens premier, celui d'*évidence*, puisqu'il

---

30. *Cul Q* (1973), *Parachute* (1975), *Jeu* (1976), *Spirale* (1979), *Arcade* (1982), *La Parole métèque* (1987)...

rend visible le procès imaginaire d'une femme comme sujet de sa propre inscription dans le symbolique[31]». La figure de la spirale, développée dans les textes ultérieurs, notamment *Le Sens apparent* (1980), est une façon de briser la ligne droite de la pensée unique qui se referme sur elle-même pour devenir un cercle vicieux.

Déconstruire une forte tradition symbolique, mythologique et mythique, est le but du nouvel évangile, *L'Euguélionne* (1976), et du «banquet» anti-platonicien, *Le Pique-nique sur l'Acropole* (1979), de Louky Bersianik, comme de *L'Échappée des discours de l'œil* (1981) de Madeleine Ouellette-Michalska. Le ton est ludique, comique chez Bersianik, psycho-philosophique et anthropologique chez Ouellette-Michalska. Au «réveil des Caryatides» celle-ci préfère le discours de l'antithèse, du retournement systématique: postface en préface, prologue en épilogue, «découpage des signes» et autres rituels de réappropriation du «corps sous la langue».

Suzanne Lamy joue sur les rapports entre la parole et l'écriture, de l'élision à l'apostrophe, de l'entretien au dialogue en passant par le pointillé, l'intonation, la litanie, le bavardage comme «antidote de l'épargne domestique» (*D'elles*, 1979). *Quand je lis je m'invente* (1984), dit-elle, et elle le prouve par son savant dosage de citations, de questions, de commentaires, d'inventions. France Théoret avoue une position inconfortable, *Entre raison et déraison* (1987). «Du lieu de mon retrait, la langue est patriarcale», et cette

---

31. Louise Dupré, *Stratégies du vertige*, Montréal, Éditions du Remue-ménage, 1989, p. 98.

langue que je ne possède pas «me possède», m'obsède. Il faut rechercher dans le mal-vivre, et jusque dans l'informe, l'obscène, la terreur infernale, une «langue propre au pari d'autonomie».

Madeleine Gagnon se préoccupe du corps de l'écriture, de la «venue à l'écriture», à l'amour, à la reconnaissance, à la création de soi, d'un «objet» naguère muet, inconscient, inerte: «Mon corps est mots» dispersés, effacés, ineffaçables; «M'écrire et laisser couler toute mon histoire à l'infinitif. M'écrire à l'infini.» Comme dans sa *Lettre infinie* (1984), justement, ou dans *La Lettre aérienne* (1985) de Nicole Brossard. Un autre envoi, avec presque la même adresse et une signature comparable, est la *Lettre d'une autre* (1984) de Lise Gauvin[32] à une nouvelle Roxane, sans Montesquieu. Comment peut-on être québécois, québécoise? D'origine, d'adoption? Si l'essai est «différé» (par la fiction), la double question d'identité est immédiate.

Les femmes essayistes qui préfèrent la «différence» à la rupture, le déplacement au remplacement, la mixité à tout discours ou genre univoque, peuvent être rattachées à ce que Lori Saint-Martin appelle le «métaféminisme[33]», plutôt que le «postféminisme» (qui correspondrait à un éventuel «postpatriarcat»), de la nouvelle prose féminine. Carole Massé, qui ne se prend pas pour *Dieu* (1979), n'a aucune thèse et s'oppose à toute «surveillance de l'imaginaire». La revendication d'une écriture spéci-

---

32. Voir aussi son «Petit essai sur l'essai au féminin», *Québec Studies*, n° 11, 1990-1991, p. 117-125.

33. Son étude, signe des temps, suit un dossier sur les «écritures masculines» (*Voix et images*, n° 52, automne 1992, p. 78-88).

fiquement féminine, la quête d'un «langage-femme» sont-elles abandonnées au profit de l'Androgyne, très présent dans la fiction? Par le biais de la parodie, de l'ironie, d'une intertextualité complexe, *des* écritures féminines se marquent et se démarquent. La vie privée étant vue comme politique, et la fiction «idéelle», *La Théorie, un dimanche*[34] se penche sur «le devenir du féminisme comme philosophie». Et comme essai?

V. L'écriture de la critique

Le *Petit Manuel des études littéraires. Pour une science générale de la littérature* (1977), de Guy Laflèche, a un titre faussement modeste pour un sous-titre trop ambitieux. Tout autres étaient, en 1976, les approches philosophiques de Claude Lévesque sur *L'Étrangeté du texte*, de Nietzsche à Derrida, et de Raymond Montpetit, *Comment parler de la littérature*. Celui-ci, venu de l'histoire de l'art, veut dépasser l'herméneutique et le formalisme en mettant «le texte en opération afin d'en observer le jeu». Cette «machination» annoncerait les développements de la déconstruction, de la pragmatique, des théories de la réception, de la lecture et du lecteur.

Y aurait-il moyen de «construire des espaces théoriques "québécois" qui serviraient aussi à explorer des réalités étrangères[35]»? Si le champ littéraire

---

34. Collectif à six, Montréal, Éditions du Remue-ménage, 1988.
35. Manon Brunet, dans Louise Milot et François Dumont (dir.), *Pour un bilan prospectif de la recherche en littérature québécoise*, Québec, Nuit blanche éditeur, 1993, p. 182.

canadien-français commence à se constituer dès la fin du XVIIIe siècle, bien avant son institutionnalisation au milieu du siècle suivant, des notions et concepts définis, illustrés par Jacques Dubois ou Pierre Bourdieu à partir de l'Europe francophone, s'en trouvent affectés. D'autre part, sa situation géographique, politique, linguistique, culturelle, place la critique québécoise au confluent des perspectives américaines et européennes[36]. On peut, on doit relier André Belleau à Bakhtine, qu'il a fait connaître dès 1970, ou Pierre Popovic à Bourdieu, mais ils ont aussi d'autres sources et parentés dont, tous deux, Gilles Marcotte, qui croit davantage en la littérature elle-même et en la philosophie qu'en la sociologie pour féconder et renouveler les théories critiques.

Entre l'université, le cégep, et l'écritoire, pour (ou contre) l'enseignement et la recherche, quelques écrivants prennent les libertés du témoignage, du journalisme, de la polémique. Heinz Weinmann s'engage avec véhémence dans la psychanalyse politique de l'imaginaire québécois, de son cinéma (1990) et de la «généalogie d'une histoire» (*Du Canada au Québec*, 1987). La littérature est un facteur de transformation individuelle et collective pour le socialiste Philippe Haeck[37], qui réussit souvent mieux ses portraits et ses tableaux («Arbre mouillé, pluie savante...») que ses controverses. Marcel Bélanger, don

---

36. Autre «bilan prospectif»: Claude Duchet et Stéphane Vachon (dir.), *La Recherche littéraire. Objets et méthodes*, Montréal, XYZ, 1993.

37. *Naissances. De l'écriture québécoise* (1979), *La Table d'écriture. Poéthique et modernité* (1984).

Quichotte fatigué, en rupture de ban, se donne *Libre Cours* (1983, 1993), multipliant les itinéraires en d'«autres espaces» et «entre les lignes». Au contraire, Michel van Schendel demeure près de la théorie (avec glossaire «peircien») et son parcours est rigoureux dans des *Rebonds critiques*[38], reprises, redéploiements, qui commencent par un long et large «portrait intellectuel» d'André Belleau.

On s'intéresse depuis quelques années à l'«américanité» de la littérature québécoise, aux «petites» littératures marginales, en émergence, depuis l'acadienne et l'ontaroise[39] jusqu'aux autres francophonies. Mais ce sont surtout les problèmes de l'altérité, de l'hétérogène, de l'«écriture migrante», du métissage, qui accaparent les jeunes Montréalais, de Concordia à l'UQAM, sinon dans le *Montréal imaginaire*[40] et non moins réel, textuel, «inventé sur fond d'Amérique». Pluralité culturelle ne veut pas dire juxtaposition, amoncellement, confusion intellectuelle, ni multiculturalisme au sens politique et administratif que lui donne Ottawa; «l'ethnicité n'est pas l'envers réconfortant ou l'écho minoritaire du national[41]», mais son épreuve initiatique, son conflit dialectique, sa synthèse

---

38. Deux tomes pour les *Questions de littérature* (1992 et 1993).

39. François Paré, *Les Littératures de l'exiguïté*, Hearst, Le Nordir, 1993.

40. Collectif dirigé par Gilles Marcotte et Pierre Nepveu (Montréal, Fides, 1992). Issus du même groupe, les actes des colloques *Lire Montréal* (1989) et surtout *Montréal 1642-1992. Le grand passage*, Montréal, XYZ, 1994.

41. Sherry Simon, dans Louise Milot et François Dumont (dir.), *op. cit.*, p. 261, et, sous sa direction, *Fictions de l'identitaire au Québec* (XYZ, 1991).

mouvante, fluctuante. Il faut la «réappropriation d'une québécité elle-même transculturelle[42]».

Un universitaire qui est aussi écrivain a opposé la critique littéraire digne de ce nom et de cet adjectif à la Recherche, entreprise de collecte de fonds, de travail en équipe, d'informa(tisa)tion quantitative aux résultats limités et vérifiables: bibliographies, guides, manuels, dictionnaires, travaux d'édition, de génétique ou d'histoire littéraire. Face à ce monstre froid, tentaculaire, le travail solitaire paraît lent, étroit, dépassé. Or la seule «recherche» en critique, ou la meilleure, serait celle qui, «par l'écriture, s'associe au mouvement créateur de l'œuvre littéraire et le met en rapport avec le savoir»; celle qui «invente son objet dans le *sens* où lui-même invente le monde et le savoir[43]». Le corps à corps avec le texte, l'interprétation, l'écriture du critique sont inséparables du «travail sur soi» de ce lecteur professionnel qui doit demeurer un amateur passionné.

L'écriture peut donc être «savante» par ses présupposés, ses connotations, ses notes, citations ou références, et ressortir au genre essai plutôt qu'à la thèse, à la monographie, aux travaux «scientifiques», techniques. C'est le cas, par exemple, des nombreux *Signets* de Jean-Éthier Blais, jamais loin d'un *Dictionnaire de moi-même* (1976) subtil et ironique, de

---

42. Pierre Nepveu, cité par Sherry Simon, *op. cit.*, p. 269. Voir aussi Simon Harel, *Le Voleur de parcours. Identité et cosmopolitisme dans la littérature québécoise contemporaine*, Longueuil, Le Préambule, 1989.
43. André Brochu, *Le Singulier pluriel*, Montréal, l'Hexagone, 1992, p. 228.

l'«expérience du vide» dans la très personnelle *Esthé-tique pour Patricia* (1980), de Georges-André Vachon, du journal intellectuel de Jean-Louis Major, *Entre l'écriture et la parole* (1984), contre un dis-cours trop appuyé, pour si possible une écriture du silence. «Et la mort, un jour ou l'autre, fait du tout un fragment.»

Dans la critique au quotidien (ou à l'hebdoma-daire), il faut faire une place à part à Jean Royer, poète, animateur, éditeur, qui dirigea l'information culturelle du *Devoir* et publia ses entretiens avec des *Écrivains contemporains*[44] d'une vingtaine de pays, particulièrement du Québec[45]. De quel genre litté-raire s'agit-il? Interviews, reportages d'idées, «enquê-tes d'identité», portraits, introductions, initiations, essais? On a même qualifié de fiction ces entretiens qui «se lisent comme un roman» (Lise Gauvin). Ce sont en tout cas des dialogues à la fois socratiques et médiatiques, (ré)écrits, repensés, «échos de pensées reconstituées (ou mieux, véritablement constituées) comme accompagnement des œuvres» (André Bro-chu). Le modèle en est le *publiciste* français Jules Huret que Jean Royer imagine et met en scène, un siècle après sa mort, à côté de Barthes, comme «écou-teur» et créateur d'un nouvel imaginaire: «l'entretien est un essai qui nous permet de parler de l'écrivain comme fiction de l'œuvre». Cette méthode, Jean Royer l'adapte aux récits de *La Main ouverte* (1996),

---

44. Cinq volumes, Montréal, l'Hexagone, 1982-1989.
45. *Poètes québécois* et *Romanciers québécois*, Montréal, Typo, 1991.

suite autobiographique de *La Main cachée* (1991), exercices de mémoire, d'amour et d'amitié, de reconnaissance des points de fuite comme rassembleurs du regard[46]: «comme si c'était cela, la mort: tous les instants enfin réunis» (Gabrielle Roy).

À côté, sinon en face ou au-dessus des spécialistes des genres, champs, théories et méthodes, se tiennent donc des «discours» qui sont d'abord des écritures, coécritures, relectures, réécritures. Parallèlement ou perpendiculairement à la critique de la littérature, il existe une «littérature de la critique», comme le reconnaît d'emblée le second titre, ou sous-titre, d'un des nombreux collectifs récents[47]. Gilles Marcotte y insiste sur le «jugement»; André Brochu y revient sur la «dimension d'intériorité» des textes, sur leur «qualité de conscience», sur l'immanentisme qui marque sa propre *Visée critique* (1988), où des fragments d'autobiographie, d'«autobiocritique», imprègnent les «positions» et autres essais de circonstance. Ce dernier mot[48], sans référence personnelle, vient équilibrer *littérature* dans un recueil de

---

46. «S'il est un centre, c'est où je vais» (Paul Zumthor, *Point de fuite*, cité dans Jean Royer, *La Main ouverte*, Montréal, l'Hexagone, 1996, p. 252). Voir aussi la «fenêtre» de *L'Outre-vie* de Marie Uguay, morte à vingt-six ans, en 1981, dont Royer s'est fait le témoin.

47. Annette Hayward et Agnès Whitfield (dir.), *Critique et littérature québécoise. Critique de la littérature / Littérature de la critique*, Montréal, Triptyque, 1992.

48. Analogue à tout le *reste* — «il est de la nature même de la critique de comporter la hantise d'autre chose» (p. 38) — de *la littérature et le reste*, dialogue épistolaire entre André Brochu et Gilles Marcotte (Montréal, Quinze, 1980).

Marcotte (1989) où l'histoire, les institutions, les mythes, les lectures («Écrire») sont soumis à la «dialectique de l'ancien et du nouveau», de l'Amérique et de la France, du récit et de l'essai.

Lecteur, relecteur de Villon, de Grandbois ou de Saint-Denys Garneau, Jacques Brault a fait depuis longtemps de ses confrères poètes des «amis», des voisins. Mais son «quartier» comprend aussi bien les passants, les ombres de la rue, les voyageurs sans bagage. L'écrivain n'a pas de «second métier» (professeur), puisque écrire, dessiner sont des passions autour d'un «noyau magique» qui dès l'enfance fut «démons et merveilles: un livre». Les livres de Brault sont souvent des objets d'art, en tout cas des objets beaux où le papier, les caractères, les blancs ne sont pas laissés au hasard du commerce et de l'industrie. Quand il les illustre, l'auteur dessine comme il écrit: en marge, dans les coins, en surimpression, en filigrane. Il aborde le livre comme il aborde les poèmes (*des quatre côtés*), et il décrypte la nature dite cultivée, la société dite civilisée, «avancée», comme il lit, récrit et réécrit les autres textes.

La métaphore du chemin qui parcourt les essais et recueils de Jacques Brault[49] indique un passage (du temps dans l'espace) qui à la fois entraîne, arrête, porte et déporte; qui «sait où il va», mais «désire ne pas arriver» et «ne s'achève nulle part». «Et tant dure l'éphémère qu'à la fin il commence» pourrait résumer, couronner les admirables chroniques, réservées aux «très chers», d'*Ô saisons, ô châteaux* (1991), sur les

---

49. *Chemin faisant* (1975), *La Poussière du chemin* (1989), enfin, poésie et prose, *Il n'y a plus de chemin* (1990).

misères, les grandeurs et les rêves de la vie quotidienne associée aux plus grands titres et figures de la littérature.

Jean Larose joue parfaitement son rôle d'intellectuel dans la Cité. Non pas qu'il fréquente les médias, sauf la radio, ou qu'il s'agite sur la place publique, sauf pour défendre ses idées et ses livres. C'est en tant que critique «multiforme» qu'il s'est fait connaître et (déjà) discuter. *Le Mythe de Nelligan* (1981) était difficile à classer entre la déconstruction derridienne, la psychanalyse lacanienne, l'analyse textuelle et la lecture politique du Sujet-Nation. *La Petite Noirceur* (1987), par opposition à la «grande», du temps de Duplessis, est insidieuse. Larose la débusque à la télévision, dans les défilés de chars allégoriques, dans une «modernité bien de chez nous», mimétique, dans le féminisme radical ou l'entrée du *joual* au dictionnaire. L'essayiste se double d'un polémiste, le réfractaire d'un provocateur: «Il faut avoir honte d'être canadien, et garder fidèlement au Canada notre haine», même si elle semble «incompréhensible à ces blêmes rougeauds», dit la lettre finale à une amie encouragée à émigrer. L'éthique et l'esthétique de la «colère» de 1960 sont reportées de façon flamboyante sur les objets et les objectifs de la fin du siècle. Avec une lucidité et un courage qui vont jusqu'au «devoir de se dresser contre la majorité», fût-elle silencieuse, contre le (si bon) «monde ordinaire» dans *L'Amour du pauvre* (1991), dont on retiendra les pages lumineuses sur le rôle de la littérature dans l'enseignement.

*
* *

La littérature a si bien repris du poil de la bête dans la «foire aux langages», aux savoirs, vers la fin des années quatre-vingt, que Pierre Nepveu peut parler d'ontologie, d'«énergie des formes» et de «pluralité des centres» dans un recueil très ordonné d'essais littéraires[50], où le *réel* est posé comme le sol, le roc, le mur-tremplin de l'écriture: «les morts écrivent» à travers les vivants, d'une catastrophe à une conscience. Un certain *irréel* peut être «indéfiniment recyclable».

Celui qui jusqu'ici a poussé le plus loin l'usage de la littérature dans un champ normalement réservé à la démographie, à la psychologie, à la sociologie, à l'historiographie, c'est François Ricard dans *La Génération lyrique* (1992) dont le sous-titre, *Essai sur la vie et l'œuvre des premiers-nés du baby boom*, mime avec humour le nom d'une célèbre collection scolaire de critique littéraire. Sans enquêtes ni statistiques, sans tableaux ni chronologie détaillée, avec une seule note en bas de page, ce livre peu orthodoxe est à prendre, et a été pris, tout à fait au sérieux. Il ne fait pas qu'évoquer, il analyse avec précision les phases de «libération» d'une classe d'âge qui constitue à elle seule une catégorie sociale et culturelle. Il fait un «portrait de groupe» de face et de profil, une biographie et une autobiographie collectives. L'épithète *lyrique* que l'auteur attribue à cette «génération de la légèreté du monde», à son inconscience, à son innocence, s'oppose à *épique*, à *tragique*, mais aussi à *réaliste*, à *prosaïste*. Ricard s'en distancie. Son

---

50. Pierre Nepveu, *L'Écologie du réel, op. cit.*

écriture est patiente, limpide, convaincante. «La poésie rencontre la réalité, et l'âge de la prose peut dès lors commencer.» Il est commencé.

La «méthode[51]» de la littérature n'est ni une technique ni un système. C'est un regard, un recul pour une avancée, un doute plus que méthodique: radical, absolu, «inconditionnel», ni temporaire ni purement tactique. Le critique, l'essayiste littéraire est un «découvreur de découvertes», donc inattendu, imprévisible, comme le disait Milan Kundera en préface à *La Littérature contre elle-même* (1985) de François Ricard, où celui-ci salue l'«immense éclat de rire» du romancier tchèque, «comme seule la littérature peut en adresser à la politique et à l'histoire pour les mettre impitoyablement à nu, c'est-à-dire les ramener à *rien*», ce qui est un moyen de les comprendre, de s'en pénétrer et de les pénétrer, de les désamorcer pour un usage plus humain.

---

51. Voir François Dumont, «La littérature comme point de vue. Trois essayistes québécois contemporains: André Belleau, Jean Larose et François Ricard», *Itinéraires et contacts de culture*, nos 18-19, 1995, p. 89-96.

CHAPITRE IX

Les genres de l'intime

Les principaux genres de la littérature intime, l'autobiographie, le Journal[1], apparaissent au XVIIIᵉ siècle dans la mouvance des nouveaux récits de voyages, des témoignages personnels, des *Confessions* de Jean-Jacques Rousseau. De son côté, la lettre passe d'un statut public à la sphère privée. Les Mémoires eux-mêmes, genre traditionnel, doivent évoluer, car l'art du portrait bouge autant que l'histoire. Au XIXᵉ siècle, l'«autonomisation» du champ littéraire par rapport aux sciences humaines impose de nouveaux rôles aux écrivains, accentue leur spécialisation et la distinction entre les genres. On est poète *ou* romancier, essayiste *ou* auteur dramatique. On s'adonne de préférence au Journal, aux correspondances, aux Mémoires ou aux Antimémoires. En attendant la mort (formaliste) du Genre,

---

1. Celui-ci ne sera reconnu en Europe comme œuvre littéraire à part entière qu'à la fin du XIXᵉ siècle (Amiel, Gide). La majuscule, comme celle des Mémoires et des Souvenirs, signale le genre (recueil, etc.).

proclamée vers 1960 ou 1970 comme signe de postmodernité, et le retour, à travers les mixages et les métamorphoses, d'autres *je*, *nous*.

Les déterminations génériques, titres, seconds titres ou sous-titres, déclarations d'intention, avant-propos, prières d'insérer sont multiples et souvent contradictoires dans la littérature personnelle. *Une saison à la Renardière* (1988), de Marcel Rioux, est un journal de cinq mois qualifié de «chronique» et placé dans une collection «essai». Des souvenirs d'enfance aux récits de voyages, toutes sortes de livres de bord et de «fragments» autobiographiques cherchent leur sens, leur tout. Et d'abord un nom, une forme, un genre.

Répéter *Pour tout vous dire* (1988) ou *Pour ne rien vous cacher* (1989), comme Claude Jasmin, ne transforme pas en intimité, ni en littérature, des confidences calculées et des lettres aux journaux. En revanche, il y a beaucoup de la vie, de la personnalité, de la vocation littéraire de Gabrielle Roy dans le récit *De quoi t'ennuies-tu, Éveline?* et la nouvelle qui la suit, *Ély! Ély! Ély!* (1984). Marilú Mallet[2], dont la première idée avait été de faire une «correspondance filmée», a réalisé au cinéma un *Journal inachevé* (1983), forme de «fiction dans le documentaire», où elle a dû se dévoiler dans «le non-dévoilement, le non-dit», sans voix off, en montrant le quotidien à travers l'image, le jeu, le drame, le montage. «C'était un travail de dédoublement.»

---

2. Voir les textes présentés à la table ronde animée par Lise Gauvin, *Études françaises*, vol. XXII, n° 3 («La littérature et les médias»), 1987, p. 101-109.

Il y a une variété d'écrits intimes dans les *Textes* réunis en 1990 à la mémoire de Suzanne Lamy; dans les «mémoires courtes» (et non Mémoires courts) qu'Hélène Pedneault intitule *La Douceur de volcans* (1992), livre «baroque comme la vie». Les *Entretiens avec Fernand Leduc* (1995) de Lise Gauvin sont suivis d'une correspondance avec Raymond Abellio et d'une «conversation» avec Thérèse Renaud. Jean Royer intitule *Pays intimes* une série de reportages (plutôt qu'«entretiens»), inaugurée en 1976, où il laisse et fait parler des écrivains, des artistes. Pierre Bénichou[3] rapprochait des œuvres littéraires «les mémoires ou les correspondances, dans lesquelles l'homme le plus obscur et le moins créateur est en réalité littérateur à sa manière». De quelle manière? Et qu'est-ce qu'un «littérateur» à côté d'un écrivain? Là où manquent l'autobiographie et les Mémoires, comme au Québec, pullulent les interviews, témoignages et souvenirs.

I. Souvenirs en fragments, recueils

Les Souvenirs[4], organisés par thèmes, distribués en recueils, en séries, en mélanges, ou fragmentés en historiettes, en anecdotes, sont très nombreux dans la

---

3. Dans le collectif *Problèmes et méthodes de l'histoire littéraire*, Paris, Armand Colin, 1974, p. 87.
4. Sur la différence entre les Mémoires, avec leur «ligne de continuité», et les Souvenirs, isolés, d'une durée variable, triés et classés par thèmes, voir Françoise Van Roey-Roux, *La Littérature intime au Québec*, Montréal, Boréal, 1983, et Yvan Lamonde, *Je me souviens. La littérature personnelle au Québec (1860-1980)*, Québec, IQRC, 1983.

littérature canadienne-française traditionnelle, même contemporaine. Lionel Groulx, dans ses *Rapaillages*, voulait «se souvenir afin qu'on se souvienne», souli-gnant le rapport entre l'individu et la collectivité. Le temps du souvenir est celui de la légende, du conte: en ce temps-là, il était une fois. Mais, alors que le conte reprend indéfiniment l'incipit et le réactualise dans un éternel présent, les Souvenirs retournent à un passé fini et défini: chez les ancêtres, à la campagne, durant l'en-fance, à l'école, au collège, en vacances. Malgré quel-ques accidents ou incidents fâcheux, les Souvenirs, contrairement aux Mémoires, sont essentiellement plaisants, radieux, nostalgiques. Ils se présentent «en vrac», «à vaincre», «pour demain». On en retrouve souvent dans les essais au sens large, parmi les proses diverses. Sans compter les *Souvenances*, plus floues, ou ces *Ressouvenirs* qui servent à entretenir *La Tenta-tion du passé* (1977) de l'académicien Victor Barbeau.

Après des Journaux fictifs à peine romancés, des Mémoires «imaginaires», une autobiographie très «approximative», François Hertel, de moins en moins canadien mais toujours *errant*, a multiplié, ou plutôt additionné les *Souvenirs* depuis 1972. Il les assaisonne de «réflexions», de confidences «scandaleuses», de bla-gues, pour aboutir, sans en faire la somme ni un choix définitif, à des *Souvenirs et impressions* de tous les âges, pour toutes les occasions, dont le second titre est *Mémoires humoristiques et littéraires* (1977). Car au «beau risque» de ses débuts, à sa «tragique aventure», a succédé un «nihilisme souriant».

Les souvenirs sont des objets déplaçables par la mémoire. Ils s'accumulent, se recoupent, parfois s'annulent. Les souvenirs enseignent, renseignent,

rassurent. Les souvenirs découpent une matière déjà
là, la sertissent, l'offrent dans un écrin; leur fragmentation n'est pas une liberté, c'est une nécessité. Les
souvenirs n'ont pas d'itinéraire à créer, seulement des
traces à reconnaître, des sites à visiter. Pas de durée,
des moments. Paul Toupin qualifiait abusivement
d'«autobiographie» ses *Souvenirs pour demain* (1960)
— titre que choisira aussi à Paris Jean-Louis Barrault.
Il appelle tantôt «souvenirs», tantôt «roman» les livres
suivants, dans la veine qui tient du portrait et de
l'autoportrait, des maximes, des demi-confidences et
des Mémoires partiels. *Au commencement était le souvenir* (1973), c'est entendu, mais à la fin?

C'est à propos de leurs «arrière-jeunesses» et de
leurs enfances prolongées avec plaisir que Jean-Paul
Filion, des collines outaouaises, et Claude Jasmin, du
quartier Villeray, sont le plus éloquents. Le premier,
auteur de chansons (*La Parenté*), présente comme du
«cinéma-vérité» les «séquences» folkloriques vécues
à *Saint-André-Avellin... Le premier côté du monde*
(1975). Le second, décorateur et polygraphe, se disperse
dans *Jasmin par Jasmin* (1970), dossier, «album», se
retrouve dans la trilogie des souvenirs de famille, de
quartier, de vacances, qui commence avec *La Petite
Patrie* (1972).

Les Rumeurs d'Hochelaga (1971), de Jean Hamelin, sont des «récits» à partir d'une enfance, la sienne,
dans un quartier ouvrier. À rapprocher de *Tel que
j'étais...* (1988), souvenirs du graphiste Arthur Gladu,
né dans le «faubourg à m'lasse» et soldat malgré lui en
Europe. D'autres se reverront en enfant de chœur, en
«eau bénite», en étudiant, en voyageur, en artiste, en
homme ou femme à tout faire. Jacques Lamarche a

travaillé dans (et a écrit sur) plusieurs milieux socio-économiques, mais ses *Confessions d'un enfant d'un demi-siècle* (1977) ne sont que des souvenirs.

Les tableaux et portraits de voyages les plus classiques, les plus modernes, sur les traces de Marco Polo, de Cendrars, de Larbaud, de Morand, sont les *Visages du monde* («BNM», 1990) qu'Alain Grandbois tire de ses carnets de notes, pour la plupart perdus, et «de grands fragments de souvenirs». L'auteur s'excuse d'employer «trop fréquemment le *je* et le *moi*», mais comment faire autrement? Ce sont des «impressions personnelles» qu'il donne à la radio et qu'on publiera d'abord en 1971 avec le sous-titre *Images et souvenirs de l'entre-deux-guerres*.

Les Mémoires se serviront éventuellement des souvenirs pour faire jouer à la mémoire un rôle à la fois personnel et collectif. Ils exigent généralement beaucoup plus de lectures et de notes. Les Mémoires corrigent et complètent ce que le souvenir a de ponctuel, d'anecdotique, de stéréotypé. Ils constituent une œuvre organisée linéairement et circulairement, en partie au moins vérifiable. Même les Mémoires rassemblés et publiés par une autre main affichent ce caractère en atténuant les ruptures, les manques, la fin abrupte. Les Mémoires reconstruisent ce passé que les souvenirs rappellent par bribes. Le désir de cohésion est tel qu'il arrive à un auteur de «récuser le témoignage de son journal intime lorsqu'il écrira ses mémoires[5]». Chaque pratique a son temps, chaque genre, ses lois.

---

5. Georges Gusdorf, *Mémoire et personne*, Paris, PUF, 1951, p. 489.

II. Mémoires pour l'histoire

Les deux concepts à l'origine du genre et du mot *mémoires* sont «histoire» et «renommée». Les «pré-Mémoires» furent les *Vies* d'hommes illustres, souvent commandées par eux-mêmes ou leur maison. Et les *grandes chroniques* furent d'abord des *généalogies*, à la cour de France comme à Québec, où le *Dictionnaire* (Tanguay) des familles paraît de 1871 à 1890, peu après les *Mémoires* du vieux Philippe Aubert de Gaspé, les premières biographies et monographies historiques. Ces travaux font le pont entre la vie privée, quotidienne, et le contexte social, national.

Le mémoire, placet, factum, est un «écrit sommaire que l'on donne à quelqu'un pour le faire souvenir de quelque chose» (Furetière). Les Mémoires, au pluriel et avec majuscule, sont la relation écrite que fait une personne des événements auxquels elle a été liée activement ou passivement. Les Mémoires, «dossier préparé devant le tribunal de la postérité[6]», qui jouent d'abord un rôle de «transmission du modèle paternel et de reconnaissance», dépassent les confessions, les annales et la chronique pour tenter d'accéder à l'Histoire. Même si le rôle de la mémoire n'est «jamais le principal dans la rédaction des Mémoires», elle est toujours présente, disponible, pour éveiller les témoignages, éclairer les pièces d'archives et autres documents. La mémoire doit *lire* en même temps qu'elle écoute et aide à écrire. Le mémorialiste donne à la mémoire plus qu'il ne lui prend: il rend *mémorables* des gestes qui autrement se seraient perdus.

---

6. Marc Fumaroli, «Les mémoires du XVIIe siècle au carrefour des genres en prose», *XVIIe siècle*, n°s 94-95, 1971, p. 10.

Dans les Mémoires, l'auteur se comporte en «témoin». Son point de vue est personnel, mais l'objet de son discours porte sur les groupes sociaux et historiques auxquels il a appartenu, ce qui distingue les Mémoires de l'autobiographie. Même si le passé est leur matière, leur modèle, les Mémoires jouent aussi avec et sur l'avenir, qu'ils annoncent, préparent, justifient.

Malgré quelques Mémoires seigneuriaux, judiciaires, militaires, ecclésiastiques, universitaires, médicaux, syndicaux, athlétiques, ce sont les Mémoires politiques (politiciens) qui dominent ici depuis toujours. Le moindre ancien ministre ou député s'en croit capable, alors que même les premiers d'entre eux ne les réussissent pas, ou à moitié. *Attendez que je me rappelle...* (1986), de René Lévesque, excellent sur l'enfance et la formation en Gaspésie, est inférieur à la biographie et au portrait qu'ont consacrés au personnage public et intime Pierre Godin et Claude Fournier.

Les femmes qui ont tâté de la vie parlementaire ou gouvernementale, pionnières, féministes, ont produit des œuvres rapides, faciles: Thérèse Casgrain, *Une femme chez les hommes* (1971); Lise Payette, *Le Pouvoir? Connais pas!* (1982). Et l'écriture alors! Gérard Pelletier, ancienne «colombe» à Ottawa, qui ne fut pas un aigle à Paris ou à l'ONU, retrouve à peine ses qualités de journaliste dans *Les Années d'impatience* (1983). Plus convaincants, sinon convaincus, sont ses confrères Jean-Louis Gagnon avec des *Apostasies* (1985-1990) tranchées, tranchantes, et Gérard Filion dans *Fais ce que peux* (1989), titre plus réaliste que la devise du quotidien qu'il a vigoureusement dirigé, avec André Laurendeau, contre Duplessis et le duplessisme.

Émule de Malraux, préférant comme lui les Anti-mémoires intellectuels aux Mémoires sentimentaux, impudiques, Georges-Émile Lapalme pense en homme d'opposition, sinon en marginal. Le leader libéral qui fut un acteur de premier plan de la Révolution tranquille se fait non pas modeste, mais critique, cynique, envers ses adversaires (de tous les partis) et à l'endroit du pouvoir politique comme idéologie ou façon de vivre. L'écrivain se manifeste en lui dans la mesure où l'homme se retire, désabusé, avive ses plaies et ses contradictions. Son amertume est savoureuse, tonique. Son œuvre est aussi littéraire qu'historique et profondément politique. Le premier volet de sa trilogie, *Le Bruit des choses réveillées* (1969), d'après un poème de Verlaine, va au-delà du «tissu de regrets», jusqu'à une musique du silence. *Le Vent de l'oubli* (1970) est plus âpre, avec de brusques éclaircies dans les «grandes noirceurs». *Le Paradis du pouvoir* (1973) est encore plus ironique, féroce sans bassesse.

Faut-il situer dans la lignée des Mémoires de Lapalme la *Chronique des années perdues* (1976) de l'historien Guy Frégault, qui fut son sous-ministre des Affaires culturelles? Celui-ci, administrateur dépaysé, rigoureux, est impeccable, implacable, parfois un peu tatillon, défensif.

Selon des anthropologues, l'unité spécifique du temps humain serait «l'espace compris entre les souvenirs qu'un grand-père a de son enfance et la connaissance qu'en a le petit-fils qui les a entendu raconter[7]». Le temps de l'historien Marcel Trudel s'étend bien

---

7. Ralph Blum, dans Margaret Mead, *Du givre sur les ronces*, Paris, Seuil, 1977, p. 274.

davantage, jusqu'à la Nouvelle-France dont il est un spécialiste, comme Frégault. Ses *Mémoires d'un autre siècle* (1987), en effet, situent sa naissance (1917) en Mauricie «au dix-huitième siècle» par la mentalité, les mœurs, qu'il avait déjà décrites dans son roman *Vézine* (1946), inspiré de son enfance à Saint-Narcisse.

Kamouraska de mémoire..., souvenirs de la vie rurale d'autrefois racontés par un octogénaire à son petit-fils[8], se situe quelque part entre l'ethnographie, les Mémoires populaires et l'autobiographie. C'est l'histoire d'un individu, arrivé à Montréal en 1942, qui a accompli son «destin» sans rien regretter ni oublier. Il écoute en lui des témoins obscurs, immémoriaux, et par eux «prend parole». La critique, après et avec l'auteur lui-même, grand liseur, a rapproché ce *Kamouraska* de celui d'Anne Hébert, des films de Pierre Perrault, des pays de Grignon, Laberge, Ringuet. L'observateur a un regard personnel et *littéraire* en même temps que sociologique.

Les écrivains ont été peu enclins aux Mémoires. Les premiers à porter ce titre, ceux d'Antoine Gérin-Lajoie, entrepris dès l'âge de vingt-cinq ans, poursuivis sous forme de Journal, sont publiés partiellement par l'abbé Casgrain[9] qui en fait une sorte de biographie. Des écrivains ont rédigé des tranches, des épisodes de leurs Mémoires à (ne pas) venir, qu'ils ont le

---

8. Jos-Phydime Michaud est présenté avec raison comme l'auteur du livre (Montréal, Boréal, 1981). Fernand Archambault a recueilli ses propos, signé l'introduction, préparé un glossaire (pour la coédition chez Maspero).

9. Dans ses propres *Œuvres complètes* (1885), t. II, p. 431-542, puis en volume séparé.

plus souvent transposés dans leurs romans d'apprentissage ou de mœurs. L'évolution même du roman vers le récit, la *novella*[10], favorise l'insertion, l'utilisation d'autres genres, d'autres formes de la littérature intime: journal, lettres, fragments d'autobiographie.

À côté des tribus réelles transplantées dans les cycles romanesques — dont les Beauchemin de Beaulieu (VLB) sont les plus célèbres — se trouvent celles des romanciers eux-mêmes. Avec *Adrienne. Une saga familiale* (1993), Madeleine Ferron redonne vie à sa (jeune) mère, parole à Jacques et à tous les siens, depuis le premier immigrant et la fondation du village des Caron. La généalogie, l'histoire et les Mémoires d'enfance s'y enrichissent mutuellement. Le discret Gilles Archambault veut «rendre compte d'un certain degré d'émotion» qui lui vient en évoquant la figure de la femme, morte en octobre, de qui, conçu avant mariage et ayant échappé de peu à un avortement, il est né, *Un après-midi de septembre* (1993). «Elle était ma mémoire.» Il sera la sienne. «Mes conversations les plus graves avec elle, je les ai maintenant.»

III. Correspondances

La théorie de la lettre est plus récente, moins avancée que celle des principaux autres genres. Plus qu'une technique narrative, la forme épistolaire est un genre spécifique, qu'elle soit utilisée fictivement

---

10. Et d'autre part, pour les fresques, vers la télévision: Yves Beauchemin, Victor-Lévy Beaulieu, Arlette Cousture, Francine Ouellette...

dans le roman, l'essai, le «livre de lettres», ou dans les échanges dans tous les domaines de la vie réelle. La lettre «familière», personnelle, quotidienne, s'oppose à la lettre publique, éditée, diffusée. Le «pacte d'intimité» entre un signataire et un destinataire est un pacte, explicite ou tacite, d'échanges écrits, datés et postés. Une relation épistolaire complète, normale, implique la lecture de l'autre, et souvent la relecture de soi-même. Par rapport à l'œuvre canonique d'un écrivain, le statut de la lettre a évolué.

La tendance actuelle est d'aborder les correspondances comme des «monuments[11]» et non des «documents», par une analyse textuelle sans *a priori*, plutôt que comme un «banc d'essai», un creuset, un atelier préparatoire. Ce que Vincent Kauffmann appelle *L'Équivoque épistolaire*[12], c'est la «distance», l'«absence» que produit, paradoxalement, la lettre. «La continuité et l'intimité n'ont lieu qu'en pensée», dit-il. La spécificité de la lettre vient d'un équilibre contradictoire entre la présence à l'écriture et la séparation personnelle.

Le seul genre important de la littérature intime qu'on puisse faire remonter jusqu'à la Nouvelle-France, c'est la correspondance. Même en excluant les récits de voyages et les relations des missionnaires, il reste un monument classique, les lettres de Marie de

---

11. Suivant la distinction de Michael Riffaterre. Pour une réponse nuancée, historique et théorique à la question «Qu'est-ce qu'une lettre?», voir Benoît Melançon, *Diderot épistolier. Contribution à une poétique de la lettre familière au XVIIIe siècle*, Montréal, Fides, 1996, p. 25-57.
12. Paris, Minuit, 1990.

l'Incarnation à son fils et à Dieu; une peinture de mœurs et de sentiments, les lettres de Mme Bégon à son gendre («cher fils»). Au XIXe siècle, le chef-d'œuvre épistolaire, ce sont les lettres d'un Patriote condamné à mort, Chevalier de Lorimier, à la veille de son exécution en 1839[13]. Face à lui-même, devant l'amour de sa femme, l'avenir de ses enfants et de sa patrie, le jeune notaire, littéralement *intime* avec la mort, distingue lucidement l'injustice militaro-judiciaire de la vérité politique, historique. Sa prose est incomparablement mieux maîtrisée que celle des lettres d'adieu ou d'exil d'autres Patriotes que l'on redécouvre et publie au début de la Révolution tranquille.

Les premières correspondances d'écrivains — qui ne sont pas toujours des correspondances *littéraires* — sont celles de quelques grandes familles, les Garneau, Papineau, Bourassa, Dessaulles, dont Louis-Antoine, penseur laïque ostracisé[14]; celles de Crémazie critique, d'Arthur Buies[15] en éternel jeune romantique à court d'argent, de Fréchette, et surtout de l'abbé Casgrain, animateur de nombreux réseaux en Amérique et en Europe.

Si les lettres de Saint-Denys Garneau[16] se situent à un aussi haut niveau que son *Journal* et ne sont pas

---

13. *Lettres d'un patriote condamné à mort*, Montréal, Comeau et Nadeau éditeurs, 1996.
14. *Un Canadien français en Belgique au XIXe siècle. Correspondance d'exil de L.-A. Dessaulles*, éditée par Yvan Lamonde, Bruxelles, 1991.
15. *Correspondance (1855-1901)*, éditée par Francis Parmentier, Montréal, Guérin, 1993.
16. Aux *Lettres à ses amis*, choisies et découpées en 1967, l'édition critique des *Œuvres* (1971) en a ajouté cent cinquante et il en resterait une centaine d'inédites.

indignes de sa poésie, ce ne semble pas le cas de tous ses prédécesseurs et contemporains. Il est vrai que, pour des raisons matérielles (déménagements, incendies), sociales et culturelles, les correspondances sont un secteur largement inconnu, perdu ou détruit, de la littérature québécoise. Les lettres des Lozeau, Laberge, Dugas, Dantin, Marie Le Franc ne sont que partiellement publiées, le plus souvent dans des périodiques ou de tout petits livres (pour les deux derniers). On étudie beaucoup la correspondance reçue ou expédiée par Alfred DesRochers[17], mais la plupart des 2300 lettres déposées dans son fonds à Sherbrooke demeurent inédites. Il en va de même pour deux «pamphlétaires dans l'intimité», Olivar Asselin et Claude-Henri Grignon. L'«étranger» Louis Hémon, Charles Gill («Un "Canayen" à Paris») et le frère Marie-Victorin[18], son rival scientifique, devancent Lionel Groulx, dont on a retrouvé 3425 lettres[19] et identifié 3737 correspondants attestés entre 1894 et 1967.

Il existe des modes, des vagues dans la mise au jour des correspondances immergées dans les archives, oubliées dans les greniers ou volontairement cachées par les proches. Aux préoccupations politiques et historiques de 1960 succède un intérêt plus culturel, littéraire. Des lettres paraissent dans des

---

17. Dans le collectif *À l'ombre de DesRochers* (1985); dans *Voix et images*, n° 46, 1990: «Les correspondants littéraires d'Alfred DesRochers»: Albert Pelletier, Dantin, Grignon, Clément Marchand, Germaine Guèvremont.

18. *Confidence et combat*, Montréal, Lidec, 1969.

19. Le premier (*1894-1906*) des quinze tomes prévus paraît chez Fides en 1989.

recueils de proses diverses, dans des périodiques. Des extraits ou des choix de lettres de Claude Gauvreau «à un fantôme», ou «Lettres à Jean-Isidore Cleuffeu, 954, rue Haulau, Meusard» — c'est-à-dire au jeune Jean-Claude Dussault, futur journaliste et essayiste (orientalisant), qui l'avait consulté sur sa vocation d'artiste et de poète — paraissent dans *La Barre du jour*, *Études françaises* et même *Le Devoir*. Une édition des lettres est publiée à l'Hexagone.

On avait pu lire plusieurs lettres de jeunesse d'Alain Grandbois à sa contemporaine Simone Routier, poète. Ses *Lettres à Lucienne* (1987) sont présentées par la destinataire avec des notes plus justificatives qu'explicatives, des scrupules pour ne pas «causer préjudice à d'éventuels descendants». Malgré onze lettres à Marcel Dugas, après 1925, et d'autres plus tard à Miron, à Brault, à la génération de l'Hexagone, c'est surtout aux lettres d'amour (réponses) que s'adonne Grandbois. On en a retrouvé cent quarante. Manquent les principales, celles qui concernent Marguerite Rousseau, la «fiancée» perdue et retrouvée, finalement épousée. «Tu m'imagines, tu me crées», écrivait magnifiquement Alain à Lucienne, en 1932, avant de se plaindre d'un mal de gencives. Ailleurs: «comme on reconnaît le bonheur à son absence!» «Des beaux jours reviendront peut-être. *Fermons les yeux*. Attendons-les.» L'image centrale au moins, que je souligne, se rapproche, sans les égaler, des poèmes des *Îles de la nuit*.

Entre nous la neige (1986) est une «correspondance québécaméricaine» qui tient du journal littéraire et des souvenirs d'enfance entre Joseph Bonenfant et Andrea Moorhead, «femme de poésie». *Ma*

chère petite sœur. Lettres à Bernadette 1943-1970
(1988) a quelque chose de l'univers de Tchekhov: la
solitude des plaines, cinq sœurs, des conflits larvés,
l'ombre (la lumière) de la mère. Cette «petite» sœur,
religieuse, de douze ans son aînée, Gabrielle Roy la
redécouvre en «noyau pur» d'une famille déchirée.

L'*écrivant* Paul-Émile Borduas, auteur d'*Écrits*[20]
esthétiques et personnels, est extraordinaire «non
parce que les moyens littéraires l'y aident mais en
partie parce qu'ils lui font défaut». «Son écriture le
révèle d'autant plus authentique qu'elle est elle-même
élémentaire et sans moyen de tromperie», selon
Pierre Vadeboncœur[21]. Ses phrases auraient la «franchise» des «aplats». Or Borduas n'est pas plus étranger à la rhétorique de l'épistolaire qu'il ne l'était à
celle du manifeste. Il ne faut pas pour autant voir ses
lettres «repliées sur l'intimité du moi», car elles exal-
tent, comme l'action de peindre, «une subjectivité
qui cherche dans la vérité de l'expression un dévoilement complet d'elle-même, qui vise à faire pénétrer
autrui dans l'intimité du geste créateur[22]». Les lettres
de Borduas ne sont pas plus *vraies*, simples et spon-
tanées que celles supposées inventées ou remaniées
par des écrivains professionnels. «Vous connaissez le
petit jeu des reprises: euphorie et désespoir!» écrit-il

---

20. PUM, «BNM», 2 vol., 1987 et 1996 (celui-ci comprenant le
journal, 1929-1930, et la correspondance).
21. Pierre Vadeboncœur, *Essais inactuels*, Montréal, Boréal, 1987,
p. 33-34.
22. Gilles Lapointe, dans Benoît Melançon et Pierre Popovic (dir.),
*Les Facultés des lettres. Recherches récentes sur l'épistolaire fran-
çais et québécois*, Université de Montréal, Département d'études
françaises, 1993, p. 218.

à Claude Gauvreau en 1953. «Il me faut beaucoup piocher pour retrouver un peu de fraîcheur, de pureté au fond de moi-même.»

Il est par ailleurs intéressant de voir le «transfert épistolaire» qu'effectue Robert Élie[23], leur ami (et critique), de Saint-Denys Garneau à Borduas. Il voit chez l'un, qui vient de mourir prématurément, et l'autre, qui se trouve au tout début de sa carrière, une «même tentative d'absolu». Les lettres d'Élie à Borduas sont hantées par une correspondance antérieure, «fantôme» qu'elles reprennent, prolongent. Paradoxalement, cet «héritage mortifère» rend l'échange «plus vivant et conflictuel[24]». Élie prétend opposer à la figure mythique un Borduas fraternel, mais qu'est-ce pour lui, en 1960, que ce «petit homme aux yeux de feu, l'instituteur que surprennent à toute heure de la nuit des dessins à faire sauter la planète», sinon une figure de l'Artiste, du Héros, du Mystique? Robert Élie semble difficilement assumer cette nouvelle rupture (après celle de Saint-Denys Garneau) de correspondance, de dialogue, d'amitié.

Malgré l'opposition théorique entre la lettre ouverte, publique, et la correspondance privée, il y a des ressemblances de thèmes, de ton, entre *Les Lettres aux journaux* (1985) de Jacques Ferron, celles d'un grand lecteur, et *Une amitié bien particulière* (1990), titre trop romanesque de ses lettres au professeur torontois John Grube, livre suivi, c'est un signe, d'*Octobre en question*. Dans les deux cas, l'histoire

---

23. Voir ses *Œuvres*, Montréal, HMH, 1979, p. 537-570 (Saint-Denys Garneau), p. 573-613 (Borduas).
24. Gilles Lapointe, *loc. cit.*, p. 219.

est au rendez-vous, revue, corrigée, transformée par le texte. Ferron est à la fois professionnel (médecin, écrivain) et beaucoup plus intime dans *Le Désarroi* (1988), correspondance avec Julien Bigras, psychanalyste qui aborde la folie par «la créativité et l'art du récit». La circulation est intense entre les missives[25] de Ferron, «souvent du fond d'un creux», et tous ses autres textes. Il y expérimente ses perceptions, ses idées, mais le registre et la «forme» de la lettre dépendent du «rapport qu'avait Ferron avec son correspondant» (John Grube).

Quant aux *Lettres d'un libraire* (1976), coups de gueule d'Henri Tranquille, elles relèvent du commerce et du journalisme, même si on y assiste à l'enfantement — pas à la genèse — de *L'Enfirouapé* (1974) d'Yves Beauchemin, à qui l'ex-libraire adresse d'ailleurs des *Lettres dangereuses* (1991) qui n'ont rien des *Liaisons* ni du style de Laclos.

À bout portant. Correspondance de Gaston Miron à Claude Haeffely, 1954-1965 (Leméac, 1989) est présentée comme une «édition brute», ni trafiquée ni surchargée; elle est sobrement mise en situation et en contexte par des notes autobiographiques du destinataire qui compense ainsi la perte (temporaire?) de ses lettres. Miron est partagé entre sa vision de l'unité, du Tout, sa conception de la durée, d'une «œuvre de longue haleine», et le provisoire, le précaire, le fragmenté qui s'imposent à lui. «Écrivain du non-poème, il est aussi celui de la non-lettre», dit

---

25. À Jean-Marcel Paquette (inédites); à Clément Marchand et à Ray Ellenwood, dans Ginette Michaud (dir.), *L'Autre Ferron*, Montréal, Fides-CETUQ, 1995, p. 313-397.

son éditeur, Pierre Filion, sous prétexte que Miron «écrit comme il parle» avec une souveraine liberté. En orateur, en pédagogue, en comédien? Disons plutôt: en confident de tous et de chacun. D'où la parenté de cette oralité avec une sorte d'intimité interpersonnelle à résonance collective, dans ces lettres à un autre poète de son âge: «J'écris pour ne pas périr» et «je ne me construis qu'à travers l'échange»:

> Ô démuni de Miron. Je me remets de mes successifs échecs d'amour. Échec à l'homme aussi. Et de cette gangue de glace à ma parole poétique. J'écris dans l'impossible. Je rate. Je bafouille tous les alphabets. Je me cherche des indices de moi. Je m'affaisse. Perdant pied et lucidité. Mais vous me reverrez, mes amis.

IV. Journaux intimes

Le Journal intime est plus qu'un agenda, un aide-mémoire, et autre chose qu'un livre de comptes, un livre de raison domestique, familial. Il faut aussi distinguer ce journal, texte littéraire cohérent, signé, même s'il est partiel, intermittent, inachevé, des annales (d'une institution), des carnets (de route, d'études, de travail, de retraite), des calepins, cahiers, notes qui peuvent le précéder, l'accompagner, mais non le remplacer. Le *Carnet du soir intérieur* est un recueil de prosopopées, poèmes, rêveries et réflexions de Félix-Antoine Savard[26]. Non moins composite est

---

26. Deux volumes, 1978 et 1979.

le *Keepsake 1* (1992), livre-album et testament critique de Jean Basile. André Carpentier ne pourrait intervertir le titre évocateur et le sous-titre descriptif de son *Journal de mille jours* [*carnets 1983-1986*].

Le *Journal d'un prisonnier* (1978), de Marcel Lavallé, mort en 1964, est un prototype, presque une caricature du genre par son caractère livresque, sa tension intérieure. Les entrées, peut-être réécrites à partir de notes et de souvenirs, sont datées de 1948 à 1951. À la fin: «Aimer est une grande faute» et «Je laisse ici un passé». Le dépositaire du manuscrit et celui qui l'a transmis à l'éditeur témoignent de son authenticité. Jean Basile, préfacier, en salue les «ferveur et sincérité» gidiennes. Incarcéré depuis 1940, à dix-huit ans, pour de «petits crimes mal organisés», Lavallé organise très bien ses lectures et écritures. Sa «sortie de religion» (catholique) est une entrée dans l'ascèse et les plaisirs d'un «moine tibétain» de la vie intellectuelle. Cet autodidacte traverse l'«épreuve nécessaire», «honteuse», de l'enfermement, de la culpabilité, de l'amitié et de la sexualité, de la réhabilitation de soi par et pour soi. Sa conception «toute littéraire» de la vie est celle d'un lecteur à la recherche d'un «langage» comme morale individuelle.

«Que le temps s'échappe vite derrière moi!» regrettait Marcel Lavallé. «Les nombreux jours de prison à venir semblent d'effroyables tortures qu'on attend, mais à leur tour ils passent, lentement divisés par des heures lourdes de silence et d'ennui.» C'est le morcellement intérieur, le dédoublement, le décalage: l'heure, le jour, l'instant contre la continuité et la durée. Certains théoriciens insistent sur la dimension temporelle et la forme (dates, ruptures et pointillés, juxtaposition, succession) du *journal*; d'autres sur son aspect personnel, *intime*. Le diariste se penche sur lui-même comme sur un autre (son «moi textuel») en devenir. Il voudrait se connaître et qu'on le reconnaisse, laisser des traces pour se retrouver, s'identifier. Le monde, la société l'intéressent par leur «réfraction dans la conscience». Il est sensible aux variations atmosphériques, à l'ambiance, au climat: le temps qu'il fait est pour lui aussi important que le temps qui passe.

Un bon journal intime devrait parvenir à «garder son intimité là même où elle s'exhibe». «Vient un moment où le trésor secret se communique, en tant que secret[27].» *Intime* est le superlatif, jamais absolu, d'*intérieur*. En s'approfondissant, la conscience de soi éclaire, la présence à soi réchauffe de plus en plus. Elles relient cet individu à d'autres, à tous les autres; elles comparent, ouvrent ce journal à tous les textes, à la littérature, à la psychologie, à la mystique ou à la politique, à l'histoire.

Pierre Hébert a voulu contribuer à une «histoire de la subjectivité» par son livre sur *Le Journal intime au Québec*. Il distingue un moi «occulté», des Patriotes à Lionel Groulx[28], où Dieu est le «narrataire principal»; un moi «recouvré» chez Saint-Denys Garneau; un moi «affirmé» à partir de Marcel Lavallé. Mais la jeune Henriette Dessaulles passait déjà, entre

---

27. Pierre Pachet, *Les Baromètres de l'âme. Naissance du journal intime*, Paris, Hatier, 1990, p. 28.
28. *Journal* commencé en 1895; édition critique (PUM) à partir de 1984.

1874 et 1881, grâce à son «cher cahier», de la révolte à l'amour, de la conscience de soi et des autres à l'«intégration progressive» à la société. Comment les journaux intimes nous donnent-ils «l'expérience *collective* de la subjectivité»? Surtout s'il s'agissait d'une subjectivité non pas *réelle*, sociale, historique, mais *idéologique*, inscrite dans un ensemble de valeurs. Le «lieu de la vérité», dans le cas de Dessaulles[29], s'est déplacé jusqu'à la fin du XXᵉ siècle. Son «moi glorifié» a mené et gagné un combat posthume pour la liberté individuelle.

C'est un travail de mémoire, et de Mémoires, que celui de Félix-Antoine Savard dans ses *Discours* (1975) et dans ses *Journal et souvenirs*[30]: journal «abrégé», souvenirs allongés comme des ombres sous le soleil couchant. Des «cimes» où son âme s'élève, «lassée d'un temps mortel», l'auteur s'autorise d'un «mystérieux prophétisme qui lui vient du passé» pour parler comme Menaud contre la «race des dégénérés et des traîtres».

Malgré ses apparences de document officiel, le *Journal tenu pendant la Commission royale d'enquête sur le bilinguisme et le biculturalisme* par son coprésident, André Laurendeau, est tout à fait personnel. Publié en 1990, plus de vingt ans après les faits et la mort de l'auteur, il réunit ses qualités d'éditorialiste, observateur politique, écrivain et artiste: des idées précises, quoique nuancées, une sensibilité sans sentimentalisme, une lucidité prémonitoire.

---

29. Son *Journal* est édité rapidement en 1970, définitivement (PUM, «BNM») en 1989.
30. Deux volumes, 1973 et 1975.

Le *Journal* (1948-1971) qui fait partie des mises au jour de l'«Édition critique de l'œuvre d'Hubert Aquin» (BQ) est très irrégulier, troué, longuement interrompu. Des blocs denses s'opposent à des notes éparses; cette «alternance de rythme» se manifeste «à l'intérieur de l'année comme du mois». Heureusement, «c'est moins la constance de sa pratique que celle de son projet» qui définit un diariste, selon Gérard Genette[31]. Alors qu'«il s'essouffle avec les derniers cahiers», le journal d'Aquin «se dissémine et essaime en d'autres lieux textuels» dont *Trou de mémoire*.

Michèle Mailhot tient un journal depuis l'âge de neuf ans, avec une seule interruption de six ans pour son mariage et la naissance de ses trois enfants. De ces quarante-trois cahiers «d'une écriture serrée, rendue à peu près illisible pour les autres dans les passages les plus délicats», elle a tiré les fragments de *La Vie arrachée* (1984) par la mort. La mère de François et de Christian, qui «auraient aujourd'hui vingt-huit et vingt-neuf ans», retrouve partout leur image, leurs traces, «plus visibles que les plus visibles objets quotidiens», dans ses *Notes de parcours* (1986).

Une série *Journal intime*, commandée à des écrivains chevronnés, a été diffusée par Radio-Canada de 1982 à 1984. La deuxième personne prend beaucoup d'importance dans ces textes dits par des comédiens. Le journal, de structure monologique, se trouve ici dans une «situation dialogique»: voix alternées,

---

31. Épigraphe de la présentation de Bernard Beugnot.

lettres échangées, écriture dramatisée, dédoublement des *je* (écrivain, narrateur). Et aucune possibilité de «seconde lecture», de retour en arrière, dans cette communication orale à sens unique.

Peu des romanciers embrigadés diaristes ont vraiment joué le jeu de «l'écriture au présent, en prise directe sur l'événement[32]». Par leurs retours, regroupements, réorganisations, ils se situent plus près de l'autobiographie fragmentée, de l'autoportrait par touches successives, que du Journal. Il y a des trouvailles — «Comme les morts vont vite et que leur trace est légère» (Roger Duhamel) —, mais peu de surprises dans ces variations et confidences radiophoniques. Louis Caron est raconteur, Jean-Marie Poupart se fait chroniqueur, Madeleine Ferron glisse vers la nouvelle, Louise Maheux-Forcier fait entendre sa musique habituelle (*Le Sablier. Journal intime 1981-1984*).

De ces exercices vus comme un «défi», certains tireront des extraits, d'autres feront de petits livres en marge de (sinon contre) leur œuvre. Yves Beauchemin, *Du sommet d'un arbre* (1986), fait précéder son journal de deux récits d'enfance et de jeunesse. «Les textes d'origine se sont ouverts en de nombreux cahiers dont je n'avais prévu ni l'aboutissement, ni l'orientation», dit Madeleine Ouellette-Michalska au seuil de *La Tentation de dire* (1985). À cette «tentation», quelques-uns résistent ou cèdent en s'expliquant. *Journal intime ou Voilà donc un manuscrit* (1984), titre ironiquement Nicole Brossard, qui, dans

---

32. Lise Gauvin, «La question des journaux intimes», *Études françaises*, vol. XXII, nº 3, 1987, p. 112.

cet «espace ombragé et ombrageux», réfléchit sur l'«épuisement», l'«enlisement du sujet». Le 4 février 1983, la date est déphasée d'un jour pour la sensation d'imaginer que «j'écris demain».

L'Écrivain de province: ainsi se qualifie Jacques Godbout, publiant à Paris (Seuil, 1991) son journal de quatre[33] saisons réparties sur dix ans: un hiver et un automne montréalais, québécois, juillet 1985 en Chine, le printemps 1990 à Saint-Armand (Québec), Paris et Royaumont, Istanbul, les marécages du lac Meech. «Nous avons une constitution à inventer, comme un roman à écrire.»

«Un journal littéraire ressemble partiellement au journal intime, faits concrets et pensées s'entrecroisent. Il est aussi projet d'écriture», dit France Théoret en liminaire de son *Journal pour mémoire* (1993). Chaque matin renouvelle son «désir d'aller en plein centre» de son propos. «Écrire, c'est dévier à partir d'un centre.» Ou en son absence, dans une poursuite qu'on sait être vaine.

Le temps morcelé, aliéné, qui était celui des femmes à l'époque d'*Une chambre à soi* de Virginia Woolf, est devenu celui de tout le monde en cette fin de siècle: «j'ai écrit dans un temps fragmenté, moi qui recherche la durée sans immobilité», dit encore Théoret. Cette recherche de soi et d'«un autre» que soi, par la «transformation du langage et du monde en être-moi», est aussi celle que fait Jean-Louis Major, *Entre l'écriture et la parole* (1984). Le professeur,

---

33. Il y en aurait six, en fait, avec l'attente sous la «froidure» de la fin d'octobre à Noël, le «redoux» ou la «sloche» avant le printemps.

le critique, le théoricien sont ici le même homme, vivant mortel, écrivant dans les intervalles du silence et de la mort. «Tout pourrait s'inscrire dans *Durer*», livre projeté, différé.

Fernand Ouellette avait profondément subverti le genre dans son *Journal dénoué* (1974), c'est-à-dire détaché de son ordre chronologique pour être librement renoué en récit, essai, confessions, portraits, analyses. Quelles traces laissent la «concentration» et la «fulgurance», qui sont les formes privilégiées par le poète? «Mourir, c'est peut-être l'acte de l'être qui *s'écrit* instantanément» et qu'aucun journal ne peut élaborer.

Le *Journal* le plus ambitieux, insolent, totalisateur et totalitaire, est celui de Jean-Pierre Guay[34], journaliste, scénariste, parolier, animateur pigiste, fonctionnaire contractuel, boursier, juré, consultant, ex-président de l'Union des écrivains québécois. Une institution à lui seul, en même temps un «écrivain conscient de l'être et jouant à le nier, pour mystifier ou pour séduire» (Réginald Martel). Un écrivain passionné, exclusif, idéaliste derrière son cynisme, pudique malgré ses indiscrétions, franc sinon honnête jusque dans le «tripotage des faits». Ce *Journal* voudrait tout embrasser, tout citer, tout utiliser de la vie quotidienne (à Beauport), des lectures (jusqu'aux cartes postales reçues), des rencontres, conversations, réunions. Débordant d'anecdotes, il cherche pourtant l'essentiel, l'authenticité et le dépouillement: «je m'en sortirai, je m'en sortirai, *écrire pour ne pas écrire*». C'est fait.

---

34. Six volumes, Montréal, Pierre Tisseyre, 1986-1990.

Les Dires d'Omer Marin (1985), roman-journal de Gérard Bessette, comprend le récit fictivement posthume (1999) d'un disciple et héritier du maître du *Semestre*, appelé ici *Trimestre*; un extrait du journal réel de Gérard Bessette amoureux en 1945, éclairé de «Préface», «Postface» et «Séquelle»; un résumé de *Mes romans et moi*, autocritique, humoristique.

Divers genres empruntent la forme du journal intime: *Le Journal d'une folle* (1975) de Marie Savard, discours intimiste et polylogue théâtral; un *Journal de la promeneuse*, savant, «moderne», qui suit *La Promeneuse et l'oiseau* (1980), poèmes de Denise Desautels. Des récits et des romans entiers sont des journaux apparents, fictifs, imaginaires, tels *Le Journal de l'année passée* (1978) de Geneviève Amyot ou *Un cœur qui craque* (1991) d'Anne Dandurand. Ils se présentent avec ou sans paratexte, avec un «discours d'escorte[35]» ou directement, comme le classique *Libraire* (1960) de Gérard Bessette. Une autre catégorie est celle des «faux» journaux fictifs, qui n'en ont pas la forme, les entrées datées, même si le narrateur du roman le désigne comme journal[36] et s'ils en ont parfois les signes éditoriaux[37]. *Le Double suspect* (1980) de Madeleine Monette est sans doute un vrai-faux journal, comme il est un faux-vrai suspense: attention au nom et à l'adjectif interchangeables.

---

35. «Ce cahier, j'aime le savoir là, [...] sentir sa couverture veloutée», dit le prélude, en italique, de *La Convention* (1985) de Suzanne Lamy.
36. *Les Silences du corbeau* (1986) d'Yvon Rivard.
37. *Des nouvelles d'Édouard* (1984) de Michel Tremblay.

Innombrables sont les fragments de journal intime dans la prose narrative, qu'ils y soient insérés, représentés comme tels[38], ou qu'on fasse de sa lecture une écriture comme dans *Agonie* (1985) de Jacques Brault. Ces Journaux sont d'abord matériellement des cahiers ou carnets de couleur sombre ou grise. Leur contenu apparaît comme la révélation d'un «mystère», mais c'est le roman lui-même qui constitue une «réponse à la question posée par le journal[39]». Le sujet-auteur de ce type de journal est le plus souvent «obscur», mais dans le récit qui l'intègre le sujet-lecteur perce cette opacité. «Oui, je commence à comprendre», dit le narrateur d'*Agonie*.

V. Récits d'enfance

On distingue dans les récits d'enfance les innombrables recueils de souvenirs d'enfance stéréotypés, matériaux pour les Mémoires et la mémoire collective[40], des récits d'enfance individualisés, organisés littérairement qui peuvent annoncer ou préparer une

---

38. *Les Portes tournantes* (1984) de Jacques Savoie: «cassette», Livre noir, lettres...
39. Pierre Hébert, «Fragments de journaux intimes dans le discours du roman québécois depuis 1980», dans Louise Milot et Jaap Lintvelt, *Le Roman québécois depuis 1960. Méthodes et analyses*, Québec, PUL, 1992, p. 145.
40. «Nous avons toutes eu une mère: la Famille; et un père: l'École», disent les quatre femmes auteurs de récits individuels et d'un récit commun, *En remuant le sable dans ma cour* (Montréal, Nouvelle Optique, 1979).

autobiographie[41]. Les deux livres de Claire Martin sur (contre) son père et son éducation se servent des souvenirs cruels pour déconstruire et reconstruire une vie, avec «cette chaleur aux joues que la lecture m'a donnée jusqu'à l'âge adulte». La critique a qualifié d'«autobiographie d'enfance» *Dans un gant de fer* (1965), récit romanesque par ses figures monstrueuses, ses scènes invraisemblables, sa lutte contre le malheur «par l'invention, la mythomanie».

Les récits d'enfance tels que ceux-là sont des récits d'écrivains. Roch Carrier, conteur, fouille dans sa mémoire pour y chercher «ce jour d'enfance comme on cherche, page à page, paragraphe par paragraphe, un passage d'un livre déjà lu» (*Les Enfants du bonhomme dans la lune*, 1979). Les écrivains ne décrivent pas, ils écrivent leur enfance. Et d'abord ils la lisent, la relisent. C'est le cas de Marco Micone sur les racines italiennes, la transplantation, la greffe du *Figuier enchanté* (1992), comme d'*Un cri trop grand* (1980) de Gabrielle Poulin, roman en partie autobiographique sur la magie des commencements et la difficulté, la douleur des recommencements.

«L'enfance est une main perdue dans les vieux coffres à jouets», avait écrit Jean Royer dans un poème. Ou encore: «L'enfance est violon cassé au bout de la main de lumière.» Ces images prennent sens dans les souvenirs, les rêves, les tableaux de *La Main cachée*

---

41. «Les souvenirs d'enfance qui ne sont pas intégrés dans une autobiographie prennent une autre orientation» (Françoise Van Roey-Roux, «Le récit d'enfance: des souvenirs à l'autobiographie», *RHLQCF*, n° 9, 1985, p. 146).

(1991): «je me sens de moins en moins *infirme*, à mesure que le corps s'informe dans sa prose».

Des *Voyages au pays de l'enfance* (1960) — la sienne et celles qui l'entourent — d'André Laurendeau à *Un amour libre* (1970) et *Dix-sept Tableaux d'enfant* (1991) de Pierre Vadeboncœur, la liberté, la créativité de l'enfance, plus encore que ses émerveillements et ses drames, ont attiré les essayistes. L'univers «souverain» de l'enfant ne divise aucun «royaume», aucune république; il est ouvert à toutes les «vérités qui s'avancent» à travers les jeux.

Fragments à identifier, à rassembler: «Je commence par la recherche du premier souvenir. Je vois d'abord ma propre mémoire qui tente d'engranger des images. Comment faire? se dit-elle. L'enfant que je suis sait que l'événement qu'il est constituera la première étape d'un voyage mais il lui manque ces repères que sont les mots», écrit Jean Éthier-Blais[42], à qui ces repères ne manqueront plus, une fois adulte. Il se revoit, dans un panier d'osier, descendu à la cave, odorante, et non monté au sommet, sec, comme l'enfant du Dr Bigras.

Avant *Ma vie, ma folie* (1983), le psychanalyste Julien Bigras avait pu disséquer et interpréter grâce à *L'Enfant dans le grenier*[43] les événements clés de son enfance. On y trouve une ferme, des étrangers, un château, un crime, un procès, un enfant abandonné, un «trou noir» et quelques chausses-trappes. Joseph, frère mort-né de l'auteur — qui parle en son nom propre

---

42. *Fragments d'une enfance*, Montréal, Leméac, 1989, p. 17.
43. Parti pris, 1976; deux éditions augmentées: Paris, Hachette, 1977; Paris, Aubier-Montaigne, 1987.

pour «laisser le maximum de liberté à l'inconscient» — hante la narration, la mémoire et le corps du narrateur. Il (se) renomme Joseph, s'enterre et se déterre. Une cinquième partie, une postface et une lettre de la mère (réelle) dans les nouvelles éditions viendront analyser le livre et l'analysant.

«Ah! mon père, pourquoi êtes-vous mort si tôt?» s'écrie Jean Éthier-Blais dans son *Dictionnaire de moi-même* (1976). «Dans mes articles, je me livre. C'est un journal que j'écris, à partir des autres.» Ce sont aussi un journal et tous les genres de la littérature intime que ses essais, ses romans[44]. Son *Voyage d'hiver* (1986) en Italie, galerie de portraits, est un voyage dans le temps. Les trois volets[45] de la trilogie qu'inspire Sturgeon Falls, sa ville natale, à ce Franco-Ontarien devenu québécois, sont présentés respectivement comme «souvenirs», «mémoires», «roman». Ces trois récits d'enfance et de jeunesse sont des pierres de l'autobiographie qu'Éthier-Blais, mort en 1995, a laissée en chantier.

Michel Tremblay parle beaucoup de lui et fait parler sa famille, ses voisins, son quartier au théâtre, dans les *Chroniques* du plateau Mont-Royal et ses romans d'«amours» au pluriel. C'est à ceux-ci que se rattache, malgré les apparences, *La Nuit des princes charmants* (1995), histoire banale d'une perte de virginité. Au contraire, *Les Vues animées* (1990), *Douze Coups de théâtre* (1992) et *Un ange cornu*

---

44. *Les Pays étrangers* (1982), situés en 1947-1948 autour de Borduas et de François Hertel, professeur du collégien de Sudbury.
45. *Fragments d'une enfance* (1989), *Le Seuil des vingt ans* (1992), *Minuit chrétiens* (1994).

avec des ailes de tôle (1994) sont de petits chefs-d'œuvre d'humour, de finesse, sur les visions, les masques, les vérités de l'enfance. *La Grosse Femme*, plus présente ici que jamais, trouve en face d'elle, liseuse sentimentale, un lecteur non moins affamé mais plus critique. C'est par les livres, les spectacles, que Michel Tremblay donne un sens — universel — à sa culture d'autodidacte et à sa vie. Oui, on peut «être jaloux d'une histoire inventée».

VI. Autoportraits, autobiographies

Le «pacte» avec le lecteur quant à la réalité des faits rapportés est le plus souvent ambigu dans les récits d'enfance isolés ou fragmentés. L'autobiographie proprement dite, elle, se définit clairement: «récit rétrospectif en prose qu'une personne réelle fait de sa propre existence, lorsqu'elle met l'accent sur sa vie individuelle[46]». L'autobiographie est ainsi distinguée des Mémoires, du Journal et des autres genres de l'intime, qu'elle peut tous intégrer, en commençant par l'autoportrait, les souvenirs, les confidences, les confessions.

Le «contrat» autobiographique, répété ou répercuté à divers *seuils* du livre, porte strictement sur l'identité de l'auteur (nom véritable ou fictif), du narrateur et du personnage principal. Discours et histoire, discours d'une histoire (personnelle), l'autobiographie dans sa forme habituelle évite deux extrê-

---

46. Philippe Lejeune, *Le Pacte autobiographique*, Paris, Seuil, 1975, p. 38.

mes: le récit à la troisième personne et le pur monologue. Le but de l'autobiographie n'est «pas de dire
ce qu'on sait» de soi-même, de l'évolution de sa personnalité, mais d'«approcher au plus près de ce
qu'on ne sait pas[47]». «C'est parce que le moi révolu
est *différent* du *je* actuel que ce dernier peut vraiment
s'affirmer dans toutes ses prérogatives. Il ne racon-
tera pas seulement ce qui lui est advenu en un *autre*
temps, mais surtout comment, d'*autre* qu'il était, il
est devenu lui-même[48].» Il s'agit d'une longue naissance, renaissance, reconnaissance.

L'autobiographie au Québec est une ambition ou
une pratique récente, intermittente, partielle, à moins
qu'elle ne soit «précoce», c'est-à-dire prématurée,
chez un Pierre Vallières ou un André Major. Paul
Toupin s'y est essayé à plusieurs reprises, sous des
titres prometteurs. «Mon moi offre-t-il quelque intérêt?» se demande-t-il encore en s'observant *De face
et de profil* (1977), surtout de profil. Comme
plusieurs de ses contemporains néoclassiques, Toupin
est d'abord un moraliste, un mémorialiste, un
portraitiste.

Un homme d'affaires, importateur, Jean E.
Racine, a fait paraître en même temps que *Souvenirs
en lignes brisées* (1969), autoportraits[49], des «Notes
pour une autre fois[50]», recueil de pensées avec un

47. Philippe Lejeune, *Je est un autre*, Paris, Seuil, 1980, p. 175.
48. Jean Starobinski, «Le style de l'autobiographie», *Poétique*,
n° 3, 1970, p. 261.
49. Sur ce genre ou sous-genre, voir la revue *Corps écrit*, n° 5,
1983, et Michel Beaujour, *Miroirs d'encre*, Paris, Seuil, 1980.
50. *ECF*, n° 28, p. 129-214.

Journal de bord rétrospectif, intuitif, qui relève de l'autobiographie intérieure. «J'aurai toute la vie fait le brouillon de ce que je voulais écrire», note le diariste tendu vers l'avenir de son écriture et de sa vérité. «Il me semble toujours qu'il me manque quelque chose, mais quoi?» dit-il encore dans *Fragments indicatifs* (1982), récits posthumes.

On a aperçu un Jacques Ferron épistolier, privé et public. Il se fait souvent mémorialiste (avec les petits, dans les marges), parfois autoportraitiste face à l'autre (un Gauvreau, un poète), subtilement autobiographe, par-delà «La créance», *Du fond de mon arrière-cuisine*, jusqu'à cette *Conférence inachevée* (1987), son testament en forme de «contes d'adieu». «Quand il parle de l'enfance, il se libère», dit Pierre Vadeboncœur, en préface. Et quand il parle de la folie, de la mort?

Les voyages sont une des étapes les plus visibles de l'autobiographie. On en tire la plupart du temps des lettres[51], journaux ou récits publiés à part. Lorsque les voyages sont des déplacements (émigrations, exils) définitifs, ils donnent évidemment un autre sens à *dépaysement*. Naïm Kattan a raconté son odyssée «d'un monde à l'autre», de Bagdad à Montréal par Paris, et l'arrivée d'un immigrant qui s'intègre avec souplesse aux communautés intellectuelles canadiennes et québécoises. *Adieu Babylone* (1975) est une chronique orientale, juive et arabisante, un essai occidental, un roman d'initiation et d'apprentissage, une fiction autobiographique.

---

51. Denise Boucher, *Lettres d'Italie* (1987).

Les femmes ont beaucoup témoigné et écrit dans tous les genres, depuis une vingtaine d'années, mais l'autobiographie demeure presque aussi rare et partielle chez elles que chez leurs confrères. Écrivains ou non, elles ne sont guère allées au-delà des lettres, souvenirs[52], journaux, récits d'enfance, fragments, manifestes, spectacles ou réquisitoires. Dans les meilleurs cas, *autographie*, sans *bio*, sans chrono. C'est dans la poésie et les genres narratifs, parfois l'essai, que le nouveau sujet féminin a le plus cherché et le mieux trouvé sa personnalité, son intimité.

Ma vie comme rivière coule de source, depuis 1981, avec la sympathique Simonne Monet-Chartrand, mais il s'agit d'une chronique, non d'un «récit autobiographique». On est déçu par *Une mémoire déchirée* (1978), de Thérèse Renaud, signataire de *Refus global*. *Un sens à ma vie* (1975), d'Hélène Rioux, demeure un beau programme. Parmi celles qui sont allées le plus loin, avant Gabrielle Roy, pour se «refaire une âme», un visage, un corps, un nom: Marcelle Brisson, *Par delà la clôture* (1975); Paule Saint-Onge, *La Vie défigurée* (1979) par la misère sociale et affective.

À *La Tentation autobiographique*[53], thème de la Rencontre québécoise internationale des écrivains en 1986, la plupart des participants résistent facilement. On redoute la «tyrannie de l'intimité», le «chant lyrique», le narcissisme, l'anecdote, une identité trop

---

52. C'est dans cette catégorie qu'il convient de placer le «roman» scolaire de Denise Bombardier, *Une enfance à l'eau bénite* (1985), mieux reçu à Paris que les Mémoires de Claire Martin vingt ans plus tôt.
53. L'Hexagone, 1988.

assurée. L'autobiographie «console de la perte», et on ne veut pas être consolé. Le liminaire du collectif insiste pourtant sur l'*écrire je* comme défi au discours dominant, dissidence. Plutôt que de tentation, Marguerite Andersen, dont les romans sont des autoanalyses, parle de «désir» et de «nécessité». Et pour Madeleine Gagnon: «L'écriture est l'antidote contre le délire narcissique.» Elle refuse l'autobiographie *documentaire*, faussement limpide, mais accepte, recherche l'autobiographie *fictive*, qui est «à peu de chose près ce qu'on nomme littérature», et l'autobiographie *poétique*, «mémoire même de l'écriture qui fait battre le cœur de la lettre», chez, par exemple, Claude Gauvreau, Jacques Brault, Victor-Lévy Beaulieu.

Celui-ci n'est pas un poète, mais, comme les deux autres, c'est un lecteur, un relecteur passionné et personnel. Il se dit, s'écrit, à travers Kerouac, Hugo, Voltaire, son hommage à *Monsieur Melville* (1978), autobiographie intellectuelle, et son «pèlerinage» radiophonique chez le paternel, fraternel *Docteur Ferron* (1991). À côté de ces proses lyriques, épiques, l'autocritique de Gérard Bessette, *Mes romans et moi* (1979), paraît un peu sèche et professorale.

Les romans, récits et nouvelles de Gabrielle Roy sont profondément autobiographiques[54]. Son passé la tire autant que son avenir. Elle s'arrache littéralement à sa mère, à sa rue Deschambault, à sa maison natale, à ses élèves, à ses plaines infinies. Son œuvre se construit comme sa vie, à partir de — pour et con-

---

54. Voir Jacques Brault, «Tonalités lointaines (sur l'écriture intimiste de Gabrielle Roy)», *Voix et images,* n° 42, 1989, p. 387-398.

tre — sa famille, sa pauvreté ancestrale, sa minorité ethnique, sa solidarité et sa solitude. De son séjour à la Petite-Poule-d'Eau elle écrit:

> Il y a ceci d'extraordinaire dans la vie d'un livre et de son auteur: dès que le livre est en marche, même encore indistinct dans les régions obscures de l'inconscient, déjà tout ce qui arrive à l'auteur, toutes les émotions, presque tout ce qu'il éprouve et subit concourt à l'œuvre, y entre et s'y mêle comme à une rivière, tout au long de sa course, l'eau de ses affluents. Si bien qu'il est vrai de dire d'un livre qu'*il est une partie de la vie de son auteur* en autant, bien entendu, qu'il s'agisse d'une œuvre de création et non de fabrication[55].

Gabrielle Roy fait l'autobiographie, pas l'autocritique, de ses livres dans leur genèse et leur cheminement. Ils vivent d'elle, qui se nourrit d'eux. Pourtant, elle en parle très peu, et à travers les étés, les études, les voyages, parmi les êtres humains qu'elle rencontre et les paysages qu'elle réinvente. «L'on est ignorant de sa propre vie plus que de toute autre chose sur terre», dit-elle. Les livres, son autobiographie en particulier, nous en apprennent quand même un peu. La détresse n'est pas la vie, ni l'enchantement la littérature, ce serait trop simple. La vie enchante comme elle déçoit, les livres qu'on écrit ne sont

---

55. Gabrielle Roy, *La Détresse et l'Enchantement*, Montréal, Boréal, 1984, p. 229. C'est moi qui souligne.

jamais tout à fait ceux qu'on a rêvés. Mais il fallait désirer ces enfants de sa vie.

«Quand donc ai-je pris conscience pour la première fois que j'étais, dans mon pays, d'une espèce destinée à être traitée en inférieure?» Ainsi commence l'autobiographie d'une femme qu'on a parfois présentée comme apolitique. Un des grands thèmes de *La Détresse et l'Enchantement* est, non pas le nationalisme, mais la patrie, l'identification, le lien du cœur et de sang, qui pour Gabrielle Roy remontent à la transplantation de ses parents, au dur visage de ses aïeux défricheurs, à la déportation de ses ancêtres acadiens. Est-ce que nous avons, nous, une patrie? demande la petite fille à sa mère, qui répond oui, bien sûr, puis perd aussitôt de son assurance:

— Alors c'est le Québec, notre patrie?
— Oui et non, dit maman.

Le travail de *La Détresse et l'Enchantement* est justement de «venger» les pauvres, les songe-creux, les sans-patrie. Ils ne survivront, heureux, malheureux, mais nommés et identifiés, que dans les récits. Non pas sur ces pierres tombales que des cousins inconscients ont fait graver à leurs *Father* et *Mother* francophones, mais dans le prolongement immortel, en français, des «jongleries» et des «histoires» de Léon et Mélina Roy[56]. Gabrielle, écrivain, autobiographe, se montre à la fois la

---

56. Gabrielle Roy insiste sur les qualités d'observatrice et de conteuse de sa mère, avec «chaque détail à sa place et la place importante accordée à ce qui importait et qui était une surprise toujours» (*ibid.*, p. 142).

fille et la mère de ses vieux parents. Ceux-ci sont aussi vivants que des livres: l'un (Léon) plutôt fermé, l'autre ouvert et pourtant secret, tous deux inépuisables. Le père, jeune, dans son encadrement doré, ressemble à sa fille, «par les yeux surtout». Vieux, il ressemble à Tolstoï: même regard perçant qui semblait «aller plus loin dans l'âme qu'aucun regard que j'ai connu». Et ce père à l'âme slave fut un enfant à la Dickens. Petit commis dans un magasin de Québec, il couchait sous le comptoir. Pire encore: peu auparavant, un soir qu'il lisait à la ferme, «heureux pour un moment», le seul livre de son enfance, son tyran de père le lui avait arraché et brûlé: «Tout ce qui est écrit est fausseté.» «Je le vois encore brûler, je l'ai vu toute ma vie», avoue Léon à sa fille. «Connais-tu au moins ton bonheur?»

Innombrables sont les romans autobiographiques à des degrés divers. «Il y a quelque temps, j'entreprenais un nouveau récit, bien résolu selon mon habitude à y passer en douce les données autobiographiques les plus susceptibles, par exhibition, de m'apporter soulagement et confort», avoue, affiche Jean-Marie Poupart au début des *Récréants* (1972). D'autres sont plus secrets ou plus exigeants. Jusqu'à Réjean Ducharme, peut-être, mais qui peut vérifier? En tout cas, le *Parcours d'un écrivain* (1994) que dessinent les «notes américaines» de Marie-Claire Blais n'est pas que géographique, historique, idéologique, culturel. La jeune protégée d'Edmund Wilson revit les événements «de l'intérieur», les raconte comme si chacun «la concernait personnellement, l'atteignait dans sa propre chair» (Gilles Marcotte).

Ce n'est pas par hasard que François Ricard, dépositaire des papiers de Gabrielle Roy, a écrit sa biographie après avoir édité son autobiographie. Les liens ne sont pas que matériels ou circonstanciels entre les deux genres. Une pratique attire l'autre. Un critique, un historien voudra corriger, compléter, reprendre à pied d'œuvre l'autobiographie d'un écrivain. Les *Projections libérantes* de Borduas invitent François-Marc Gagnon à lui consacrer une importante biographie, en 1978, qui à son tour stimule les éditeurs des *Écrits* esthétiques, pédagogiques ou intimes du peintre.

Dans d'autres cas — les Dessaulles, les Garneau, Nelligan, Gauvreau, Aquin —, ce sont les légendes mal entretenues et mal dissipées, les mythes et les contre-mythes qui appellent l'éclairage biographique. Celui-ci, bien sûr, peut apporter autant d'ombres (nouvelles) que de lumière, qu'il s'agisse d'une analyse détaillée, d'une tentative de synthèse, d'une *otobiographie* à l'écoute non seulement des amis et témoins, mais du nom propre comme *bordure* entre l'œuvre et la vie, entre le «système» et le «sujet du système[57]».

*
* *

La frontière est poreuse, mouvante, entre les espaces privés et publics, comme le montrent les traités d'art épistolaire au XIXᵉ siècle, la tradition du charivari, l'usage des récits de vie et des histoires vécues

---

57. «Cette bordure divisible traverse les deux "corps", le corpus et le corps, selon des lois que nous commençons seulement à entrevoir» (Jacques Derrida, *Otobiographies*, Paris, Galilée, 1984, p. 41). Voir Françoise Maccabée-Iqbal, *Desafinado. Otobiographie de Hubert Aquin*, Montréal, VLB éditeur, 1987.

en psychanalyse, puis en sociologie. Roch Hurtubise a étudié «L'amour, le soi et la société» dans les correspondances québécoises de 1860 à 1989. Fernand Dumont rêve d'une «voie complémentaire» aux sciences humaines structurales, «celle d'une connaissance des sociétés en regard de la dramatique de l'existence individuelle[58]».

Choix à partir de douze mille lettres, *Chers nous autres, un siècle de correspondance québécoise,* est lu à la radio, édité (1978), adapté au théâtre sous le titre *J'te l'parle mieux quand j'te l'écris* (1981). On a *Le Québec de 1850 en lettres détachées* (1985), vu par les premiers Clercs de Saint-Viateur; *Les Gravel* (1979), correspondance d'un clan dispersé et aventureux au début du XXe siècle; des *Lettres d'une paysanne à son fils* (1977), le peintre Rodolphe Duguay, auteur de son côté de *Carnets intimes* (1978) qui sont plutôt le journal «externe[59]», factuel, détaillé, d'un long séjour d'études à Paris. Ces chroniques sont des documents qui communiquent en profondeur avec plusieurs genres de la littérature intime, des souvenirs aux Mémoires.

Marilú Mallet, cinéaste et écrivain d'origine chilienne, voit un rapport direct entre le recours actuel à l'autobiographique, au personnel, à l'intime, et «cette culture transnationale, qui normalise les gens[60]» et les

---

58. Voir Manon Brunet et Serge Gagnon (dir.), *Discours et pratiques de l'intime*, UQTR, 1993, p. 149, 229, 246.
59. Du type journal de voyage ou journal de bord (*log-book*), qui pourrait être rédigé à la troisième personne, contrairement au journal «interne», suivant la distinction de Georges Gusdorf.
60. *Études françaises*, vol. XXII, n° 3, 1987, p. 106.

oblige à des vies trop semblables. On veut «marquer sa différence dans un monde certes "ouvert", mais ouvert sur l'indifférence[61]», au double sens du terme. Maurice Blanchot avait déjà observé ce besoin de rapport à soi lorsque l'art devient abstrait et la littérature, «règne fascinant de l'absence de temps».

61. Nicole Brossard, *ibid.*, p. 107.

CHAPITRE X

Théâtre[1]

Le théâtre québécois s'est ouvert à toutes les expériences, à toutes les formes, aux femmes, aux jeunes, à la pluridisciplinarité, à l'international. Il a connu des cycles rapides, des zones de turbulence. Parfois menacé d'assèchement par excès d'idéologie(s) ou de technique(s), il a su réagir, se relancer. Définissant et redéfinissant ses frontières — par rapport à la télévision, au cinéma, à la littérature, à la nouvelle danse —, c'est plus que lui-même qu'il affirmait. Il n'y a plus un mais *des* théâtres québécois: corporel, intellectuel, comique, tragique, tout d'une pièce ou en morceaux, lyrique, épique, néoclassique, absurde, moderne et postmoderne — ce dernier étant l'avant-dernier «à l'état naissant» (et cet état est «constant»), suivant Jean-François Lyotard.

Il commence à exister une histoire *pensable* du théâtre contemporain au Québec. Certains critiques le suivent au jour le jour avec une juste sévérité

---

1. Dans ce chapitre, les années indiquées entre parenthèses correspondent à l'année de création des pièces de théâtre.

(Robert Lévesque), d'autres de trimestre en trimestre, à *Jeu*, fondé en 1976. Il s'enseigne d'Ottawa à Moncton, avec ou hors de la littérature. Les recherches à son sujet vont du financement et du rôle de l'État (Josette Féral, Adrien Gruslin) à la traduction (Annie Brisset), de la scénographie à la mise en scène, de moments d'histoire[2] aux approches théoriques[3].

   «Quelles pièces rejouer d'ici l'an 2000?» se demandait Gilbert David[4]. En plus des classiques de Gélinas, Dubé, Tremblay, Ducharme (*HA ha!*) et Gauvreau[5], il suggère *Un reel ben beau, ben triste* (1979), de Jeanne-Mance Delisle, le *Roi boiteux* de Jean-Pierre Ronfard, le *Provincetown* de Normand Chaurette, *Les Bédouins* de René-Daniel Dubois. Une surprise: *La Gloire des filles à Magloire* (1975), «injustement oubliée», farce villageoise carnavalesque d'André Ricard.

   Historiquement, les engagements politiques précis et la structure conflictuelle correspondante cèdent la place en 1980 à une «dédramatisation» de l'action. On se livrera désormais chez les jeunes dramaturges, femmes et hommes, à l'«exploration des désordres privés», qui ne sont pas qu'amoureux. L'émotion s'exprimera librement, canalisée par le

---

2. Voir le tome V des «ALC» (1976); *RHLQCF*, n° 5, 1983; le colloque et collectif *Mémoire et appropriation*, SHTQ, *L'Annuaire théâtral*, n°ˢ 5-6, 1989.

3. Michel Vaïs, *L'Écrivain scénique* (1978); Louise Vigeant, *La Lecture du spectacle théâtral*, Laval, Mondia, 1989; et d'abord, de Girard, Ouellet et Rigault, *L'Univers du théâtre*, Paris, PUF, 1978.

4. *Jeu*, n° 47, 1988, p. 102.

5. *La Charge de l'orignal épormyable* plutôt que *Les oranges sont vertes*.

dialogue[6] et une écriture personnelle. La scénographie et la mise en scène multiplient les espaces, les langages. Le théâtre se «rethéâtralise». *Les objets parlent*, et il arrive qu'ils soient les seuls à parler. On confond parfois esthétique et esthétisme, exotisme et éclectisme, technologie et culture. Il reste que le théâtre montréalais, québécois, n'a jamais été aussi professionnel (et marginal), multiple, vivant.

I. Tremblay après Tremblay

Le cycle complet des *Belles-Sœurs* comprend une quinzaine de pièces réparties en deux groupes. Le premier commence dès 1966 avec *Cinq*, version initiale d'*En pièces détachées*, pour se terminer onze ans et onze pièces plus tard avec *Damnée Manon, sacrée Sandra*. Le second groupe, autour d'Albertine, puis de Marcel, sans trop s'éloigner du «milieu» de Montréal, la *Main*, ouvre des perspectives sur Duhamel et les Laurentides ancestrales.

On ne peut même pas opposer le Montréal du plateau Mont-Royal à celui de *L'Impromptu d'Outremont* (1980), car dans *La Maison suspendue* (1990), le dramaturge va nouer «les fils épars des univers populaire et bourgeois, dévoilant une cohérence imprévue[7]», si bien

---

6. Le monologue, la création collective et le *joual* perdent du terrain; l'orthographe est normalisée, d'abord dans la nouvelle collection «Théâtre» des Herbes rouges, en 1988.

7. Micheline Cambron, «Le cycle centripète: l'univers infini des *Belles-Sœurs*», dans Gilbert David et Pierre Lavoie (dir.), *Le Monde de Michel Tremblay*, Cahiers de théâtre Jeu/Éditions Lansman, 1993, p. 241.

qu'on doit rattacher désormais au grand cycle, quasi unique, même *Les Anciennes Odeurs* (1981), pièce intimiste proche du *Cœur découvert* (1986), roman d'amours homosexuelles tranquilles. Jean-Marc et Jean-Luc se retrouvent, en effet, avec Mathieu, le fils de celui-ci, dans *La Maison suspendue* entre (auto)biographie et fiction. Plus encore qu'une comédie humaine à la Balzac, c'est l'histoire naturelle et sociale d'une famille, à la Zola, que fait Michel Tremblay dans l'ensemble de son œuvre.

À propos de telle ou telle ou telle pièce de Tremblay et de son théâtre en général, on a évoqué l'absurde à la Beckett ou à la Ionesco, les dédoublements pirandelliens, le drame romantico-réaliste à la Tennessee Williams, et par-dessus tout les grandes figures antiques qui appartiennent à la fois à la mythologie, au théâtre et à la psychanalyse: Œdipe, Électre, Antigone... Il a trouvé un réservoir d'images fortes, ambiguës, dans la tradition catholique: moins l'Ancien Testament que les Évangiles et les évangélistes (voir les noms), moins les dogmes que l'hagiographie, le martyrologe, les interdits et les symboles, voire les miracles: «baptême» de la Grosse Femme dans le lac Simon, ascension et transfiguration de Manon («Sa Lumière s'en vient!»).

Tremblay doit beaucoup aux chœurs et coryphées de la tragédie grecque, aux structures et formes musicales: de la cantate *cheap* à l'opéra «romantique» (*Nelligan*), du solo vocal à l'octuor (*Bonjour, là, bonjour!*) en passant par le quatuor à cordes, le quintette et autres instruments ou formations de musique de chambre. Il a aussi reconnu l'héritage de ses prédécesseurs québécois, romanciers (Roger Lemelin, Gabrielle Roy), auteurs dramatiques (Marcel Dubé), artistes du spectacle. Des impromptus aux scénarios de films, des monologues aux comédies musicales distanciées[8], en passant par des adaptations[9] sages ou perverses, le dramaturge a joué sur tous les registres. Son *joual* marqué par l'oralité est un «sociolecte» plutôt qu'un dialecte, et un langage culturel, non une langue.

Les redondances sont significatives dans le titre, les noms, les situations de *Bonjour, là, bonjour!* (1974), au centre du cycle des *Belles-Sœurs*. Serge, à son retour d'Europe, vient dire bonjour, au revoir ou adieu aux nombreuses femmes qui ont bercé son enfance. À son père, personnage mystérieux, veuf, sourd, quasi muet, qui comprend tout, Serge avouera: «Popa, je t'aime.» Il aime aussi sa sœur Nicole. Ils assument tous deux l'inceste, avec la bénédiction du père («Parlons-en pas»). Le jeune homme, objet sexuel contemplé, manipulé, dévoré par ses sœurs et ses tantes, a-t-il *choisi*? «J'ai le droit d'être heureux comme tout le monde», dit-il, phrase ambiguë et contradictoire. Il n'affronte pas la Loi, «il la contourne, la détourne»; «il ne dénoue pas l'impasse, il la renoue[10]». Ses trois autres sœurs deviennent ses belles-sœurs, «figures emblématiques de

---

8. *Demain matin, Montréal m'attend*, créée en 1970, sera prise au premier degré (divertissement) dans la mise en scène de Denise Filiatrault en 1995.
9. De pièces d'Aristophane, Gogol, Tchekhov, Dario Fo, Albee, Zindel, etc. *Les Héros de mon enfance* (1976) sont des contes de fées «pour adultes».
10. Stéphane Lépine, dans *Le Monde de Michel Tremblay, op. cit.*, p. 131.

l'aliénation», et il «adopte» son père. C'est la répétition du même, le contraire de la libération.

Les deux filles de Léopold et de Marie-Lou, la vierge Manon et Carmen la putain, sont les héroïnes de deux pièces sulfureuses. La seconde, chanteuse western, se prend pour Jeanne d'Arc en ajoutant à son répertoire des chansons *engagées* qu'elle a composées. Pour elle, *Sainte Carmen de la Main* (1976), le soleil se lève «comme un coup de poing rouge au bout d'la Catherine!» Assassinée dans sa douche par une petite lesbienne, Carmen sera aussitôt remplacée par Gloria et sa musiquette sud-américaine. *Damnée Manon, sacrée Sandra* (1977) est bâtie sur le parallélisme et le renversement: personnages opposés, mais jumeaux (la dévote et le travesti), obsessions complémentaires, couleurs contrastées (noir et blanc), monologues du dehors (folie excentrique de Manon) et du dedans (désir narcissique de Sandra).

Albertine en cinq temps (1984) relance à partir de ses origines le cycle des *Belles-Sœurs*. D'abord connue sous le nom de Robertine, cette femme a hérité du «sacrifice» de sa mère, Victoire, non de sa sagesse. Contrairement à son frère Édouard, elle n'a aucune imagination. Ici, c'est à sa sœur trop maternelle et atemporelle, Madeleine, qu'elle s'oppose, non aux multiples visages d'elle-même de vingt ans en vingt ans.

Une «étrange et puissante énergie» se dégage de la cabane centenaire en bois rond, de *La Maison suspendue* (1990) entre ciel et terre dans un pays de lacs et de portages qui a gardé le nom (amérindien) de Petite-Nation, «comme si toute l'histoire du monde s'y était déroulée», ajoute Tremblay. Elle s'y est déroulée, puisque les enfances, les jeux, les rêves s'y sont multipliés. La maison flotte, comme dans les toiles de Chagall, entre l'histoire familiale *réelle*, les contes du Violon (Josaphat), la mémoire *fictive* de Jean-Marc, venu passer l'été dans les Laurentides avec l'espoir de «ressusciter des fantômes», à défaut d'«écrire pour empêcher le crépuscule».

Marcel poursuivi par les chiens (1992), les fiers-à-bras de la «mafia des pauvres», les policiers, les violents, les «méchants», l'est aussi par les *siens*, sa sœur, sa folie, son passé. Marcel, qui se croit invisible derrière ses lunettes noires, qui parle à son chat imaginaire, est incapable de négocier avec les «chiens», avec la réalité insistante, bruyante. Il ne s'est jamais supporté, se sent de plus en plus coupable, se rend invisible pour ne pas se voir. Des «voix» le poussent à les rejoindre pour accomplir son destin qu'il croit fixé de toute éternité.

Le Vrai Monde? (1987). Tout est dans le point d'interrogation. Un écrivain en herbe voudrait bien échapper à son père commis-voyageur vulgaire, à sa sœur danseuse nue, à sa mère victime résignée. Il observe de loin, juge de haut, caricature de trop près. Absent de sa propre fiction comme du monde extérieur, Claude est un être de discours, de papier. Son œuvre (future) ne lui a pas encore permis d'opposer une autre *vérité* à la vie quotidienne. *Doubler* la réalité, cela veut dire non pas la reproduire, mais la dépasser en la frôlant.

II. Réalismes

À l'instar du roman, le théâtre québécois *réaliste* est relativement rare, éphémère, et il se manifeste de façon inattendue. Allant du vraisemblable minimal à l'hyperréalisme, des effets de réel suggérés au naturalisme loufoque, il prend des formes baroques, extravagantes, hybrides. Marcel Dubé était réaliste et romantique. Le théâtre des femmes est réaliste et utopique. Des comédies imitent la télévision, des drames imitent le cinéma ou font de la psychologie, du service social. Est-ce réaliste?

Plusieurs dramaturges prolifiques, populaires, n'ont pas — ou ont mal — tenu la route après 1980. Réalistes parodiques (Germain), poétiques (Garneau), folkloristes et folkloriques (Maillet), humoristiques (Barbeau) ou très sérieux (Gurik), leur voix s'est épuisée avant celle de leurs personnages, leur chemin s'est égaré avec celui de leurs intrigues. Leur imagination, pourtant vive, a été dépassée non par les événements extérieurs, mais par l'évolution même du théâtre.

En réponse à des commandes, Roland Lepage écrit coup sur coup en 1973 et 1974 *La Complainte des hivers rouges*, en vingt-cinq «couplets», sur la misère des habitants lors de la répression contre les Patriotes, *Le Temps d'une vie*, en sept étapes, «chronique intime» d'une femme vaincue par le destin, et *La Pétaudière*, farce linguistique et fable politique où, dans une île, des mangeurs de soupe aux pois se disputent avec des avaleurs de soupe au *barley*.

Robert Gurik est un réaliste socialiste. Il a trouvé chez Armand Gatti des idées intéressantes sur l'expérience concentrationnaire, les procès comme mises à mort collectives, le fractionnement de l'espace, du langage et du temps. Il s'en inspire dans la partie d'échecs, rouges contre blancs, de *Lénine* (1975), les microséquences du *Champion* (1977) Cassius Clay alias Muhammad Ali, les marionnettes capitalistes et ouvrières de *La Baie des Jacques* (1978), autrement nommée James. «Mon théâtre pose des questions», dit Gurik, ingénieur brechtien. Il les pose de façon scolaire, technique, idéologique. Il accumule les matériaux, les schémas, les plans, pour aboutir à un dossier, à une thèse. «Chaque pièce, qu'elle soit réussie ou non formellement, est une étape qui se ferme [chez moi]», disait l'auteur en 1973. La fermeture des chantiers semble définitive.

Jean Barbeau est un réaliste d'été, puisque c'est le théâtre de cette saison qu'il a fini par servir exclusivement[11]. Inventif et amusant dans ses premières pièces, il lasse et paraît se lasser lui-même, tout en prétendant délasser[12]. On tourne en rond dans l'univers étroit, amical, suicidaire, de *Goglu*. On se défoule entre hommes dans *Une brosse*. Un vieux platonicien caverneux (dans le métro) et un fils de riche, gratteux de guitare, se sauvent la vie à tour de rôle à force de complicité dans la «robine» d'*Émile et une nuit* (1979). Ce pourrait être un fait divers dans les journaux. Une courroie symbolise l'asservissement de la femme dans *Le Jardin de la maison blanche* (1978), une maison de fous. Les effets verbaux, verbeux, font un texte «sans queue ni tête» d'*Une marquise de*

---

11. Les théâtres (granges, gymnases, tentes, bateaux...) d'été passent de 38 en 1976 à 52 en 1980. Les 230 productions se divisent, sauf 21 spectacles inclassables, en comédies «légères» (vaudevilles ou boulevards), «satiriques», «de mœurs, de situation ou d'intrigue». Jean Barbeau arrive en tête des auteurs québécois, eux-mêmes majoritaires. Voir *DOLQ*, t. 6, p. 801-805.

12. Les joyeux pastiches continuent avec *La Vénus d'Émilio* (1984), *Le Grand Poucet*, *Cœur de papa*, etc.

Sade et un lézard nommé King-Kong (1979). Est-il possible d'illustrer «la tragédie par l'humour»? Calqué sur *Cyrano*, *Le Théâtre de la maintenance* (1978) passe sans ménagement de la scène de ménage au ménage de la scène. C'est très pédagogique.

Jean-Claude Germain, excellent vulgarisateur, conteur, animateur, est un réaliste parodique. Il joue sur les langues — *A Canadian Play / Une plaie canadienne* (1983) —, les genres (sotie, paraphrase, «monologuerie bouffe», «mascapade»), les clichés, les styles. Il a voulu transformer le théâtre-messe, pour croyants et initiés, en un spectacle ouvert sur la rue, la tradition populaire, la culture vivante. Avec d'autres cérémonies: la gigue au lieu du ballet, la chanson au lieu du poème, le chromo, le kitsch ou le «quétaine» comme décor et accessoires. Ses meilleures pièces sont d'un réalisme *épique* au double sens du terme: celui de la légende séculaire, hugolienne, et celui de l'œuvre susceptible d'être «littéralement coupée en morceaux, chacun de ces morceaux restant alors vivant» (Bertolt Brecht).

Walkyrie ou Carmen, Emma Albani ou Lili Marlène — en attendant peut-être Nathalie Choquette —, Sarah Ménard[13] a les poses, les costumes, les caprices de sa célèbre homonyme. Mais c'est une Sarah Bernhardt canadienne-française, provinciale, naïve, grandiloquente. Une chanteuse classique obligée de passer par les clubs, d'inaugurer un «centre culturel» (sportif) dans son village natal, qui déroule et interprète le film de sa vie: «L'opéra, j'aillis ça, ça s'dit pas.»

---

13. *Les Hauts et les bas d'la vie d'une diva: Sarah Ménard par eux-mêmes* (1976). Suite dans *Les Nuits de l'Indiva* (1980).

Un pays dont la devise est je m'oublie (1976) met en scène deux comédiens ambulants, un illettré et un autodidacte, spécialisés en «sketches d'hiver». Leur grosse malle-armoire sert de socle, d'estrade, de tribune, de comptoir, de chaire, de lit, de loge, de boîte à surprises. Berthelot Petitboire et Épisode Surprenant jouent tous les rôles de notre histoire: découvreur, intendant, coureur des bois, patriote, Canadien errant, organisateur d'élections, Béret blanc, *head waiter*. Le théâtre est partout où il n'y a pas de théâtre: dans les salles paroissiales, les parcs, les stades. Il est aussi bien servi par les athlètes Louis Cyr et Maurice Richard que par les acteurs qui «actent» dans le *pageant* de *La Passion*. Le dénouement est une magnifique CATASTROPHE où le général vaincu (Montcalm? De Gaulle? De Chastelain?) tombe plusieurs fois en beauté, «agonise à son aise pour revenir aussitôt à la charge», «fauché, mitraillé, fusillé» et finalement «canonné». Chacun ayant oublié la défaite, la Conquête, on se trouve tous dans le même trou (de mémoire): «[...] fait quçé lpays qui nou-z-afaitte[14]!»

Michel Garneau est un réaliste poétique. Dans des poèmes comme *Les Petits Chevals amoureux*. Dans ses «tradaptations» pour l'oreille et la scène québécoises d'une épopée sumérienne, de Shakespeare, de Lorca, de Fernando de Rojas: *Célestine là-bas près des tanneries au bord de la rivière* (1991). Dans son hommage à l'Américaine Dickinson: *Émilie ne sera plus jamais cueillie par l'anémone* (1981). Dans deux des

---

14. Suite avec *L'École des rêves* (1978), «jonglerie» du même duo en tournée dans l'arrière-pays au milieu du siècle.

pièces publiées en 1974: *Quatre à quatre*, sur les générations féminines; *Strauss et Pesant (et Rosa)*, sur l'enfance des chefs et le préfascisme ordinaire. Les exercices d'atelier de Garneau ressembleront de plus en plus à un théâtre de commande, improvisé.

Antonine Maillet est une réaliste acadienne, proche de ses sources maritimes, de ses déportations et détours historiques, de la tradition orale. Sa robuste *Évangéline Deusse* (1975) «éclipse celle de Longfellow». C'est l'inoubliable *Sagouine* «qui créa Gapi qui créa Sullivan[15]», dont les dialogues sont moins incisifs que son monologue. Puis il y eut au Rideau-Vert bien des filiations, cousinages et adaptations par Antonine Maillet de ses romans[16], de Rabelais, de Molière, de Shakespeare (*William S*, 1991). Du bon travail artisanal, parfois un peu rapide, touristique.

Jean-Marc Dalpé est-il un réaliste franco-ontarien? On a parlé de «prétentions véristes» dans son cas. Acteur à Ottawa, auteur de *Nickel* (1984) à Sudbury, mis en scène par Brigitte Haentjens, interprété par Roy Dupuis, choyé par le Festival de Stratford, Dalpé est bien reçu, couronné, avec *Le Chien* (1988). Les pièces suivantes déçoivent: *Eddy*, dans le monde de la boxe; *Lucky Lady*, en marge des courses de chevaux. Gilbert Dupuis[17] est un réaliste montréalais, un travailleur

---

15. *Gapi et Sullivan* (1973), puis *Gapi* (1976), seul, mais toujours avec l'autre.

16. *Les Cordes-de-bois* donnant *La Veuve enragée* (1977); *Mariaagélas*, *La Contrebandière* (1981).

17. *Mon oncle Marcel qui vague, vague près du métro Berri* (1991), sur un clochard; *Kushapatshikan ou la Tente tremblante* (1993), sur un Montagnais sans abri.

social intellectuel. *Matroni et moi*, d'Alexis Martin, est un «polar scénique», pasticheur. On peut parler ici de réalisme «stylisé».

Quelle place donner au «nouveau théâtre comique» qui a envahi la scène (avant de se répéter à la télévision)? Il commence avec des pièces de Louise Roy et Louis Saia (*Une amie d'enfance*, 1977), qui s'adjoignent Michel Rivard pour *Bachelor* (1981) et occasionnellement, chacun, divers collaborateurs dont Claude Meunier[18], qui travaille d'autre part avec Serge Thériault depuis *Paul et Paul* et les *Lundis des Ha! Ha!*, à faire triompher le couple Ding et Dong au Club Soda, au petit écran (pas au grand[19]), où *La Petite Vie* a une grosse cote.

Ce théâtre d'«humour» — on devrait dire: ironie, satire, dérision — s'adresse aux classes moyennes, les met en scène en les plaçant en face d'elles-mêmes, de leurs préjugés, de leurs tics. Il les situe très précisément dans leur banlieue, leur quartier, nommant les produits des centres commerciaux, signalant le style «lavallois» d'un patio, et jusqu'à «l'accent d'Hochelaga, dans le bout de Pie-IX, entre Sherbrooke et Ste-Catherine» (Louis Saia). Le comique de ces pièces n'est pas fondé que sur des situations loufoques, des rapprochements incongrus, mais sur «un rapport défectueux entre les personnages et le langage[20]». Dans ces «portraits linguistiques», dans ce travail

---

18. Coauteur avec Louis Saia d'*Appelez-moi Stéphane* (1981) et des *Voisins* (1982). Objet d'un colloque à McGill (*Claude Meunier, dramaturge*, d'André Smith (dir.), Montréal, VLB éditeur, 1992) et de séminaires à l'UQAM.

19. Le film du même nom est un échec.

20. Paul Lefebvre, «Surfaces comiques, zones incertaines», *Études littéraires*, vol. XVIII, n° 3, 1985, p. 151.

maniaque de mimétisme, il ne s'agit «pas tant de dire que de donner à entendre». Sensible à l'«illusion de vérité», le public rit de re-connaissance, «jouit de voir la représentation de sa propre surface[21]». Il ne s'identifie pas, «il identifie» et authentifie. S'il reconnaît le proche, l'ami, le voisin, il ne se voit pas dans le miroir.

Le nombre croissant des adaptations et transpositions nominales, temporelles, locales, notamment de comédies et de drames réalistes américains au Théâtre Jean-Duceppe, découle d'un désir de familiarité à tout prix, de théâtre chez soi, et de la vogue des téléromans (qui ont complètement supplanté le téléthéâtre).

Il y a une «vibration entre le comique et le pathétique[22]», comme entre la naïveté et le cynisme, dans ces pièces psychologiques à valeur sociale. Pour la dramaturgie nord-américaine depuis Eugene O'Neill, «ce qui est dit» n'est que la «surface d'un non-dit». Le spectateur est appelé à lire à deux niveaux, conscient et inconscient. Quant à la tentaculaire banlieue postindustrielle, elle doit apprendre les façons d'occuper son espace, les modes d'emploi du temps et du langage. La situation est pire encore autour de Montréal, où l'absence de contrôle du sujet de l'élocution[23] ne porte pas que sur son discours, mais sur sa langue.

---

21. *Ibid.*, p. 152.
22. *Ibid.*, p. 153.
23. Par exemple, Luce dans *Les Voisins*, de Claude Meunier et Louis Saia.

III. Création collective, improvisation, monologue

La création collective, appelée aussi «collectif de création», voudrait redonner à l'acteur l'initiative que s'étaient réservée l'auteur et le metteur en scène, et l'autorité qu'ils se sont disputée. La pratique vient de la mode américaine des happenings, d'un certain théâtre «aléatoire» (*The Living Theatre*), ainsi que de la dynamique de groupe et d'autres techniques de rééducation psychique, sensuelle, sociale.

Au Québec, la «création collective» au sens moderne du terme apparaît vers 1966. Huit ans plus tard, trois cent cinquante troupes éphémères donnent près de cinq mille représentations. Dans le climat de contestation de l'époque, plus d'un millier de jeunes comédiens, professionnels ou amateurs[24], fondent des troupes instantanées, rédigent en commun des textes, de plain-pied avec un public dont ils s'inspirent et qu'ils veulent influencer. En émergent le Grand Cirque ordinaire[25] et le Théâtre du Même Nom[26], fondés en 1969, le Théâtre Euh!... à Québec, le Parminou dans les Bois-Francs, le Gens d'en bas — du Fleuve —, quelques troupes engagées (le Théâtre d'la Shop),

---

24. En 1972, l'Association canadienne du théâtre amateur (ACTA) s'est muée en Association québécoise du jeune théâtre (AQJT), axée sur les festivals improvisés et l'embrigadement idéologique (scission gauche-droite en 1975).
25. Dont *La stépette impossible* est la dernière, en 1976.
26. TMN, anagramme de TNM. Cette troupe, animée par Jean-Claude Germain, sera celle des Enfants de Chénier, puis des P'tits Enfants Laliberté.

d'avant-garde (l'Eskabel, la Rallonge, la Veillée), pour enfants (la Marmaille, la Famille Corriveau) ou adolescents (le Théâtre en vrac). Les noms de ces troupes sont déjà un manifeste, un programme.

Ce mouvement anti-intellectuel sera récupéré aussi bien par les auteurs qui faisaient «semblant de ne pas écrire la pièce» (Michel Garneau) que par les metteurs en scène et les écoles. Marc Doré et Raymond Cloutier, animateurs du Euh!... et du Grand Cirque, dirigeront bientôt le Conservatoire de Québec et l'École nationale de Montréal. Dès 1971, le directeur du Centre du Théâtre d'Aujourd'hui, Pierre Bégin, souhaitait «moins de création dite collective et beaucoup plus de spectacles basés sur des textes d'auteurs». Son successeur, Jean-Claude Germain, qui se contente de «mise en train», d'«improvisation rythmique», réclame cohérence et compétence. Tout le monde exige des relations moins hiérarchisées, mais des animateurs s'imposent naturellement, des scripteurs se manifestent. Des auteurs se mêlent aux comédiens, aux techniciens, participent avec le metteur en scène à l'enfantement du spectacle.

Malgré les «plages d'improvisation» qu'il réserve dans les spectacles du Théâtre Repère, Robert Lepage ne croit pas à la «démocratie dans l'art[27]»; il refuse donc en principe, sinon en pratique, la création collective. «Je ne laisse pas énormément de liberté aux acteurs; un spectacle est l'orchestration d'un ensemble de signes. La mise en scène, pour moi, est un travail de sculpture», déclare de son côté

---

27. *Jeu*, n° 42, 1987, p. 111.

Gilles Maheu[28], de Carbone 14. Les acteurs ne sont pas nécessairement des objets, des praticables, mais un seul artiste (sculpteur, musicien) a la «vision d'ensemble» créatrice.

L'improvisation, bien connue dans d'autres domaines (l'édition, l'éducation, les affaires, la politique), est presque devenue une forme de théâtre spécifique et un sport national après la télédiffusion en direct de matchs de la Ligue nationale d'improvisation (LNI) en 1982. La *commedia dell'arte* fut appelée en son temps *commedia dell'improviso*. L'originalité du jeu lancé en 1977 par le Théâtre expérimental de Montréal fut de se fonder sur le cadre et les règles compétitives du hockey.

La «spontanéité collective» serait propre aux «groupes dominés». Le Pouvoir n'en a pas besoin; il «exclut la manifestation émotionnelle qu'il assimile au désordre[29]». C'est lorsqu'on se sent menacé qu'on tient à «vivre l'instant comme s'il était unique». L'improvisation est «une conquête ou une défaite[30]». Improviser signifie «faire parler le corps» avant la langue, le discours, le texte. Cela ne peut se faire sans «sujet» (thème), organisation, conventions. L'improvisation réussie n'est pas un défoulement (à distinguer de la catharsis), mais un recours actuel, gestuel, personnel, à la mémoire et à la culture. À la LNI, le

---

28. *Jeu*, n° 63, 1992, p. 26.
29. Jean-François de Raymond, cité dans Pierre Lavoie, «L'improvisation: l'art de l'instant», *Études littéraires*, vol. XVIII, n° 3, 1985, p. 100-101, 106.
30. *Ibid.*, p. 106.

sport a-t-il absorbé le théâtre, se sont-ils annulés mutuellement? Un nouveau rituel s'est-il institution- nalisé, figé? Après avoir inventé des «structures pour improviser», il faut maintenant «les détruire, en trou- ver d'autres», reconnaît Robert Gravel, initiateur et vedette de l'aventure[31].

Le théâtre en «pièces détachées», à sketches, à monologues, très fort chez Michel Tremblay, se répand dans les créations collectives, et jusque chez des auteurs comme Dubois, Gingras, Laberge. Tout le théâtre québécois des années quatre-vingt est mar- qué par ce phénomène structurel. Les pièces-solos, cependant, auront tendance à diminuer. «*And now, Ladies & Gentlemen, Reynald Bouchard!*» (1975), du même, est plutôt un spectacle de «saltimbanque manqué», une pièce à objets, accessoires, pirouettes, qu'un monologue comique ou dramatique. «La fixité est rare et n'est plus de mise. Je suis déjà ailleurs et m'y reconnais», dit l'unique acteur, multiple person- nage, du dense, très écrit *Meurtre pour la joie* (1980), de Sylvain Lelièvre, qui fut l'une des réussites scéno- graphiques de la NCT à la salle Fred-Barry.

Le monologue n'est pas un dialogue *moins* quel- que chose, c'est un discours spécifique, une forme de communication «intrapersonnelle». Au théâtre, il se distingue du soliloque par l'apostrophe, la provoca- tion, signes de la présence de l'autre, des autres, dans la conscience du locuteur. Il ne s'agit pas de pensée verbalisée ou de rêve éveillé (comme dans le monologue

---

31. Voir son bilan (avec Jan-Marc Lavergne), *Impro. Réflexions et analyses*, Montréal, Leméac, 1987.

intérieur romanesque), mais d'action dramatique, comique. Le monologue crée un événement qui est son propre déroulement, plein de surprises, d'effets, de conséquences sur la relation scène-salle.

Après quatorze ans à la télévision dans une série pour enfants, le comédien Marc Favreau entreprend au théâtre une carrière (presque aussitôt internationale) de compositeur-interprète, seul avec Sol, «pôvre» clown, sa défroque, sa dégaine et ses tics. Depuis *Esstradinairement vautre* (1974), «délire et graffiti», *Rien détonnant* (1978), étonnant, *Les Œufs limpides* (1979), Olympiques, Sol s'«égalomane» à lui-même dans le bonheur, la misère, la cruauté, la solitude. Rien de gratuit dans les néologismes, les mots-valises, les doubles sens (interdits, uniques), les dérapages morphologiques et syntaxiques contrôlés, dirigés essentiellement contre la société de consommation, son indifférence hypocrite envers les «déficients manteaux» et autres laissés-pour-compte (contes). Arlequin, Pierrot, Auguste, Charlot, clochard céleste, fou du roi: jamais le monologue québécois n'a eu autant de mémoire et de culture.

Marc Favreau, Yvon Deschamps, Clémence Des-Rochers, et même Jean Lapointe disent des textes, leurs textes. Leurs histoires, leurs personnages, leurs jeux de mots sont proches du théâtre et de la littérature. Ce n'est plus le cas de ceux qui leur ont succédé, à l'exception d'un Daniel Lemire ou d'un Pierre Légaré, aussi créatifs que critiques. Les jeunes ou nouveaux monologueurs, logomoteurs, se présentent d'ailleurs comme «humoristes», c'est-à-dire amuseurs, *stand-up comics*. Leur triple univers — la télévision, le sexe, la publicité — se réduit souvent à un seul, interchangeable, répétitif. Les femmes imitent les hommes (et réciproquement), qui imitent les vedettes. La politique et la religion ayant été évacuées, restent quelques lambeaux de familles (aucune ne vaut celle de La Petite Vie), le hit-parade ininterrompu de la musique pop et les innombrables minorités de tout poil: handicapés, gais, vendeurs, etc. Le meilleur «monologuiste» du moment, Michel Courtemanche, joue les muets. Entre cette (heureuse) influence du mime et celle déjà lointaine du philosophe Raymond Devos, un festival annuel est devenu continuel et un musée existe «Juste pour rire».

Composée par des dramaturges ou scripteurs chevronnés[32] et de bons comédiens[33], *Broue* est créée en 1979 dans le minuscule Théâtre des Voyagements. Illusion réaliste totale: le décor est peint en partie sur les murs, on voit la porte du (vrai) cabinet de toilettes dont on entend la chasse d'eau. *Broue* laisse les critiques, au contraire du public, partagés. Misogyne ou non, cette taverne? Exorcisme ou complaisance? L'ambivalence explique peut-être le triomphe du spectacle, que n'a pu égaler son pendant féminin, *Mousse* (1980), dans une buanderie. Le carnavalesque est la seule forme possible de réalisme (romanesque), suivant André Belleau, disciple de Bakhtine, et *Broue* en dose savamment les ingrédients: inscription du «corps grotesque», du langage bas, juxtaposition égalitaire des discours («brouillage narratif[34]»), renver-

---

32. Barbeau, Gurik, Meunier, Saia, Jean-Pierre Plante.
33. Francine Ruel, puis les trois interprètes, Michel Côté, Michel Gauthier et Marc Messier.
34. Diane Bonin-Desrosiers, dans André Smith (dir.), *Claude Meunier, dramaturge*, *op. cit.*, p. 65-74.

sement des hiérarchies et perspectives, confusion apparente des genres (comédie, tragédie, burlesque).

IV. Femmes en scène

Non loin du «jeune théâtre» et de son laboratoire, sa caisse de résonance, le Centre d'essai des auteurs dramatiques, qui apportent une «nouvelle image de femmes, conçue indifféremment par des femmes ou par des hommes», on trouve le franc-parler et le joual des *Belles-Sœurs*, le chiac ou «acadjien» des *Crasseux*, puis de *La Sagouine*, qui «remettent en question» non pas tant le rôle des femmes que «leur image traditionnelle de jeunesse et de beauté[35]».

Près du tiers de la centaine de pièces publiées[36] entre 1975 et 1980 ont pour auteurs des femmes, qui travaillent souvent en équipe. Trois créations féministes feront recette au TNM: les sept monologues-manifestes de *La Nef des sorcières* (1976); les trois statues parlantes jugées scandaleuses, la Vierge, Marie et Madeleine, des *Fées ont soif* (1978), de Denise Boucher; *La Saga des poules mouillées* (1981), qui ne sont pas des peureuses, mais des «muqueuses moqueuses», de Jovette Marchessault. Malgré la mise en scène de Jean-Pierre Ronfard, le TNM est moins

---

35. Lucie Robert, «Réflexions sur trois lieux communs concernant les femmes et le théâtre», *RHLQCF*, no 5, 1983, p. 82. Voir aussi Alonzo Le Blanc, «Femmes en solo», *ibid.*, p. 89-97.
36. Aux Éditions du Remue-ménage et de la Pleine Lune, mais aussi chez Leméac, VLB éditeur, Boréal (*Môman*), etc.

heureux avec *L'Hippocanthrope*[37] de France Vézina, huis clos parents-enfants, qui doit être rapidement retirée de l'affiche en 1979.

Le Théâtre des Cuisines avait préparé pour la Journée internationale des femmes, en 1975, *Môman travaille pas, a trop d'ouvrage!*, qui s'inspire du didactisme brechtien pour revendiquer le partage et la rémunération des tâches ménagères. Sous un titre plus court, *Môman* (1981), la comédienne Louisette Dussault fait d'un récit anecdotique une pièce-monologue efficace sur les conflits entre la femme et la mère en elle, en elles. D'un tout autre style, métaphorique, symbolique, d'un tout autre jeu, physique, visuel, faisant appel à l'inconscient et à la «mythologie personnelle», est la création collective qui lance le Théâtre expérimental des femmes: *À ma mère, à ma mère, à ma mère, à ma voisine* (1979), de Pol Pelletier et associées.

On refuse l'eau de rose sentimentale, on pervertit les contes de fées sexistes. *Un prince, mon jour viendra*, avaient parodié, avec Luce Guilbeault, les deux femmes du Grand Cirque Ordinaire, en 1974. *Si Cendrillon pouvait mourir!* souhaite-t-on à Thetford Mines (1975) comme à Montréal (1980). Les Folles Alliées se moquent du Carnaval de Québec (*Enfin duchesses!*) et s'attaquent aux garages, magasins de vidéos pornos *hard core* (*Mademoiselle Autobody*, 1985). C'est un homme, Larry Tremblay, professeur de théâtre, qui signe *La Leçon d'anatomie*

---

37. Frère tragique et absurde du «corps fantasmé» de *L'Androgyne* (1982).

(1992), «confession impudique» d'une femme, «collage vériste» de problèmes médicaux, conjugaux, sociaux.

Dans *Colette et Pérusse*, de Robert Claing, créée au Quat'Sous en 1975, celle-là, gigantesque, avalait celui-ci. Colette, c'était Pol Pelletier, image de la femme (trop) forte, de l'ogresse. «Je suis laide comme un péché mortel», dit la même comédienne à travers Torregrossa, «femme de tête» de *La Lumière blanche* (1985). Après bien des expériences, périples et ruptures, Pol Pelletier exorcisera «un certain type» de féminisme dans *Joie* (1992), avec à la main gauche un gant noir, oiseau attentif de la mémoire. *Joie* est synonyme de vérité, «accord avec moi à tous les instants». L'autobiographie, autocritique, se poursuit avec le travail de deuil d'*Océan* (1995), qui aurait pu s'appeler *Tristesse*, tristesse joyeuse, énergique, des adieux à la mère qui «pisse la lumière».

Les textes du *Triptyque lesbien* (1980) de Jovette Marchessault se situent à mi-chemin entre les romans qui précèdent[38] et le théâtre qui suit. L'écologie cosmique et une vision «féministe/matristique» réunissent dans la Maison de toutes les espèces une «enfant de la terre», une «Mère des herbes», des vaches sacrées de nuit et de jour. Parfois humoristique, l'auteure se fait plus volontiers lyrique, épique, biblique: «Lesbiennes de peu de foi!» «Jouer aux éclats: l'inscription spectaculaire des cultures de femmes»

---

38. Le troisième volet de la trilogie romanesque, *Des cailloux blancs pour les forêts obscures*, paraîtra en 1990. Voir le dossier de *Voix et images*, n° 47, 1991.

(Louise Forsyth) est le ressort, la ressource des pièces de Marchessault. Dans sa *Saga des poules mouillées*, Laure Conan et Anne Hébert font «cutttttt, cut, cut, cut» à Germaine Guèvremont et Gabrielle Roy. Si *La Terre est trop courte, Violette Leduc*, c'est la faute à Viollet-le-Duc et à Jean Genet. *Alice & Gertrude, Natalie et ce cher Ernest*, ce sont, entre deux guerres, Toklas, Stein, Barney et Hemingway. *Anaïs dans la queue de la comète* (1985), c'est Anaïs Nin à côté du phallocrate Henry Miller. *Le Voyage magnifique d'Émily Carr*[39] (1991) explore plusieurs espaces historiques et géographiques, sociaux et scéniques: les meubles victoriens font place aux tableaux de l'artiste de la côte du Pacifique.

Le théâtre dit traditionnel, plus ou moins linéaire, psychologique, réaliste, comique, n'est absolument récusé que par une avant-garde, qu'elle soit féministe ou postmoderniste. Le public, même cultivé, se reconnaît dans le «nouveau théâtre du couple» et du langage quotidien d'Élizabeth Bourget. Dialoguiste remarquable, celle-ci trouve le ton juste, entre le reflet et la caricature, pour faire voir et parler les *baby-boomers*: *Bernadette et Juliette ou la vie, c'est comme la vaisselle, c'est toujours à recommencer* (1979). Les tableaux d'époque de Maryse Pelletier sont plus frustes, mais efficaces. Ses femmes vivent ou se réunissent en groupe, au pensionnat et après, ou dans l'armée (*Du poil aux pattes comme les cwac's*, 1983). Elles

---

39. Qui emprunte à celui de *Nils Holgersson à travers la Suède*, roman de Selma Lagerlöf.

forment ensuite avec l'homme de leur vie un *Duo pour voix obstinées* (1985).

On peut lire *réel*, réalisme et tragédie derrière *reel* — le «reel du Pendu» joué par Ti-Fou, meurtrier de sa sœur —, musique faussement folklorique, dans le titre de l'Abitibienne Jeanne-Mance Delisle: *Un reel ben beau, ben triste* (1980). Un enfer familial (alcool, inceste) dont on ne sort pas. Et le pire, le plus vulgaire, le plus brutal, est le langage. Une autre «pièce du désespoir», sur un ton différent, nuancé, allusif, est la cantate pour «cinq voix et un mort» de la romancière Francine Noël, *Chandeleur* (1986), du nom d'une fête d'hiver oubliée. Peu importe que le personnage «pivot[40]» soit Sara Desneiges, la petite fille aux trois gardiennes à Outremont, ou Clément, de Rosemont, vieil ouvrier en chômage, déprimé, qu'on compare au «vagabond du rêve», au «magicien» qu'est le jeune livreur de pizzas Jean-François, dit Vasco de Gingras.

Les trois premières pièces de Marie Laberge à être publiées, en 1981 — *Ils étaient venus pour...*[41], *Avec l'hiver qui s'en vient* et *C'était avant la guerre à l'Anse-à-Gilles* —, sont des tableaux historiques (et intimes) vigoureux, engagés. Même une femme des années trente pouvait refuser la destinée de Maria Chapdelaine. L'espace et l'action se concentrent, l'étau se resserre dans *Deux tangos pour une vie*

---

40. Denise Cliche, «Du côté de chez Clément», dans le dossier sur Francine Noël de *Voix et images*, n° 53, 1993, p. 313-325.
41. Sur le village, devenu «fantôme», de Val-Jalbert, un des ratés «spectaculaires» du développement industriel capitaliste.

(1984), à l'écriture mal maîtrisée. *L'Homme gris*[42] oppose dans un motel un père quelconque, moyennement ivre, mais passionné, à sa fille, ex-anorexique, mariée prématurément. Au monologue si peu «paternel» Cri-Cri répond en trois ph(r)ases: dégoût, début d'affection, meurtre. L'obsession du «non-dit», du «non-osé», est exacerbée jusqu'au plus noir avec *Jocelyne Trudelle morte dans ses larmes* (1984), titre mélodramatique pour une tragédie rigoureuse. Une suicidée comateuse assiste aux visites et soins autour de son lit, aux demi-conversations dans la salle d'attente. Seul un pianiste silencieux se fait comprendre, et parfois Jocelyne, lorsqu'elle porte son émotion jusqu'au chant («D'où viennent ces mots?»).

La mort est un personnage, une ombre palpable, active, dans le théâtre de Laberge. On retrouvera son intensité, son sens de l'atmosphère et du dialogue dans ses romans[43].

V. Le théâtre expérimental

Le passage qu'a fait le théâtre européen du romantisme et du réalisme au surréalisme et à l'absurde, le théâtre québécois l'effectue en moins de vingt ans. Il s'initie aux modernes et au théâtre d'avant-garde avec les Apprentis-Sorciers (dès 1956), l'Égrégore, les Saltimbanques, que fréquentent

---

42. Créée à Montréal en 1984, recréée «en version française», avec Claude Piéplu, à Bobigny en 1986.
43. *Juillet* (1989), *Quelques adieux* (1992), *Annabelle* (1996).

Tremblay, Brassard et leur génération. Aux Européens on ajoute les Américains et bientôt le théâtre québécois lui-même, théâtre de «liquidation» (Germain) qui construit sur sa propre déconstruction.

Faut-il distinguer l'«avant-garde» militante, fantassin précurseur bientôt remplacé par des troupes fraîches, d'un mouvement «alternatif», éternellement jeune, qui accompagnerait comme son ombre, sa mauvaise conscience, le courant principal et officiel du théâtre? Ces parallèles peuvent se rejoindre, et la «marge» envahir la page. L'avant-garde serait-elle progressive, progressiste, réformiste, et le théâtre alternatif transgressif, anarchiste, révolutionnaire? Peut-il, peut-on refuser le «principe» des conventions artistiques? La recherche pure et désintéressée est-elle possible, souhaitable au théâtre? Partiellement, temporairement. L'«utopie» d'un théâtre expérimental est de «faire un théâtre qui n'en soit pas»; un théâtre qui se contesterait de l'intérieur «par débauche d'imagination» (Jean-Pierre Ronfard).

Le terme d'*atelier* convient aux conditions réelles de travail, à l'empirisme, à l'intuition qui président à la création artistique. Mais les nouvelles troupes de théâtre veulent se distinguer de la vague bohème, de l'individualisme, de la littérature au théâtre, en marquant d'un terme scientifique et moderne, *laboratoire*, la rationalité de leur méthode, la rigueur de leur discipline. Celles-ci sont d'ailleurs inégalement partagées. Jean-Pierre Ronfard et ses amis sont plus rabelaisiens et carnavalesques qu'ascètes de la théorie. Mais tous les expérimentateurs s'adressent à un public restreint, sont économiquement désintéressés et veulent être le plus indépendants possible.

Le théâtre expérimental est né du «jeune» ou nouveau théâtre, qui comprend à la fois des groupes qui se mettent directement «au service du peuple» et des troupes où l'esthétique est aussi importante que l'éthique ou l'engagement[44]. Le Mime Omnibus est fondé en 1970, suivi de l'Eskabel (1971), l'Organisation Ô (1972). Au milieu de la décennie, c'est l'explosion[45]. Apparaissent successivement la Rallonge et le Théâtre des Cuisines en 1973, le groupe la Veillée en 1974, la Manufacture, les Enfants du Paradis (Carbone 14 à partir de 1980) et le Théâtre expérimental de Montréal[46] en 1975, le Théâtre de la Grande Réplique à l'UQAM, en 1976, l'Opéra-Fête et l'Atelier-Studio Kaléidoscope en 1979. Ensuite, le mouvement ne ralentit pas, mais l'inspiration (sauf pour les noms et les titres) se disperse, s'épuise. Peu de nouvelles fondations solides: le Théâtre Ubu, de Denis Marleau, en 1982, le Théâtre Acte 3 en 1983.

Le théâtre expérimental, dont les manifestes sont souvent optimistes, fait servir à ses fins la «force d'inertie» de la tradition. Il la questionne, la détourne. Son premier objectif est de revoir l'occupation de l'espace, la manipulation et le rôle des objets, l'éclairage. Même si la division scène-salle peut être déplacée, réduite ou accentuée, l'opposition spectateurs-acteurs demeure dynamique, constitutive du théâtre, que la scène à

---

44. L'AQJT se scindera en deux f(r)actions en 1975.

45. Je me limite ici aux principaux groupes ou troupes. Pour d'autres noms (pittoresques), voir Solange Lévesque dans le dossier de *Jeu*, nᵒ 52, 1989, p. 39-41.

46. TEM. Deviendra le Nouveau Théâtre expérimental de Montréal (NTEM) après le départ de Pol Pelletier et la fondation du Théâtre expérimental des femmes en 1979.

l'italienne soit privilégiée ou non. Des recherches précises, techniques et sémiotiques, portent sur la voix, le son, la lumière et la couleur, la proxémique, «le déplacement sur plan incliné, l'occupation verticale du volume scénique[47]». Dans le *Macbeth* de Michel Garneau (et Roger Blay), on a recouvert de gravier l'aire de jeu pour briser la «neutralité acoustique» du sol. De surface plane et horizontale, l'ancien plancher se transforme en «une surface irrégulière et décomposable»; les murmures et la lourde atmosphère du banquet sont métaphorisés par l'égrènement et la chute des cailloux sur le sol.

L'Eskabel de Jacques Crête commence par animer des ateliers axés sur la recherche personnelle, la quête de «nouvelles valeurs». L'acteur, autocréateur, «se joue lui-même en se situant constamment au centre du conflit, là où la vie et le théâtre ne font qu'UN[48]». Opéra-Fête, avant d'être le nom d'un groupe dissident de l'Eskabel, est celui d'un scénario de Pierre A. Larocque à partir d'images cinématographiques. Opéra-Fête est un groupe multidisciplinaire qui ajoute aux lieux théâtraux les restaurants, stations de métro, etc. L'esthétique du dépouillement, l'éthique d'un théâtre «pauvre», chez Crête, contrastent à l'Eskabel avec la sensualité, l'univers arrabalien et fellinien, les «maquillages extravagants, près de Jodorowski», de Larocque. Celui-ci, antibrechtien, vise à «hypnotiser», à subjuguer le spectateur.

---

47. Bernard Andrès, «Notes sur l'expérimentation théâtrale au Québec», *Études littéraires*, vol. XVIII, n° 3, 1985, p. 26.
48. Jacques Crête, cité *ibid.*, p. 42. Bernard Andrès est lui-même l'auteur de *Rien à voir*, pièce «sur le voir et sur le rien», qui a fait l'objet d'une «mise en espace», puis d'une «mise en place» (version solo) de Jacques Crête.

Parallèlement au spectacle intitulé *Projet pour un bouleversement des sens ou Visions exotiques de Maria Chaplin* (1977), Larocque publie *Le Baroque*, cinq cahiers au graphisme raffiné où les discussions pratiques côtoient les essais théoriques et critiques. La littérature fait de plain-pied partie de l'univers de l'Eskabel, depuis Cocteau jusqu'à certains textes québécois d'Aquin, Blais, Théoret. «Une fidèle trahison» de *La Belle Bête*, titre Bernard Andrès[49], ce qui est mieux qu'une «belle infidèle» adaptation. Larocque s'est découvert et formé dans des œuvres comme *Minuit*, de Julien Green, où dans une maison fantasmatique, onirique, «on se promène avec des allumettes pour découvrir les scènes[50]». Pour lui, adolescent à Mont-Laurier, le théâtre était visible, sensible dans les couleurs, l'encens, les rituels catholiques. Il associe texte à «texture»: draperies, rideaux, costumes d'apparat. Il découvre «l'aspect matériel, sonore de l'écriture» chez Duras. Le point de départ de *Splendide Hôtel* est un roman de son cru et le titre vient des *Illuminations* de Rimbaud.

Après les raideurs théoriques et idéologiques des années d'apprentissage, la révolution scénographique s'étend et se détend à partir de 1980. La composante ludique fait désormais partie de la recherche formelle. Attirer, plaire, à l'occasion divertir peuvent être des objectifs avouables, des effets désirés. Si les mises en scène de l'Eskabel et de la Veillée sont épurées, d'autres groupes, non moins rigoureux (mais autrement), vont du côté de la célébration, de la fête.

---

49. *Spirale*, nº 24, avril 1982.
50. Entretien avec Solange Lévesque, *Jeu*, nº 52, 1989, p. 87.

Jean-Pierre Ronfard et le NTEM n'affichent pas leurs recherches. Ils distinguent le spectacle lui-même de sa préparation. *Vie et Mort du roi boiteux* est une expérience convaincante d'«écriture scénique». Avec comme horizon et références la Bible, Eschyle, les mystères médiévaux, Rabelais, *Lear* et les grandes généalogies royales de Shakespeare (Henry, Richard), le cycle oppose deux familles populaires contemporaines, celle de Filippo Ragone dit le Débile et celle du vieux père Roberge, «roi de l'Abitibi». Catherine Ragone, leur descendante, épousera François Premier (modeste patronyme): leur fils Richard est le boiteux qui deviendra Boiteux. «Dérision. La vie et le temps s'accouplent au son des grandes orgues. Et il en sort toujours des bâtards. Vive les bâtards!»

L'espace et le temps se multiplient, s'allongent lors des reprises à l'extérieur, en 1982, des six pièces du cycle du *Roi boiteux* en quinze heures de représentation continue. Autour de l'Expo-Théâtre, les toits, parkings, allées, talus sont utilisés. À l'intérieur, les spectateurs et les comédiens changent de place, intervertissent leur rôle. Ronfard croit profondément que «le jour où aucun cri barbare, anarchique, incohérent, désinvolte, répréhensible ne se poussera plus dans notre mare aux grenouilles, il manquera une chose qui a toujours été liée au théâtre depuis ses origines: le débordement, l'excès[51]...». Les mots ne s'usent que si on ne s'en sert pas.

---

51. «Les mots s'usent. Usage. Usure.» (*Jeu*, n° 52, 1989, p. 15; voir aussi *Jeu*, n° 27, 1983, p. 61-138, et Alonzo Le Blanc, «Ronfard: dérive organisée et conflit des cultures», *Études littéraires*, vol. XVIII, n° 3, 1985, p. 123-141.

Disciple rigoureux de Grotowski, avec quelque chose de l'«âme slave», Gabriel Arcand anime le groupe la Veillée où compte avant tout le développement de la «présence» de l'acteur à travers les rencontres, exercices, voire les «corps à corps à distance». Pour *L'Idiot* (1984), d'après Dostoïevski: «Une chorégraphie essoufflée, à l'image du Prince, au rythme de ses crises d'épilepsie. Une proxémique rigoureuse[52]...»

Gilles Maheu s'est formé durant sept ans en Europe, de la Suisse au Danemark, chez Barba[53], et à Paris, chez Decroux. Sa troupe, Carbone 14, passe du théâtre populaire, *naturel*, des acrobates et des jongleurs, à un théâtre tout aussi poétique, mais plus cérébral, distancié par le masque. On désarticule et torture un pantin — paternel — dans *L'Homme rouge* (1982) où alternent les séquences mimées et parlées. Le vidéo-théâtre est utilisé à bon escient dans *Marat-Sade* (1984), tableaux d'horreur de grande qualité plastique. Mais c'est *Le Rail*, l'année suivante, qui touche le plus les amateurs et les connaisseurs. Les rails et les bas-côtés d'un bout de chemin de fer comme scène; utilisation du plafond et du sous-sol aussi bien que du sol et des murs; éclairage souterrain, brumeux, enfumé, aux sources étrangement variées: phares, clignotants, feux de camp, torches finalement vivantes[54]. Les spectacles

---

52. Bernard Andrès, art. cité, p. 40.
53. Voir *Jeu*, n° 70, 1994.
54. Voir Rodrigue Villeneuve, «Langages concrets (Une photographie du *Rail*)», *Études littéraires*, vol. XVIII, n° 3, 1985, p. 189, n. 2.

chorégraphiés de Carbone 14, *Le Dortoir*, puis *Le Café des aveugles* (1992), obtiennent un succès international.

Robert Lepage est le plus connu et mythifié des expérimentateurs. Sa carrière a pris un essor fulgurant dans les meilleurs théâtres canadiens, européens, japonais, australiens. On le compare à Peter Brook, à Peter Sellars, à Bob Wilson. Fasciné à quinze ans par un Shakespeare, *La Nuit des rois*, mis en scène par André Brassard, il travaille dès sa sortie du Conservatoire de Québec au Théâtre Repère, où «le spectacle part d'un objet, non d'une idée». *Circulations* (1984), créée dans le «off» de la Quinzaine et reprise à Montréal, lit une carte routière des États-Unis comme un réseau de vaisseaux sanguins et aboutit à une histoire de «viol sur l'asphalte».

Lepage ne fait ni un portrait ni une critique de *Vinci* (1986); il se sert de ce génie, ingénieux ingénieur, pour s'interroger sur l'utilité de l'art, l'intégrité de l'artiste, la légitimité de la démarche créatrice. La fresque est raffinée, humoristique: «la Joconde dans un Burger King». Le comédien-auteur-metteur en scène joue sur les mots comme sur les objets et les corps. Il prend à la lettre (en y ajoutant un *n*) le *Veni, vidi, vici* de César. Il compose «à partir de huit sons» une sorte de poème concret. «Avec des maillets, le concepteur, placé à gauche de la scène, frappera alternativement sur les cases de son tableau (cases marquées "A", "MI", "JE", "TE", "PAR", "LE", "VIN", et "CI"), créant, avec effets, pauses et tremblements, une suite de phrases:

Ami, je te parle.
Je pars à Vinci le vingt.
À part le site, le vin
J'assimile le mythe Vinci.
À six mille milles, assis,
Je parle à Vinci[55]».

Si l'art est un VÉHICULE et la phrase un train de mots, qu'est-ce qui MOTIVE et LOCOMOTIVE l'artiste? Tel est l'objet du prologue, en forme de monologue, dit par le guide italien aveugle[56]. Le conservatoire a révélé à Lepage «la poésie du langage en même temps que celle des choses, des objets, de l'espace, du corps». Pour lui, «jouer avec les mots», les langues, les sonorités, les tonalités, comme il le fait dans *Vinci*, «sur un *octo pad*, c'est une forme d'écriture poétique[57]».

La Trilogie des Dragons a été imaginée à partir d'un parking. En fouillant ce «non-lieu», on a trouvé la métaphore du spectacle; en creusant, on est tombé sur des «choses immédiates», l'eau, l'huile à moteur, puis sur un ancien Chinatown; plus creux encore, c'était la Chine[58]. Le spectacle a connu trois «étapes» d'inégale longueur à compter de 1985. La troisième, créée à Montréal en 1987, fait l'histoire de trois

---

55. Cité par Diane Pavlovic, «Du décollage à l'envol», *Jeu*, n° 42, 1987, p. 93.
56. Cité par Solange Lévesque, *ibid.*, p. 103.
57. Entretien avec Carole Fréchette, *Jeu*, n° 42, 1987, p. 111.
58. Voir Diane Pavlovic, «Reconstitution de la "trilogie"», et l'ensemble du dossier de *Jeu*, n° 45, 1987, p. 37-210; Rémy Charest, *Robert Lepage. Quelques zones de liberté*, Québec, L'instant même/Ex Machina, 1995.

Dragons: le vert (1910-1935), le rouge (1940-1955), le blanc (1985). Une version intégrale de la trilogie, six heures, est donnée triomphalement le 6 juin. De la basse-ville de Québec au Vieux-Port de Montréal, en passant par le plateau Mont-Royal de Michel Tremblay, Robert Lepage ne fait pas le tour du monde, il le traverse, d'un pôle à l'autre, jusqu'aux antipodes.

Le plus intellectuel, universel, et le moins *récupérable* des hommes de théâtre québécois est sans doute Denis Marleau, pour qui la mise en scène relève d'une vision du monde et un spectacle doit être *lu*. Fondateur du Théâtre Ubu, en 1982, il se reconnaît deux pôles d'attraction: le théâtre «testamentaire» du très européen Giorgio Strehler et l'esthétique avant-gardiste, expressionniste, du Polonais Tadeusz Kantor. Marleau accorde une importance primordiale au texte dès son premier spectacle, *Le Cœur à gaz*, où des acteurs débitent «sec et fort» du Breton et du Tzara. L'instrument, l'interprète du texte, c'est la voix, qui peut transformer la parole en «partition musicale».

VI. Nouveaux textes, nouveaux auteurs

Si *Inès Pérée et Inat Tendu*[59], de Réjean Ducharme, semblait poser sur la société et le monde un «regard d'enfant», c'était un enfant-loup, sauvage, écologiste et pacifiste, prêt à lancer de gros cailloux

---

59. Créée en 1968, remaniée et éditée en 1976.

(«Pierre-Pierre-Pierre») dans la mare aux illusions. *HA ha!*, c'est Albee et Bergman conjugués, conjugaux, vus par Lautréamont et Rimbaud, revus par Artaud et Arrabal[60]. Du théâtre au cube, donc, radical et extrémiste, qui passe littéralement à travers les mots, les noms, les surnoms, les slogans, en route vers un problématique «Eden de dead-end».

La pièce, qui s'appelait alors *Ah! Ah!...*, avait été mal digérée au moment de sa création, en 1978. Le metteur en scène, Jean-Pierre Ronfard, sera plus heureux avec l'édition (qu'il présente) de *HA ha!...*, en 1982. *Jeu*, qui avait éreinté la pièce, la redécouvre. «Le texte le plus terrifiant jamais écrit au Québec», dit Gilles Marcotte dans *L'actualité*. Le public du TNM (Pintal) est prêt, en 1990, à affronter une nouvelle «saison en enfer» devant un garage aux cinq voitures flambant neuves qui supporte une grande pièce de séjour tapissée d'aquariums aux éclairages multicolores. Tout ce que vous voulez (ne pas) savoir sur le pur et l'impur, le faux et le vrai, le pouvoir et la manipulation.

Même s'ils écrivent, publient et, pire encore, lisent des pièces, les nouveaux auteurs dramatiques demeurent proches du théâtre expérimental, de ce que Barba appelle le «Tiers Théâtre». Chaurette et Dubois, apparus en 1980, se sont préfacés l'un l'autre. Tous deux font aux émotions une place stratégiquement contrôlée. Leurs personnages de drama-

---

60. Voir *Jeu*, nᵒˢ 8, 26, 51, 55. La revue couvre d'éloges, avec raison, le montage d'extraits de romans (surtout) de Ducharme, *À quelle heure on meurt?* (1990), «texte-somme» de Martin Faucher.

turge ou d'auteur sont omniscients, tout-puissants. Que leurs dialogues soient elliptiques (Chaurette) ou leurs monologues surchargés (Dubois), leur parole est vive, leur langue précise, leur discours plein de références et de connotations.

Si différents soient-ils, Chaurette et Dubois forment avec Michel Marc Bouchard une sorte de trio à géométrie variable: contre les préjugés culturels, sexistes, racistes, pour un théâtre de toutes les confrontations. Le mensonge, le crime, la folie frôlent de leurs ailes noires et blanches tachées de rouge ces univers dramatiques. On pense à Baudelaire, à Nietzsche, à Musil, à Artaud. Les notions de vérité, de nature, de normalité sont secouées par ces dramaturges de la passion déviante, pure, perverse, absolue. Le séminariste Simon le Feu de Chaurette dans *Fêtes d'automne* (1982) ne se sentirait pas dépaysé dans les liturgies collégiales de Bouchard.

Normand Chaurette commence par mettre en scène Nelligan et son entourage, son enfance, son génie, sa folie, son mythe. *Rêve d'une nuit d'hôpital*[61] est plus complexe, plus critique que l'opéra «romantique» de Tremblay sur le jeune poète. *Provincetown Playhouse, juillet 1919, j'avais dix-neuf ans* (1981). Charles Charles, le narrateur, en a maintenant le double. C'est d'une clinique de Chicago qu'en 1938 il parle, en dix-neuf tableaux, des dix-neuf coups de couteau dans le sac qui contenait un enfant. La pièce a lieu «dans la tête de l'auteur», Charles Charles 38, qui imagine — ou se rappelle — Charles Charles 19 et ses deux

---

61. Créée (et couronnée) à la radio en 1976, à la scène en 1980.

amis, amants, Winslow et Alvan. Les *Mémoires* de Charles Charles, dont l'auteur intercale des extraits, ne sont pas moins contradictoires («cohérence fautive») et théâtraux que le reste du texte.

Si Plymouth est historiquement le berceau de la nation américaine, Provincetown a vu naître son théâtre. Le Provincetown-Playhouse-on-the-Wharf, à Cape Cod, a été détruit par un incendie en 1977. Eugene O'Neill[62] y avait créé en 1916 *Bound East for Cardiff*. «Le temps reconduit toujours toute représentation vers son abolition. L'effacement ici est multiple: ce qui se referme, avec la sortie du spectateur, c'est la scène fuyante, perpétuellement déplacée [...], tel est bien le destin de la scène originaire» (Gilles Chagnon).

«L'idée engendra le texte, qui engendra l'idée du réel qui dépasse la fiction», dit bibliquement Chaurette à propos de *La Société de Métis* (1983), où quatre toiles d'un petit musée s'animent et se donnent la réplique. Un créateur, réel ou fictif, sert de pôle, d'axe aux récits dramatiques de Chaurette. Ce peut être Debussy ou Borodine, Duras, Fellini ou Botticelli. *Fragments d'une lettre d'adieu lus par des géologues* (1986): enquête scientifique sur la mort au Cambodge d'un chef d'équipe qui a laissé des feuillets détrempés et rendus indéchiffrables par l'eau du Mékong. *Les Reines*[63] (1991), empruntées à Shakespeare, sont six

---

62. Sur la généalogie Ibsen-O'Neill-Charles Charles (et Tennessee Williams-Chaurette), voir Jean Cléo Godin, «Chaurette Playhouse», *Études françaises*, vol. XXVI, n° 2, 190, p. 55-56.
63. Représentée à la Comédie-Française en 1997, après la création au Festival d'Avignon par Denis Marleau du *Passage de l'Indiana* (1996) et une tournée en France de *Petit Navire*, pièce pour jeune public.

femmes affolées par une fin de règne perçue comme fin du monde. Entre les agitations du pouvoir politique et de l'amour, l'«œil du cyclone» est Anne Dexter, sœur de trois rois, muette, les mains coupées.

Si Chaurette n'a pas encore trouvé *son* metteur en scène, Bouchard a été bien servi par André Brassard et René Richard Cyr. Dans *La Contre-nature de Chrysippe Tanguay, écologiste* (1984), deux homosexuels rêvent d'adopter un enfant tout en refusant leur propre personnalité, leur «vraie nature». Chaque jour, ils font une «mise en scène idéalisée de leur existence». L'aspect cérémoniel des *Feluettes* (1988) a un autre sens: sublimation, justification par l'art qui est une forme de sacré. La «répétiton d'un drame romantique» est celle du *Martyre de saint Sébastien* de D'Annunzio au collège de Roberval en 1912. Les enjeux des *Feluettes* sont d'ordre «passionnel et poétique»; ni les personnages ni l'auteur ne cherchent à provoquer ou à «convertir[64]». Les hommes qui interprètent des personnages féminins ne jouent pas aux transsexuels. Ils ne se travestissent que théâtralement. Les quatre héros des *Feluettes*, opposés et complémentaires par couples, sont liés aux éléments: Simon au feu, Vallier à l'eau, la comtesse à la terre, Lydie-Anne à l'air. «Il faut que chacun tue son amour pour qu'il revive sept fois plus ardent», dit le jeune Simon, jouant Sébastien. Et le vieux Simon, en 1952, à Bilodeau devenu monseigneur, qui offre sa poitrine au poignard: «Je te déteste au point de te laisser vivre.»

---

64. Voir *Jeu*, n° 49, 1988, p. 151-179 (sur *Les Feluettes*), et n° 54, 1990, sur «Théâtre et homosexualité».

Le sacrifice de l'enfance[65], en particulier des fils, de génération en génération, par la guerre, le vice, la violence quotidienne, est le thème fondamental du théâtre de Michel Marc Bouchard. Il aborde l'inceste dans *La Poupée de Pélopia* (1985). Son *Histoire de l'oie* (1991), conte pour adultes sur les violences commises sur les enfants, a fait le tour du monde. Dans *Les Muses orphelines* (1989), c'est la benjamine et la «mongole» de la famille Tanguay qui décide de prendre les choses en main, d'«enfanter un monde meilleur». *Le Voyage du couronnement*, créée au TNM en 1995, fait traverser l'Atlantique à quelques notables duplessistes: un adolescent sera «négocié» et sacrifié. «J'essaie de redonner au drame une portée sociale, de questionner le comportement d'une société», dit le dramaturge; et il réfléchit sur «le pouvoir tyrannique des victimes[66]».

Par-delà le sexe, le sida, le culte *gay* californien, Bouchard veut parler d'amour[67], de poésie, d'«idéal incandescent». La relation entre Simon et le *feluette* Vallier était celle de «demi-dieux», à situer sur un autre plan que la psychopathologie. Dans le cauchemar de *Soirée bénéfice pour ceux qui ne seront pas là en l'an 2000*[68], les personnages sont les «demi-bêtes» d'une forêt noire.

Comédien, metteur en scène, auteur, professeur de théâtre, René-Daniel Dubois a étudié l'improvisation à

---

65. Chez Normand Chaurette, le «sacrifice de la beauté».
66. *Nuit blanche*, n° 61, 1995, p. 15, 16.
67. «Aujourd'hui comme hier, ce sentiment demeure révolutionnaire», dit-il.
68. Inédite, créée en 1991.

Paris avec Alain Knapp[69]. *Panique à Longueuil* (1980) est l'histoire d'un jeune zoologue prisonnier sur son balcon au septième étage. À la recherche du concierge, il rencontre une voisine au régime et en bikini, son propriétaire qui le prend pour un pompier, etc. C'est finalement un rat qui lui indique l'ascenseur. On peut faire une lecture kafkaïenne, dantesque ou surréaliste de la pièce. *Adieu, docteur Münch* (1982) explore la conscience d'un personnage énigmatique au passé trouble, épais. L'interrogatoire qu'on lui fait subir pourrait être le nôtre, celui des spectateurs. Est-il Œdipe, est-il Hitler ou le *Dictateur* de Chaplin, est-il le psychanalyste Carl Gustav Jung, est-il un érudit allemand né (ou mort) à Kaboul? Un seul acteur, ce fut Dubois, pour douze rôles dont ceux de la statue de la Liberté et de la Pietà.

Au *26bis impasse du Colonel Foisy* (1983) se trouve la maison de Madame, une fausse princesse russe qui se bat avec son Auteur, interprété par le même comédien. *Ne blâmez jamais les Bédouins* (1984) est une pièce encore plus touffue que les précédentes. On peut découvrir «sous son vacarme la même intimité essentielle». Derrière ses trains, hélicoptères, soldats, sorciers, une image dépouillée, digne d'Hergé: «dans un désert, un jeune Teuton, perché sur une falaise, regarde fixement une cantatrice ficelée à une voie ferrée et un "monstre" qui, sans la voir, s'en approche[70]». Il ne s'agit plus que de

69. Qui expose sa «pédagogie» du théâtre à *Jeu*, n° 63, 1992, p. 55-64.
70. Diane Pavlovic, dans le dossier sur Normand Chaurette et René-Daniel Dubois, *Jeu*, n° 32, 1984, p. 88.

décomposer, de représenter plan par plan (comme un cinéma ou dans la BD) cette scène pétrifiée. *Münch* était une «sonate», *Les Bédouins* sont un «opéra de chambre» recréé, mis en musique par Alain Thibault et interprété (vingt-six rôles) par la cantatrice Pauline Vaillancourt en 1991[71].

Being at Home With Claude (1986) est la pièce la plus accessible[72] de Dubois. Le langage y est aussi «cru et naturaliste» que l'éclairage. Une indication scénique insiste sur l'«invasion barbare», par l'inspecteur et le jeune prostitué soupçonné de meurtre, du bureau que le juge (absent) considère comme son living-room. Dubois se sert efficacement des techniques du cinéma américain, de l'interrogatoire policier, psychologique, judiciaire, dans l'élucidation de ce «suicide par meurtre interposé». *Le Printemps, monsieur Deslauriers* (1987), créée par la Compagnie Jean-Duceppe, est le banquet d'adieu d'un patriarche qui veut se libérer de sa famille pour vivre un rêve (un voyage) de ses vingt ans. *Le Troisième Fils du professeur Yourolov* (1990) est une histoire d'espionnage, c'est-à-dire d'identité, de mort, de courses étourdissantes dans une multitude de lieux scéniques et référentiels.

D'autres jeunes dramaturges[73] se sont montrés inventifs dans la destruction-reconstruction de l'«illusion», le remplacement de l'identité ou le déplacement

---

71. Voir Guylaine Massoutre, *Jeu*, n° 61, 1991, p. 120-132.
72. Jusqu'au cinéma (film d'Yves Simoneau) et à la télévision.
73. Sur la «dramaturgie récente», voir *Jeu*, n° 61, 1991; sur la «relève» des troupes (de Bluff, Récidive ou Koy Koy à Sortie de secours), *Jeu*, n° 77, 1995.

des miroirs. *Le Facteur réalité* (1985), de René[74] Gingras, a été «conçu en fonction d'un appareillage électronique sophistiqué», la structure séquentielle a pris des allures de scénario de film, le texte s'est émaillé d'indications techniques méticuleuses. Or ces «machineries» ont donné au dramaturge «le goût de revenir à l'essentiel», c'est-à-dire à l'équivoque pirandellienne entre l'acteur, le personnage et l'auteur. La «non-existence» des uns se charge de l'existence des autres. Alain, fasciné par l'œuvre et la vie (la mort) d'Hubert Aquin, neige noire, nuit blanche, est-il moins *réel* qu'Henri Arbour qui en a les initiales? André, le maître de cérémonie, est-il maître de la pièce?

La collection «Théâtre» des Herbes rouges, dirigée par Gilbert David, qui veut aider les auteurs comme les spectateurs à passer d'un médium à l'autre, est inaugurée en 1988 par *Passer la nuit*, dans les bars, de Claude Poissant, et *Le Syndrome de Cézanne*, autour d'un accident de la route, de Normand Canac-Marquis. L'un travaille sur les dialogues sans profondeur, sans psychologie, sans personnages; l'autre sur les points de vue et la reconstitution des événements. L'Association des critiques a proclamé «meilleur texte créé à la scène» en 1989-1990 *La Répétition*, de Dominic Champagne, dont les personnages «vivent une situation sans l'interpréter[75]», entre Tchekhov et ses mouettes, *Godot* et ses clochards. La pièce est d'ailleurs dédiée aux itinérants («*errare humanum*

---

74. Ne pas confondre avec Pierre Gingras, auteur de la «pièce-programme» *Considérations sur l'alcool et la ponctualité* (1990).
75. Lucie Robert, «L'illusion théâtrale», *Voix et images*, n° 50, 1992, p. 351.

est»). *La Cité interdite* (1992) est une «œuvre de mémoire» de Champagne sur octobre 1970.

J'écrirai bientôt une pièce sur les nègres (1990), dit et accomplit aussitôt Jean-François Caron, entendant par «nègre» celui qui vend son talent et sa plume aux non-écrivains. Jean-François Messier considère l'acteur comme sa «matière première» dans *Le Dernier Délire permis* (1990), «vaguement d'après *Dom Juan*», où Domme est une femme et Elvire un homme, romancier de l'amour fou. Sur d'autres difficultés de l'amour, la sobre *Déposition* (1988) d'Hélène Pedneault est celle d'une femme à la parole bloquée, accusée d'avoir tué sa mère.

*
* *

La dramaturgie québécoise, qui s'en était séparée avec ostentation, semble «renouer avec ses origines littéraires», remarque Lucie Robert en 1986. En faisant appel aux archétypes, aux mythes, aux figures classiques du répertoire comme de la rhétorique et de la poétique, le théâtre le plus actuel trouve fatalement sur son chemin l'autre lui-même, l'envers de sa représentation, le texte littéraire. Après avoir parodié *Le Cid*, *Hamlet* ou *La Folle de Chaillot*, pour prendre une juste distance, on se rapproche de la littérature par d'autres détours et même directement. Les titres de Marchessault et d'autres sont explicites.

La culture littéraire d'un Ronfard, d'un Bouchard, d'un Chaurette, d'un Marleau, transparaît dans leur écriture; elle sert à la conception et à la structure de leurs pièces, à leur vision de l'espace, aux correspondances précises qu'ils établissent entre des époques et des sensibilités. Les «excès» de romantisme, de naturalisme ou de surréalisme ne sont visibles, lisibles, que parce qu'ils ont d'abord été lus. *Le Facteur réalité* n'est pas dissocié du littéraire et du théâtral — Hubert Aquin et son suicide — par René Gingras. Il les interroge et les met en spectacle l'un par rapport aux autres. On ne saurait séparer les derniers romans de Réjean Ducharme, *Dévadé* et *Va savoir*, des jeux cruels, extrêmes, de *HA ha!...* Et c'est vrai de son œuvre entière, depuis les épigraphes du *Nez qui voque* («Ah!», «Oh!») jusqu'aux scénarios de films.

Si j'ai inclus cette section sur le théâtre expérimental, *work in progress*, le plus souvent inédit, dans une histoire de la littérature québécoise, ce n'est pas dans une intention récupératrice ou impérialiste. Des spectacles, des créations, je n'ai pu cueillir que des traces. Des traces textuelles, littéraires, qui sont loin d'en rendre compte totalement, mais sans lesquelles le théâtre, même de laboratoire, aurait peine à s'imaginer. Pierre A. Larocque, par ailleurs romancier, ne faisait pas du «théâtre d'écrivain» à Opéra-Fête; il se disait «un écrivain qui fait du théâtre», qui connaît, pratique, confronte les deux genres. Sculpteur d'un théâtre d'«images», pour qui le théâtre est «tous les arts ensemble» — et il nomme la littérature entre la peinture et le «mouvement» —, Gilles Maheu lui-même «écrit, oui, avec la lumière, la danse, le feu et la neige; [...] et il revient sur ses œuvres comme sur un texte que l'on peaufine[76]».

---

76. Selon Diane Pavlovic, qui a travaillé comme dramaturge et assistante à la mise en scène auprès de Gilles Maheu (*Jeu*, n° 63, 1992, p. 18).

Conclusion

Faudrait-il inventer une définition inédite pour l'«action littéraire» qui se fait ici, pour la «rage de l'expression» qui marque un grand nombre d'œuvres en tous genres? L'écrivain québécois typique refuse la «profession: écrivain» qu'avait fait inscrire sur son passeport Hubert Aquin, et avec laquelle d'ailleurs il trichera jusqu'à se «transformer systématiquement en non-écrivain absolu», comme il l'annonce lui-même en 1963. Le jeune Québécois ne veut pas être ou devenir écrivain, planifier une carrière, construire une œuvre, il veut *écrire* — «et c'est là une ambition tout à fait différente», remarque Gilles Marcotte[1]. François Ricard[2], à côté, signale la «normalisation», depuis au moins 1980, d'une littérature naguère «spécifique». Est-ce contradictoire?

Ayant cessé d'occuper la «position privilégiée» qui fut la sienne, un moment, lors de la Révolution tranquille, la littérature contemporaine se partage, au

---

1. «La ligue nationale d'improvisation», *Études françaises*, vol. XXIX, nº 2, 1993, p. 125.
2. «L'écriture libérée de la littérature», *Études françaises*, vol. XXIX, nº 2, 1993, p. 127-136.

Québec comme ailleurs, entre une «sphère restreinte» où dominent l'université et le cégep, et une industrie du divertissement appelé culturel. Le point de vue de l'éditeur qu'adopte Ricard l'amène à rejoindre Marcotte dans sa description du «jaillissement premier», de l'*écriture* qu'il oppose — que les écrivains verts ou mûrs opposent — à la littérature instituée, socialisée.

La prolifération de l'écriture, sa «facilité croissante» viendraient de la «diminution des pressions» exercées par la littérature. L'«amour» pour celle-ci s'exprime aujourd'hui sous la forme d'une écriture compulsive, indéfinie ou infinie, sans cap ni rivage, tandis que la littérature comme «monde» (Hannah Arendt), comme «don des morts» (Danièle Sallenave), comme arrachement à la «tyrannie du moi» (Jean Larose), serait évacuée ou banalisée. Peut-il exister, hors des tiroirs personnels ou des archives éditoriales, une «écriture littéraire libérée de la littérature[3]», de toutes ces pages déjà remplies, «déjà parfaites», «horizon indépassable» et pourtant parfois dépassé de l'écrivain?

«Chez nous, écrire c'est vivre, se défendre et se prolonger», affirmait Lionel Groulx en 1926. «Je sais bien que de deux choses l'une: ou tu vis, ou tu écris. Moi je veux vécrire. L'avantage, quand tu vécris, c'est que c'est toi le patron», fait dire Jacques Godbout à son Galarneau. Dans les deux cas, vivre (survivre) n'a pas tout à fait le même sens. Et pourtant si, puisqu'il s'agit toujours d'entrer dans l'Histoire. «Le peuple québécois n'est pas révolutionnaire,

---

3. François Ricard répond évidemment non.

c'est un peuple composé de résistants. Le Québécois n'est pas un soldat, c'est un braconnier», remarque Godbout. Qui a su mener la «petite guerre»? Miron, Ferron, Ducharme..., tous ces écrivains dont les mots attendent leur sens, leur inutile et nécessaire fonction, leur contexte. «J'écris par appartenance, non par engagement», déclare Aquin; par appartenance à un futur, à un «prochain épisode» possible. «Aujourd'hui je fais un boulot, par suppléance, mais demain je ferai MON boulot, qui est d'écrire des poèmes», assure Miron, poète du non-poème, de la pré-poésie: «l'avenir dégagé / l'avenir engagé». Non pas le désengagement, mais le dégagement. Notre littérature n'est pas une littérature «arrivée», elle s'annonce, elle arrive.

André Brochu — auteur d'un *Adéodat* (1973) naissant et renaissant (rabelaisien), tué et retué comme roman, situé comme critique, désir, libération — distinguait, à propos de *Menaud, maître-draveur,* notre côté «peau-rouge» et notre côté «pied-noir». Peau et pied, enveloppe et racine, notre corps est divisé et multiplié. Yves Préfontaine voulait instaurer «une écriture française d'Amérique». Notre rêve américain n'est plus à New York ou à Ottawa; il est à Montréal et à Québec. Gabrielle Roy s'en était approchée, et Alain Grandbois; de nouveaux venus s'en emparent, s'y préparent, vivent comme si..., *vécrivent.* La littérature québécoise est une certitude et un doute, le discours et l'écriture d'un pays. Hector Fabre l'avait vu et prévu dès 1866: «Le rôle de notre littérature, c'est de fixer et de rendre ce que nous avons de particulier, ce qui nous distingue à la fois de la race dont nous sortons et de celle au milieu de laquelle nous vivons, ce qui nous fait ressembler à un vieux peuple exilé dans un pays nouveau et rajeunissant peu à peu.»

Précisons que le *pays* évoqué ici peut être le Québec dit *réel*, historique, projeté, encore à inventer, mais qu'il est surtout le pays de l'imaginaire, de l'écriture, de l'intertexte infini. «En étrange pays dans mon pays lui-même», dira toujours l'écrivain. Sa marge, sa différence, sa dissidence sont l'espace et la raison même de son activité. Ce «vieux peuple» qui rajeunit, qui s'exile et se rapatrie constamment, c'est le peuple des lecteurs arrachés au banal, au machinal, par l'appel des mots les plus simples, les plus justes.

Bibliographie sélective

Instruments de travail, guides, dictionnaires, histoires et histoires littéraires

BRUNET, Berthelot, *Histoire de la littérature canadienne-française suivie de portraits d'écrivains* [1946], Montréal, HMH, 1970, 332 p.

CHARTIER, Daniel, *Guide de culture et de littérature québécoises. Les grandes Œuvres, les traductions, les études, les adresses culturelles*, Québec, Nota bene, 1999, 344 p.

— *Dictionnaire des écrivains émigrés au Québec (1800-1999)*, Québec, Nota bene, 2003, 372 p.

DIONNE, René (dir.), *Le Québécois et sa littérature*, Sherbrooke, Naaman, et Paris, Agence de coopération culturelle et technique, 1984, 462 p.

DUMONT, Fernand, *Genèse de la société québécoise*, Montréal, Boréal, 1993, 397 p.

FORTIN, Marcel, Yvan LAMONDE et François RICARD, *Guide de la littérature québécoise*, Montréal, Boréal, 1988, 158 p.

GASQUY-RESCH, Yannick (dir.), *Littérature du Québec*, Vanves, Édicef, 1994, 288 p.

GRANDPRÉ, Pierre de (dir.), *Histoire de la littérature française du Québec*, Montréal, Beauchemin, 4 vol., 1967-1969.

HAMEL, Réginald, John HARE et Paul WYCZYNSKI, *Dictionnaire des auteurs de langue française en Amérique du Nord*, Montréal, Fides, 1989, 1364 p.

HAMEL, Réginald, *Panorama de la littérature québécoise contemporaine*, Montréal, Guérin, 1997, 822 p.

HAMELIN, Jean, et Jean PROVENCHER, *Brève Histoire du Québec*, nouv. éd., Montréal, Boréal, 1993, 128 p.

LEMIEUX, Denise (dir.), *Traité de la culture*, Québec, IQRC, 2002, 1089 p.

LEMIRE, Maurice (dir.) — Gilles Dorion (dir.) pour le vol. VI et Aurélien Boivin (dir.) pour le vol. VII —, *Dictionnaire des œuvres littéraires du Québec*, Montréal, Fides, 7 vol., 1978-2003.

— Sous la direction de Maurice LEMIRE, *La Vie littéraire au Québec [1764-1914]*, 5 vol., Québec, PUL, 1991-2003.

LINTEAU, Paul-André, René DUROCHER, Jean-Claude ROBERT et François RICARD, *Histoire du Québec contemporain* [1979 et 1986], Montréal, Boréal compact, 2 vol., 1989.

MAILHOT, Laurent, *La Littérature québécoise*, Paris, PUF, «Que sais-je?», n° 1579, 1974, 128 p. (réédition en 1975).

POIRIER, Claude (dir.), *Trésor de la langue française au Québec. Volume de présentation*, Québec, PUL, 1985, XLI-169 p.

ROUILLARD, Jacques (dir.), *Guide d'histoire du Canada du régime français à nos jours*, Montréal, Méridien, 1991, 354 p. (réédition en 1993).

TOUGAS, Gérard, *La Littérature canadienne-française*, Paris, PUF, 1974, 270 p. (1re éd., 1960, sous le titre *Histoire de la littérature canadienne-française*).

Anthologies, choix et recueils de textes

BEAUSOLEIL, Claude, *Montréal est une ville de poèmes vous savez*, Montréal, l'Hexagone, 1993, 316 p.

BOISMENU, Gérard, Laurent MAILHOT et Jacques ROUILLARD, *Le Québec en textes, 1940-1980*, Montréal, Boréal, 1980, 574 p. (réédition en 1986, 622 p.).

BOUTHILLIER, Guy, et Jean MEYNAUD, *Le Choc des langues au Québec, 1760-1970*, Québec, PUQ, 1972, 767 p.

BROSSARD, Nicole, et Lisette GIROUARD, *Anthologie de la poésie des femmes au Québec*, Montréal, Éditions du Remue-ménage, 1991, 379 p.

CACCIA, Fulvio, et Antonio D'ALFONSO, *Quêtes. Textes d'auteurs italo-québécois*, Montréal, Guernica, 1983, 283 p.

CHASSAY, Jean-François (dir.), *Anthologie de l'essai au Québec depuis la Révolution tranquille*, Montréal, Boréal, 2003, 271 p.

FERRETTI, Andrée, et Gaston MIRON, *Les Grands Textes indépendantistes. Écrits, discours et manifestes québécois, 1774-1992*, Montréal, l'Hexagone, 1992, 499 p.

FREDETTE, Nathalie, *Montréal en prose, 1892-1992*, Montréal, l'Hexagone, 1992, 507 p.

GALLAYS, François, *Anthologie de la nouvelle au Québec*, Montréal, Fides, 1993, 427 p.

GAUVIN, Lise, et Gaston MIRON, *Écrivains contemporains du Québec depuis 1950*, Paris, Seghers, 1989, 579 p.

HARE, John, *Anthologie de la poésie québécoise du XIXe siècle (1790-1890)*, Montréal, HMH, 1979, 410 p.

LA FRANCE, Micheline, *Nouvelles de Montréal*, Montréal, Typo, 1992, 252 p.

LATOUCHE, Daniel, et Diane POLIQUIN-BOURASSA, *Le Manuel de la parole. Manifeste québécois*, Montréal, Boréal, 3 vol., 1977-1979.

LEBEL, Michel, et Jean-Marcel PAQUETTE, *Le Québec par ses textes littéraires (1934-1976)*, France-Québec et Paris, Nathan, 1979, 387 p.

LORD, Michel, *Anthologie de la science-fiction québécoise contemporaine*, Montréal, BQ, 1988, 268 p.

MAILHOT, Laurent, avec la collaboration de Benoît MELANÇON, *Essais québécois, 1837-1983*, Montréal, HMH, 1984, 658 p.

MAILHOT, Laurent, et Doris-Michel MONTPETIT, *Monologues québécois, 1890-1980*, Montréal, Leméac, 1980, 420 p.

MAILHOT, Laurent, et Pierre NEPVEU, *La Poésie québécoise des origines à nos jours*, Montréal, l'Hexagone, 1980, 714 p. (réédition en 1986, Montréal, Typo, 642 p.).

MARCOTTE, Gilles (dir.), *Anthologie de la littérature québécoise*, Montréal, La Presse, 4 vol., 1978-1980 (réédition en 2 t., Montréal, l'Hexagone, 1994: I: Léopold LEBLANC, *Écrits de la Nouvelle-France, 1534-1760*; René DIONNE, *La Patrie littéraire, 1760-1895*; II: Gilles MARCOTTE et François

HÉBERT, *Vaisseau d'or et croix du chemin, 1895-1935*; IV: René DIONNE et Gabrielle POULIN, *L'Âge de l'interrogation, 1937-1952.*

PELLERIN, Gilles, *Dix ans de nouvelles. Une anthologie québécoise,* Québec, L'instant même, 1996, 258 p.

ROUSSEAU, Guildo, *Préfaces des romans québécois du XIXᵉ siècle,* Sherbrooke, Cosmos, 1970, 111 p.

ROYER, Jean, *La Poésie québécoise contemporaine,* Montréal, l'Hexagone, et Paris, La Découverte, 1987, 255 p.

— *Le Québec en poésie,* Paris, Gallimard et Lacombe, 1987, 142 p.

THÉRIO, Adrien, *Conteurs canadiens-français,* Montréal, Déom, 1970, 309 p.; Montréal, TYPO, 1995, 416 p.

L'Humour au Canada français, Montréal, Déom, 1968, 290 p.

WEINMANN, Heinz, et Roger CHAMBERLAND (dir.), *Littérature québécoise. Des origines à nos jours. Textes et méthodes,* Montréal, HMH, 1996, 349 p.

Études générales*

ANDRÈS, Bernard, *Écrire le Québec: de la contrainte à la contrariété. Essai sur la constitution des lettres,* Montréal, XYZ, 1990, 225 p.

---

* Excluant celles qui portent sur un genre littéraire particulier (voir plus loin).

BEAUDOIN, Réjean, *Naissance d'une littérature. Essai sur le messianisme et les débuts de la littérature canadienne-française (1850-1890)*, Montréal, Boréal, 1989, 211 p.

BESSETTE, Gérard, *Une littérature en ébullition*, Montréal, Éditions du Jour, 1968, 317 p.

BIRON, Michel, *L'Absence du maître. Saint-Denys Garneau, Ferron, Ducharme*, Montréal, PUM, 2000, 322 p.

BOUCHARD, René (dir.), *Culture populaire et littératures au Québec*, Saratoga (Calif.), Anma Libri, 1980, 310 p.

BOURASSA, André-G., *Surréalisme et littérature québécoise. Histoire d'une révolution culturelle*, Montréal, L'Étincelle, 1977, 375 p.; Montréal, Typo, 1982, 623 p.

BROCHU, André, *L'Instance critique 1961-1973*, Montréal, Leméac, 1974, 376 p.

— *Le Singulier pluriel*, Montréal, l'Hexagone, 1992, 234 p.

— *La Visée critique. Essais autobiographiques et littéraires*, Montréal, Boréal, 1988, 250 p.

CADY, Patrick, *Quelques arpents de lecture. Abécédaire romanesque québécois*, Montréal, l'Hexagone, coll. «Itinéraires», 1995, 320 p.

CAMBRON, Micheline, *Une société, un récit. Discours culturel au Québec (1967-1976)*, Montréal, l'Hexagone, 1989, 204 p.

CHARTIER, Daniel, *L'Émergence des classiques. La réception de la littérature québécoise des années trente*, Montréal, Fides, 2000, 313 p.

CLOUTIER-WOJCIECHOWSKA, Cécile, et Réjean ROBI-DOUX (en hommage à David Hayne), *Solitude rompue*, Ottawa, EUO, 1986, 429 p.

DORION, Gilles, et Marcel VOISIN, *Littérature québécoise. Voix d'un peuple, voies d'une autonomie*, Bruxelles, Éditions de l'Université de Bruxelles, 1989, 252 p.

DUMONT, Fernand, et Jean-Charles FALARDEAU, *Littérature et société canadiennes-françaises*, Québec, PUL, 1964, 272 p.

ÉTHIER-BLAIS, Jean, *Signets II et III*, Montréal, Cercle du livre de France, 1967 et 1973, 247 et 268 p.

GAUVIN, Lise, *«Parti pris» littéraire*, Montréal, PUM, 1975, 219 p.

GAUVIN, Lise, et Jean-Marie KLINKENBERG (dir.), *Trajectoires: littérature et institutions au Québec et en Belgique francophone*, Bruxelles, Labor, 1985, 272 p.

GERVAIS, André (dir.), *Emblématiques de l'«époque du joual». Jacques Renaud, Gérald Godin, Michel Tremblay, Yvon Deschamps*, Montréal, Lanctôt, 2000, 196 p.

GODIN, Jean Cléo (dir.), *Lectures européennes de la littérature québécoise*, Montréal, Leméac, 1982, 388 p.

GRISÉ, Yolande, et Robert MAJOR (dir.), *Mélanges de littérature canadienne-française et québécoise offerts à Réjean Robidoux*, Ottawa, PUO, 1992, 430 p.

HAREL, Simon, *Le Voleur de parcours. Identité et cosmopolitisme dans la littérature québécoise contemporaine*, Longueuil, Le Préambule, 1989, 312 p.

— Sous la direction de Simon HAREL, *L'Étranger dans tous ses états. Enjeux culturels et littéraires*, Montréal, XYZ, 1992, 190 p.

LAMONDE, Yvan, et Esther TRÉPANIER (dir.), *L'Avènement de la modernité culturelle au Québec*, Québec, IQRC, 1986, 313 p.

LAMY, Suzanne, et Irène PAGÈS, *Féminité, subversion
et écriture*, Montréal, Éditions du Remue-ménage,
1984, 280 p.

LEMIRE, Maurice, *Formation de l'imaginaire littéraire
au Québec, 1764-1867*, Montréal, l'Hexagone,
1993, 281 p.

— *La Littérature québécoise en projet au milieu du
XIXᵉ siècle*, Montréal, Fides, 1993, 276 p.

— Sous la direction de Maurice LEMIRE, avec la collaboration de Michel LORD, *L'Institution littéraire*, Québec, IQRC, 1986, 211 p.

— Sous la direction de Maurice LEMIRE, *Le Romantisme au Canada*, Québec, Nuit blanche éditeur,
Cahiers du CRELIQ, 1993, 341 p.

MAILHOT, Laurent, *Ouvrir le livre*, Montréal, l'Hexagone, 1992, 354 p.

MAINDRON, Robert (dir.), *Littérature de langue française en Amérique du Nord*, Université de Poitiers,
La Licorne, 1993, 445 p.

MAJOR, Jean-Louis, *Le Jeu en étoile. Études et essais*,
Éditions de l'Université d'Ottawa, 1978, 189 p.

MAJOR, Robert, *Parti pris: idéologies et littérature*,
Montréal, HMH, 1979, 341 p.

— *Convoyages. Essais critiques*, Orléans (Ontario),
Éditions David, 1999, 334 p.

MARCEL, Jean, *Le Joual de Troie*, Montréal, Éditions
du Jour, 1973, 236 p.; Verdun, E.I.P., 1982, 357 p.

MARCOTTE, Gilles, *Littérature et circonstances*,
Montréal, l'Hexagone, 1989, 350 p.

— *Une littérature qui se fait*, Montréal, HMH, 1962, 293 p.; BQ, 1994, 338 p.

MARCOTTE, Gilles, et Pierre NEPVEU (dir.), *Montréal imaginaire. Ville et littérature*, Montréal, Fides, 1992, 425 p.

MOISAN, Clément, *Comparaison et raison. Essais sur l'histoire et l'institution des littératures canadienne et québécoise*, Montréal, HMH, 1987, 184 p.

NEPVEU, Pierre, *L'Écologie du réel. Mort et naissance de la littérature québécoise*, Montréal, Boréal, 1988, 245 p.

— *Intérieurs du Nouveau Monde. Essais sur les littératures du Québec et des Amériques*, Montréal, Boréal, 1998, 378 p.

PELLETIER, Jacques, *Le Poids de l'histoire. Littérature, idéologies, société du Québec moderne*, Québec, Nuit blanche éditeur, 1995, 346 p.

— Sous la direction de Jacques PELLETIER, *L'Avant-garde culturelle et littéraire des années 70 au Québec*, Montréal, UQAM, Cahiers du Département d'études littéraires, n° 5, 1986, 193 p.

ROBERT, Lucie, *L'Institution du littéraire au Québec*, Québec, PUL, 1989, 272 p.

ROUSSEAU, Guildo, *L'Image des États-Unis dans la littérature québécoise (1775-1930)*, Sherbrooke, Naaman, 1981, 356 p.

SIMON, Sherry, Pierre L'HÉRAULT, Robert SCHWARTZWALD et Alexis NOUSS, *Fictions de l'identitaire au Québec*, Montréal, XYZ, 1991, 185 p.

SIROIS, Antoine, *Mythes et symboles dans la littérature québécoise*, Montréal, Triptyque, 1992, 154 p.

SMART, Patricia, *Écrire dans la maison du père. L'émergence du féminin dans la tradition littéraire du Québec*, Montréal, Québec/Amérique, 1988, 337 p.

TOUGAS, Gérard, *Le Destin littéraire du Québec*, Montréal, Québec/Amérique, 1982, 208 p.

WARWICK, Jack, *L'Appel du Nord dans la littérature canadienne-française*, traduit par Jean Simard, Montréal, HMH, 1972, 249 p.

WYCZYNSKI, Paul (dir.), *L'École littéraire de Montréal*, Montréal, Fides, «ALC», II, 1963, 383 p.; 2ᵉ éd., 1972, 353 p.

— Sous la direction de Paul WYCZYNSKI, *Le Nigog*, Montréal, Fides, «ALC», VII, 1987, 390 p.

Sur les principaux genres

• Poésie

BLAIS, Jacques, *De l'ordre et de l'aventure. La poésie au Québec de 1934 à 1944*, Québec, PUL, 1975, 410 p.

BONENFANT, Joseph, *Passion du poétique*, Montréal, l'Hexagone, 1992, 234 p.

BROCHU, André, *Tableau du poème. La poésie québécoise des années quatre-vingt*, Montréal, XYZ, 1994, 238 p.

DUMONT, François, *Usages de la poésie. Le discours des poètes québécois sur la fonction de la poésie (1945-1970)*, Québec, PUL, 1993, 248 p.

FILTEAU, Claude, *Poétiques de la modernité*, Montréal, l'Hexagone, 1994, 382 p.

GERVAIS, André, *Sas*, Montréal, Tryptique, 1994, 292 p.

GIGUÈRE, Richard, *Exil, révolte et dissidence. Étude comparée des poésies québécoise et canadienne (1925-1955)*, Québec, PUL, 1984, 283 p.

LORTIE, Jeanne d'Arc, *La Poésie nationaliste au Canada français (1606-1867)*, Québec, PUL, 1975, 535 p.

MALENFANT, Paul Chanel, *La Partie pour le tout. Lecture de Fernand Ouellette et Roland Giguère*, Québec, PUL, 1983, 399 p.

MARCOTTE, Gilles, *Le Temps des poètes. Description critique de la poésie actuelle au Canada français*, Montréal, HMH, 1969, 251 p.

— *Le lecteur de poèmes*, Montréal, Boréal, 2000, 210 p.

MOISAN, Clément, *Poésie des frontières. Étude comparée des poésies canadienne et québécoise*, Montréal, HMH, 1979, 343 p.

NEPVEU, Pierre, *Les Mots à l'écoute. Poésie et silence chez Fernand Ouellette, Gaston Miron et Paul-Marie Lapointe*, Québec, PUL, 1979, 293 p.

POPOVIC, Pierre, *La Contradiction du poème. Poésie et discours social au Québec de 1948 à 1953*, Candiac, Balzac, 1992, 458 p.

ROYER, Jean, *Introduction à la poésie québécoise. Les poètes et les œuvres des origines à nos jours*, Montréal, BQ, 1989, 295 p.

— *Poètes québécois, entretiens*, Montréal, Typo, 1991, 280 p.

WYCZYNSKI, Paul (dir.), *La Poésie canadienne-française*, Montréal, Fides, «ALC», IV, 1969, 700 p.

• Roman, récit, nouvelle

ALLARD, Jacques, *Le Roman du Québec. Histoire. Perspectives. Lectures*, Montréal, Québec Amérique, 2000, 454 p.

— *Le Roman mauve. Microlectures de la fiction récente au Québec*, Montréal, Québec Amérique, 1997, 393 p.

ARGUIN, Maurice, *Le Roman québécois de 1944 à 1965. Symptômes du colonialisme et signes de libération*, Montréal, l'Hexagone, 1989, 282 p.

AUDET, René, *Des textes à l'œuvre. La lecture du recueil de nouvelles*, Québec, Nota bene, 2000, 161 p.

BEAUDOIN, Réjean, *Le Roman québécois*, Montréal, Boréal, 1991, 126 p.

BELLEAU, André, *Le Romancier fictif. Essai sur la représentation de l'écrivain dans le roman québécois*, Québec, PUL, 1980, 155 p.

BESSETTE, Gérard, *Trois romanciers québécois*, Montréal, Éditions du Jour, 1973, 240 p.

BOUCHER, Jean-Pierre, *Le recueil de nouvelles. Études sur un genre dit mineur*, Montréal, Fides, 1992, 217 p.

BOYNART-FROT, Janine, *Un matriarcat en procès. Analyse systématique des romans canadiens-français, 1860-1960*, Montréal, PUM, 1982, 234 p.

CHASSAY, Jean-François, *L'Ambiguïté américaine. Le roman québécois face aux États-Unis*, Montréal, XYZ, 1995, 198 p.

DUCROCQ-POIRIER, Madeleine, *Le Roman canadien de langue française de 1860 à 1958. Recherche d'un esprit romanesque*, Paris, Nizet, 1978, 908 p.

FALARDEAU, Jean-Charles, *Imaginaire social et littérature*, Montréal, HMH, 1974, 152 p.

— *Notre société et son roman*, Montréal, HMH, 1967, 234 p.

FRÉDÉRIC, Madeleine, et Jacques ALLARD (dir.), *Québec-Acadie. Modernité-postmodernité du roman contemporain*, Montréal, UQAM, Cahiers du Département d'études littéraires, 1987, 200 p.

GALLAYS, François, Sylvain SIMARD et Robert VIGNEAULT (dir.), *Le Roman contemporain au Québec (1960-1985)*, Montréal, Fides, «ALC», VIII, 1992, 548 p.

GALLAYS, François, et Robert VIGNEAULT (dir.), *La Nouvelle au Québec*, ALC, IX, Montréal, Fides, 1997, 266 p.

GAUVIN, Lise, et Franca MARCATO-FALZONI (dir.), *L'Âge de la prose. Romans et récits québécois des années 80*, Montréal, VLB éditeur, et Rome, Bulzoni, 1992, 229 p.

GÉROLS, Jacqueline, *Le Roman québécois en France*, Montréal, HMH, 1984, 363 p.

HAYNE, David M., et Marcel TIROL, *Bibliographie critique du roman canadien-français, 1837-1900*, Québec, PUL, 1968, 144 p.

IMBERT, Patrick, *Roman québécois contemporain et clichés*, Ottawa, EUO, 1983, 186 p.

KWATERKO, Józef, *Le Roman québécois de 1960 à 1975. Idéologie et représentation littéraire*, Longueuil, Le Préambule, 1989, 268 p.

MARCOTTE, Gilles, *Le Roman à l'imparfait. Essais sur le roman québécois d'aujourd'hui*, Montréal, La Presse, 1976, 195 p.; Montréal, Typo, 1989, 264 p.

MARTEL, Réginald, *Le Premier Lecteur. Chroniques du roman québécois, 1968-1994*, Montréal, Leméac, 1994, 335 p.

MILOT, Louise, et Jaap LINTVELT (dir.), *Le Roman québécois depuis 1960. Méthodes et analyses*, Québec, PUL, 1992, 318 p.

PATERSON, Janet, *Moments postmodernes dans le roman québécois*, Ottawa, PUO, 1990, 126 p.

PELLERIN, Gilles, *Nous aurions un petit genre. Publier des nouvelles,* Québec, L'instant même, 1997, 218 p.

PELLETIER, Jacques, *Lecture politique du roman québécois contemporain*, Montréal, UQAM, Cahiers du Département d'études littéraires, n° 1, 1984, 151 p.

— *Le Roman national. Néo-nationalisme et roman québécois contemporain*, Montréal, VLB éditeur, 1991, 241 p.

POULIN, Gabrielle, *Romans du pays, 1968-1979*, Montréal, Bellarmin, 1980, 454 p.

PROULX, Bernard, *Le Roman du territoire*, Montréal, UQAM, Cahiers du Département d'études littéraires, 1987, 327 p.

ROBIDOUX, Réjean, et André RENAUD, *Le Roman canadien-français du XXe siècle*, Ottawa, EUO, 1966, 215 p.

Romanciers du Québec, Québec, Éditions du *Québec français*, 1980, 224 p.

ROYER, Jean, *Romanciers québécois, entretiens*, Montréal, Typo, 1991, 336 p.

SERVAIS-MAQUOI, Mireille, *Le Roman de la terre au Québec*, Québec, PUL, 1974, 269 p.

SHEK, Ben-Z., *French-Canadian and Québécois Novels*, Toronto, Oxford University Press, 1991, 151 p.

WHITFIELD, Agnès, *Le Je(u) illocutoire. Forme et contestation dans le nouveau roman québécois*, Québec, PUL, 1987, 342 p.

WHITFIELD, Agnès, et Jacques COTNAM (dir.), *La Nouvelle: écriture(s) et lecture(s)*, Montréal et Toronto, XYZ et Gref, 1993, 226 p.

WYCZYNSKI, Paul (dir.), *Le Roman canadien-français. Évolution. Témoignages. Bibliographie*, Montréal, Fides, «ALC», III, 1964, 458 p.; 2ᵉ éd., 1977, 514 p.

• Théâtre

BEDNARSKI, Betty, et Irene OORE (dir.), *Nouveaux Regards sur le théâtre québécois*, Montréal et Halifax, XYZ et Dalhousie French Studies, 1997, 203 p.

BENSON, Eugene, et L. W. CONOLLY, *The Oxford Companion to Canadian Theatre*, Toronto, Oxford University Press, 1989, 662 p.

BOURASSA, André-Gilles, Jean LAFLAMME et Jean-Marc LARRUE (dir.), *Le Théâtre au Québec. Mémoire et appropriation*, Société d'histoire du théâtre du Québec, *L'Annuaire théâtral*, 1988-1989, 472 p.

BRISSET, Annie, *Sociocritique de la traduction. Théâtre et altérité au Québec (1968-1988)*, Longueuil, Le Préambule, 1990, 347 p.

BURGER, Baudouin, *L'Activité théâtrale au Québec (1765-1825)*, Montréal, Parti pris, 1974, 410 p.

DONOHOE, Jr., Joseph I., et Jonathan M. WEISS, *Essays on Modern Quebec Theater*, East Lansing, Michigan State University Press, 1995, 254 p.

DOUCETTE, Leonard, *Theatre in French Canada: Laying the Foundations, 1606-1867*, Toronto, University of Toronto Press, 1984, 290 p.

GOBIN, Pierre, *Le Fou et ses doubles: figures de la dramaturgie québécoise*, Montréal, PUM, 1978, 623 p.

GODIN, Jean Cléo, et Laurent MAILHOT, *Le Théâtre québécois. Introduction à dix dramaturges contemporains*, Montréal, HMH, 1970, 254 p.; Montréal, BQ, 1988, 368 p.

— *Théâtre québécois II. Nouveaux auteurs, autres spectacles*, Montréal, HMH, 1980, 248 p.; Montréal, BQ, 1988, 368 p.

GODIN, Jean Cléo et Dominique LAFON, *Dramaturgies québécoises des années quatre-vingt*, Montréal, Leméac, 1999, 264 p.

LAFON, Dominique (dir.), *Le Théâtre québécois 1975-1995*, Montréal, Fides, 2001, 443 p.

LAVOIE, Pierre, *Pour suivre le théâtre au Québec. Les ressources documentaires*, Québec, IQRC, 1985, 511 p.

LEGRIS, Renée, Jean-Marc LARRUE, André-G. BOURASSA et Gilbert DAVID, *Le Théâtre au Québec, 1825-1980*, Montréal, VLB éditeur et Société d'histoire du théâtre du Québec, 1988, 205 p.

LÉVESQUE, Robert, *La liberté de blâmer. Carnets et dialogues sur le théâtre* (avec Stéphane Lépine), Montréal, Boréal, 1997, 194 p.

VIGEANT, Louise, *La Lecture du spectacle théâtral*, Laval, Mondia, 1989, 228 p.

WEISS, Jonathan M., *French-Canadian Theater*, Boston, Twayne, 1986, 179 p.

WYCZYNSKI, Paul (dir.), *Le Théâtre canadien-français*, Montréal, Fides, «ALC», V, 1976, 1005 p.

• Essai, critique

ALLARD, Jacques, *Traverses. De la critique littéraire au Québec*, Montréal, Boréal, 1991, 212 p.

DION, Robert, Anne-Marie CLÉMENT et Simon FOURNIER, *Les «Essais littéraires» aux Éditions de l'Hexagone (1988-1993)*, radioscopie d'une collection, Québec, Nota bene, 2000, 115 p.

DUCHET, Claude, et Stéphane VACHON (dir.), *La Recherche littéraire. Objets et méthodes*, Montréal, XYZ, 1993, 503 p.

DUMONT, François (dir.), *La Pensée composée. Forme des recueils et constitution de l'essai québécois*, Québec, Nota bene, 1999, 287 p.

— *Approches de l'essai. Anthologie*, Québec, Nota bene, 2003, 276 p.

FORTIN, Nicole, *Une littérature inventée. Littérature québécoise et critique universitaire (1965-1975)*, Québec, PUL, 1994, 354 p.

HAYWARD, Annette, et Agnès WHITFIELD (dir.), *Critique et littérature québécoise. Critique de la littérature/Littérature de la critique*, Montréal, Triptyque, 1992, 422 p.

MARCEL, Jean, *Pensées, passions et proses*, Montréal, l'Hexagone, 1992, 399 p.

MÉLANÇON, Joseph (dir.), *Le Discours de l'université sur la littérature québécoise*, Québec, Nuit blanche éditeur, 1996, 364 p.

MILOT, Louise, et François DUMONT (dir.), *Pour un bilan prospectif de la recherche en littérature québécoise*, Québec, Nuit blanche éditeur, 1993, 274 p.

PRZYCHODZÉN, Janusz, *Un projet de liberté. L'essai littéraire au Québec (1970-1990)*, Québec, IQRC, 1993, 202 p.

SAINT-MARTIN, Lori (dir.), *L'Autre Lecture. La critique au féminin et les textes québécois*, Montréal, XYZ, «Documents», 1992-1994, (2 vol.)

VIGNEAULT, Robert, *L'Écriture de l'essai*, Montréal, l'Hexagone, 1994, 333 p.

WYCZYNSKI, Paul, François GALLAYS et Sylvain SIMARD (dir.), *L'Essai et la prose d'idées au Québec*, Montréal, Fides, «ALC», VI, 1985, 921 p.

• Littérature intime ou personnelle

BRUNET, Manon, et Serge GAGNON (dir.), *Discours et pratiques de l'intime*, Québec, IQRC, 1993, 256 p.

HÉBERT, Pierre, avec la collaboration de Marilyn BASZCZYNSKI, *Le Journal intime au Québec. Structures. Évolution. Réception*, Montréal, Fides, 1988, 212 p.

LAMONDE, Yvan, *Je me souviens. La littérature personnelle au Québec (1860-1980)*, Québec, IQRC, 1983, 275 p.

MELANÇON, Benoît, et Pierre POPOVIC (dir.), *Les Facultés des lettres. Recherches récentes sur l'épistolaire français et québécois*, Université de Montréal, Département d'études françaises, CULSEC, 1993, 241 p.

Revue d'histoire littéraire du Québec et du Canada français, no 9 («La littérature personnelle»), 1985.

VAN ROEY-ROUX, Françoise, *La Littérature intime au Québec*, Montréal, Boréal, 1983, 256 p.

Périodiques

Pour suivre l'activité littéraire immédiate, en plus du *Devoir* et de *La Presse* du samedi ou du dimanche, des chroniques bimensuelles du magazine d'information *L'actualité*, voir les magazines spécialisés *Lettres québécoises* (trimestriel), *Nuit blanche* (bimestriel), *Québec français* (trimestriel). Pour plus de distance ou de sens critique: le bimestriel *Spirale*, les revues *Liberté*, *l'Inconvénient*, *Contre-jour*. Les revues universitaires — *Études françaises* (Montréal), *Études littéraires* (Laval), *Littératures* (McGill), *Présence francophone* (Sherbrooke), *Protée* (UQAC), *La Revue de l'Université d'Ottawa*, *Tangence* (UQAR et UQTR) — traitent souvent de littérature québécoise[*]; *Voix et images* (UQAM) le fait systématiquement, exclusivement. Plusieurs périodiques spécialisés ont vu le jour depuis quinze ou vingt ans: *Ellipse* (traduction), *Estuaire* (poésie), *Imagine...* et *Solaris* (science-fiction), *L'Annuaire théâtral*, *Jeu. Cahiers de théâtre*, *Lurelu* (jeunesse), *Vice versa* (transculture), *XYZ* (nouvelles).

---

[*] En plus, bien sûr, de *Canadian Literature* (Vancouver, University of British Columbia), *University of Toronto Quarterly*, *Québec Studies* (aux États-Unis), etc. Parmi les périodiques disparus à consulter: *Livres et auteurs québécois*, la *RHLQCF*. Voir Andrée Fortin, *Passages de la modernité. Les intellectuels québécois et leurs revues*, Québec, PUL, 1993, 406 p.

Chronologie littéraire et culturelle

1748-1753	*Lettres*, d'Élisabeth Bégon (publiées en 1934-1935 et 1972).
1764	*The Quebec Gazette/La Gazette de Québec.*
1778	*La Gazette de Montréal* (voltairienne).
1789	Théâtre de société à Montréal.
1806	*Le Canadien.*
1837	*L'Influence d'un livre*, roman de Philippe Aubert de Gaspé, fils.
1839	Lettres d'un patriote condamné à mort, Chevalier de Lorimier.
1844	Fondation de l'Institut canadien et de l'Œuvre des bons livres.
1845-1852	*Histoire du Canada*, de François-Xavier Garneau (4 vol.).
1846	*Charles Guérin*, de Pierre-Joseph-Olivier Chauveau, et *La Terre paternelle*, de Patrice Lacombe.
1847	*L'Avenir* (libéral radical), suivi du *Pays* (1852).
1848-1850	*Le Répertoire national*, de James Huston (4 vol.).
1852	Fondation de l'Université Laval.
1860	Mouvement littéraire et patriotique de Québec, animé par l'abbé Casgrain: *Soirées canadiennes* et *Foyer canadien* (1863).
1863	Exil d'Octave Crémazie en France.
1864	Premières *Lettres sur le Canada* d'Arthur Buies.
1876	Succursale de l'Université Laval à Montréal.

1878	*Premières Poésies* d'Eudore Évanturel.
1880	Première visite de Sarah Bernhardt.
1881	*Angéline de Montbrun*, roman de Laure Conan.
1895	École littéraire de Montréal.
1902	Sermon de Mgr Louis-Adolphe Paquet sur «la vocation de la race française en Amérique»; Société (et *Bulletin*) du parler français au Canada.
1903	*Émile Nelligan et son œuvre*, de Louis Dantin.
1906	Premier cours de littérature canadienne de l'abbé Camille Roy (*Manuel* en 1918). Polémique entre Jules Fournier et Charles ab der Halden sur l'existence de cette littérature.
1909	*Le Terroir*.
1910	*Le Devoir*.
1914	*Maria Chapdelaine*, de Louis Hémon (dans *Le Temps*, Paris).
1916	Enquêtes ethnographiques et contes populaires de Marius Barbeau dans le *Journal of American Folk-Lore*.
1917	*L'Action française* (qui deviendra... *canadienne-française*, puis *nationale*).
1918	*Le Nigog*.
1920	Université de Montréal; *Lendemains de conquête*, de Lionel Groulx; Bourses pour études à Paris; *Les Atmosphères*, poèmes de Jean-Aubert Loranger.
1921	Lettre pastorale de Mgr Paul Bruchési contre la mode, la danse, le cinéma et le théâtre.

1922	Premier prix David.
1923	Fondation de l'Association canadienne-française pour l'avancement des sciences (ACFAS); Éditions Édouard Garand (collection «Le Roman canadien»).
1924	Concours d'histoire du Canada.
1925	Semaine d'histoire du Canada (Association historique, etc.).
1926	Éditions Albert Lévesque; Alfred Pellan à Paris (premier boursier en peinture).
1928	Borduas en France; prix Goncourt à Maurice Constantin-Weyer, *Un homme se penche sur son passé*.
1930	Fondation du Théâtre Stella par la troupe (professionnelle) Barry-Duquesne; *À l'ombre de l'Orford*, poèmes d'Alfred DesRochers.
1933	«Manifeste de la jeune génération» (André Laurendeau) et mouvement Jeune-Canada; *Un homme et son péché*, roman de Claude-Henri Grignon (à la télévision en 1956).
1934	Fondation des revues *Vivre*, *La Relève*, *L'Action universitaire*, *Les Idées*, et des Éditions du Totem; *Poèmes* [d'Hankéou] d'Alain Grandbois.
1937	Les Compagnons de Saint-Laurent (théâtre); Comité permanent de la survivance française en Amérique; Société des écrivains canadiens. *Menaud, maître-draveur*, roman de Félix-Antoine Savard; *Regards et jeux dans l'espace*, poèmes de Saint-Denys Garneau.

1938	*Les Fridolinades* de Gratien Gélinas au théâtre; *Trente Arpents*, roman de Ringuet.
1940-1947	21 millions de livres imprimés en français au Québec.
1941	Éditions Fides, Éditions Pascal, Éditions Lucien Parizeau.
1944	Académie canadienne-française; Archives de folklore de l'Université Laval; prix Duvernay de la Société Saint-Jean-Baptiste; André Breton au Québec; *Au pied de la pente douce*, roman de Roger Lemelin.
1945	Éditions Thérien, Lumen, Pilon; *Bonheur d'occasion*, roman de Gabrielle Roy (prix Femina 1947); *Le Survenant*, roman de Germaine Guèvremont.
1946	Institut d'histoire de l'Amérique française (*Revue...*, 1947); exposition des automatistes; polémique entre Robert Charbonneau (*La France et nous*, 1947) et Aragon, Cassou, etc.
1948	Manifeste *Refus global* des automatistes; création de *Tit-Coq*, de Gratien Gélinas; fondation du Rideau-Vert; *Les Plouffe*, roman de Roger Lemelin (à la télévision en 1953).
1949	Prix du Cercle du livre de France (roman).
1950	*Cité libre* (Gérard Pelletier et Pierre Elliott Trudeau); *Le Torrent*, récit d'Anne Hébert.
1951	Le Théâtre du Nouveau Monde (TNM).

1953	Éditions de l'Hexagone (Gaston Miron); Théâtre-Club; *Le Tombeau des rois*, poèmes d'Anne Hébert.
1954	Université de Sherbrooke; Âge d'or des ciné-clubs; *Écrits du Canada français*, série ou collection plutôt que revue.
1955	Le TNM à Paris; rétrospective d'Alfred Pellan au Musée d'art moderne de Paris.
1956	*La Grève de l'amiante*, essais dirigés par Pierre Elliott Trudeau.
1957	Éditions Leméac; Comédie-Canadienne; Conseil des Arts du Canada.
1958	Éditions de l'Homme; section française de l'Office national du film; *Agaguk*, roman d'Yves Thériault.
1959	*Liberté, Situations.*
1960	Éditions Hurtubise HMH, Déom; *Le Libraire*, roman de Gérard Bessette; *Les Insolences du Frère Untel*, Jean-Paul Desbiens, manifeste-pamphlet.
1961	Éditions du Jour; ministère des Affaires culturelles; Office de la langue française; Association des universités partiellement ou entièrement de langue française (AUPELF).
1962	*Contes du pays incertain*, de Jacques Ferron; *Une littérature qui se fait*, de Gilles Marcotte.
1963	Éditions du Boréal Express; inauguration de la Place des Arts; *La Ligne du risque*, essais de Pierre Vadeboncœur.
1963-1968	*Parti pris.*

1964   *Révolution québécoise, Socialisme québécois.*

1965   *Études françaises* (PUM), *La Barre du Jour*; Centre d'essai des auteurs dramatiques; *Prochain Épisode*, roman d'Hubert Aquin; *Une saison dans la vie d'Emmanuel*, de Marie-Claire Blais (prix Médicis, 1966); *Mémoire*, poèmes de Jacques Brault; *L'Âge de la parole*, poèmes de Roland Giguère; *Dans un gant de fer*, roman autobiographique de Claire Martin.

1966   *L'Avalée des avalés*, roman de Réjean Ducharme; premier tome du *Dictionnaire biographique du Canada*.

1967   Bibliothèque nationale du Québec; *Voix et images du pays (Voix et images,* UQAM, 1975).

1968   Création du réseau de l'Université du Québec; *Études littéraires* (PUL); *Les Herbes rouges*, revue de création (poésie); reprise de la Rencontre (annuelle) des écrivains (internationale à partir de 1972); spectacles «Poèmes et chants de la résistance»: *Speak White*, poème-affiche de Michèle Lalonde; création des *Belles-Sœurs* de Michel Tremblay; l'*Osstid'cho* de Robert Charlebois, Yvon Deschamps, etc..

1970   «Nuit de la poésie»; *L'Homme rapaillé*, poèmes de Gaston Miron; *Médium saignant*, pièce-débat de Françoise Loranger; *T'es pas tannée, Jeanne d'Arc?*,

	création collective du Grand Cirque ordinaire; *Présence francophone* (Sherbrooke).
1971	Éditions du Noroît, Écrits des Forges; Paul-Marie Lapointe, *Le Réel absolu. Poèmes 1948-1965*; Fernand Ouellette refuse le prix du Gouverneur général pour *Les Actes retrouvés*, essais; suicide de Claude Gauvreau, à la veille du succès au TNM des *Oranges sont vertes*.
1972	Association québécoise du jeune théâtre; *La Sagouine*, monologue d'Antonine Maillet, créée à Moncton (Nouveau-Brunswick).
1973	*Le Joual de Troie*, essai polémique de Jean Marcel.
1974	Université Concordia; Éditions Québec/Amérique; *Québec français*, trimestriel pédagogique et littéraire.
1975	Rencontre internationale de la contre-culture (Ginsberg, Burroughs...) à Montréal, et Rencontre des écrivains sur «La femme et l'écriture»; Radio-Québec (télévision «éducative»); Association des traducteurs littéraires; *Dérives*, revue interculturelle (Haïti, etc.); Éditions de la Pleine Lune.
1976	*Lettres québécoises*, magazine trimestriel; *Estuaire*, revue de poésie; *Jeu. Cahiers de théâtre*; Éditions du Remue-ménage; revue féministe *Les Têtes de pioche*; Théâtre expérimental des femmes.

1977	Union des écrivains québécois; suicide d'Hubert Aquin; *La Nouvelle Barre du jour*; *Œuvres créatrices complètes*, de Claude Gauvreau.
1978	Premier tome du *Dictionnaire des œuvres littéraires du Québec*; *Les Grandes Marées*, roman de Jacques Poulin; *La grosse femme d'à côté est enceinte*, roman de Michel Tremblay.
1979	*Imagine...* et *Solaris*, revues de science-fiction; *Spirale*, mensuel littéraire et culturel; prix Goncourt à Antonine Maillet, pour *Pélagie-la-Charrette*.
1980	*La Vie en prose*, roman-parole de Yolande Villemaire; *Panique à Longueuil*, pièce de René-Daniel Dubois.
1981	*Le Matou*, roman d'Yves Beauchemin; *L'Échappée des discours de l'œil*, essai de Madeleine Ouellette-Michalska; *Vie et Mort du roi boiteux*, pièce de Jean-Pierre Ronfard.
1982	*Nuit blanche*, magazine littéraire (Québec); fondation du Théâtre Ubu (Denis Marleau); premier des cinq tomes d'entretiens *Écrivains contemporains* par Jean Royer.
1983	*Vice versa*, magazine trilingue et «transculturel»; *Maryse*, roman de Francine Noël; mort de Gabrielle Roy.
1984	*La Détresse et l'Enchantement*, autobiographie posthume de Gabrielle Roy.
1985	Mort de Michel Beaulieu et de Jacques Ferron.

1986   Premiers volumes de la «Bibliothèque du Nouveau Monde» (édition critique des classiques québécois); *Surprendre les voix*, recueil posthume d'essais d'André Belleau.

1987   *La Trilogie des Dragons*, spectacle de Robert Lepage; *La Petite Noirceur*, essai de Jean Larose.

1988   *Les Feluettes ou la Répétition d'un drame romantique*, pièce de Michel Marc Bouchard; *Le Dortoir*, spectacle de Gilles Maheu (Carbone 14); *La Rage*, de Louis Hamelin; *Copies conformes*, de Monique LaRue.

1990   Premier prix Gilles-Corbeil (100 000 $) à Réjean Ducharme pour l'ensemble de son œuvre.

1991   Premier tome (1764-1805) de *La Vie littéraire au Québec*, histoire institutionnelle, sous la direction de Maurice Lemire.

1992   *Lumière des oiseaux*, histoires naturelles de Pierre Morency; *La Génération lyrique*, essai de François Ricard.

1993   *Homme invisible à la fenêtre*, roman de Monique Proulx; prix Gilles-Corbeil à Anne Hébert; *Genèse de la société québécoise*, de Fernand Dumont; *Cette grenade dans la main du jeune Nègre est-elle une arme ou un fruit?*, roman de Dany Laferrière.

1994   *Va savoir*, roman de Réjean Ducharme; plusieurs prix pour *Le Pavillon des miroirs*, roman de Sergio Kokis; mort de Gérald Godin.

1995   *L'Ingratitude*, roman de Ying Chen, prix Québec-Paris en 1996; *Miscellanées* en l'honneur de Gilles Marcotte, professeur émérite; mort de Gilbert Langevin.

1996   Biographie de Gabrielle Roy par François Ricard; funérailles nationales de Gaston Miron dans son village natal de Sainte-Agathe-des-Monts; prix Gilles Corbeil à Jacques Brault.

1996-1997   Plusieurs pièces de Normand Chaurette sont représentées en Avignon et à Paris, dont *Les Reines* à la Comédie-Française.

1997   Mort de Rina Lasnier et de Fernand Dumont; prix David à Gilles Marcotte.

1998   Réception enthousiaste en France et au Québec de *La Petite Fille qui aimait trop les allumettes*, roman de Gaétan Soucy; *Jean-Éthier Blais: dictionnaire de lui-même*, en hommage à l'écrivain mort subitement en 1995; prix David (en retard) au romancier André Langevin.

1999   Printemps du Québec à Paris; *Gros Mots*, roman de Réjean Ducharme; prix David à Roland Giguère; prix Gilles-Corbeil à Paul-Marie Lapointe.

2000	Mort d'Anne Hébert; *Les Femmes et la Guerre*, essai de Madeleine Gagnon; prix David à Pierre Morency; lancement, à côté de *Liberté*, de *l'Inconvénient*, revue littéraire d'essai et de création.
2000-2002	*Le Goût du bonheur*, trilogie romanesque de Marie Laberge, est un best-seller.
2001	Prix de la revue *Études françaises* au *Sourire d'Anton ou l'adieu au roman* d'André Major; prix David à Victor-Lévy Beaulieu; prix Molson au romancier Jacques Poulin; *Le Dessinateur*, poèmes de Robert Melançon.
2002	Funérailles nationales laïques, à l'Immaculée-Conception, du peintre Jean-Paul Riopelle; *D'argile et de souffle*, poèmes choisis d'Hélène Dorion; Monique LaRue revient au roman avec *La Gloire de Cassiodore*; *Les Livres et les jours*, journal de Gilles Marcotte; *Un dimanche à la piscine à Kigali*, roman témoignage (bientôt au cinéma) du journaliste Gil Courtemanche; prix David à Madeleine Gagnon; prix Gilles-Corbeil à Fernand Ouellette; Grand Prix du livre de Montréal à *Voyage au Portugal avec un Allemand*, récit de Louis Gauthier.
2003	Lancement des cahiers littéraires *Contre-jour*; succès de plusieurs films

(d'auteurs) québécois, en plus des *Invasions barbares* de Denys Arcand; disparition de Roland Giguère, poète et graveur; version française par ses parents de *L'Histoire de Pi* de Yann Martel (Booker Prize 2002 à Londres); prix de la revue *Études françaises* à Pierre Vadeboncoeur pour *Le Pas de l'aventurier*, essai sur Rimbaud; Grand Prix du Festival international de la poésie de Trois-Rivières à *Lignes aériennes* de Pierre Nepveu sur la désertification de l'aéroport de Mirabel.

Chronologie sociopolitique

1534	Premier voyage de Jacques Cartier.
1608	Fondation de Québec.
1642	Fondation de Montréal.
1760	Capitulation de Montréal.
1763	Traité de Paris (cession de la Nouvelle-France à l'Angleterre; population: 60 000.
1774	Acte de Québec (libertés religieuses, lois civiles françaises).
1775-1776	Siège de Québec par les Américains.
1791	Acte constitutionnel divisant le Bas et le Haut-Canada; conseils exécutif, législatif, et Chambre d'assemblée.
1793	Le français admis comme «langue de traduction».
1815	Louis-Joseph Papineau président («orateur») de l'Assemblée législative.
1817	Plessis reconnu comme évêque de Québec.
1834	Les 92 Résolutions (réformes radicales) des députés canadiens.
1837-1838	Rébellions et répression.
1839	*Rapport* de Lord Durham.

1840	Acte d'Union; Mgr Bourget, évêque de Montréal.
1845	Retour des exilés politiques.
1848	Reconnaissance officielle de la langue française.
1854	Abolition du régime seigneurial.
1855	Voyage du vaisseau français «La Capricieuse» à Québec.
1859	Consulat de France à Québec.
1867	Confédération (Acte de l'Amérique du Nord britannique) de quatre colonies ou provinces.
1875	Abolition du ministère de l'Instruction publique.
1885	Pendaison du chef métis Louis Riel.
1887	Honoré Mercier, Premier ministre du Québec (Parti national).
1896	Wilfrid Laurier, Premier ministre du Canada (libéral).
1900	Première caisse populaire Desjardins.
1901	Population du Québec: 1 648 898.
1908	Agence du Québec à Londres.
1910	Fondation du *Devoir* par Henri Bourassa.
1912	Règlement 17 en Ontario (contre les écoles françaises).
1917	Crise de la conscription (qui n'ajoutera guère aux 424 000 soldats volontaires).
1921	Fondation de la Confédération des travailleurs catholiques du Canada (CTCC), future Confédération des syndicats nationaux (CSN).

1924   Fondation de l'Union catholique des cultivateurs (UCC), future Union des producteurs agricoles (UPA).

1927   Le Conseil privé de Londres cède le Labrador à Terre-Neuve.

1931   Statut de Westminster: autonomie du Canada, sauf pour la modification de la Constitution et le droit d'appel au Conseil privé; la radiodiffusion est déclarée de compétence fédérale.

1934   Fondation de l'Action libérale nationale (Paul Gouin) et du Parti social chrétien (Adrien Arcand), fasciste; premières Journées anticommunistes à Montréal.

1935   Fondation de l'Union nationale (Gouin et Duplessis).

1936   Élection de l'Union nationale: Maurice Duplessis, Premier ministre.

1939   Élection du Parti libéral: Adélard Godbout, Premier ministre.

1942   La Ligue pour la défense du Canada (contre la conscription) devient le Bloc populaire canadien.

1944   Retour de Maurice Duplessis au pouvoir (jusqu'à sa mort en 1959).

1949   Louis Saint-Laurent, Premier ministre du Canada (libéral).

1950   Démission forcée de Mgr Charbonneau, archevêque de Montréal.

1951   Liaison commerciale Montréal-Paris par Air Canada.

1954   Impôt provincial sur le revenu.

1955	Émeute au Forum provoquée par la suspension du champion de hockey Maurice Richard.
1957	Fondation de l'Alliance Laurentienne (indépendantiste).
1958	Grève à *La Presse* et à Radio-Canada.
1960	La Révolution tranquille; Jean Lesage, Premier ministre (libéral); fondation du Rassemblement pour l'indépendance nationale (RIN).
1961	Population du Québec: 5 259 211 (Canada: 18 238 247); scolarité obligatoire (jusqu'à 16 ans) et gratuite (jusqu'à la fin du secondaire); commission Parent sur l'enseignement; Mouvement laïque de langue française; délégation générale du Québec à Paris.
1962	Jean Lesage réélu (sur un programme de nationalisation de l'électricité et avec le slogan «Maîtres chez nous»); Société générale de financement.
1963	Lester B. Pearson, Premier ministre du Canada (libéral); Commission royale d'enquête sur le bilinguisme et le biculturalisme (Laurendeau-Dunton).
1964	Création du ministère de l'Éducation; Code du travail; la Fédération libérale du Québec devient autonome.
1965	Caisse de dépôt et placement; Sidbec; délégation du Québec à Milan.
1966	Daniel Johnson, Premier ministre du Québec (Union nationale).

1967   États généraux du Canada français (2500 délégués); Exposition universelle de Montréal et «Vive le Québec libre!» du général de Gaulle; René Lévesque fonde le Mouvement Souveraineté-Association (Parti québécois en 1968); premier volume du rapport Laurendeau-Dunton.

1968   Brutalités à la Saint-Jean-Baptiste; Pierre Elliott Trudeau, Premier ministre du Canada (libéral).

1969   Front du Québec français: 50 000 manifestants contre le «bill 63».

1970   Octobre: enlèvement du diplomate James Cross et du ministre Pierre Laporte (exécuté) par le FLQ; Loi des mesures de guerre (450 arrestations et détentions sans mandat).

1971   Commission (Gendron) sur la situation du français au Québec; Société de développement de la Baie James; droit de vote à 18 ans.

1972   Délégation du Québec à Bruxelles; 30 % de la population active est syndiquée.

1973   Conseil du statut de la femme.

1974   *Superfrancofête*, premier festival de la jeunesse francophone à Québec (avec Leclerc, Vigneault et Charlebois).

1976   René Lévesque, Premier ministre (Parti québécois).

1977   Charte de la langue française (loi 101): le français, seule langue officielle au

	Québec (avec institutions et services aux anglophones); Loi sur le financement démocratique des partis politiques.
1978	Loi sur le zonage agricole.
1979	Loi sur la protection de la jeunesse; mise en service de la centrale LG-2 à la baie James; Joe Clark, conservateur, éphémère Premier ministre du Canada (Trudeau reprend le pouvoir en février 1980).
1980	Référendum sur la souveraineté-association (oui: 40 %, non: 60 %).
1981	Le Parti québécois est réélu avec près de 50 % des voix et 80 députés sur 122.
1981-1982	Récession économique.
1982	Rapatriement (de Londres à Ottawa) de la Constitution, sans l'accord du Québec; Charte canadienne des droits et libertés.
1984 et 1988	Brian Mulroney, Premier ministre du Canada (progressiste-conservateur).
1985 et 1989	Robert Bourassa, Premier ministre du Québec (libéral).
1988	Accord de libre-échange entre le Canada et les États-Unis.
1989	Meurtre de quatorze jeunes femmes à l'École polytechnique.
1990	Échec de l'accord du lac Meech (décidé en 1987); création de la Commission sur l'avenir politique et constitutionnel du Québec (Bélanger-Campeau); crise amérindienne à Oka et Kahnawake.

1991	Dépôt des rapports Allaire (libéral qui deviendra dissident) et Bélanger-Campeau avec la signature de Robert Bourassa.
1992	Pour des raisons opposées, 55 % des Canadiens et 57 % des Québécois répondent NON au référendum sur l'entente de Charlottetown; Accord de libre-échange nord-américain (ALENA) entre le Canada, les États-Unis et le Mexique; fêtes du 350e anniversaire de Montréal.
1993	Le gouvernement Bourassa adopte la loi 86 permettant le bilinguisme dans l'affichage commercial; après le bref interrègne de Kim Campbell (qui remplace Brian Mulroney), Jean Chrétien, libéral, devient Premier ministre du Canada, et Lucien Bouchard, chef de l'opposition officielle (Bloc québécois).
1994	Persistance du chômage et de ce qu'on appelle les «problèmes constitutionnels»; après le bref interrègne de Daniel Johnson (successeur de Bourassa), élection de Jacques Parizeau, PQ.
1995	Référendum sur la souveraineté avec offre de partenariat (oui: 49,4 %, non: 50,6 %).
1996	Lucien Bouchard remplace Jacques Parizeau comme Premier ministre; rigueurs budgétaires à Québec et à Ottawa.

2000	Octobre. Funérailles d'État à l'église Notre-Dame de Montréal de l'ex-Premier ministre canadien Pierre Elliott Trudeau.
2001	11 septembre noir à New York.
2002	Lucien Bouchard démissionne inopinément de son poste de Premier ministre du Québec. Il est remplacé par Bernard Landry.
2003	«Réingénierie» de l'État québécois en vue des baisses d'impôt promises par le nouveau gouvernement libéral (conservateur) de Jean Charest; défusions municipales en perspective autour de Montréal et de Québec; à Ottawa, après un vote serré sur le mariage homosexuel, Paul Martin se prépare à remplacer Jean Chrétien; le poète acadien Herménégilde Chiasson est nommé lieutenant-gouverneur du Nouveau-Brunswick.
2004	Janvier. L'aéroport de Dorval prend le nom (PET) de l'expropriateur de Mirabel, Pierre Elliott Trudeau.

Index*

---

* Il s'agit de l'index des écrivains québécois étudiés, présentés ou signalés, non de tous les noms cités (critiques, journalistes, etc.).

Table

TYPO
TITRES PARUS

Théoret, France
Bloody Mary (P)
Thériault, Yves
Aaron (R)
Cap à l'amour (R)
Les commettants de Caridad (R)
Cul-de-sac (R)
Le dernier havre (R)
Le dompteur d'ours (K)
La femme Anna et autres contes (C)
La fille laide (R)
L'herbe de tendresse (Ré)
N'Tsuk (R)
Œuvre de chair (Ré)
Tayaout, fils d'Agaguk (R)
Les temps du carcajou (R)
Valère et le grand canot (Ré)
Les vendeurs du temple (R)
Thoreau, Henry David
La désobéissance civile (E)

Tocqueville, Alexis de
Regards sur le Bas-Canada (E)
Tremblay, Jean-Alain
La nuit des Perséides (R)
Trudel, Sylvain
Le souffle de l'harmattan (R)
Terre du roi Christian (R)
Vadeboncœur, Pierre
Les deux royaumes (E)
Gouverner ou disparaître (E)
Vallières, Pierre
Nègres blancs d'Amérique (E)
Viau, Roger
Au milieu, la montagne (R)
Villemaire, Yolande
La constellation du Cygne (R)
Meurtres à blanc (R)
La vie en prose (R)

(C) : contes ; (D) dictionnaire ; (E) : essai ; (F) : fiction ; (H) : histoire ;
(N) : nouvelles ; (P) : poésie ; (Ré) : récits ; (R) : roman ; (T) : théâtre